노브이 러시아어

김윤덕 저

【著者 소개】

김 윤 덕

1984	한국외국어대학교 러시아어과 졸업
1989	한국외국어대학교 대학원 정치외교학과 졸업(정치학 석사)
1991~1992	모스크바 국립대학교 어문학부 어학연수
1992~1994	러시아 국립외교아카데미 러시아語·文化 센타 연구원
1992~1996	러시아 국립외교아카데미 박사과정 졸업(정치학 박사)

현재 국제문제조사연구소 연구위원

노브이 러시아어

개정판 1쇄 인쇄 / 2002년 10월 5일
개정판 1쇄 발행 / 2002년 10월 10일
저자 / 김윤덕
발행인 / 서덕일
발행처 / 도서출판 문예림
출판등록 / 1962년 7월 12일 제 2-110호
주소 / 서울 광진구 군자동 195-21호 문예B/D 201호
전화 / 02-499-1281~2 팩스 / 02-499-1283
http:// www.bookmoon.co.kr
Email: my1281@lycos.co.kr

ISBN 89-7482-098-6   12790

■ 잘못된 책은 구입하신 서점에서 교환하여 드립니다.

노브이 러시아어

■ 머리말
개정판을 내면서

그동안 노브이 러시아어를 사랑해 주신 독자들에게 감사를 표합니다. 부족한 면이 많았음에도 불구하고 지속적으로 애독해주신 독자들에게 다시한번 감사를 드립니다. 러시아어 가이드 북으로서 새로운 시도 였으며 하나의 실험과 같아서 독자들의 반응에 대해 큰 우려를 갖고 초판을 내었던 기억이 생생 합니다. 많은 독자들의 긍정적인 호응을 전해 들으면서 나름대로 만족할수 있었던 것이 이 책을 출판한 가장 큰 보람이었습니다. 러시아어 문법에 대한 체계적인 설명, 다수의 예문, 다양한 문장 구성, 실용적인 관용표현 등등 노브이 러시아어가 갖고 있는 장점들에 대한 독자들의 격려에 큰 기쁨을 느낄수가 있었습니다. 그러나 많은 한자 용어, 오탈자등 미진한 부분들에 대해서는 질책도 받았습니다. 재판에서는 최선을 다해서 미진한 부분들을 수정하였으며 초급자들의 이해를 돕기위해 가능한 한자 용어를 한글용어로 전환하였습니다.

직접 저자에게 전화와 편지로 용기를 주시고 격려와 충고를 아끼지 않으셨던 모든 독자들에게 다시한번 감사를 드립니다. 노브이 러시아어가 독자들에게 다소나마 도움이 될수 있었던 책이었다면 그것으로 저에게 더 큰 만족은 없을 것입니다. 독자들의 지속적인 성원으로 재판을 낼수 있게 된것을 기쁘게 생각하며 문예림 출판사의 서덕일 사장님과 고수진 편집부 대리님의 배려에도 깊은 감사를 드립니다. 많은 독자들의 격려와 충고에 다시한번 깊은 감사를 드립니다.

2002. 10   저자

차 례

형 태 론

■ 러시아어의 발음 9p

1장. 명사(名詞, Имя существительное) 15p
    1. 명사의 성(性)
    2. 명사의 수(數)
    3. 명사의 격(格)
    4. 국가에 따른 국민의 명칭

2장. 대명사(代名詞, Местоимение) 39p
    1. 인칭대명사
    2. 재귀대명사(себя)
    3. 의문대명사
    4. 소유대명사
    5. 지시대명사
    6. 정(定)대명사
    7. 부정(否定)대명사
    8. 부정(不定)대명사
    9. 관계대명사(который)

3장. 형용사(形容詞, Имя прилагательное) 78p
    1. 형용사의 변화
    2. 단어미 형용사
    3. 비교급

4. 최상급

4장. 수사(數詞, Имя числительное)..................................104p
 1. 개(個)수사
 2. 개(個)수사와 명사의 결합
 3. 집합수사의 용법
 4. 순서수사
 5. 분수

5장. 동사(動詞, Глагол)..................................126p
 1. 동사의 체(體)
 2. 시제(時制)
 3. 타동사와 자동사
 4. 재귀동사
 5. 무인칭동사
 6. 동사원형 활용
 7. 정태동사와 부정태동사
 8. 운행동사
 9. 불완료체동사에 접두어가 첨부되어 만들어진 완료체동사

6장. 태(態, Залоги глагола)..................................169p
 1. 능동태와 수동태
 2. 능동태의 수동태 전환
 3. 행위주체가 없는 수동태 구문

7장. 법(法, Наклонение)..................................188p
 1. 법의 종류
 2. 명령법
 3. 가정법

8장. 형동사(形動詞, Причастие)..................................205p
 1. 형동사 형태 및 구성
 2. 형동사의 격변화

3. 동사적 특징
　　　4. 형용사적 특징
　　　5. 능동형동사와 수동형동사
　　　6. 형동사 장·단어미

9장. 부동사(副動詞, Деепричастие) 233p
　　　1. 부동사 형태 및 구성
　　　2. 동사적 특징
　　　3. 부사적 특징
　　　4. 불완료체 부동사와 완료체 부동사의 차이

10장. 부사(副詞, Наречие)·조사(助詞, Частицы) 251p
　　　1. 수식의 대상
　　　2. 서술부사
　　　3. 대명사적 부사
　　　4. 시간의 부사
　　　5. 장소의 부사
　　　6. 정도 및 비교의 부사
　　　7. 비교급
　　조사(助詞)

11장. 전치사(前置詞, Предлоги) 288p
　　　1. 장소의 전치사
　　　2. 시간의 전치사
　　　3. 원인·이유의 전치사
　　　4. 목적의 전치사
　　　5. 합동·비합동의 전치사
　　　6. 조건과 양보의 전치사
　　　7. 근거·출처의 전치사

구 문 론

■ 구문론 개요도표……………………………………………………329p

12장. 단문(I)-문장의 주요부분
　　　(主要部分, Главные члены предложения)……………332p
　　　1. 주어
　　　2. 술어
　　　3. 연결동사

13장. 단문(II)-문장의 부차적 부분
　　　(副次的 部分, Второстепенные члены предложения)…………355p
　　　1. 목적어
　　　2. 수식어
　　　3. 부사수식어

14장. 단문(III)-문장의 종류(種類, Типы предложение)……………378p
　　　1. 평서문
　　　2. 의문문
　　　3. 권유문
　　　4. 감탄문
　　　5. 인칭문(人稱文)
　　　6. 무인칭문(無人稱文)
　　　7. 부정(不定)인칭문
　　　8. 부정문(否定文)

15장. 접속사(接續詞, Союз)……………………………………403p
　　　1. 병립접속사
　　　2. 종속접속사
　　　3. 강조용법

16장. 병립복문(竝立複文, Сложносочиненные предложения)………427p
　　　1. 형태

  2. 접속사의 활용

17장. 종속복문I(從屬複文I, Сложноподчиненные предложения)........441p
  1. 형태
  2. 주절을 가진 복문
  3. 목적절을 가진 복문

18장. 종속복문II(從屬複文II, Сложноподчиненные предложения).....464p
  4. 형용사절을 가진 복문
  5. 서술절을 가진 복문
  6. 부사절을 가진 복문
  7. 이중(二衆) 종속복문

19장. 무접속사복문
  (無接續詞複文, Бессоюзные сложные предложения).............500p
  1. 무접속사 복문
  2. 합성문(合成文)

20장. 화법(話法, Примая и косвенная речь)..................513p
  1. 평서문의 전달
  2. 의문문의 전달
  3. 명령문의 전달

부 록

1. 명사 · 형용사 접두어..527p

2. 동사로부터 파생된 명사 및 형동사 · 부동사 형태......................531p

3. 외래어 동사..541p

4. 참고문헌..549p

형태론

러시아어의 발음

1. 모음의 발음

(1) 모음의 종류

러시아어의 모음은 모두 10개로 경모음과 연모음으로 나뉜다.

경모음	а(아),	о(오),	у(우),	э(에),	ы(의)
연모음	я(야),	ё(요),	ю(유),	е(예),	и(이)

❖ 경모음은 기본적인 5개의 모음이며 연모음 я, ё, ю, е 는 경모음앞에 〔й(j); 짧은 이〕가 첨가된 모음. й + а → я, й + э → е, й + о → ё, й + у → ю

а, о, у, э 는 우리말과 비슷

у : 입술을 약간 앞으로 빼면서 우리말의 〔우〕처럼 발음

ы : 혀의 끝이 입천장 쪽으로 올라가며 혀는 뒤로 후진하고 중앙윗부분이 긴장되면서 올라간다. 우리말〔의〕의 경직된 발음

и : 혀의 끝이 낮고 아랫니를 건드리면서 발음, 혀가 앞으로 나오면서 중앙부분이 높아진다. 우리말〔이〕와 비슷

(2) 경모음과 연모음의 대응

경모음	a	o	y	ы	э
연모음	я	e, ё	ю	и	—

❖ 명사, 형용사의 어미 변화시, 모음은 경변화와 연변화의 대응관계를 갖는다.
경모음과 연모음 대응시 모음 [o]는 e, ё와 대응하며 모음 [э]는 대응음이 없다.

(3) 역점이 있을때와 없을때 발음

1) a [a; 아]

○ 有역점: 음가 그대로 명확히 발음 [a; 아]
 тáм(저기), мáма(엄마), пáпа(아빠), áвгуст(8월)
○ 無역점: [ʌ; 어]로 발음
 стакáн(컵), автóбус(버스), магазúн(상점), квартúра(아파트)

2) o [o; 오]

○ 有역점: 음가 그대로 명확히 발음 [o; 오]
 óн(그), мóст(다리), дóм(집), пóл(바닥), пóлка(지팡이)
○ 無역점: [a; 아]로 발음
 онá(그녀), кровáть(침대), коридóр(복도), потолóк(천장)

3) e [je; 예]

○ 有역점: 음가 그대로 명확히 발음 [je; 예]
 лес(숲), есть(먹다), день(낮), слéва(왼쪽에), пéсня(노래)

○ 無역점: [i; 이]로 발음
 стенá(벽), тетрáдь(공책), средá(수요일), дéрево(나무)

4) я [ja; 야]

- 有역점: 음가 그대로 명확히 발음 [ja; 야]
  пя́ть(다섯), мя́со(고기), моя́(나의), я́сно(분명한)
- 無역점: [i; 이]로 발음
  де́сять(열), ку́хня(부엌), язы́к(말)

2. 자음의 발음

(1) 유성자음과 무성자음

자음은 발음할 때 성대의 진동 유무에 따라 有聲자음과 無聲자음으로 구분된다

유성 자음	б, д, г, в, з, ж	л, р, м, н	—
무성 자음	п, т, к, ф, с, ш	—	х, ц, ч, щ

(2) 자음의 발음

1) б, п, в, ф, м (입술소리)

б [b; ㅂ]: 양입술을 떼면서 발음하며 우리말의 [ㅂ]과 비슷한 유성음
банк(은행), бассе́йн(수영장), брат(형제)

п [p; ㅃ]: 양입술을 떼면서 발음
па́ртия(정당), президе́нт(대통령), парк(공원)

в [v; ㅂ]: 영어의 [v]와 비슷한 유성음으로 윗니를 아래입술에 댄채 바람을 내면서 발음
ва́за(꽃병), ве́чер(저녁), во́семь(여덟)

ф [f; ㅍ]: 영어의 [f]와 비슷한 무성음으로 в와 동일하게 발음
фильм(영화), фами́лия(성), фо́рма(형태)

м [m; ㅁ] : 양입술을 떼면서 발음하며 유성음
магази́н(상점), мо́ре(바다), мост(다리)

2) з, с, д, т, н, ц (잇소리)

з [z; ㅈ] : 혀끝을 아랫니 안쪽에 대고 발음하는 유성음
за́втра(내일), зако́н(법), земля́(땅)

с [s; ㅆ] : з와 동일하게 발음하며 무성음
сад(정원), свет(빛), сестра́(여동생)

д [d; ㄷ] : 혀를 입천장에 댔다가 떼면서 발음
дверь(문), длина́(길이), дом(집)

т [t; ㄸ] : д과 동일하게 발음하며 무성음
трава́(풀), това́р(상품), торт(케잌)

н [n; ㄴ] : 우리말의 [ㄴ]과 유사한 유성음
наро́д(국민), нау́ка(과학), населе́ние(주민)

ц [ts; ㅉ] : 혀를 아랫니 안쪽에 대고 발음하며 무성음
цвет(꽃), цель(목적), центр(중앙)

3) г, к, х (목청소리)

г [g; ㄱ] : 혀의 뒷부분을 입천장 뒤에 댔다가 떼면서 내는 소리로 유성음
гость(손님), год(년), го́лос(목소리)

к [k; ㄲ] : г와 동일하게 발음하며 무성음
ка́мень(돌), кни́га(책), конце́рт(음악회)

х [x; ㅎ] : 혀의 뒷부분을 입천장 뒷부분에 접근시키는 동시에 숨을 내쉬면서 내는 무성음으로 혀끝은 아랫니에 가까우나 건드리지 않음
хлеб(빵), ход(경과), хозя́йство(경제)

4) ж, ч, ш, щ (잇몸 소리)

    ж〔ʒ ; ㅈ〕: 윗니와 아랫니를 다문채 혀끝을 뒤로 후진한채 발음
        жизнь(인생), журна́л(잡지), жи́тель(주민)

    ч〔tʃ ; ㅊ〕: 윗니와 아랫니를 다문채 혀끝을 아랫니 뒤끝에 대고 발음
        час(시간), челове́к(사람), число́(날짜)

    ш〔ʃ ; 쉬〕: 윗니와 아랫니를 다문채 혀끝을 아랫니 가까이에 위치시켜 발음하며 무성음
        шар(공), шко́ла(학교), шаг(걸음)

    щ〔ʃ'ʃ' ; 시치, 쉬~〕: ш를 길게 발음
        щит(수비), щека́(뺨), щепа́(목판)

5) л, р (흐름소리)

    л〔l ; ㄹ〕: 혀가 숟가락 같은 형태를 띄고 혀끝이 이와 잇몸사이를 건드리면서 소리를 내며 혀 전체가 뒤로 이동한다.
        ле́то(여름), ли́ния(줄), лю́ди(사람)

    р〔r ; ㄹ〕: 혀끝을 진동시키면서 윗니와 잇몸사이를 건드리면서 내는 소리. 혀는 위로 이동하면서 중앙부가 낮아진다.
        райо́н(지역), рабо́та(일), речь(말)

6) ь, ъ (부호)

    ь (연음부호): 자음뒤에 위치하여 연자음을 만든다.
        мать(어머니), ию́нь(6월), соль(소금)

    ъ (경음부호): 분리기호로 사용되며, 주로 경자음과 이어지는 모음을 떼어서 발음
        объедине́ние(통일), объясне́ние(설명), объявле́ние(공고)

3. 경자음과 연자음

(1) 연자음의 발음

러시아어의 자음은 20개로 경자음과 연자음으로 나뉜다.

경자음	б, п, в, ф, д, т, з, с, м, н, л, р, г, к, х	ц, ж, ш (항시)
연자음	б' п' в' ф' д' т' з' с' м' н' л' р' г' к' х'	ч' щ' (항시)

❖ 경자음이 [ь](연음부호) 바로 앞에 있으면 연자음이 된다(['] 로 표시) 이 경우 경자음의 발음은 혀의 중앙부를 입천장에 접근시켜 약하게 발음하는 [이]와 결합하여 발음한다.

весь(모든), семья́(가족), сва́дьба(결혼), ию́нь(6월), тетра́дь(공책)

(2) 경자음의 구개음화

경자음 д, т가 연모음 я, ю, е, ё, и 앞에 위치하여 구개음화 현상을 일으킨다.

де́ти(아이), де́ло(일), де́вять(아홉), дя́дя(숙부) ;
д[d; ㄷ] 발음이 →з[z; ㅈ]로 변화
темп(속도), тётя(숙모), тяжело́(무거운), текст(본문) ;
т[t; ㄸ] 발음이 →ц[ts; ㅉ]로 변화

1. 명사(名詞)

기본 문법

> **1. 명사의 성(性)**
> (1) 분류
> 　1) ① Я смотрел интересный **фильм**. (남성)
> 　　 ② Мы решили поехать за **город**. (남)
> 　2) ① Сегодня очень хорошая **погода**. (여성)
> 　　 ② Этот город - моя **родина**. (여)
> 　3) ① Это очень высокое **здание**. (중성)
> 　　 ② **Море** было спокойное. (중)
> (2) 自然性
> 　① Передо мной стоял высокий **мужчина** с чемоданом в руках. (남)
> 　② Кто эта молодая **женщина**? (여)

1. 명사의 성(性)

(1) 명사는 남성, 여성, 중성 3개의 性으로 분류된다.

1) 일반적으로 자음으로 끝나거나 й로 끝나는 명사는 남성
   남성명사: хлеб(빵), магазин(상점), дом(집), завод(공장), музей(박물관),
   ① 나는 재미있는 영화를 봤다.　　② 우리는 교외로 가기로 결정했다.

2) а(я), -ия로 끝나는 명사는 여성
   여성명사: картина(그림), луна(달), кухня(부엌), семья(가족), история(역사),
   армия(군대)

① 오늘은 날씨가 매우 좋다.　　　② 이 도시는 나의 고향이다.

3) -o(-e), -мя로 끝나는 명사는 중성이다.

　　중성명사: писимо(편지), лицо(얼굴), солнце(해), здание(건물), время(시간), имя(이름)

① 이것은 매우 높은 건물이다.　　② 바다는 고요했다.

남 성	여 성	중 성
большой город. (큰 도시)	утренняя газета. (조간 신문)	высокое здание. (높은 건물)
высокий дом. (높은 집)	интересная статья. (재미있는 기사)	широкое окно. (넓은 창문)
исторический музей. (역사 박물관)	прекрасная погода. (좋은 날씨)	официальное письмо. (공식 편지)

(2) 사람 또는 동물을 나타내는 명사의 문법적인 性은 그들의 自然性에 의해서 결정된다.

1) 남성: отец(아버지), брат(남동생), мальчик(소년), сын(아들), дедушика(할아버지), тигр(수컷호랑이)

2) 여성: мать(어머니), сестра(여동생), девушика(소녀), дочь(딸), бабушика(할머니), тигрица(암컷호랑이)

① 내 앞에 손에 가방을 든 건장한 남자가 서있었다.
② 이 젊은 여자는 누구입니까?

> **2. 명사의 수(數)**
> (1) ① Преображаюся наши **города**. (남, 복)
>   ② Вот ваши **книги**. (여, 복)
>   ③ Недавно построены новые высокие **здания**. (중, 복)
> (2) ① Вчера у нас собралась **молодёжь**.
>   ② Он любит суп **с мясом**.
>   ③ Она довавила в суп **луку**.
>   ④ Он слушает лекцию **с большим вниманием**.
> (3) ① Он носит **очки**.
>   ② **Выборы** состоялись в мае.

2. 명사의 수(數)

(1) 복수형태

  1) 남성과 여성명사 복수 형태: 어미가 -ы, -и

    남성: стол – столы(책상들), урок – уроки(수업들),
          завод – заводы(공장들), музей – музеи(박물관들)
    여성: картина – картины(그림들), книга – книги(책들),
          машина – машины(자동차들), песня – песни(노래들)

    ① 우리의 도시들이 변화되고 있다.
    ② 여기 당신의 책들이 있다.
    ③ 얼마전에 새로운 높은 건물들이 건설되었다.

  2) 중성명사 복수형태: 어미가 -а, -я
    окно – окна(창문들), письмо – письма(편지들),
    море – моря(바다들), здание – здания (건물들)

1. 名詞

(2) 집합명사, 물질명사, 채소류, 추상명사는 항상 단수로만 사용된다.

　1) 집합명사: одежда(옷), мебель(가구), посуда(그릇), обувь(신발),
　　　молодёжь(젊은이)
　2) 물질명사: вода(물), молоко(우유), масло(기름), мясо(고기), золото(금),
　　　железо(철),
　3) 채소류: капуста(양배추), лук(파), картофель(감자), морковь(당근),
　　　виноград(포도)
　4) 추상명사: тишина(정숙), гордость(자랑), боянь(공포), темнота(어둠)

　　① 어제 젊은이들의 모임이 있었다.　　② 그는 고기스프를 좋아한다.
　　③ 그녀는 스프에 양파를 첨가했다.　　④ 그는 진지하게 강의를 듣는다.

(3) 다음명사들은 항상 복수로만 사용된다.
　　весы(저울), деньги(돈), часы(시계), очки(안경), брюки(바지),
　　ножницы(가위), сутки(1주야), духи(향수), каникулы(방학),
　　переговоры(회담), шахматы(장기)

　　① 그는 안경을 쓰고 있다.　　② 선거는 5월에 있었다.

(4) 남성·중성 복수명사의 특이형태

　1) 남성: хозяин — хозяева(주인들), господин — господа(신사여러분),
　　　брат — братья(남동생들), стул — стулья(의자들), друг — друзья(친구들)

　2) 중성: время — времена(시간들), имя — имена(이름들),
　　　семя — семена(씨앗들), чудо — чудеса(기적들)

> 3. 명사의 격(格)
> 1) Письмо лежит на столе. (주격)
> 2) Я получил письмо от друга. (생격)
> 3) Я рад письму. (여격)
> 4) Я получил письмо. (대격)
> 5) Я очень доволен письмом. (조격)
> 6) Я расказал о письме. (전치격)

3. 명사의 격(格)

※ 러시아어는 6개의 격이 존재하며 명사는 격에 따라 변화한다.

1) КТО(누구)? ЧТО(무엇)? 의 질문에 해당되는 주격
(편지는 탁상위에 놓여져 있다.)
Это Анна(이것은 안나이다). Это роза(이것은 장미이다).

2) У/ОТ КОГО(누구에게, 누구로부터)? ЧЕГО(무엇의)? 의 질문에 해당되는 생격
(나는 친구로부터 편지를 받았다.)
Анна получила подарк от Ивана.(안나는 이반으로부터 선물을 받았다.)

3) КОМУ(누구에게)? ЧЕМУ(무엇에게)? 의 질문에 해당되는 여격
(나는 편지 오는것을 기뻐한다.)
Анна подходит к Ивану. (안나는 이반에게 간다.)

4) КОГО(누구를)? ЧТО(무엇을)? 의 질문에 해당되는 대격
(나는 편지를 받았다.)
Анна встречает Ивана. (안나는 이반을 만난다.)

5) С КЕМ(누구와 함께)? ЧЕМ(무엇으로)? 의 질문에 해당되는 조격
(나는 편지에 매우 만족한다.)

Анна разговаривает с **Иваном**. (안나는 이반과 함께 이야기를 하고있다.)

6) О КОМ(누구에 대해)? О ЧЁМ(무엇에 대해)? 의 질문에 해당되는 전치격
(나는 편지에 대해 이야기 했다.)

Анна думает об **Иване**. (안나는 이반에 대해 생각한다.)

(2) 명사의 격변화

단수명사의 격변화는 명사의 어미형태에 따라 아래와 같이 (I)형, (II)형으로 분류

1) 단수 격변화 (I)형

격			남성	중성	여성
주격	кто?	что?	студент	дело	страна
생격	кого?	чего?	студент**а**	дел**а**	стран**ы**
여격	кому?	чему?	студент**у**	дел**у**	стран**е**
대격	кого?	что?	студент	дело	стран**у**
조격	кем?	ем?	студент**ом**	дел**ом**	стран**ой**
전치격	о ком?	о чём?	о студент**е**	о дел**е**	о стран**е**

※ 각명사는 격에 따라 (I)형, (II)형과 같이 종료어미가 규칙적으로 변화하며 사물의 경우 남성·중성은 주격과 대격이 동일한 형태이다.

2) 단수 격변화 (II)형

격			남성	중성	여성
주격	кто?	что?	герой	здание	армия
생격	кого?	чего?	героя	здания	армии
여격	кому?	чему?	герою	зданию	армии
대격	кого?	что?	героя	здание	армию
조격	кем?	чем?	героем	зданием	армией
전치격	о ком?	о чём?	о герое	о здании	о армии

※ 사람이나 동물의 대격은 남성, 여성, 복수 공히 생격형태를 사용한다.

3) 복수 격변화표

격	남 성		중 성		여 성	
주격	студенты	герои	дела	здания	страны	армии
생격	студентов	героев	дел	зданий	стран	армий
여격	студентам	героям	делам	зданиям	странам	армиям
대격	студенты	героев	дела	здания	страны	армии
조격	студентами	героями	делами	зданиями	странами	армиями
전치	о студентах	о героях	о делах	о зданиях	о странах	о армиях

※ 남성·중성·여성의 복수여격, 조격, 전치격의 변화는 동일하다.

(3) 복수명사 생격 변화 규칙

〔남성〕

1) 격음으로 끝나는 남성명사 студент(학생), завод(공장), ученик(학생), лес(숲)등은 어미로 -ов를 취한다. (студентов, заводов, учеников, лесов)

1. 名詞

2) 복수주격이 –ья로 끝나는 명사 стулья(의자들), братья(형제들), листья(잎들) 등은 어미로 –ьев를 취한다. (стульев, братьев, листьев)

3) Й 로 끝나는 남성명사 герой(영웅), музей(박물관) бой(싸움), 등은 어미로 -ёв, ев를 취한다. (героев, музев, боёв)

4) 경자음(Ь), 치찰음(Ж, Ч, Ш, Щ) 으로 끝나는 남성명사 писатель(작가), огонь(불), врач(의사), нож(칼), карандаш(연필), товарищ(친구)등은 어미로 –ей를 취한다. (писателей, огней, врачей, ножей, крандашей, товарищей)

5) –анин, -янин으로 끝나는 남성명사 гражданин(시민), крестьянин(농민)은 어미를 취하지 않는다. (граждан, крестьян)

〔중성〕

1) -о로 끝나는 중성명사 озеро(호수), письмо(편지) 등은 복수생격으로 어미를 취하지 않는다. (озёр, писем)

2) -ие로 끝나는 중성명사 здание(건물), собрание(모임), выступление(출연) 등은 어미로 –ий를 취한다. (зданий, собраний, выступлений)

3) 복수주격이 –ья로 끝나는 명사 деревья(나무들), перья(펜들) 등은 어미로 –ьев를 취한다. (деревьев, перьев)

〔여성〕

1) -а로 끝나는 여성명사 песня(노래), страна(나라), женщина(여자) 등은 복수생격으로 어미를 취하지 않는다. (песен, стран, женщин)

2) -я로 끝나는 여성명사 армия(군대), семья(가족) 등은 어미로 –й를 취한다. (армий, семей)

4. 국가에 따른 국민의 명칭

국 가	남 성	여 성	복 수
Америка(미국)	американец	американка	американцы
Англия(영국)	англичанин	англичанка	англичане
Германия(독일)	немец	немка	немцы
Голландия(네덜란드)	голландец	голландка	голландцы
Греция(그리스)	грек	гречанка	греки
Дания(덴마크)	датчанин	датчанка	датчане
Египет(이집트)	египянин	египянка	египяне
Индия(인도)	индиец	индийка	индийцы
Испания(스페인)	испанец	испанка	испанцы
Италия(이탈리아)	итальянец	итальянка	итальянцы
Китай(중국)	китаец	китаянка	китайцы
Корея(한국)	кореец	кореянка	корейцы
Мексика(멕시코)	мексиканец	мексиканка	мексиканцы
Норвегия(노르웨이)	норвежец	норвежка	норвежцы
Польша(폴랜드)	поляк	полька	поляки
Россия(러시아)	русский	русская	русские
Турция(터어키)	турок	турчанка	турки
Филяндия(핀랜드)	финн	финка	финны
Франция(프랑스)	француз	француженка	французы
Швецария(스위스)	швецарец	швецарка	швецарцы
Япония(일본)	японец	японка	японцы

1. 名 詞

讀解 演習

1. Как написать **адрес** на конверте: Обрати внимание, что по-русски сначала пишется **страна, индекс**, потом **город, ульца, дом, квартира**. Помни, что в России принято писать сокращённо слова.

☞ 단수명사 주격용법/ по-русски: 러시아식으로

2. Космический корабль летает вокруг Земли, а сама Земля летает вокруг Солнца. Земля — наш общий космический корабль. Она летит мимо планет, а на ней летим мы с тобой и всё, что вокруг нас: **города, леса, реки, рыбы, звери, птицы**. А сама Земля облетает вокруг Солнца ровно за год. Когда кончается один виток и начинается другой, кончается старый год и начинается год новый.

☞ 복수명사 생격용법/вокруг + 생격: ~주위를/ виток: 궤도일주

3. Это наша библиотека. Здесь мы обычно берём **книги, учебники, словари**. Рядом читальный зал, где я люблю заниматься. Здесь всегда тихо: студенты серьёзно работают: читают, переводят, пишут. Здесь всегда можно прочитать новые **журналы**, можно взять **газеты**: русские, английские, французские.

☞ 복수명사 대격용법/рядом: 가까이, 인접하여

4. Посколько в Древней Греции и Риме выращивали уже большинство известных нам овощей, учёные пришли к выводу, что **капусту, репу, лук, огурец, баклажан** люди приручили более 4000 лет назад, а **морковь, свеклу, редьку, чеснок, салат** одомашнили более 2000 лет назад. Томаты и картофель появились в Европе сравительно недавно.

노브이 러시아어

☞ 복수명사 대격용법/прийти к выводу: 결론에 도달하다

5. Жить в мире, понимать друг друга - всегда было самой важной задачей человечества. В XX веке у **людей** появилось много **проблем**, которые они должны решать вместе. Вот почему в наше время надо знать иностранные языки.

☞ 복수명사 생격용법/동사원형인 жить, понимать가 주어로 사용

6. Люди нашей планет говорят на разных языках. У языков, как и у людей, есть семьи. Самая большая семья - индоевропейская. Английский, греческий, русский, французский, немецкий, хинди - все эти похожие и непохожие языки из одной индоевропейской **семьи**.

☞ 명사의 생격용법

7. Метро начинает работать в 6 часов утра и заканчивает в час ночи. Движение **автобусов**, **троллейбусов** и **трамваев** также начинается в 6 часов утра, а заканчивается в два часа ночи.

☞ 복수명사 생격용법

8. Почта нужна **учёному**, **писателю**, **архитектору**, **конструктору** для обмена информацией с коллегами. Она нужна для обмена официальными посланиями и деловыми бумагами, то есть **предприятиям**, **учреждениям и организациям**.

☞ 명사의 여격용법/учреждение: 공공기관

1. 名詞

9. Меня очень беспокоит потребительское отношение некоторой части нынешней молодёжи **к духовным ценностям**, особенно к музыке. Не хотят учиться играть на скрипке, не хотят петь. Довольствуются музыкой, записанной на пленку. Нажал кновку – и музыка есть, не надо учиться, не надо думать.

☞ 복수명사 여격용법/потребительское отношение: 소비적 자세

10. Подписан также ряд других двусторонних документов, включая межправительственные соглашения **о сотрудничестве** в области охраны окружающей среды, **о предотвращении** инцидентов на море за пределами территориальных вод, а также протокол **о консултациях** между министерствами иностранных дел Российской Федерации и Республики Корея.

☞ 명사의 전치격 용법/도치구문으로 ряд가 주어

11. **О каждом пищевом продукте** можно сказать много добрых слов. В первую очередь **о хлебе**, который расценивается не только как пищевой продукт, но и как своёобразный символ труда.

☞ 명사의 전치격 용법/도치구문

필 수 표 현

1. 상대방의 의견에 대한 질문

Как	вы считаете……?	(어떻게 생각하십니까?)
	ты считаешь….?	(어떻게 생각하니?)
	вы думаете…?	(어떻게 생각하십니까?)
	ты думаешь….?	(어떻게 생각하니?)
	вам кажется…?	(어떻게 생각되십니까?)
	тебе кажется….?	(어떻게 생각되니?)

Как вы понимаете, что такое…? А как вы относитесь к этому…?
Мне хотелось бы узнать, что вы думаете об этом?
Как вы думаете, можно ли говорить об этом?
Не могли бы вы ответить на несколько вопросов?
А ваше мнение?   А ваше мнение к этой проблеме?
Какое у вас мнение об этом?
              по этому поводу?
              по этому вопросу?
Я не совсем понял, что вы имеете в виду, уточните пожалуйста?

2. 자신의 의견

Я думаю Я считаю	что….	(나는 ~라고 생각합니다.)
Мне кажется	что что самое важное….	(내게는 ~라고 생각된다.) (가장 중요한 것은 ~라고 생각됩니다.)
По-моему На мой взгляд….		(내 생각에는) (내 견해로는 ~)

Мне ясно одно, что….   Я должен сказать, что….
Я хочу подчеркнуть вот, что….   Я имею в виду следующие…..
Я хотел бы заметить, что …..   Насколько я знаю…..

1. 名詞

長文 讀解

1.

Власти постоянно твердят о новой России. Позвольте, господа, если Россия "новая", почему же эмблемы старые? Создание государственной символики — не самая сложная задача, стоящая перед государством. И если не смогут дать даже новых эмблем, тем более не смогут создать обновлённую Россию. Впрочем, России нужны не старые и не новые, а выражающие её душу символы, которые не менялись бы в зависимости от того, какое у неё правительство.

Трехполосный бело-сине-красный флаг, развевающийся сегодня над Россией, считается петровским. Ирония судьбы: сам Пётр I считал этот флаг далеко не идеальным. Сохранился собственноручный рисунок Петра, сделанный им в 1699 году: вначале он начертил трехполосный флаг, обозначил на нём цвета ("белое, синее, червленое", то есть красное, а под ним нарисовал тот же флаг, прорезав его диагональным андреевским крестом.

Откуда произошёл Андреевский флаг? Он ведет свою родословную от флага Шотландии. Во время своего путешествия по Европе в 1697-1698 годах Петр проходил теоретический курс кораблестроения в Велико- британии и постоянно видел тогдашний британский флаг, не сколько отличавшийся от современного. В него вошёл белый косой крест апостола Андрея, покровителя Шотландии, на синем поле — шотландский флаг с VIII века. Религиозная традиция связывала этого святого и с Россией.

Сергей Макин: Новая Россия — новые символы

☞ тем более: 하물며, 더구나/в зависимости от чего: ~에 따라서/считать чем: ~로 여기다 /во время чего: ~시기에

2.

День 12 июня по праву является государственным праздником. Но я, как Президент, хотел бы, чтобы он воспринимался каждым россиянином как особый день. Не как день принятия важного, но далекого от жизни отдельного человека документа, а именно как наш общий день. Как день нашей страны — России.

Знаю, сколько у людей накопилось справедливых претензий ко мне, к Правительству, депутатам, губернаторам, словом, к власти. Никто не может сказать, что голос недовольных в России не слышен. Но давайте прислушаемся к себе. Давайте подумаем, что мы можем дать другим — своей семье, близким, друзьям, товарищам по работе.

Я был бы счастлив, если бы сегодня мы, россияне, могли почувствовать себя членами одной семьи. Огромной, многонациональной, талантливой, сильной — семьи великой России. Никто не способен проникнуться этим чувством в одиночку. Это — труд миллионов сердец. Великая держава — это не горы оружия и не бесправные подданные. Великая держава — Это инициативные, самостоятельные, талантливые люди. Люди, не забивающие о том, что их связывает принадлеж-ность к общей родине.

Дорогие россияне! Предлагаю назвать наш главный государственный праздник днём России.

Мы строим российское государство не на абстрактной идее. В его основе — понимание того, что страна начинается с каждого из нас. И то, насколько каждый гражданин России свободен, здоров, образован, счастлив, в конце концов, — и есть мера величия нашей родины. Со своей стороны сделаю все, чтобы наши мечты сбылись.

С праздником, мои дорогие! С днём России!

Болис Ельцин: Обрашение Президента к россиянам

☞ является чем: ~이다/чувствовать себя чем: 지신을 ~으로 느끼다/ проникнуться чем: ~으로 충만하다/в одиночку: 혼자힘으로/россияне: 러시아인들(россянин의 복수)/в конце концов: 결국

1. 名詞

文法 연습

1. 다음명사의 성을 구분하시오.

   > дом, письмо, родина, животное, нож, карандаш, поле, лицо, край, страна, бой, земля, имя, деревня, время

2. 다음명사의 복수형태를 쓰시오.

   > газ, дом, лес, город, номер, снег, остров, письмо, дело, газета, государство, статья, нога, линия, дождь, брат, лист, время, имя

3. 다음 단수명사를 격변화 시키시오.

   ученик, окно, дорога

4. 다음 복수명사를 격변화 시키시오.

   герои, поля, женщины

5. 다음명사의 복수생격 형태를 쓰시오.

   > ученик, лес, братья, листья, герой, товарищ, врач, письмо, здание деревья, женщина, семья

6. 다음문장중 공란에 주어진 명사의 복수생격을 알맞게 써 넣으시오.

   1) На ульцах Москвы большое движение_____.(автобус, автомобиль)

   2) В москве много _____ .(театр, музей)

   3) Я получил несколько _____ от _____.(письмо, товарищ)

   4) В году двенадцать _____.(месяц)

   5) В сентябре трицать _____. (день)

作文

1. 나는 음악에 대해 잘 모른다.

2. 그에게는 고백할 용기가 부족했다.

3. 그는 흥미있는 보고를 했다.

4. 내방의 창문들은 정원을 향하고 있다.

5. 그는 역사에 관한 강의를 했다.

6. 모스크바까지 편지가 가는데 얼마나 걸립니까?

7. 나는 이것을 신문에서 읽었다.

8. 이책은 유명한 작곡가의 인생에 관해 말하고 있다.

9. 그는 모스크바에 업무를 보기위해 갔다.

10. 그는 소장과의 상담을 위해 적당한 시간을 선택했다.

11. 당신은 당신이 제안한 한국문제에 대한 국제회담 실시가 시기적절하며 효과적이라고 생각하십니까?

重 要 表 現

1. **давать/дать кому (свой) адрес**: 주소를 건네주다
   Я дала ему свой адрес.

2. **сообщать/сообщить кому (свой) адрес**: 주소를 알려주다
   Чтобы он пришёл нужно сообщить ему наш адрес.

3. **посылать/послать что по какому адресу**: ~주소로 ~을 보내다
   Мы послали письмо по старому адресу.

4. **делать/сделать анализ чего**: ~을 분석하다
   Професор попросил сделать анализ текста.

5. **производить/произвести анализ чего**: ~에 대한 분석을 행하다
   В лаборатории произвели анализ вещества.

6. **сдавать/сдать что на анализ**: ~을 분석에 맡기다
   Вам нужно сдать кровь на анализ.

7. **вести беседу с кем**: ~와 토론을 하다
   проводить/провести беседу с кем:
   Декан ведет беседу с студентом.
   Я провел беседу с младшим братом.

8. **прерывать/прервать беседу**: 토론을 중단하다
   К сожалению нашу беседу прервали.

9. **жаловаться/пожаловаться на боль**: 고통을 호소하다
   Девочка пожаловалась на боль в серце.

10. **испытывать/испытать боль**: 아픔을 맛보다
    От удара он испытал острую боль.

11. **причинять/причинить кому боль** : ～에게 고통을 야기하다
    Его поведение причиняет мне боль.

12. **смягчать/смягчить боль** : 고통을 완화시키다
    Это лекарство смягчает боль.

13. **чувствовать боль** : 아픔을 느끼다
    Вы чувствуете боль в желудке?

14. **класть/положить кого в больницу** : ～을 병원에 입원시키다
    Его друга положили в больницу.

15. **выписывать/выписать кого из больницы** : ～을 병원에서 퇴원시키다
    Когда тебя выпишут из больницы?

16. **вести борьбу с кем(чем)** : ～에 대항하여 투쟁을 하다
    вести борьбу против кого(чего) :
    Милиция ведет борьбу с мафией.
    Колхозники ведут борьбу против засухи.

17. **возглавлять/возглавить борьбу** : 투쟁을 선도하다
    Он возглавил борьбу с преступной бандой.

18. **вступать/вступить в борьбу с кем** : ～에 대항한 투쟁의 길에 들어서다
    вступать/вступить на путь борьбы с кем :
    Мы вступили борьбу с наркоманией.
    Они вступили на путь борьбы с хульганами.

19. **выпускать/выпустить брак** : 불량품을 생산하다
    Завод выпустил брак.

20. **устранять/устранить брак** : 결함을 제거하다
    Устранить брак будет сложно.

【 독해 · 문법 · 작문 해답 】

〔讀解 演習〕

1. 봉투에 주소를 쓰는법: 러시아식으로는 처음에 나라, 우편번호, 그리고 도시, 거리, 번지, 호수를 쓴다는 것에 유의한다. 러시아에서는 약식으로 줄여쓰는 것이 통용되는 것을 기억해라.

2. 우주선은 지구주위를 도는반면 지구자체는 태양주위를 돈다. 지구는 우리 전체의 우주선이다. 지구는 위성 옆을 날으며 지구위에 있는 우리와 당신과 우리주위에 있는 모든 것들: 도시들, 숲들, 강들, 물고기들, 동물들, 새들이 날고 있다. 지구차제는 1년에 한 번 정확하게 태양을 돈다. 한번회전이 끝나고 다른회전이 시작될 때 낡은해는 가고 새해가 시작 된다.

3. 이것은 우리의 도서관이다. 이곳에서 우리는 책들, 교과서들, 사전들을 빌린다. 옆은 내가 즐겨 공부하는 열람실이다. 이곳은 항상 조용하다: 학생들은 열심히 공부를 한다: 읽고, 번역하고, 쓴다. 이곳에서는 항상 새로운 잡지들과 새로운 러시아, 영국, 프랑스 신문들을 읽을 수 있다.

4. 고대 그리스와 로마에서 우리에게 알려진 대부분의 채소들이 재배된 것으로 보아 학자들은 사람들이 배추, 순무, 양파, 오이, 가지를 4천년전에, 당근, 사탕무우, 무우, 마늘, 상치는 2천년전에 길들이기 시작했다는 결론에 도달했다. 토마토와 감자가 유럽에 나타난것은 비교적 오랜일이 아니다.

5. 세상에 사는 것, 서로 서로를 이해하는 것은 항상 사람의 가장중요한 과제가 되어왔다. 20세기에 사람들이 같이 해결해야만 될 많은 문제들이 사람들에게 나타났다. 바로 이때문에 우리시대에는 외국어들을 알아야 한다.

6. 지구상의 사람들은 여러 언어로 말을 한다. 사람과 마찬가지로 언어에도 家係가 있다. 가장 큰 가계는 인도유럽어이다. 영어, 그리스어, 러시아어, 프랑스어, 독일어, 인도어등이 인도유럽어중에서 유사하거나 유사하지 않은 언어들인 것이다.

7. 지하철은 아침 6시에 운행이 시작되며 밤 1시에 운행을 멈춘다. 버스, 트롤리버스 그리고 전차의 운행도 역시 아침 6시에 운행이 시작되나 밤 2시에 운행을 종료한다.

8. 우편은 동료들과의 정보교환을 위해 학자, 작가, 건축가, 설계자들에게 필요하다. 우편은 또한 공식서한과 업무서류들의 교환을 위해 기업들, 공공기관들과 조직체들에게 필요하다.

9. 일부 현 젊은이들이 정신적인 가치들 즉 음악에 대해 갖는 소비적 자세들이 매우 걱정이 된다. 바이올린을 배우려하지 않고 노래를 부르려하지 않는다. 테잎에 녹음된 음악들에 만족하고 있다. 스위치를 누르면 음악이 있고 배우고 생각할 필요가 없는것이다.

10. 환경의 보호, 영해상에서의 사고방지 분야에 대한 정부간 협력협정과 러시아와 한국 외무부간에 협의에 관한 의정서를 포함하여 다른 양측의 문서들이 서명되었다.

11. 모든 식품들에 대해 많은 좋은 말들을 할 수 있다. 우선 빵에 대해서는 단지 식품뿐만이 아니라 바로 노동의 특유한 상징으로 표현되고 있다.

〔長文 讀解〕

1.

권력은 새로운 러시아를 항상 반복한다. 그러나 여러분 만일 러시아가 새롭다면 왜 상징은 옛날것입니까? 국가의 상징을 만든다는 것은 국가앞에 놓여져있는 가장 어려운 문제는 아니다. 만일 새로운 상징을 만들지 않는다면 새로운 러시아를 만들수도 없는 것이다. 그러나 러시아는 새것도 옛날것도 필요치 않으며 바로 어떤정부가 오던지 상관없이 바뀌지 않는 러시아의 정신을 담고 있는 그런 상징이 필요한것이다.

현재 러시아에서 펄럭이고 있는 흰색, 파랑색, 빨간색의 삼색기는 뾰뜨르시대의 것이다. 운명의 아이러니다: 뾰뜨르 자신도 이깃발이 이상적인 것이 아니라고 생각했다. 1699년 뾰뜨르가 손수 그린 원본이 보관되어있다: 처음에 그는 삼색기를 그리고 그위에 색깔을 표시했다.(흰색, 파랑색, 주홍색 즉 빨강색), 그리고 그 깃발위에 대각선으로 안드렙스키 십자가를 그려 넣었다.

안드렙스키 깃발은 어디서 생긴것인가? 이것의 족보는 스코틀랜드 깃발에서 출발한다. 뾰뜨르가 1697-1698간 유럽여행중에 영국에서 선박제조기술 이론과정을 밟았다. 그때 그는 현재와 거의 차이가 없는 영국의 깃발을 항상 보게되었다. 파랑바탕색위에 스코트랜드의 수호자 안드레야 사도의 사선의 흰 십자가가 그려진 깃발이 8세기부터 스코트랜드의 국기가 되어왔는바 이것이 뾰뜨르의 머리속에 남게되었다. 종교적인 전통이 이 상징을 러시아에 연결시킨것이었다.

2.

6월 12일은 법정 공휴일입니다. 대통령으로서 본인은 모든 러시아사람들이 이날을 특별한 날로 받아들이기를 원합니다. 우리의 삶과는 먼 역사상의 특별한 사람을 기념하기 위한 날로 여기지 말고 바로 우리들의 특별한 날로 말입니다. 바로 우리나라 러시아의 날로 말입니다.

나에게, 정부에게, 국회의원들에게, 주지사들에게, 언론에, 권력에 국민들이 얼마나 옳은 요구들을 해왔는지 나는 알고있습니다. 누구도 러시아에서 불만의 목소리를 들을수 없다고 말할수 없읍니다. 그러나 자신에게 물어봅시다. 우리는 우리의 가족에게, 가까운 사람들에게, 친구들에게, 직장 동료들에게 무엇을 줄수 있을것인가를 생각해 봅시다.

만일 오늘 우리 러시아인이 자기를 한가족의 일원으로 느낄수 있다면 나는 행복할것입니다. 크고, 다민족적이고, 재능있고, 강한 위대한 러시아의 가족 말입니다. 누구도 혼자힘으로 이런 느낌을 갖을수는 없습니다. 이것은 수백만 러시아인의 애정의 수고인것입니다. 위대한 나라 — 이것은 엄청난 무기도 아니고 권리없는 국민도 아닙니다. 위대한 나라 — 이것은 주도적이고, 자립적이고, 재능있는 국민들입니다. 자신이 조국의 일원임을 잊지않고 있는 국민입니다.

친애하는 러시아국민 여러분! 우리의 중요한 국경일을 러시아의 날이라고 부를 것을 제의합니다. 우리는 러시아를 추상적인 사상위에 세우지 않을것입니다. 그 기반은 바로 국가는 우리 일 개인으로부터 시작된다는 개념인 것입니다. 또한 러시아 각시민이 얼마나 건강하고, 교육수준이 있고, 행복한가 하는 것이 종국적으로 우리 조국의 위대성의 척도인 것입니다. 본인은 우리의 꿈이 실현되도록 제가 할 수 있는 모든것을 할 것입니다.

친애하는 국민 여러분 국경일을 축하 합니다. 「러시아의 날」을 축하합니다.

〈文法연습〉

1. 남성: дом, нож, карандаш, край, бой

   여성: страна, земля, одина, деревня

   중성: письмо, поле, лицо, животное, имя, время

2. глза, дома, леса, города, номера, снега, острова, письма, дела, газеты, государства, статьи, ноги, линии, дожди, братья, листья, вренена, имена

3.

격	ученик	окно	дорога
주격	ученик	окно	дорога
생격	ученика	окна	дороги
여격	ученику	окну	дороге
대격	ученика	окно	дорогу
전치	учеником	окном	дорогой
조격	ученике	окне	дороге

4.

격	гегои	поля	женщины
주격	герои	поля	женщины
생격	героев	полей	женщин
여격	героям	полям	женщинам
대격	героев	поля	женшин
전치	героями	полями	женщинами
조격	героях	полях	женщинах

1. 名詞

5. учеиков, лесов, братьев, литьев, героев, товарищей, врачей, писем, зданий деревьев, женщин, семей

6. 1) автобусов, автомобилей, 2) театров, музев,
   3) писем, товарищей 4) месяцев, 5) дней

〈作文〉

1. Я плохо разбираюсь в музыке.
2. У него не хватило мужество признаться.
3. Он сделал интересный доклад.
4. Окна моей комнаты выходят в сад.
5. Он прочитал лекцию по истории.
6. Сколько времени идёт письмо в Москву?
7. Я прочитал об этом в газете.
8. Это книга рассказывает о жизни известного композитора.
9. Он поехал в Москву по делу.
10. Он выбрал подходящее время для беседы с директором.
11. Считаете ли бы, что ваши предложения о проведении международной конференции по Корее современы и полезны?

2. 대명사(代名詞)

기본 문법

1. 인칭대명사
(1) 인칭대명사의 분류
(2) 1인칭, 2인칭 대명사 변화
　1) ① **Я** изучаю русский язык.　② У **меня** был гость.
　　③ **Ко мне** пришёл друг.　④ **Меня** зовут Ким.
　　⑤ Он незнаком **со мной**.
　　⑥ Наверно он говорил вам **обо мне**.
　2) ① Что **ты** делаешь?　② У **тебя** есть карандаш?
　　③ Олег! **к тебе** телефон!　④ Как **тебя** зовут?
　　⑤ Всегда я **с тобой**!　⑥ Он часто говорил мне **о тебе**.
　3) ① **Мы** изучаем русский язык.　② У **нас** есть всё что ты хочешь.
　　③ **К нам** приходите в гость!　④ Она пригласила **нас** на день.
　　⑤ Давайте пойдём **с нами**.　⑥ О **нас** много пишут.
　4) ① **Вы** хорошо знаете русский язык.
　　② У **вас** нет ничего.
　　③ **К вам** пришло письмо из Москвы.
　　④ Как **вас** зовут?　⑤ Я не могу идти **с вами**.
　　⑥ О **вас** говорят очень плохо.

1. 인칭대명사

(1) 인칭대명사의 분류

	단 수	복 수
1인칭 대명사	Я (나)	МЫ (우리)
2인칭 대명사	ТЫ (너)	ВЫ (당신)
3인칭 대명사	ОН(그이), ОНА(그녀), ОНО(그것)	ОНИ (그들)

※ 인칭대명사는 1인칭, 2인칭, 3인칭으로 분류되며 격에 따라 변화한다.

(2) 1인칭, 2인칭 대명사 격변화

주격	я	ты	мы	вы
생격	меня	тебя	нас	вас
여격	мне	тебе	нам	вам
대격	меня	тебя	нас	вас
조격	мной	тобой	нами	вами
전치	обо мне	о тебе	о нас	о вас

1) ① 나는 러시아어를 공부한다.   ② 내게 손님이 있다.
   ③ 내게 친구가 왔다.   ④ 내 이름은 김이다.
   ⑤ 그는 나를 모른다.
   ⑥ 아마도 그는 나에 대해서 당신에게 이야기 했다.

2) ① 너는 무엇을 하니?   ② 네게 연필이 있니?
   ③ 올레그! 네게 전화가 왔어!   ④ 네 이름이 뭐니?
   ⑤ 나는 언제나 너와 함께있다!   ⑥ 그는 자주 내게 너에대해 이야기했다.

3) ① 우리는 러시아어를 공부한다.   ② 우리에게 네가 원하는 모든 것이 있다.
   ③ 우리에게 손님으로 오세요!   ④ 그녀는 낮에 우리를 초대했다.
   ⑤ 우리와 함께 갑시다.   ⑥ 우리들에 대해 많은사람들이 글을 쓴다.

4) ① 당신은 러시아어를 잘 안다.   ② 당신에게는 아무것도 없다.
   ③ 당신에게 모스크바로부터 편지가 왔다.
   ④ 당신 이름은 무엇입니까?   ⑤ 나는 당신과 함께 갈수 없습니다.
   ⑥ 당신에 대해 매우 나쁘게 이야기들 한다.

(3) 3인칭 대명사 변화
  1) ① **Он** уже немного говорит по-русски.
     ② **Его** не было дома.   ③ Я помогаю **ему**.
     ④ Я могу пригласить **его** на вечер.
     ⑤ Я всегда рада с **ним**. ⑥ О **нём** никто не говорит.
  2) ① **Она** понимает по-русски. ② Завтра **её** не будет дома.
     ③ Передайте **ей** письмо. ④ Кто знает **её**?
     ⑤ Я всегда рад с **ней**. ⑥ О **ней** говорили прекрасно.
  3) ① **Они** разговаривают. ② У **них** есть эта книга.
     ③ Мой друг помогает **им**. ④ Никто не узнавали **их**.
     ⑤ Очень опасно поити с **ними**.
     ⑥ Сейчас о **них** никто не пишут.

(3) 3인칭 대명사 격변화

주격	он (оно)	она	они
생격	его (у него)	её (у неё)	их (у них)
여격	ему (к нему)	ей (к ней)	им (к ним)
대격	его (на него)	её (на неё)	их (на них)
조격	им (с ним)	ей, ею (с ней, с нею)	ими (с ними)
전치	о нём	о ней	о них

※ он, она, оно, они의 변화형이 전치사와 함께 사용될시에는 "н"이 앞에 첨부된다.

1) ① 그는 벌써 러시아어를 조금 말한다. ② 그는 집에 없었다.
   ③ 나는 그를 돕는다. ④ 나는 그를 저녁에 초대할 수 있다.
   ⑤ 나는 그와함께 있는 것이 항상 기쁘다. ⑥ 그에 대해 누구도 말하지 않는다

2) ① 그녀는 러시아어를 이해한다. ② 내일 그녀는 집에 없을 것이다.
   ③ 그녀에게 편지를 전해주십시오. ④ 누가 그녀를 압니까?
   ⑤ 나는 그녀와 함께 있는 것이 항상 기쁘다.
   ⑥ 그녀에 대해 아주 좋게 이야기들 했다.

3) ① 그들은 이야기를 한다. ② 그들에게 이책이 있다.
   ③ 내친구는 그들을 돕는다. ④ 누구도 그들을 알아보지 못했다.
   ⑤ 그들과 함께 가는 것은 매우 위험하다. ⑥ 지금 그들에 대해 누구도 글을 쓰지 않는다.

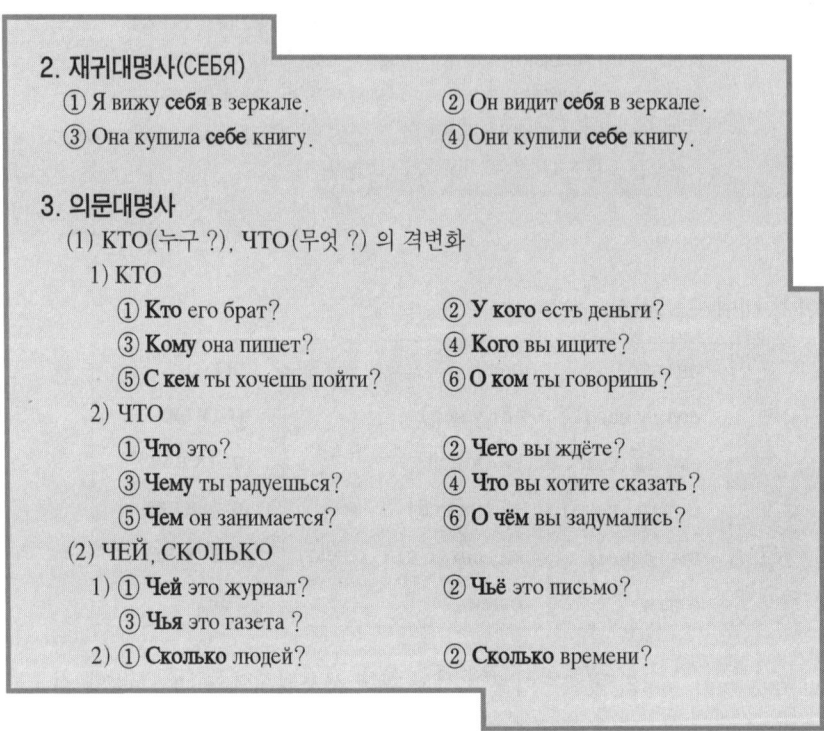

2. 재귀대명사 СЕБЯ

생격	себя
여격	себе
대격	себя
조격	собой (собою)
전치	о себе

※ себя(자신)는 주격이 없으며 성이나 수에따라 변화하지 않는다.

① 나는 거울에 있는 나를 보았다.   ② 그는 거울에 있는 자신을 보았다.
③ 그녀는 자기 책을 샀다.   ④ 그들은 자기 책을 샀다.

3. 의문대명사

(1) КТО(누구 ?) ЧТО(무엇 ?) 의 격변화

주격	кто?	что?
생격	кого?	чего?
여격	кому?	чему?
대격	кого?	что?
조격	кем?	чем?
전치	о ком?	о чём?

1) ① 누가 그의 동생입니까?   ② 누구에게 돈이 있읍니까?
   ③ 그녀는 누구에게 편지를 씁니까?   ④ 당신은 누구를 찾습니까?
   ⑤ 너는 누구와 함께 가기를 원하니?   ⑥ 너는 무엇에 대해 말하고 있니?

2) ① 이것은 무엇입니까?   ② 당신은 무엇을 기다리고 있읍니까?
   ③ 너는 무엇을 기뻐하고 있니?   ④ 당신은 무슨말을 하고 싶습니까?
   ⑤ 그는 무엇을 하고 있습니까?   ⑥ 당신은 무엇에 대해 생각했읍니까?

(2) ЧЕЙ(누구의 ?) СКOKЬКO(얼마 ?) 의 격변화

주격	чей?, чиё?	чья?	чьи?	сколько?
생격	чьего?	чьей?	чьих?	скольких?
여격	чьему?	чьей?	чьим?	скольким?
대격	чьего?	чью?	чьи(чьих)?	сколько(стольких)?
조격	чьим?	чьей?	чьими?	сколькими?
전치	о чьём?	о чьей?	о чьих?	о стольких?

1) ① 이것은 누구의 잡지입니까?   ② 이것은 누구의 편지입니까?
   ③ 이것은 누구의 신문입니까?
2) ① 사람이 얼마나 됩니까?   ② 몇시 입니까?

> **4. 소유대명사**
> (1),(2) 性에 따른 변화
> 1) ① Это **мой** журнал.   ② Это **моя** газета.   ③ Это **моё** письмо.
> 2) ① Это **твой** журнал.   ② это **твоя** газета.   ③ это **твоё** письмо.
> 3) ① Это **наш** Журнал.   ② Это **наша** газета.   ③ Это **наше** письмо.
> 4) ① Это **ваш** Журнал.   ② Это **ваша** газета.   ③ Это **ваше** письмо.
> 5) ① Это **его** урнал.   ② Это **её** газета.   ③ Это **её** письмо.
> 6) ① Это **их** журнал.   ② Это **их** газета.   ③ Это **их** письмо.
> (3) **СВОЙ**
> ① Из окна **своего** дома я вижу парк.
> ② Вчера я послал письмо **своему** брату.
> ③ Ты забыл **свою** книгу в аудитории.
> ④ Он сделал это **своими** силами.
> ⑤ Он рассказал о **своей** работе.
> ⑥ Вам необходимо исправить **свои** ошибки.
> ⑦ Мне нужно собрать **свои** вещь.

4. 소유대명사

(1) чей? чья? чьё? чьи? 의 질문에 호응하는 소유대명사는 성, 수에 따라 변화한다.

1) ① 이것은 나의 잡지다.   ② 이것은 나의 신문이다.   ③ 이것은 나의 편지이다.
2) ① 이것은 너의 잡지이다.   ② 이것은 너의 신문이다.   ③ 이것은 너의 편지이다.
3) ① 이것은 우리 잡지이다.   ② 이것은 우리 신문이다.   ③ 이것은 우리 편지이다.
4) ① 이것은 당신의 잡지이다.   ② 이것은 당신의 신문이다.
   ③ 이것은 당신의 편지이다.
5) ① 이것은 그의 잡지이다.   ② 이것은 그녀의 신문이다.

③ 이것은 그녀의 편지이다.
　6) ① 이것은 그들의 잡지이다.　　　　② 이것은 그들의 신문이다.
　　　③ 이것은 그들의 편지이다.

(2) "나의"에 해당하는 МОЙ(남성), МОЁ(중성), МОЯ(여성), МОИ(복수) 및 "우리의"에 해당되는 소유대명사 НАШ(남성), НАШЕ(중성), НАША(여성) 및 НАШИ(복수)의 격변화는 다음과 같다.

주격	мой, моё	моя	мои	наш, наше	наша	наши
생격	моего	моей	моих	нашего	нашей	наших
여격	моему	моей	моим	нашему	нашей	нашим
대격	мой, моё (моего)	мою	мои (моих)	наш, наше (нашего)	нашу	наши (наших)
조격	моим	моей	моими	нашим	нашей	нашими
전치	о моём	о моей	о моих	о нашем	о нашей	о наших

　※ "너의"에 해당하는 твой 는 мой 와 동일하게 변화하며 ваш 는 наш 와 동일하게 변화한다. 3인칭 он(оно), она, они 의 소유대명사인 его, её, их의 변화는 인칭대명사와 동일하다.

(3) СВОЙ(자신의) 의 용법
　※ свой는 мой, твой와 동일하게 성, 수, 격에 따라 변화한다.

　　① 내 집 창문으로부터 나는 공원을 본다.
　　② 어제 나는 내동생에게 편지를 보냈다.
　　③ 너는 강의실에 너의 책을 두고 나왔다.
　　④ 그는 자신의 힘으로 이것을 했다.
　　⑤ 그는 자신이 일에 대해 이야기 했다.
　　⑥ 당신은 자신의 실수들을 바로잡아야 합니다.
　　⑦ 나는 내짐을 챙겨야 한다.

5. 지시대명사

(1) ЭТОТ, ТОТ

1) ① **Этот** студент хорошо учится. (남)
   ② **Эта** книга очень интересная. (여)
   ③ Я хочу купить **это** пальто. (중)
   ④ **Эти** дома ещё строятся. (복)

2) ① Он вошёл вон в **тот** дом. (남)   ② Дай мне **ту** тетрадь. (여)
   ③ Я принёс **то**, что ты просил. (중)
   ④ Дай мне эти книги, а **те** книги оставь себе. (복)

3) ЭТО
   ① **Это** мой брат, а это моя сестра.
   ② **Это** ваши дети?   ③ **Это** была интересная лекция.
   ④ **Это** были они.   ⑤ **Это** будет новая школа.

(2) ТАКОЙ
   ① **Такой** человек нам нужен.   ② Никогда я не видел **такую** птицу.

(3) СТОЛЬКО
   Принеси восемь тарелок и **столько** же стаканов.

5. 지시대명사

(1) ЭТОТ(이것), ТОТ(저것)의 변화

격	남성 · 중성		여 성		복 수	
주격	этот, это	тот, то	эта	та	эти	те
생격	этого	того	этой	той	этих	тех
여격	этому	тому	этой	той	этим	тем
대격	этот(этого)	тот(того)	эту	ту	эти(этих)	те(тех)
조격	этим	тем	этой	той	этими	теми
전치	об этом	о том	об этой	о той	об этих	о тех

1) ① 이 학생은 열심히 배운다.   ② 이 책은 매우 재미있다.
   ③ 나는 이외투를 사고싶다.   ④ 이 집들은 아직 건축중이다.
2) ① 그는 바로 저 집으로 들어갔다.   ② 내게 저 공책을 다오.

③ 나는 네가 요청한 것을 가져왔다.
④ 이 책들은 내게주고 저책들은 네게 두어라.
3) ① 얘가 나의 남동생이고 얘가 여동생이다.
② 얘들이 당신들의 아이들 입니까? ③ 이것은 재미있는 강의 였다.
④ 이들이 그들 이었다. ⑤ 이것은 새 학교가 될것이다.

※ 1) этот, 2) тот는 성·수·격에 따라 변화한다
3) это는 주어로 사용되는 유일한 형태로서 사람이나 사물을 지칭하며 성·수에 따라 변화하지 않는다. 연결동사 быть는 과거와 현재시제에서 사용된다.

(2) ТАКОЙ(그와 같은)의 용법

※ 대상의 질과 수량을 지시하며 형용사와 동일하게 수,량,격에 따라 변화한다.
① 그와 같은 사람이 우리에게 필요하다. ② 나는 그와같은 새를 한 번도 본적이 없다.

(3) СТОЛЬКО(그와 같은 수·량) 의 격변화

주격	столько
생격	стольких
여격	стольким
대격	столько(стольких)
조격	столькими
전치	о стольких

(접시 8개와 그와 동일한수의 컵을 가져와라)

> ## 6. 정대명사(定代名詞)
>
> (1) САМ
>
> 1) ① Я **сам** хочу понять это.　② Он **сам** это знает.
>   ③ Она это придумала **сама**.　④ Это было сделано им **самим**.
> 2) ① **Сам** директор распорядился.　② Скажи это ему **самому**.
>   ③ Это зависит от тебя **самого**.
> 3) ① Ты плохо знаешь **самого** себя. ② Он сам над **собой** смеялся.
>   ③ Он обвинял во всём только **самого** себя.
> 4) ① **само собой** разумеется.
>   ② Дверь **сама собой** открывалась.
>   ③ Земля **сама по себе** не имеет ценность.
>
> (2) САМЫЙ
>
> 1) ① Вы тот **самый** человек, которого я хотел повидать.
>   ② Это та **самая** вещь, о которая мне нужна.
>   ③ Как раз в это **самое** время.
> 2) ① Была **самая** середина лета.
>   ② Ему пришлось заплатить **самую** малость.
>   ③ Дом стоит у **самого** моря.
> 3) ① Он пришёл **самым** первым. ② Эта дорога **самая** короткая.

6. 정대명사(定代名詞)

(1) САМ(자신, 스스로)

〔 САМ 의 격변화 〕

주격	сам	сама	сами
생격	самого	самой	самих
여격	самому	самой	самим
대격	самого	саму(самоё)	самих
조격	самим	самой	самими
전치	о самим	самой	самих

1) "스스로"의 의미
   ① 나 스스로 이것을 이해하고 싶다. ② 그는 스스로 이것을 안다.
   ③ 그녀 혼자서 이것을 생각해냈다.
   ④ 이것은 자체적으로 그렇게 된것이다.

2) 특정인이나 대상의 강조
   ① 관리자가 직접 관리했다. ② 바로 그에게 이것을 이야기 해라.
   ③ 이것은 너자신에게 달려있다.

3) себя와 함께 사용
   ① 너는 자신을 잘 모른다. ② 그는 자기자신을 비웃었다.
   ③ 그는 모든 일에 있어서 자신만을 책했다.

4) 節의 일부로 사용
   ① 물론이다. ② 문이 스스로 열렸다.
   ③ 땅은 그 자체로서 가치를 지니고 있지 않다.

(2) САМЫЙ (그와 같은, 가장)

1) 같은, 바로그것, 바로 저것의 의미
   ① 당신은 내가 만나고 싶었던 바로 그 사람이다.
   ② 이것은 내게 필요한 바로 그 물건이다.
   ③ 마침 바로 그시간이다.

2) 장소나 시간의 한계를 의미
   ① 일년중 한 중간 이었다. ② 그는 가장 적은 것을 지불해야했다.
   ③ 집은 바로 바닷가에 서있다.

3) 형용사와 함께 최상급비교의 의미
   ① 그는 가장 먼저 왔다. ② 이길이 가장 짧은길이다.

(3) ВЕСЬ
1) ① **все** студенты изучали философию.
   ② Расскажите мне **всю** историю.
   ③ Я прочитал не **все** книги.
2) ① **Все** говорят, что он не прав.　② Я сделал это для **всех**.
   ③ Он сказал об этом **при всех**.
   ④ **Всем**, кто там был, нравилось это место.
   ⑤ Сделай **всё**, что ты можешь.

(4) КАЖДЫЙ
1) ① **Каждый** день я читаю книгу.
   ② С **каждым** днём становится теплее.
2) **Каждый** по-своему думал о будущем.

(5) ЛЮБОЙ, ВСЯКИЙ
1) ① Это знает **любой** студент.　② Звоните мне **в любое** время.
2) ① **Всякий** человек может сделать это.
   ② Там были **всякие** люди.

(3) "모두, 전부"의 의미를 갖고있는 ВЕСЬ(남성), ВСЁ(중성), ВСЯ(여성), ВСЕ(복수)

〔격변화〕

주격	весь(всё) народ	вся страна	все народы
생격	всего народа	всей страны	всех народов
여격	всему народу	всей стране	всем народам
대격	весь(всё) народ	всю страну	все народы
조격	всем народом	всей страной	всеми народами
전치	обо всём народе	обо всей стране	обо всех народах

1) 형용사적 용법
   ① 모든 대학생들이 철학을 공부했다.　② 내게 모든일을 이야기 해주십시요.

③ 나는 모든책을 읽지는 못했다.
2) 명사적 용법
① 그가 옳다고 모두가 말한다.　　② 나는 모두를 위해 이것을 했다.
③ 그는 모두앞에서 이것에 대해 말했다.
④ 그곳에 있었던 모든 사람들에게 이 장소가 마음에 들었다.
⑤ 네가 할 수 있는 모든 것을 해라.

(4) КАЖДЫЙ의 용법

1) "모두"의 의미로 사용
① 매일 나는 책을 읽는다.　　② 매일 낮에는 따뜻해진다.
2) "각기"의 의미로 사용 (각자가 나름대로 미래를 생각했다.)

(5) ЛЮБОЙ(모든, 임의의) ВСЯКИЙ(모든, 어느것이나)의 용법

1) 유사한 대상이나 사람들중 하나의 수를 가르킨다.
① 어떤학생도 이것을 안다.　　② 언제라도 내게 전화 하세요.
2) ВСЯКИЙ는 또한 "모든종류의"의 의미를 갖고있다.
① 모든 사람이 이것을 할 수 있다.　　② 그곳에 모든 종류의 사람들이 있었다.

7. 부정대명사(否定代名詞)

(1) НИКТО, НИЧТО, НИКАКОЙ, НИЧЕЙ

  1) НИКТО
    ① **Никто** его не видел.
    ② Прошу вас **Никому** об этом не говорить.
    ③ Я **никого** не встретил там. ④ Он **никем** не доволен.
    ⑤ Он **ни о ком** не говорил.

  2) НИЧТО
    ① **Ничто** не поможет. ② Нет там **ничего** интересного.
    ③ Он **ничему** не верит. ④ Я **ничего** не делал.
    ⑤ Он **ничем** не занят.
    ⑥ Мы **ни о чём** серьёзном не говорили.

  3) НИКАКОЙ
    ① **Никакие** препятствия не могли остановить его.
    ② Нет **никакого** сомнения, что он прав.
    ③ **Ни к какому** выводу он не пришёл.
    ④ **Ни о какой** премии я не мечтал.

  4) НИЧЕЙ
    ① **Ничьих** вещей не трогай.
    ② Я не нуждаюсь **ни в чьей** помощи.

(2) НЕКОГО, НЕЧЕГО

  1) НЕКОГО
    ① Мне бояться **некого** и нечего.
    ② **Не у кого** спросить об этом.
    ③ Мне **не к кому** обратиться. ④ **Некого** послать за лекарством.
    ⑤ Ей **не с кем** поговорить. ⑥ Им **не о ком** заботиться.

  2) НЕЧЕГО
    ① Мне **нечего** читать. ② Мне больше **нечего** сказать.

---

7. 부정대명사(否定代名詞)

(1) НИКТО(아무도), НИЧТО(아무것도), НИКАКОЙ(아무런), НИЧЕЙ(누구의)의 용법

  ※ 부정대명사 никто, ничто는 일반적으로 주어와 목적어의 용법으로 자주 쓰이며

никакой, ничей는 형용사적 용법으로 쓰인다. 항상 не와 함께 쓰이며 кто, что, какой, чей의 격변화와 동일

1) ① 누구도 그를 보지 못했다.
   ② 누구에게도 이것에 대해 말하지 마십시요.
   ③ 그곳에서 나는 누구도 만나지 못했다.
   ④ 그는 무엇에도 만족하지 못한다.
   ⑤ 그는 누구에 대해서도 이야기 하지 않았다.
2) ① 그아무것도 도울수 없다.
   ② 그곳에 아무것도 재미있는 것이라고는 없다.
   ③ 그는 아무것도 않믿는다.
   ④ 나는 아무것도 하지 않았다.
   ⑤ 그는 아무것에도 바쁘지 않다.
   ⑥ 우리는 아무것도 심각한것에 대해 이야기하지 않았다.
3) ① 아무런 장애도 그를 멈추게할수 없었다.
   ② 그가 옳다는것에 대해 아무런 의심이 없다.
   ③ 그는 아무런 결론에도 도달하지 못했다.
   ④ 나는 아무런 상도 바라지 않았다.
4) ① 누구의 물건도 건드리지 마라.   ② 나는 누구의 도움도 필요하지 않다.

(2) НЕКОГО(아무도), НЕЧЕГО(아무것도)의 용법
※ некого, нечего는 무인칭문에 쓰이며 행위자나 대상의 不在로 불가능을 표현할 때 쓰인다. кто, что의 격변화와 동일하며 주격이 없음.

1) ① 나는 그누구도 그무엇도 두려워하지 않는다.
   ② 이것에 대해 물어볼 사람이 없다.   ③ 나는 상담할 만한 사람이 없다.
   ④ 약을 사러 보낼 사람이 없다.   ⑤ 그녀는 말할 사람이 없다.
   ⑥ 그는 근심거리가 없다.
2) ① 나는 읽을것이 없다.   ② 나는 더 이상 이야기 할것이 없다.

> ## 8. 부정대명사(不定代名詞)
>
> (1) КТО-ТО, ЧТО-ТО, ЧЕЙ-ТО, КАКОЙ-ТО
>
> ① **Кто-то** стучит в дверь.   ② У меня для тебя **что-то** есть.
> ③ Я нашёл **чей-то** портфель.
> ④ **Какой-то** человек хочет поговорить с тобой.
>
> (2) КТО-НИБУДЬ, ЧТО-НИБУДЬ, ЧЕЙ-НИБУДЬ, КАКОЙ-НИБУДЬ
>
> ① Если **кто-нибудь** придёт, позовите меня.
> ② Дайте мне **что-нибудь** почитать.
> ③ Принесите мне **чью-нибудь** книгу.
> ④ Нужно принять **какое-нибудь** решение.
>
> (3) КОЕ-КТО, КОЕ-КУДА, КОЕ-ГДЕ, КОЕ-КАК, КОЕ-КАКОЙ, КОЕ-ЧТО
>
> ① **Кое-кто** уехал раньше.   ② Я знаю **кое-кого** из них.
> ③ Мне ещё надо **кое-куда** сходить.
> ④ **Кое-где** встречались берёзы.
> ⑤ Они **кое-как** добрались домой.
> ⑥ Он сообщил **кое-какие** новости.
> ⑦ Он **кое-что** понимает по-испански.

8. 부정대명사(不定代名詞)

(1) КТО-ТО(누군가), ЧТО-ТО(무언가), ЧЕЙ-ТО(누군가의), КАКОЙ-ТО(어떤)의 용법

※ -то는 말하는 사람에게는 알려지지 않았지만 다른사람에게는 알려졌을지도 모를 不定의 대상이나 인물을 가르킨다. кто, что, чей, какой의 격변화와 동일

① 누군가 문을 두드린다.   ② 내게 너를 위한 무언가가 있다.
③ 나는 누군가의 사진을 찾았다.   ④ 어떤 사람이 너와 말하기를 원한다.

(2) КТО-НИБУДЬ(누군가, 누구이든), ЧТО-НИБУДЬ(무언가, 무엇이든), ЧЕЙ-НИБУДЬ(누군가의), КАКОЙ-НИБУДЬ(어떤)의 용법

※ -нибудь, либо는 말하는 사람은 물론 그 누구에게도 알려지지 않은 不定의 대상이나 인물을 가르킨다. кто-либо, что-либо, чей-либо, какой-либо도 동일한 의미를 갖고 있으며 кто, что, чей, какой의 격변화와 동일

① 만일 누구던지 오면, 나를 부르세요.
② 내게 무엇이든지 읽을 것을 주세요.
③ 내게 그 누구것의 책이든지 가져오세요.
④ 그 어떠한 결정을 내려야한다.

(3) КОЕ-КТО(누군가), КОЕ-ЧТО(무언가), КОЕ-ЧЕЙ(누군가의), КОЕ-КАКОЙ(어떤)의 용법

※ кое-는 말하는 사람은 알고있지만 듣는 사람은 모르고있는 그 무엇을 가르킨다.

① 누군가 일찍 떠났다.
② 나는 그들중에 누군가를 안다.
③ 나는 어딘가 갔다와야 한다.
④ 어디선가 자작나무들과 마주쳤었다.
⑤ 그들은 어떻겐가 집에 다다랐다.
⑥ 그는 어떤 소식들을 알렸다.
⑦ 그는 스페인어로 무엇인가를 이해한다.

(4) НЕКТО, НЕЧТО, НЕКИЙ, НЕКОТОРЫЙ, НЕСКОЛЬКО

1) ① Пришёл **некто** Иванов.   ② Случилось **нечто** удивительно.
2) Приехал **некий** художник.
3) ① Есть **некоторая** надежда на успех.
   ② **некоторые** студенты не ездили на экскурсию.
4) ① Через **несколько** дней он уехал из Москвы.
   ② Туристы разместились **в нескольких** палатках.
   ③ Я поговорил **с несколькими** работниками.

2. 代 名 詞

(4) НЕКТО(어떤), НЕЧТО(무엇), НЕКИЙ(어떤), НЕКОТОРЫЙ(약간의), НЕСКОКЬКО(여럿)의 용법

1) некто, нечто는 주격과 대격으로만 사용되며 항상 형용사을 동반한다.
   ① 이바노프라는 사람이 왔다.   ② 무엇인가 놀라운 일이 일어났다.

2) некий는 형용사적 용법으로 쓰이며 형용사와 같이 격에따라 변화다.
   (어떤 예술가가 왔다)

3) некоторый는 кое-какой, кое-что, кое-кто와 유사한 의미를 갖고있으며 형용사와 같이 격에따라 변화한다.
   ① 성공에 대한 약간의 희망이 있다.   ② 몇몇 학생들이 관광을 가지 않았다.

4) несколько는 대상의 부정확한 숫자를 가르킨다. 명사복수 생격과 함께 사용
   ① 며칠이 지나서 그는 모스크바를 떠났다.
   ② 관광객들은 몇 개의 텐트로 흩어졌다.
   ③ 나는 몇몇 일꾼들과 이야기를 했다.

9. 관계대명사(КОТОРЫЙ)

(1) 성과 수에 따라 변화
  ① Я уже видел этот фильм, **который** вы советуете посмотреть.(남)
  ② Девушка, **которая** передала вам этот торт, мая хорошая знакомая.(여)
  ③ Я не знаю слово, **которое** вы сейчас сказали.(중)
  ④ Мы знаем все слова, **которые** были в последем тексте.(복수)

(2) 격에 따라 변화
  ① Я отдыхал в санатории, **который** находится на Кавказе.(주격)
  ② Книга, **которой** у меня сейчас нет, очень ценная.(생격)
  ③ Я не знаю студента, **которому** я дал свой словарь.(여격)
  ④ Мне нравятся песни, **которые** поёт наш хор.(대격)
  ⑤ Мои родители знакомы с инженером, **с которым** я работаю.(조격)
  ⑥ Утром я встретил друга, **о котором** я говорил вам.(전치격)

9. 관계대명사(который) 용법

(1) 관계대명사 который는 수식하는 명사의 性과 數에 따라 변화한다.

① 당신이 보라고 권유하는 이영화를 나는 벌써 보았다.
② 이 케익을 당신에게 준 아가씨는 내가 잘알고있는 사람이다.
③ 당신이 방금 말한 그단어를 나는 모른다.
④ 우리는 마지막 텍스트에 있었던 모든 단어들을 알고있다.

(2) каторый는 종속절내에서 술어동사가 취하는 격에 따라 변화한다.

주 절	종 속 절
Сегодня ко мне придёт друг,	у которого я попросил денги. (생격)
	которому я помог. (여격)
	которого я встретил вчера. (대격)
	с которым я вместе работал в фирме. (조격)
	о котором я вам говорил. (전치격)

① 나는 까쁘까즈에 있는 휴양소에서 쉬었다.
② 지금 내게 없는 그 책은 매우 비싼책이다.
③ 나는 내 사전을 준 학생을 모른다.
④ 우리 합창단이 부르는 노래들이 내 맘에 든다.
⑤ 우리 부모님은 내가 함께 일하고 있는 엔진니어와는 아는사이 이다.
⑥ 내가 당신에게 말했던 그 친구를 오늘아침 만났다.

讀解演習

1. Меня зовут Петя, моя фамилия Петров. Я хочу с тобой переписываться. Мы живём в Москве. Моя мама - инженер, а папа - строитель. Он строит дома. Я тоже хочу стать строителем. У меня есть старший брат и младшая сестра. Старшему брату 12 лет, он учится в 6 классе, младшей сестре 7 лет, она ходит в первый класс.

☞ 인칭대명사 격변화용법/стать чем： ～이되다

2. Сегодня Наташа очень всёлая: у неё день рождения и её друзья придут в гости. Она ждёт их. Она приготовила сегодня вкусный обед: ведь Наташа - хорошая хозяйка.

☞ 인칭대명사 격변화용법

3. Знаете ли вы, ребята, что космос помагает людям лучше узнать Землю? На космических кораблях находятся фотоаппараты. Они фотографируют Землю. Эти портреты Земли нужны учёным. Это фотография соснового леса из космоса. По ней можно подсчитать деревья в лесу.

☞ 지시대명사 этот 용법/сосновый: 소나무의

▷ **КЛЮЧ**: Я вижу себя в зеркале.

4. - Какие качества, по-вашему, должны быть у современного человека?
- Надо быть самостоятельным в делах и в мыслях, хотеть знать больше, уважать людей и с юмором относиться к своим успехом. Мы, взрослые, не должны считать себя образцом. Не всё то, что мы любим, должно нравиться молодым.

☞ 재귀대명사 себя 는 대격/по-вашему: 당신의 의견으로는

▷ **КЛЮЧ**: Ты забыл **свою** книгу в аудитории.

5. Я думаю, что человек не должен сидеть и ждать, когда призвание придёт к нему. Надо стараться хорошо делать **своё** дело, даже если оно тебе не очень нравится. Моя самая большая радость - победить своё "не хочу".

☞ 소유대명사 свой 용법, свой는 중성 대격/даже если = если даже: 비록 ~일지라도
Даже если бы они извинились, я бы их не простил.
(비록 그들이 사과했을지라도 나는 그들을 용서하지 않았을 것이다)

▷ **КЛЮЧ**: Эта дорога **самая** короткая.

6. Дети - наше послание завтрашнему дню, который может не состояться. Дети - **самая** добрая и искренняя сущность человечества. Простая, несложная истина кажется единственной формулой продолжения жизни: чтобы был на земле мир, надо воспитать мирное поколение.

☞ 定代名詞 самая 는 최상급의 의미/сущность: 본체, 본질

▷ **КЛЮЧ**: **Все** студенты изучали философию.

7. Солнце выглянуло на небе и светом своим облило степь. Ничто в природе не могло быть лучше. **вся** поверхность земли представлялась зерно-золотым океаном, по которому брызнули миллионы разных цветов. Воздух был наполнены тысячью разных птичьих свистов.

☞ 定代名詞 вся은 형용사적 용법/наполен чем: ~으로 가득(충만)하다

▷ **КЛЮЧ**: **Каждый** день я читаю книгу.

8. Дата первых Олимпийских игр – 776 год до н.э. Олимпийские игры проводилось **каждые** четыре года без перерывов до 394 года н.э., когда римский император Феодоский выпустил эдикт, их запрещающий. До этого времени Олимпийские игры никогда не прерывались, не откладывались.

☞ 定代名詞 каждые 는 모두에 의미 용법/до н.э. = до нашей эры: 기원전/без перерыва: 끊임없이

▷ **КЛЮЧ**: **Никто** его не видел.

9. **Никто** не скажет, что не следует пахать землю, убить лес, ловить рыбу, добывать уголь, нефть. Без этого мы не существовать не можем. Кроме того, можем помогать природе полнее раскрывать свои жизненные силы. А ей нередко наносят огромный ущерб. Необходимо заботиться о природе. Воспитание любови к ней должно начинаться в семье и школе.

☞ 否定代名詞 никто 는 주어/следует: 해야한다, не следует: 해서는 안된다 /кроме того: 그외에, 뿐만아니라 /любовь к чему: ~에 대한 사랑, любовь к родине: 조국애

▷ **КЛЮЧ**: **Никакие** препятствия не могли остановить его.

10. В международных делах, в решении спорных проблем успех возможен, если государства будут ориентироваться не на то, что разделяет современный ми, а на то, что сближает государства. **Никакие** социальные и политические различия, **никакие** расхождения в идеологии и религиозных убеждениях не должны мешать государствам о том, чтобы принципы мирного сосуществования и дружественного сотрудничества свято и неукоснительно соблюдались всеми государствами...

☞ 否定代名詞 никакие 는 형용사적 용법/ориентироваться на кого(что): 어떤 것을 목적으로 삼다/ мешать кому(чему): 방해하다

▷ **КЛЮЧ**: Я **что-то** не помню.

11. Долгожданный отдых после боя. Спало напряжение, и вот они собрались вокруг одного пехотинца, который рассказывает **что-то** интересное: в этом можно убедиться, глядя на слушателей. Один внимателен и серьезен, другой не может удержаться от улывки, третий хохочет.

☞ 否定대명사 что-то 는 형용사절 내의 목적어/долгожданный: 오랫동안 기다려왔던

▷ **КЛЮЧ**: Если **кто-нибудь** придёт, позовите меня.

12. - А теперь скажите мне вашу последнюю просьбу.
- Я хочу, чтобы **кто-нибудь** позаботился о моей дочери.
- Я сделаю это. А ещё что вы хотите? какое у вас желание?
Тогда умирающий неожиданно улыбнулся и громко сказал.
- Желание увидеть Марту такой, какой она была в молодости, увидеть солнце и этот старый сад, когда он цветет весной. Но я знаю, что это невозможно. Не сердитесь на меня за глупые слова.

☞ 否定대명사 кто-нибудь 는 목적절 내의 주어/заботиться о ком(чём): 보살피다, 염려하다

▷ **КЛЮЧ**: Случилось **нечто** удивительно.

13. Жизнь человеческая делится огромные промежутки времени, на соединение многих эпох. Но внезапно среди этого течения земного времени возникает **нечто** потрясающе новое, рождается то великое событие, с которого люди начинают счёт нового времени на свой старой и все же доброй Земле.

☞ 否定대명사 нечто 는 문장의 주어/промежутки: 간격, 사이/ потрясающий: 놀랄만한, 강렬한

▷ **КЛЮЧ**: **Некоторые** шли пешком.

14. **Некоторые** идеализирует своё поколение. Я стараюсь этого не делать. И мне нравятся современные молодые люди, нравится, что многие из них увлекаются музыкой, пишут стихи и песни. Я люблю встречаться с ними, разговаривать, спорить.

☞ 否定대명사 некоторые 는 명사적 용법으로 문장의 주어/увлечь-увлекать чем: ~에 몰두하다, 열중하다

▷ **КЛЮЧ**: **Некоторые** студенты не ездили на экскурсию.

15. В то же время официальная статистика сегодня отмечает **некоторое** сокращение темпов экономического роста, начиная с 1992 года. Частично это объясняется цикличной перестройкой экономики, последовавшей за предыдущими тремя годами быстрого развития. Однако причины стагнации носят, по всей видимости, структурный характер.

☞ 否定대명사 некоторое 는 형용사적 용법/статистика: 통계/ что оъясняется чем: ~으로 설명되다/носит какой характер: 특성을 지니다

필수표현

3. 동의

Я тоже думаю, что....	(나역시 ~라고 생각합니다.)
Мне тоже так кажется.	(내게도 역시 그렇게 생각됩니다.)
По моему, тоже.....	(내 생각에도 역시 ~)
Я совершено согласен с вами.	(나는 전적으로 당신의 생각에 동의 합니다.)
Я разделяю мнение с вами.	(나는 당신과 의견을 같이 합니다.)

Я присоединяюсь к вашему мнению.

Это не вызвает у меня никакого сомнения в том, что......

Мая точка зрения полностью совпадает с этой.

С этим нельзя не согласиться.

4. 반대의견

Я думаю иначе об этом.	(나는 이것에 대해 다르게 생각합니다.)
У меня другая точка зрения....	(나는 다른 생각을 갖고 있습니다.)
У меня другое мнение	(나는 다른 의견을 갖고 있습니다.)
Я не согласен с вами.	(나는 당신의 생각에 동의하지 않습니다.)

К сожалению, я не могу согласиться с вами.

Я не разделяю вашего мнения.

Я придерживаюсь другой точки зрения.

Боюсь, что вы не правы.

Я хочу возразить против вашего приложения.

Я хочу посмотреть на эту проблему по другому.

Это может быть но с другой стороны....

А вы не путаете?

А вы не ошиваетесь?

Думаю,что вы ошиваетесь.

2. 代 名 詞

長文 讀解

1.

Ясно, что сейчас в области приватизации стоят совершенно другие задачи, нежели два года или даже год тому назад. Очевидно и то, что, имея экономику, на 75 процентов состоящую из частного сектора, бессмысленно бурными темпами наращивать число приватированных предприятий, что каждый акт приватизации должен носить индивидуальный характе , что она сегодня должна быть ориентирована в первую очередь на финансовый результат. То есть приватизация должна идти не столько вширь, сколько вглубь.

Но, к сожалению, она всегда вольно или невольно — сильно политизированное действие. Можно, конечно, помечтать о конструировании идеальной, очищенной от политики, схеме приватизации, которая дала бы максимальный результат. Но это ещё и острейшая политическая проблема. С этой точки зрения ситуация сейчас непростая. Последняя акта на привацизацию — одна из самых мощных. Некоторые политические силы в стране выступают не только за национализацию, но и за конфискацию собственности.

Анатолий чубайс : Приватизация должна идти не столько вширь, сколько вглубь

☞ ясно(очевидно), что~: ~이 분명하다/ акт: 법규/ к сожалению: 유감스럽지만/ с этой точки зрения: 이러한 관점에서 볼 때/конфискация: 몰수

노브이 러시아어

2.

Президенты высоко оценили возможности динамичного роста Азиатского-Тихоокеанского Региона и пришли к согласию сотрудничать в деле его превращения в регион мира и процветания. Президенты высказались за то, чтобы предстоящий в Банкоке в июле с.г. первый региональный расширенный форум АСЕАН по вопросам обеспечения безопасности открыл путь к формированию в Азиатско-Тихоокенском регионе коллективными усилиями и на основе учёта интересов всех участников структуры надежной безопасности, взаимного доверия и взаимовыгодного сотрудничества. Президент Ким Ён Сам приветствовал стремление России активно и констркутивно участвовать во всех сферах Азиатско-Тихоокенского сотрудничества и отметил, что Республика Корея дожным образом будет рассматривать кандидатуру Российской Федерации для участия в АТЭС.

Президенты выразили удовлетворение существенным расширением двусторонних связей в области науки, техники, энергетики, Рыболовства и строительства, а также неуклонным упрочением базы для наращивания таких связей. Оба президента особо отметили важность сотрудничества в области охраны окружающей среды.

Президенты договорились предпринять совместные усилия для объединения высоких технологий Российской Федерации с внедренческими и промышленными возможностями Республики Корея и поощрения инвестиций в совместную разработку природных ресурсов России. В этой связи президенты выступили в поддержку прямых деловых контактов между российским Дальним Востоком и Республикой Корея. Президенты с удовлетворением констатировали неуклонный рост дву сторонней торговли и согласились продолжать усилия по укреплению правовых и организационных основ в таких сферах, как транспорт, таможна и промышленные стандарты, для содействия двусторонней торговле и инвесциям.

С целью продвижения к конструктивному и взаимодополняющему партнерству между двумя странами президенты решили активизировать политический диалог на различных уровнях, включая встречи глав государств и правительств, руководителей парламентов и министров. Президенты решили также активно поощрять обмены в сфере культуры и туризма.

Совместная российско-корейская декларация.

☞ Азиатско-Тихоокеанский Регион = ATP : 아시아 태평양지역, 아태지역 ACEAH: ASEAN(동남아 국가연합)/АТЭС: 아태 경제협력체/прийти к согласию: 동의하다/в этой связи: 이와 관련하여/выступить в поддержку чего: 을 지지하다/с целью чего: ~을 목적으로

속담

Не по словам судят, а по делам.
사람은 말이 아니라 행동에 의해 판단된다.

После ненастья — вёдро, после горя — радость.
궂은날씨 뒤엔 맑은날씨가 오며, 슬픔뒤에는 기쁨이 온다.

Всякое семя знает время.
모든씨가 자신의 시간을 안다.(모든 것이 때가있다.)

Не все то золото, что блестит.
빛나는 것이 모두 금은 아니다.(빛좋은 개살구)

文法연습

1. 다음 문장중, 공란에 себя의 적당한 형태를 써 넣으시오.

   1) Я посмотрел вокруг ____ и увидел, что в комнате никого нет.

   2) Сын попросил отца: 《Возьми себя с ____ 》.

   3) Я виню в неудачах только ____ .

   4) В минуту опасности он думал не о ____ , а о товарищах.

2. 다음 문장중 공란에 적당한 소유대명사의 형태를 써 넣으시오.

   1) Мы не видели его раньше, но читали ____ книги.

   2) У ____ товарища большая библиотека.

   3) Мне нужно позвонить ей, но я не знаю ____ телефон.

   4) Я благодарил ____ за помощь.

3. 다음 문장중 공란에 свой의 적당한 형태를 써 넣으시오.

   1) Писатель работал над ____ романом четыре года.

   2) Ученик забыл ____ тетрадь дома.

   3) Я положил ____ книги на стол.

   4) Он получил премию за ____ работу.

   5) Вчера я послал письмо ____ брату.

4. 다음 문장중 공란에 сам의 적당한 형태를 써 넣으시오.

   1) Пришёл он ____ .

   2) Я передал письмо ей ____ .

   3) Ещё нет их ____ .

   4) Мы говорили о нём ____ .

   5) Я говорил с ним ____ .

5. 다음 문장중 공란에 관계대명사 который 의 적절한 형태를 써 넣으시오.

   1) Я знаю преподавателя, _____ учился в МГУ.

   2) Я купил книгу, _____ нет в нашей библиотеке.

   3) Это мой друг, _____ я помогаю изучать русский язык.

   4) Вчера я встречил друга, _____ я не видел много лет.

   5) Где газеты, _____ я купил сегодня утром?

   6) Я часто вспоминаю своего друга, _____ я был на практике.

   7) Зимой я видел спектакль, _____ играла знаменитая актриса.

6. 다음 문장을 관계대명사 который를 사용하여 복문으로 전환하시오.

   1) Вы видели новый фильм. Он шёл у нас в клубе.

   2) Вы знаете мою соседку? Она роботает в нашей библиотеке.

   3) Документы были обнаружены после войны. Они оказалось редкими.

   4) Я знаю одну студентку. У неё много книг на русском языке.

   5) Где живёт студент? Вы брали магнитофон у него.

   6) Где работает твой товарищ? Ты часто ходишь к нему.

   7) Как зовут девушку? Вы передали книгу ей.

   8) Завтра мы будем рассказывать текст. Сегодня мы писали тот текст в классе.

   9) Я знаю этого студента. мы встретили его в театре.

   10) Я иду к преподавателю. Я занимаюсь русским языком с ним.

   11) В какой группе учится этот студент? Вы стояли в коридоре с ним.

   12) Я работаю в школе. Мой брат учился в этой школе.

   13) Сегодня я видел девушку. Я рассказывал тебе о ней.

   14) Вчера я получил письмо. Друг пишет о нашей семье в нём.

作文

1. 이사람의 일에 관해서는 모두가 안다.

2. 오늘 나는 누구도 보지 못했다.

3. 그에게는 어떤 소망이 있었는가?

4. 모든 나라들이 1월 1일을 기념한다.

5. 일하지 않는자는 먹지 않는다.

6. 아이들 각자가 집에 있는 것들을 가지고 왔다.

7. 그는 항상 성공하려고 노력했고, 그리고 성공을 이룩했다.

8. 누구나 자신의 첫 번째 선생님은 기억한다.

9. 누구도 너자신이 해야할 일을 대신해주지 않는다.

10. 우리는 무엇인가를 사기위해 가게에 갔다.

11. 일하지 않는 사람은 휴식을 모른다.

12. 매일 나는 《시간》프로그램을 시청한다.

重要 表現

21. **оставать/остать от века**: 시대에 뒤떨어지다
    Эта модель остала от века.

22. **принимать/принять что на веру**: ~을 믿다
    Она легко принимает все на веру.

23. **сохранять/сохранить веру в кого/во что**: ~에 대한 신뢰를 간직하다
    Несмотря на приговор мы сохранили веру в него.

24. **терять/потерять веру в кого/во что**: ~에 대한 믿음을 잃다
    Он потерял веру в честность.

25. **измерять/измерить вес чего**: ~의 무게를 달다
    Мне нужно измерить вес багажа.

26. **иметь (большой) вес**: (큰)비중을 갖고 있다
    Этот человек имеет большой вес в обществе.

27. **определять/определить вес чего**: ~의 무게를 판정하다
    Я хочу оределить точный вес этого мешка.

28. **прибавлять/прибавить в весе**: 무게를 늘리다
    После отдыха она сильно прибавила в весе.

29. **убавлять/убавить в весе**: 무게를 줄이다
    Для этого костюма вам нужно убавить в весе.

30. **получать/получить вести от кого**: ~로부터 소식을 듣다
    Я давно не получал вестей от него.

31. **бросать деньги на ветер**: 돈을 허비하다

Она бросает денгь на ветер.

32. **организовать вечер**: 파티를 조직하다
    Мы организовали вечер встреч.

33. **устраивать/устроить вечер**: 파티를 주선하다
    Они устроили прекрасный вечер.

34. **бросать/бросить взгляд на кого (на что)**: ~에 시선을 던지다
    Он бросил на неё холодный взгляд.

35. **обмениваться/обменяться взглядами**: 의견을 교환하다
    мы с друзьями обменялись взглядами.

36. **останавливать/остановить взгляд на ком (на чём)**: ~에 시선을 두다
    Девушка остановила взгляд на чёрном платье.

37. **отводить/отвести взгляд от кого (от чего)**: ~로부터 시선을 돌리다
    Он не мог отвести взгляд от её лица.

38. **отстаивать/отстоять свои взгляд**: 자신의 견해를 고수하다
    Этот человек будет отстаивать свои взгляды.

39. **разделять чьи взгляд**: ~와 견해를 같이하다
    Мы целиком разделяем его взгляды.

40. **расходиться/разойтись с кем во взглядах**: ~와 견해가 다르다
    Муж и жена разошлись во взглядах.

41. **сходиться/сойтись с кем во взглядах**: ~의 견해에 동의하다
    Они выстро сшились во взглядах друг с другом.

42. **иметь в виду что**: 생각하다, 고려하다
    Как раз это я и имел в виду.
    Я не понимаю, что вы имеете в виду.

【 독해 · 문법 · 작문 해답 】

〔讀解 演習〕

1. 내 이름은 뻬짜이고 성은 뻬트로프란다. 나는 너와 펜팔을 하고 싶다. 우리는 모스크바에 산단다. 나의 엄마는 엔지니어이고 아빠는 건축가란다. 그는 집을 건축한다. 나도 건축가가 되고 싶단다. 나에게는 형과 여동생이 있단다. 형은 12살이고 6학년이며, 여동생은 7살이며 1학년이란다.

2. 오늘 나타샤는 매우 기쁘다: 그녀의 생일이고 친구들이 손님으로 온다. 그녀는 그들을 기다린다. 그녀는 오늘 맛있는 점심을 준비했다: 나타샤는 좋은 여주인이다.

3. 친구들아 우주가 사람들로 하여금 지구를 더욱 잘 알도록 도움을 준다는 것을 알고있습니까? 우주선에는 사진기들이 장착되어 있다. 사진기들은 지구를 촬영하고 있다. 이 사진들은 학자들에게 필요하다. 이사진은 우주에서 찍은 소나무 숲이다. 이사진을 통해 숲의 나무를 셀수 있다.

4. - 당신의견에는 현대인에게 어떠한 특성이 있어야만 된다고 생각하십니까?
- 일을하고 생각을 함에 있어서 자주적이어야하고 지식증대를 원하고, 사람들을 존경하고, 자신의 성공에 대해 유모스러운 자세를 갖어야한다. 우리 성인들은 자신을 표본으로 생각해서는 안된다. 우리가 사랑하는것들 중 전부가 젊은이들에게 마음에 드는 것은 아니다.

5. 나는 사람들이 자신의 소명이 다다를때까지 앉아서 기다리고 있어서는 안된다고 생각한다. 비록 그일이 자신에게 썩 마음에 들지 않더라도 자신의 일을 잘할 수 있도록 노력해야 한다. 나의 가장 커다란 즐거움은 "원하지 않는것"을 이기는 것이다.

6. 어린이는 이루어지지 않을지도 모르지만 미래에 보내는 우리들의 편지인 것이다. 어린이는 사람의 가장 사랑스럽고 진실된 존재이다. 쉽고 복잡하지 않은 진리는 삶의 지속이라는 유일한 형태이다: 세상을 평화롭게 하기 위해서는 평화적인 세대를 키워야한다.

7. 태양이 하늘로 얼굴을 내밀었고 빛으로 초원을 감쌌다. 자연의 그 어떤것도 이것보다 나을 수 없을 것이다. 대지의 전표면이 곡식의 황금바다가 되었고 그위로 수만의 빛들을 내뿜었다. 공중에는 수천마리 새들의 재잘거리는 소리로 가득했다.

8. 첫 올림픽게임이 열린 해는 기원전 776년이다. 올림픽게임은 로마의 페오도스끼 황제가 이를 금지하는 칙령을 내린 기원전 394년 전까지 쉬지않고 매 4년마다 열렸다. 그때까지 올림픽게임은 단 한번도 멈추지 않았고 거부되지 않았다.

9. 누구도 땅을 갈고, 삼림을 벌채하고, 고기를 잡고, 석탄과 석유를 파서는 안된다고 말하지 않는다. 이것들이 없이는 우리는 존재할 수가 없다. 그외에도 우리는 우리의 생활력을 충분히 밝혀내기 위해 자연을 도울수도 있다. 자연에 자주 큰 재해를 주고 있다. 자연을 돌보는 것이 필수적이다. 자연에 대한 사랑은 가정과 학교에서 시작되어야만한다.

10. 만일에 국가들이 현재의 세계를 나누려고 하지 않고 가까워지려는 방향으로 나간다면 국제문제들중에 논란이 되는 문제들이 성공적으로 해결될수 있다. 평화공존과 친애적인 협력의 원칙이 신성하게 조건없이 지켜지도록 하기 위해서 그 어떠한 사회정치적 차이도 그 어떠한 이데올로기와 종교적 신념의 차이도 국가들을 방해해서는 안된다.

11. 전투후에 오래동안 기다렸던 휴식, 긴장이 감소되었고 그들은 무엇인가 재미있는 것을 말하는 한 보병의 주위에 모였다: 청중들을 보면서 이것을 확인할수 있다. 한 사람은 주의깊고 신중한 모습이며, 다른 사람은 웃음을 참지 못하고 있고, 셋째 사람은 큰소리로 웃고있다.

2. 代 名 詞

12.
- 그럼 지금 당신의 마지막 소청을 말해주시오.
- 나는 누군가가 나의 딸을 돌봐주기를 원합니다.
- 내가 하겠소. 또 무엇을 원합니까? 원하는 것이 무엇이오?
그때 죽어가는 사람이 갑자기 웃고나서 큰 소리로 말했다:
- 원하는 것은 한창때였던 3월을 보고 싶고, 봄볕이 가득한 태양과 이 낡은정원을 보고 싶은것입니다. 이것이 불가능하다는 것을 나는 압니다. 나의 어리석은 말들에 화내지 마십시오.

13.
인류의 삶중 커다란 시간의 간격은 많은 시대의 조합들로 나누어진다. 그러나 갑작스럽게 이러한 지구시간의 흐름속에서 사람들이 자신의 낡은 바탕위에 새로운 시간의 셈을 시작하는 위대한 사건을 낳는 놀라운 새로운 무엇인가가 일어나는것이다.

14.
몇몇 사람들은 자신의 세대를 이상시 한다. 나는 이렇게하지 않으려고 노력한다. 내게는 현대의 젊은이들이 마음에 든다. 그들중 많은이들이 음악에 심취하고, 시와 노래를 쓰는 것이 마음에 든다. 나는 그들과 만나고, 이야기하고, 토론하는 것을 좋아한다.

15.
또한 오늘의 공식통계는 1992년부터 시작하여 어느정도 경제성장 속도의 감소를 나타내고 있다. 부분적으로 이것은 지난 3년간의 급성장뒤에 오는 경제의 순환적 재건으로 설명된다. 그러나 경제침체의 원인은 분명히 구조적인 특성을 지니고 있다.

〔長文 讀解〕

1.

지금 사유화분야에는 2년전이나 1년전의 과제와는 전혀 다른 과제가 놓여져있는 것이 확실하다. 사적영역이 75%나 되는 경제를 갖고있으면서 민영기업의 숫자를 급속하게 늘린다는 것은 무의미함이 확실하다. 또한 각 사유화 법규가 개인적인 성격을 지녀야하며 사유화가 우선적으로 재정의 결과를 목표로 추진되어야함이 명백하다. 즉 사유화가 넓게추진 되기보다는 깊게 추진되어야 한다.

그러나 사유화가 자의든 타의든 언제나 강한 정치적 색채를 띤 것으로 나타난다. 물론 최대의 결과를 가져다줄 수 있는 정치로부터 깨끗한, 이상적으로 입안된 사유화 계획을 상상해볼 수 있다. 그러나 이것은 가장 첨예한 정치적 문제이다. 바로 이러한 관점에서 볼 때 현재 상황은 간단치가 않다. 마지막 사유화 법규는 가장 강력한 법규중에 하나이다. 일부 정치적인 세력들이 국유화뿐만이 아니라 사유재산의 몰수를 지지하고 있다.

2.

양국정상은 아태지역의 역동적인 성장가능성을 높이 평가하였으며 평화와 번영의 지역으로 바꾸는 일에 협력하기로 동의했다. 양국정상은 안전보장문제를 협의하기 위해 금년 7월 방콕에서 열릴예정인 첫 ASEAN 확대회의가 아태지역에서 모든 참여국의 이익을 바탕으로한 집단적인 노력으로 바람직한 안보체제, 상호신뢰와 호혜적 협력체제를 구축할 수 있는 길이 열리기를 희망했다. 김영삼대통령은 러시아가 아태지역의 협력분야에 적극적이고 건설적으로 참여하고자 하는 의향을 환영하고 한국이 타당한 방법으로 러시아를 아태경제협력기구의 후보국으로 검토할 것을 강조했다.

양국정상은 과학, 기술, 에너지, 어업, 건설업분야에서 양국의 중요한 관계확대와 관계증대를 위한 확고부동한 기반확대에 만족을 표했다. 양국정상은 특히 환경보호 분야에서의 협력 중요성을 강조했다.

양국정상은 러연방의 첨단기술과 대한민국의 산업화능력의 결합, 러시아내 자연자원의 공동개발을 위한 투자증대을 위해 공동노력을 시작하기로 합의했다. 이와관련 양국정상은 러극동지역과 한국간에 직접적인 실무접촉을 지지 하였다. 양국정상은 양국간의 지속적인 무역증대를 만족스럽게 확인하였고 양국간의 무역과 투자협력을 위해 교통, 관세, 산업표준 등의 분야에서 법적, 제도적인 기반 조성을 위해 노력을 계속하기로 합의했다.

양국간에 건설적이고 상호보완적인 협력관계를 증진하기위해 양국정상은 국가정상간, 정부대표간, 의회 및 행정부처의 지도자가에 정치적인 대화를 활성화하기로 결정했다. 양국정상은 또한 문화및 관광교류를 적극 확대하기로 결정했다.

2. 代 名 詞

〈文法연습〉

1. 1) себя, 2) собой, 3) себя, 4) себе

2. 1) его, 2) моего, 3) её, 4) их

3. 1) своим, 2) свою, 3) свои, 4) свою, 5) своему

4. 1) сам, 2) самой, 3) самих, 4) самом, 5) самим

5.
1) Я знаю преподавателя, который учился в МГУ.
2) Я купил книгу, которой нет в нашей библиотеке.
3) Это мой друг, которому я помогаю изучать русский язык.
4) Вчера я встретил друга, которого я не видел много лет.
5) Где газеты, которые я купил сегодня утром?
6) Я часто вспоминаю своего друга, с которым я был на практике.
7) Зимой я видел спектакль, в котором играла знаменитая актриса.

6.
1) Вы видели новый фильм, который шёл у нас в клубе.
2) Вы знаете мою соседку, которая роботает в нашей библиотеке?
3) Документы, которые были обнаружены после войны, оказалось редкими.
4) Я знаю одну студентку, у которой много книг на русском языке.
5) Где живёт студент, у которого вы брали магнитофон?
6) Где работает твой товарищ, к которому ты часто ходишь?
7) Как зовут девушку, которой вы передали книгу.
8) Завтра мы будем рассказывать текст, который сегодня мы писали в классе.
9) Я знаю студента, которого мы встретили в театре.
10) Я иду к преподавателю, с которым я занимаюсь русским языком.
11) В какой группе учится этот студент, с которым вы стояли в коридоре?

12) Я работаю в школе, в которой учился мой брат.

13) Сегодня я видел девушку, о которой я рассказывал тебе.

14) Вчера я получил письмо, в котором друг пишет о нашей семье.

〈作文〉

1. Все знают о деятельности этого человека.

2. Я сегодня никого не видел.

3. Какая мечта была у него?

4. Все страна отмечает Б января.

5. кто не трудиься, тот не ест.

6. Каждый из детей брал с собой то, что было дома.

7. Он всегда добивался успеха и он добился его.

8. Каждый помнит своего первого учителя.

9. Никто не сделает за тебя того, что должен сделать ты сам.

10. Мы отправились в магазин купить что-нибудь.

11. Кто не работает, тот отдыха не знает.

12. Каждый день я смотрю программу 《Время》.

3. 형용사(形容詞)

기본 문법

> **1. 형용사의 변화**
> (1) 性에 따라 변화
>   1) Лес — **зеленый** друг и помощник человека.(남)
>   2) Он имел **огромную** работоспособность.(여)
>   3) Воспитание — **великое** дело.(중)
>
> (2) 數에 따라변화
>   1) Депутаты приняли **новые** закона.(남)
>   2) На столе **разные** газеты.(여)
>   3) В центре города строят **новые** здания.(중)

1. 형용사의 변화

(1) 형용사는 수식하는 명사의 성에 따라 변화한다.

남 성	여 성	중 성
какой?	какая?	какое?
-ый, -ой, -ий	-ая, -яя	-ое, -ее

1) нобый год(새해), лёгкий урок(쉬운 과), хорощий климат(좋은 기후) 남성명사를 수식하는 형용사의 어미는 -ый, -ой, -ий

    (숲은 사람의 푸른 친구이며 원조자이다.)

2) новая книга(새책), лёгкая работа(쉬운일), хорошая погода(좋은 날씨) 여성명사를 수식하는 형용사의 어미는 -ая, -яя

(그는 뛰어난 일의 능력을 갖고 있다.)

3) новое кресло(새 의자), лёгкое упражнение(쉬운 문제), хорошее настроение(좋은 기분) 중성명사를 수식하는 형용사의 어미는 -ое, -ее

(교육은 위대한 일이다.)

(2) 형용사는 수식하는 명사의 수에 따라 변화한다.

단 수	복 수
новый дом	новые дома
новая дорога	новые дороги
новое здание	новые здания

1) 의원들은 새로운 법률을 채택했다.
2) 책상에 다양한 신문들이 있다.
3) 시내중심에 새로운 건물들이 건설되고 있다.

> (3) 형용사의 격변화
> 1) Он очень **умный** студент.(주격)
> 2) Его не было дома с **раннего** утра до **позднего** вечера.(생격)
> 3) Я написал письмо **старшему** брату.(여격)
> 4) Преподаватель обьяснил **новое** правило.(대격)
> 5) Мы отдохнули под **тенистым** деревом.(조격)
> 6) Нужно чаще бывать на **свежем** воздухе.(전치격)

(3) 형용사는 수식하는 명사의 격에 따라 변화 하며 크게 경·연 변화, 치찰음 변화로 분류

〔경변화〕

격	남성	중성	여성	복수
주격	нов**ый** дом	нов**ое** кресло	нов**ая** книга	нов**ые** дома
생격	нов**ого** дома	нов**ого** кресла	нов**ой** книги	нов**ых** домов
여격	нов**ому** дому	нов**ому** креслу	нов**ой** книги	нов**ым** домомам
대격	нов**ый** дом	нов**ое** кресло	нов**ую** книгу	нов**ые** дома
조격	нов**ым** домом	нов**ым** креслом	нов**ой** книгой	нов**ыми** домами
전치	о нов**ом** доме	о нов**ом** кресле	о нов**ой** книге	о нов**ых** домах

〔연변화〕

격	남성	중성	여성	복수
조격	последн**ий** вечер	последн**ее** место	последн**яя** страница	последн**ие** места
생격	последн**его** вечера	последн**его** места	последн**ей** страницы	последн**их** мест
여격	послен**ему** вечеру	последн**ему** месту	последн**ей** странице	последн**им** местам
대격	последн**ий** вечер	последн**ее** место	последн**юю** страницу	последн**ие** места
조격	последн**им** вечером	последн**им** местом	последн**ей** страницей	последн**ими** местами
전치	о последн**ем** вечере	о последн**ем** месте	о последн**ей** странице	о последн**их** местах

※ 연변화에서는 경변화의 모음어미가 а → я, у → ю, о → е, ы → и로 교체된다.

〔치찰음 변화〕

격	남성	중성	여성	복수
주격	больш**ой** парк	больш**ое** здание	больш**ая** страна	больш**ие** страны
생격	больш**ого** парка	больш**его** здания	больш**ой** страны	больш**их** стран
여격	больш**ому** парку	больш**ему** зданию	больш**ой** стране	больш**им** странам
대격	больш**ой** парк	больш**ее** здание	больш**ую** страну	больш**ие** страны
조격	больш**им** парком	больш**им** зданием	больш**ой** страной	больш**ими** странами
전치	о больш**ом** парке	о больш**ом** здании	о больш**ой** стране	о больш**их** странах

※ 치찰음은 ж, ш, ч, щ 등을 가리킨다.

1) 그는 매우 영리한 학생이다.

2) 그는 어제 아침 일찍부터 저녁 늦게까지 집에 없었다.

3) 나는 형에게 편지를 썼다.

4) 선생님은 새로운 규칙을 설명했다.

5) 우리는 그늘이 많은 나무아래서 쉬었다.

6) 신선한 공기를 자주 접해야 한다.

2. 단어미 형용사

(1) Каков вопрос?　　　　　① Вопрос **сложен**.
　　Какова эта книга?　　　② Эта книга **интересна** для специалиста.
　　Каково состояние?　　　③ Состояние **серьёзно**.
　　каковы дела?　　　　　④ Дела **неотложны**.

(2) ① Дом отсюда хорошо **виден**. (남)
　　② Он **способен** это сделать. (남)
　　③ Река слишком **мелководна** для судоходства. (여)
　　④ Моя сестра **больна**. (여)　　⑤ Все это **справедливо**. (중)
　　⑥ Их взгляды **противоположенны**. (복)

(3) 시제
　　1) Она вчера **была красива**.　　2) Я буду с вами **откровенен**.

(4) 용법
　　1) Река **спокойна**.
　　2) Пальто тебе не годится: оно **широко**.

(5) 다양한 표현
　　1) Он **рад** подарку.
　　2) Он **должен** это сделать.
　　3) Кто **виноват** в том, что случилось.
　　4) Я **обязан** выполнить это поручение.
　　5) ① Будьте **добры**.　　② Будьте **любезны**.
　　　 ③ Будьте **осторожны**.　④ Будьте **здоровы**.

2. 단어미 형용사

(1) каков?, какова?, каково?, каковы? 의 질문에 해당되는 수식을 한다.
   Какова комната? - Комната велика.

   ※ какая комната? - Великая комната.
   ① 문제가 복잡하다.　　② 이책은 전문가들에게 재미있는 책이다.
   ③ 상황이 심각하다.　　④ 일들이 시급하다.

(2) 단어미형용사는 주어의 성과 수에따라 변화한다.

   Костюм свободен.(남성)　Дверь низка. (여성)　Море широко. (중성)
   Сапоги тесны. (복수)
   ① 여기서 집이 잘 보인다.　　② 그는 이것을 할 수 있는 능력이 있다.
   ③ 배가 다니기에는 강이 얕다.　④ 여동생이 아프다.
   ⑤ 모든 것이 공정하다.　　⑥ 그들의 시각은 대치된다.

(3) 연결동사 быть는 현재형에서 생략되지만 과거형과 미래형에서는 연결된다.

   1) 과거형
      Петя был здоров.(뻬짜는 건강했다.)
      Мы были довольны.(우리는 만족했었다.)
      (그녀는 어제 아름다웠다.)

   2) 미래형
      Петя будет здоров.(뻬짜는 건강할 것이다.)
      Мы будем довольны.(우리는 만족할 것이다.)
      (나는 당신에게 솔직할 것입니다.)

(4) 용법

1) (강물은 현재 잠잠하다.)
   Река спокойная. (강물은 항상 잠잠하다.)
   ※ 임시적인 상태, 특성 등을 표현(문어체에서 자주 사용)

2) (코트가 네게 안맞는다: 너무 크다.)
   특정한 대상이나 조건에 따라 사용

(5) 다양한 표현

1) рад, рада, рады (기쁘다): 그는 선물을 기뻐했다.

2) должен, должна, должно (당연히 해야할): 그는 반드시 이것을 해야한다.

3) виноват, виновата, виноваты (잘못이 있는): 일어난일에 대해 누가 잘못이 있는가?

4) обязан, обязана, обязаны (의무가 있는): 나는 위임된일을 완수해야할 의무가 있다.

5) 관용표현
   ① ②: 제발 부탁드립니다.
   ③ 부디 조심하십시오.   ④ 건강하십시요.(작별 인사말)

3. 비교급
(1) 단순비교
   1) ① Москва **больше**, чем Ленинград.   ② Брат **старше**, чем я.
   2) Брат **моложе** сестры.

(2) 합성비교
   1) Сегодня ветер **более холодный**, чем вчерашный.
   2) Сегодняшний урок **более интересен**, чем вчерашний.

3. 形容詞

3. 비교급

(1) 단순비교

형용사의 단순비교급은 형용사어미가 -ее(-ей), -е 로 변환된다.

1) -ее

красивый - **красивее** (보다 아름다운)	удобный - **удобнее** (보다 편리한)
ноый - **новее** (보다 새로운)	сложный - **сложнее** (보다 복잡한)
сильный - **сильнее** (보다 강한)	слабый - **слабее** (보다 약한)
светлый - **светлее** (보다 밝은)	тёмный - **темнее** (보다 어두운)
счастливый - **счастливее** (보다 행복한)	прямый - **прямее** (보다 곧은)
интересный - **интереснее** (보다 재미있는)	полезный - **полезнее** (보다 이로운)

2) -е

близкий - **ближе** (보다 가까운)	низкий - **ниже** (보다 낮은)
узкий - **уже** (보다 좁은)	дорогой - **дороже** (보다 비싼)
твёрдой - **твёрже** (보다 굳은)	строгий - **строже** (보다 엄격한)
лёгкий - **легче** (보다 쉬운)	резкий - **резче** (보다 예리한)
жаркий - **жарче** (보다 더운)	богатый - **богаче** (보다 부유한)
крепкий - **крепче** (보다 강한)	громкий - **громче** (보다 큰소리로)
простой - **проще** (보다 쉬운)	частый - **чаще** (보다 잦은)
чистый - **чище** (보다 깨끗한)	тихий - **тише** (보다 조용히)

※ г, к, х, д, т, ст로 끝나는 형용사어미에는 비교급어미로 -е가 사용된다.

1) ① 모스크바는 레닌그라드보다 크다.

② 형은 나보다 나이가 많다.

2) 남동생은 여동생보다 어리다.

(2) 합성비교

합성비교급은 형용사에 более, менее를 결합하여 만든다.

красивый	–	более красивый (보다 아름다운)
	–	менее красивый (보다 아름답지 못한)
полезный	–	более полезный (보다 이로운)
	–	менее полезный (적게 이로운)
светлый	–	более светлый (보다 밝은)
	–	менее светлый (적게 밝은)
сложный	–	более сложный (보다 복잡한)
	–	менее сложный (적게 복잡한)

1) 오늘 바람이 어제보다 더 차갑다.   2) 오늘 수업이 어제보다 더 재미있다.

(3) 비교구문

1) ① Лисицы хитрее, чем волки.   ② Я выше, чем он.
2) ① Лисицы хитрее волков.   ② Я выше его.
3) ① Он старше меня на три года
    ② Он в два раза (двое) старше меня.

(3) 비교구문

1) 형용사 비교급 + чем(접속사)

Эта книга интереснее, чем та. (이 책은 그것보다 더 재미있다.)

Эта книга более интересна, чем та. (이 책은 그것보다 더 재미있다.)

※ 단순비교와 합성비교를 이용한 비교구문의 의미는 동일하다

3. 形容詞

Мой дом красивее, чем его. (나의 집은 그의 집보다 아름답다.)
Мой дом более красивый, чем его. (나의 집은 그의 집보다 아름답다.)
① 여우가 늑대보다 영리하다.　　② 나는 그보다 크다.

2) 형용사 비교급 + 생격(명사)

Брат моложе сестры. (남동생은 여동생보다 어리다.)
Брат был выше сестры. (남동생은 여동생보다 컸다.)
Я не помню утра более голубого и свежего.
(나는 그보다 푸르고 신선한 아침을 기억하지 못한다.)
① 여우가 늑대보다 영리하다.　　② 나는 그보다 크다.

3) 비교의 정도 및 배율

① НА + 수사대격 : (그는 나보다 3살이 위다.)
② В + 수사 + раз(раза) : (그는 나보다 두배나 연장자다.)

Эта красная книга в четыре раза(пять раз) толще, чем та синяя книга.
(이 빨간책은 저 파란책보다 4배(5배)나 두껍다.)

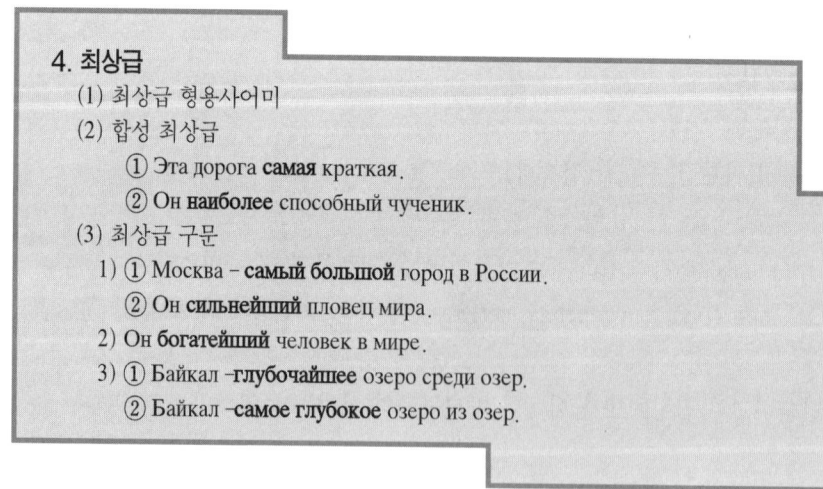

4. 최상급
(1) 최상급 형용사어미
(2) 합성 최상급
　　① Эта дорога **самая** краткая.
　　② Он **наиболее** способный чученик.
(3) 최상급 구문
　1) ① Москва - **самый большой** город в России.
　　② Он **сильнейший** пловец мира.
　2) Он **богатейший** человек в мире.
　3) ① Байкал -**глубочайшее** озеро среди озер.
　　② Байкал -**самое глубокое** озеро из озер.

4. 최상급

(1) 최상급 형용사어미는 -айший, -ейший, -ший 로 변환된다.

глубокий - **глубочайший** (가장 깊은)	мелкий - **мельчайший** (가장 얕은)
сложный - **сложнейший** (가장 복잡한)	простой - **простейший** (가장 단순한)
высокий - **высочайший** (가장 높은)	низкий - **низший** (가장 낮은)
новый - **новейший** (가장 새로운)	старый - **старейший** (가장 오래된)
хороший - **лучший** (가장 좋은)	плохой - **худший** (가장 나쁜)
красивый - **красивейший** (가장 아름다운)	сильный - **сильнейший** (가장 강한)
маленкий - **меньший** (가장 작은)	тонкий - **тончайший** (가장 얇은)

(2) 형용사에 самый, наиболее 등을 합성하여 최상급을 만든다.

самый молодой - моложе всех : ① 이 길이 가장 짧은 길이다.

наиболее интересный : ② 그는 가장 능력이 있는 학생이다.

(3) 최상급 구문

1) 형용사 최상급 + 명사 + 명사생격

Озеро Байкал - глубочайшее озеро мира.

(바이칼호수는 세계에서 가장 깊은호수이다.)

① 모스크바는 러시아에서 가장 큰 도시이다.   ② 그는 세계에서 가장 강한 수영선수이다.

2) 형용사 최상급 + В + 명사전치격

Озеро Байкал - глубочайшее озеро в мире.

(바이칼호수는 세계에서 가장 깊은호수이다.)

(그는 세계에서 가장 부자이다.)

3) 형용사 최상급 + ИЗ(СРЕДИ) + 명사생격

① 바이칼은 호수들중에서 가장 깊은 호수이다.

② 바이칼은 호수들중에서 가장 깊은 호수이다.

讀解演習

1. Вы знаете, почему площадь в центре Москвы называется Красной площадью? Раньше слово «красный» значило не только "красный цвет", но и "красивый". Например, говорили: "красная девица" - это значило "красивая девушка", **Красная** площадь - "**красивая** площадь". Потом в русском языке появилось слово "красивый", но название площадь не изменилось.

☞ 형용사 변화용법(여성)/например: 예를들면/название: 명칭

2. **Московский государственный** университет носит имя **замечательного русского** учёного Михаила Васильевича Ломоносова. Он родился в 1711 году в **северной** деревне недалеко от Белого моря. Учился Ломоносов сначала в Москве, потом в Петербурге, потом в германии. В то время **высшее** образование можно было получить только за границей. Вот почему **главной** идеей Ломоносова была идея создания **русского** университета. Учёный и поэт М. В. Ломоносов занимался химией, физикой, геологией, астроно мией, **русской** грамматикой. Он сделал важные открытия в области химии и физики. Но **главная** его заслуга перед наукой - основание **первого русского** университета, который открылся в Москве в мае 1755 года.

☞ 형용사 격변화용법(단수)/носить имя: 이름(명칭)을 갖고있다/за границей: 외국에서

3. Есть залы по **общественным**, **естественным** и **техническим** наукам. Есть ещё залы для специалистов разного профиля. И вся эта система читальных залов обеспечена фондами, каталогами, справочно-библиографическими пунктами. Постоянно действующая выставка рассказывает о новинках литературы.

☞ 형용사 격변화용법(복수여격)/профиль: 직업분야/наука: 과학

4. Наша планет маленькая, но люди **разных** стран говорят на **разных** языках. Они смогут понимать друг друга, если будут изучать **иностранные** языки. Им откроются дверь в большой мир. Они поймут, что все люди живут одними мыслями и чувствами. Всем **простым** людям хочется, чтобы на Земле был мир, чтобы добро побеждало зло, чтобы все были **здоровыми** и **счастливыми**.

☞ 형용사 격변화용법(복수)/планет: 혹성/добро: 선/зло: 악

▷ **КЛЮЧ**: Эта книга **интересна** для специалиста.

5. Она очень **красива**. Когда я иду с ней по улице, все на неё смотрят. Она **умна** и **таланлива**. Всё знает и всё помнит. Говорит на трёх языках. Она добрая, внимательная, гостеприимная, доброжелательная и скромная. Когда ей надо что-то решить, кому-то ответить, что-то делать, она сначала смотрит на меня и только потом решает, отвечает, делает. Она жизнерадостная и весёлая. С ней никогда не скучно. Она любит только меня.

☞ 형용사 단어미 용법/внимательная: 진지한/гостеприимная: 사교적인/доброжелательная: 자발적인

3. 形容詞

▷ **КЛЮЧ**: Это очень **красива**.

6.
– Что именно нравится вам в современной молодёжи?

– Она **более образованна**, **более информатированна**, меньше верят словам и больше – делам. Мне нравится, что многие ребята не хотят быть такими, как все верят в свои силы, в свои способности.

☞ 형용사 단어미용법

▷ **КЛЮЧ**: Москва **больше**, **чем** Ленинград.

7. Искусство всегда было нужно людям – и раньше, и сейчас. Ни физика, ни математика, ни химия не научат человека делать добро, помагать слабым и больным людям, не научат любить и дружить. Это может сделать только искусство. По моему, знать и понимать высокие цели жизни, уметь жить честно и красиво **важнее**, **чем** строить машины и самолёты, **важнее** даже, **чем** уметь летать в космос.

☞ 형용사 비교급용법/по-моему: 내 생각으로는 / искусство: 예술/физика: 물리학

▷ **КЛЮЧ**: Москва – **самый большой** город в России.

8. Метро – **самый быстрый и удобный** вид транспорта. Скорость поездов достигает 90 километров в час. Длина линий метро увеличивается с каждым годом. На многих станциях метро установлены автоматические указатели станций пересадок.

☞ 형용사 최상급용법/вид: 종류, вид транспорта: 교통수단의 종류, вид спорта: 스포츠의 종류

▷ **КЛЮЧ**: Он **наиболее способный** чученик.

9. Наиболее распространенные виды транспорта – троллейбусы, автобусы и трамваи. Они ежедневно перевозят несколько миллионов пассажиров. На большинстве линий автобусы, троллейбусы и трамваи ходят без кондукторов.

☞ 형용사 최상급용법/ежедневно: 매일, еженедельно: 매주, ежемесячно: 매월, ежегодно: 매년

▷ **КЛЮЧ**: Он считался **одним из самых способных** учеников.

10. Одним из наиболее быстрых и удобных видов транспорта является такси, которое работает круглосуточно. Такси можно взять на стоянке, которая обозначена специальным знаком. Легковые и грузовые такси можно вызвать через бюро заказов по телефону.

☞ 형용사 최상급용법/круглосуточно: 일주야(24시간) 계속

3. 形 容 詞

필수표현

5. 부연 설명

Я хочу добавить следующее.....	(나는 다음사항을 추가하고 싶습니다)
Это конечно так, но я хотел бы уточнить....	(물론 그렇지만 나는 ~을 확실하게 하고싶다)
Когда я сказал......, я имел в виду.....	(내가 ~라고 말했을 때 나는 ~을 의미했다)
Я говорю ведь не о том......, а о том.....	(나는 ~에 대해서가 아니라 ~에 대해 이야기 한다)

Я хочу добавить одно.....

В общем это правильно, но всё же....

Дело не только в этом, а и в том, что......

Я хочу назвать ещё одну проблему.....

Это очень важно, что....

Если я не ошибаюсь,....

Вы подошли к очень важной теме....

Это значит, что

При условии, что......

Судя по его словам, ~

Мне извесно, что...

6. "예"의 제시

Я приведу такой пример.....	(나는 이런 예를 든다)
Я хочу привести следующий пример....	(나는 다음과 같은 예를 들고 싶다)
Вот например.....	(예를 들어서~)
В качестве примера, я могу привести следующее....	(예로서 나는 다음을 들수 있다)
Можно найти много примеров....	(많은 예를 들수 있다)

7. 가정

Предположим, что	
	(~라고 가정하면)
Допустим, что	

8. 不知

К сожалению, я мало понимаю в этом.	(유감스럽지만 나는 이것에 대해 잘모른다)
Я плохо разбираюсь в этом.	(나는 이것에 대해 깊이있게 알지 못한다)
Я плохо знаю это, мне трудно говорить об этом.	(나는 이것을 잘 모르기 때문에 이것에 대해 이야기 하기가 어렵다)

속담

Аппетит приходит во время еды.
식사시간에 입맛이 나는 법이다.

У плохого мастера плохая пила.
현찮은 기술자에게 현찮은 톱이있다.(현찮은 기술자는 연장을 탓한다)

Лучше поздно, чем никогда.
하지않는것보다 늦게라도 하는 것이 낳다.

Тот, кто сидит между двух стульев, легко может упасть.
두 개의 의자사이에 앉은 사람은 넘어지기가 쉽다.
(두마리의 토끼를 쫓는 사람은 둘다 놓치기가 쉽다.)

3. 形 容 詞

長文 讀解

1.

Под стихотворением "Пророк" стоит дата: "8 сентября 1826". Мы только что убедились, как много может значить дата при определении адресата стихотворения. Не меньше значение она может иметь для понимания его содержания. Дело в том, что дата под стихотворением не всегда обозначает время его создания. В некоторых случаях она ставиться для того, чтобы соотнести содержание стихотворения с тем или иным знаменательным событием, случившимся именно в этот день. Например: 19 октября — день лицейской годовщины, 26 мая —день рождения Пушкина(эта дата поставлена под стихотворением "Дар напрасный, дар случайный"). Такого рода даты несут особую смысловую нагрузку: прочитываемый в их свете поэтический текст обретает дополнительный смысл, как правило, ускользающий без учёта этой даты, без понимания того, с каким важным событием соотносит поэт метафорику и образность помеченного этой датой стихотворения.

Л. М. Аринштейн: Пророк

☞ стихотворение: 시/содержание: 내용/ пророк: 선지자/дело в том, что~: ~이 문제이다 /как правило: 보통, 통상

2.

В начале XVIII в. в большинстве стран Европы, в том числе и в России, укрепляются феодально-абсолютические государства. Образование национальных рынков, развитие в ряде стран капиталистического производства, укрепление международных хозяйственных связей, колониальные захваты — все это обострило отношения между государствами и способствовало углублению внутренних противоречий в самих государствах. Требовалась крепкая военно-бюрократическая власть, с помощью который господствующему классу — дворянству можно было бы справиться и с внутренними трудностями и добиться внешнеполитических успехов. При этом дворянству приходилось идти на ряд более или менее существенных уступок нарождавшейся буржуазии.

В России в начале XVIII в. капиталистических отношений ещё не было. Складывание абсолютной монархии здесь было ускорено необходимостью срочно решить в интересах дворянства ряд жизненых задач, которые не были решены Русским государством в XVII в. Прежде всего необходимо было пробиться к морским рубежам, без чего не могла дальше развиваться торговля страны.

Борьба за Украину не привела в XVII в. к объединению с Россией всего украинского народа — Правобережная Украина осталась под властью шляхетской Польши. Южные рубежи государства не были ограждены от хищных набегов крымских татар. Крестьянская война под предводительством Степана Разина была подавлена, но крестьяне продолжали волноваться.

Основную военную силу Русского государства составляло дворянское ополчение, в то время как западные державы располагали регулярными армиями. Страна не имела своей крупной промышленности: мануфактур, основанных в XVII в., насчитывалось около двух десятков. Своего вооружения не хватало, и его приходилось ввозить из-за границы. Мало было искусных мастеров. Церковное образование не могло обеспечить подготовку необходимых специалистов.

История России: Образование абсолютной монархии в России

☞ в начале XVIII в. = в начале XVIII веков: 18세기 초에/в том числе: 그속에 포함되어 /в ряде стран은 в ряду стран(다수 국가들)의 의미/способствовать чему: ~을 촉진하다/ при этом(чём): 게다가, 그것과 함께/прежде всего: 우선, 무엇보다도 먼저/в то время как: ~할때에, 그런데/из-за границы: 외국에서

3. 形容詞

文法연습

1. 다음문장의 공란에 주어진 형용사를 격에 맞게 써 넣으시오.

   1) Его не было дома с＿＿утра до＿＿＿. (ранний, поздний)

   2) С ＿＿＿ поля доноситься шум трактора. (соседний)

   3) Промышленность выпускает всё больше машин для＿＿＿ хозяйства. (сельский)

   4) Я написал письмо＿＿＿брату. (старший)

   5) Поезд приближается к ＿＿＿ мосту. (большой)

   6) Преподаватель объяснил ＿＿＿ правило. (новый)

   7) Я приехал в Москву с＿＿＿братом. (младший)

   8) Студент свободно владеет＿＿＿. (русский)

   9) Нужно чаще бывать на ＿＿＿. (свежий)

   10) Мы были в цирке на ＿＿＿ представлении. (утренний)

2. 다음문장을 아래의 형태로 전환하시오

   > Мой брат сильнее меня.
   > ⇒ 1) Мой брат более сильный, чем я
   > ⇒ 2) Я менее сильный, чем мой брат.

   1) Старшая сестра красивее младшей.

   2) Маленькая комната светлее большой.

   3) Это пальто дороже костюма.

作文

1. 나는 친구로부터 긴편지를 받았다.

2. 우리나라에는 경공업과 중공업이 발달하고있다.

3. 책상위에 어제신문이 놓여져 있었다.

4. 우리는 기차 창문을 통해 파란바다를 보았다.

5. 동생에게는 새롭고 좋은 책이 있다.

6. 개인적인 일들에 관한 이야기들이 당신의 가까운 사람들에게 재미있을 것이다.

7. 가장 흔한 교통수단은 트롤리 버스이다.

8. 이 사건들은 어제 석간신문들에 게재되었다.

9. 나는 자신의 평상업무를 했다.

10. 수요일마다 나는 러시아어 교육방송을 시청한다.

重 要 表 現

43. **брать/взять власть в свои руки**: 자신의 손아귀에 권력을 쥐다
    Оппозиция взяла власть в свои руки.

44. **злоупотреблять/злоупотребить властью**: 권력을 악용하다
    Министр злоупотребляет властью.

45. **приходить/прийти к власти**: 권력을 잡다
    Партия демократов пришла к власти после президентских выборов.

46. **терять/потерять власть над собой**: 이성을 잃다
    От злости он потелял власть над собой.

47. **делать/сделать что под влиянием кого(чего)**: ~의 영향력하에 ~을 하다
    Ты сдела это под влиянием матери?

48. **иметь влияние на кого(на что)**: ~대해 영향력을 갖고 있다
    Отец имеет сильное влияние на сына.

49. **находиться под влиянием кого(чего)**: ~의 영향력하에 있다
    Дети находились под влиянием родители.

50. **оказывать/оказать влияние на кого(на что)**: ~에 영향을 미치다
    Эта история оказала на него большое влияние.

51. **благодарить/поблагодарить кого за внимание**: 친절에 감사하다
    Актёр поблагодарил публику за внимание.

52. **обращать/обратить чьё внимание на кого(на что)**: ~에 주의를 기울이다
    Обратите внимание на этот собор 18 века.

53. **окружать/окружить кого вниманием**: ~를 주목하다
    Хозяева окружила меня вниманием.

54. отвлекать/отвлечь чьё внимание от кого(от чего)∶ ~로부터 ~의 주의를 돌리다
   Собака отвлекала моё внимание от дороги.

55. относиться/отнестьcя со вниманием к кому(к чему)∶ 주의를 갖고 ~을 대하다
   Она болеет, отноcитесь к ней с вниманием.

56. привлекать/привлечь чьё внимание к кому(к чему)∶ ~에 ~의 주의를 끌다
   Её красивое платье привлекало к ней внимание.

57. сосредоточивать/сосредоточить внимание на чём∶ ~에 주의를 집중하다
   Сосредоточите внимание на тексте.

58. уделять/уделить внимание кому(чему)∶ ~에 관심을 갖다
   Уделите внимание ребёнку.

59. наливать/налить воду во что∶ ~에 물을 따르다
   Налей воду в вазу с цветами.

60. проливать/пролить воду∶ 물을 흘리다
   Он случайно пролил воду на пол.

61. разбавлять/разбавить что водой∶ ~을 물에 타다
   Я разбавил чай холодной водой.

62. растворять/растворить что в воде∶ ~을 물에 용해하다
   Нужно растворить это вещество в воде.

63. давать/дать кому возможность∶ ~에게 가능성을 주다
   Родители дали мне возможность учиться.

64. допускать/допустить возможность∶ 가능성을 허용하다
   Он не мог допустить возможность отказа.

【독해 · 문법 · 작문 해답】

〔讀解 演習〕

1. 　　당신은 왜 모스크바의 중앙광장을 붉은광장이라고 부르는지 아십니까? 전에는 "끄라스느이"라는 단어가 "붉은 꽃"의 붉다는 뜻뿐만이 아니라 "아름다운"의 뜻을 나타냈습니다. 예를 들어 "끄라스나야 제비좌"는 "아름다운 처녀"를 뜻했습니다. 그래서 "끄라스나야 쁘로쫘지"는 "아름다운 광장"입니다. 그후 러시아어에 "아름다운"이라는 단어가 나타났으나 광장의 이름은 바뀌지 않았습니다.

2. 　　모스크바 국립대학은 러시아의 저명한 학자 미하일 바시리예비치 로마노소프의 이름을 갖고 있다. 그는 1711년 白海로부터 멀지않은 북농촌에서 태어났다. 로마노소프는 처음 모스크바에서 공부를 했으며 그후 뻬쩨르부르그에서 그리고 독일에서 공부를 했다. 그당시에 고등교육은 외국에서만 가능했다. 바로 이 때문에 로마노소프에게는 러시아의 대학을 설립하려는 생각이 중요했던 것이다. 학자이며 시인인 로마노소프는 화학, 물리학, 지질학, 천문학, 러시아어 문법 등을 연구했다. 그는 화학과 물리학의 영역을 여는 중요한일을 했다. 그러나 학문에 있어서 그의 중요한 업적은 1755년 모스크바에 세워진 첫 러시아의 대학을 설립한것이다.

3. 　　사회과학, 자연과학, 공학에 관한 홀이다. 또 다른 여러분야의 전문가들을 위한 홀이 있다. 열람실의 모든 시스템은 유지기금, 목록 그리고 도서안내 기능들에 의해 운영된다. 항상 전시를 통해 새로운 도서들을 알려준다.

4. 　　우리의 지구는 작다. 그러나 여러나라의 사람들은 여러 언어로 말을 한다. 만일 그들이 외국어를 공부한다면 서로서로를 이해할 수 있을 것이다. 그들에게 넓은세계로 향하는 문이 열릴 것이다. 모든 사람들이 동일한 생각과 느낌을 가지고 살아가고 있음을 이해할 것이다. 모든 평범한 사람들은 지구가 평화롭고, 선이 악을 이기고, 모두가 건강하고 행복하기를 원한다.

5. 그녀는 무척 아름답다. 내가 그녀와 함께 길을 갈때면 모두가 그녀를 바라본다. 그녀는 영리하고 재능이 많다. 모든 것을 알고 이해한다. 그녀는 3개국어를 한다. 그녀는 친절하고, 진지하고, 사교적이고, 자발적이고, 겸손하다. 그녀가 무엇인가를 결정해야할 때, 누군가에게 답변을 해야할 때, 무엇인가를 해야할 때 우선 그녀는 나를 바라본후 그후에 결정하고, 답변하고, 일을 행한다. 그녀는 낙천적이고 명랑하다. 그녀와 함께 있으면 심심하지가 않다. 그녀는 나만을 사랑한다.

6. - 현대 젊은이들의 그 무엇이 당신의 마음에 듭니까?
- 젊은이들은 보다 교육수준이 높고, 보다 지식량이 많고 말보다는 일을 더 믿는다. 많은 젊은이들이 자신의 힘과 자신의 능력만을 믿는 그런사람들이 되지 않기를 원하고 있는 점이 마음에 든다.

7. 예술은 과거에도 현재에도 항상 사람들에게 필요했다. 물리학도, 수학도, 화학도 사람들이 약하고 병든자를 돕는 것을 가르치지 않는다 사랑하고 우애를 나누는 것을 가르치지 않는다. 이것은 오직 예술만이 할 수 있다. 내 생각에는 인생의 높은 목적을 알고 이해하고 양심적으로 아름답게 사는법을 아는 것이 자동차와 비행기를 만드는것보다 중요하며 우주비행을 할수있는것보다도 더 중요하다.

8. 지하철은 가장 빠르고 편리한 교통수단이다. 시속이 90km에 이른다. 매년 지하철 노선이 확장되고 있다. 많은 지하철역에 자동환승 표지판이 설치되어 있다.

9. 가장 흔한 교통수단은 트롤리버스, 버스, 전차이다. 이들은 매일 수백만의 승객을 실어나른다. 대부분의 노선에는 차장없이 버스, 트롤리버스, 전차가 다닌다.

10. 가장 빠르고 편리한 교통수단중의 하나가 24시간 운행되는 택시이다. 택시는 특별한 표지판으로 표시된 정류장에서 잡을수 있다. 승용차나 짐차는 전화예약 창구를 통해서 부를수 있다.

3. 形 容 詞

〔長文 讀解〕

1.

"선지자"라는 시에 "1826년 9월 8일"의 날짜가 표기되어 있다. 시의 방향성을 판단하는데 날짜가 얼마나 많은 것을 의미할 수 있는지 우리는 이제 막 확인하였다. 시의 내용을 이해하기 위해 날짜는 적지않은 의미를 가질 수 있다. 그러나 시에 표기된 날짜가 항상 시의 창작일을 의미하지는 않는다. 일부 경우에서는 바로 그날에 일어난 의미심장한 사건을 시의 내용과 연결시키기 위해 날짜가 기입된다.

예를 들어: 10월 19일 ― 귀족학교 기념일, 5월 26일 ― 뿌쉬킨의 생일(이날짜는 "무익한 선물, 우연한 선물"이라는 시에 기입되어 있다). 이런형태의 날짜들은 특별한 의미를 갖고 있다: 세상에서 읽혀지고 있는 시, 즉 통상적으로 이러한 날짜의 고려가 외면된, 시에 표기된 날짜의 은유와 비유가, 시인을 중요한 사건과 연관시키고 있는것에 대한 이해가 없는, 그러한 시의 본문이 추가적인 의미를 발견하게 된다.

2.

18세기초에 대부분의 유럽에서 그중 러시아에서는 중세절대국가체제가 강화된다. 국가시장의 형성, 각국가들의 자본주의적 생산의 발전, 국제경제관계의 강화, 식민지 쟁탈등 이 모든것들이 국가들간의 관계를 악화시켰으며 각국가들의 내부적 모순의 심화를 촉진시켰다. 지배적인 계급 즉 귀족계급이 국내의 어려움들을 극복하고 대외정책의 성공을 획득할 수 있도록 해줄 수 있는 강력한 군-관료적 권력이 요구되었다. 이러한 연유로 귀족계급은 성장한 부르조아계층에 어느정도 양보의 길로 나아가야만 했다.

러시아에서는 18세기초에 자본주의적 관계가 아직 없었다. 절대군주국가들의 등장은 귀족계급의 이익의 바탕위에서 17세기에 러시아국가에 의해 해결되지 않은 일련의 문제들을 시급히 해결해야할 필요성이 증대되었다. 우선적으로 바다를 뚫고 나아가야만 했다. 그렇지 않고는 무역이 더 이상 발전할 수가 없었다. 17세기에는 우크라이나 민족을 러시아에 병합시키는 우크라이나를 위한 투쟁이 없었다. (드네쁘르강) 右岸의 우크라이나는 폴란드귀족의 권력하에 놓여있었다. 스쩨빤 라진의 지도하에 일어난 농민전쟁은 진압되었으나 농민들은 동요를 계속했다.

러시아의 주요군사력은 귀족으로 구성된 비정규군 이었다. 그당시 서구국가들은 정규군을 갖고있었다. 러시아는 대규모의 산업이 없었다: 17세기에 세워진 제조소들이 약 20여개 있을정도였다. 자체무기도 부족했으며 외국에서 수입을 해야만 했다. 숙련공들이 적었다. 교회의 교육은 필요한 전문가들을 양성시키는데 역부족이었다.

⟨文法연습⟩

1. 1) анного, поздного, 2) соседного, 3) сельского, 4) старшему,
   5) большому, 6) новое, 7) младшим, 8) усским, 9) свежем, 10) утреннем

2. 1) Старшая сестра более красивая, чем младшая.
     Младшая сестра менее красивая, чем большая.
   2) Маленькая комната более светлая, чем большая.
     Большая комната менее светрая, чем маленькая.
   3) Это пальто более дорогое, чем костюм.
     Костюм менее дорогое, чем пальто.

⟨作文⟩

1. Я получил от товарища длинное письмо.
2. В нашей стране развивается лёгкая и тяжёлая промышленность.
3. На столе лежала вчерашная газета.
4. Мы увидели в окно вагона синое море.
5. У младшего брата хорошая новая книга.
6. Рассказы о личных делах будут интересны вашим близким.
7. Наиболее распространенные виды транспорта — троллейбус.
8. Об этих событиях писали во вчерашних вечерних газетах.
9. Я занялся своими обычными делами.
10. Каждую среду я смотрю учебную передачу по русскому языку.

4. 수사(數詞)

기본 문법

1. 개수사(個數詞)
① **Пять**(5) на **два**(2) не делиться.
② **Пятьсот**(500) — половина **тысячи**(1000).
③ В Московском университете **шеснадцать**(16) факультетов.
④ В этом году был задержан **восемьдесят один**(81) нарушитель.
⑤ **Двадцать один**(21) депутат голосовал за предложение.

2. 개수사(個數詞)와 명사의 결합
(1) ① Они учились в **одной** школе.
② Он не пропустил ни **одного** урока.
③ Мы все жили в **одном** доме.

1. 개수사(個數詞)

1~10	11~20	10의 배수	100의 배수
1 - один	11 - одиннадцать	10 - десять	100 - сто
2 - два	12 - двенадцать	20 - двадцать	200 - двести
3 - три	13 - тринадцать	30 - тридцать	300 - триста
4 - четыре	14 - четырнадцать	40 - сорок	400 - четыреста
5 - пять	15 - пятнадцать	50 - пятьдесят	500 - пятьсот
6 - шесть	16 - шеснадцать	60 - шестьдесят	600 - шестьсот
7 - семь	17 - семнадцать	70 - семьдесят	700 - семьсот
8 - восемь	18 - восемнадцать	80 - восемьдесят	800 - восемьсот
9 - девять	19 - девятнадцать	90 - девяносто	900 - девятьсот
10 - десять	20 - двадцать	100 - сто	1000 - тысять

① 5는 2로 나누어지지 않는다.   ② 500은 1000의 반이다.
③ 모스크바대학에 16개의 학부가 있다.   ④ 올해 81명의 위반자가 체포되었다.
⑤ 21명의 의원이 제안에 찬성했다.
※ 100만 - миллион, 10억 - миллиард(биллион)

2. 개수사(個數詞)와 명사의 결합

(1) один은 성에 따라 один дом, одна книга, одно письмо와 같이 명사와 결합하며 격에 따라 아래와 같이 변화한다.

격	남성·중성	여성	복수
주격	один, одно	одна	одни
생격	оного	одной	одних
여격	одному	одной	одним
대격	один(одного), одно	одну	одни(одних)
조격	одним	одной	одними
전치	об одном	об одной	об одних

① 그들은 한 학교에서 배웠다.   ② 그는 한번도 수업에 빠지지 않았다.
③ 우리는 모두 한 집에 산다.

(2) одни의 복수사용 경우
  1) Я читаю одни научные книги.
  2) Одни студенты читали, другие писали.

(3) ① Эти два студента отправились в деревню.
  ② Я получил эти письма от двух моих друзей.
  ③ Я это сообщил двум товарищам.
  ④ Я пригласил двух знакомых студентов.
  ⑤ Он говорит с двумя новыми студентами.
  ⑥ Мой дом находится в двух кирометрах от центра.

(2) одни는 다음 경우 복수로 사용된다.

　1) "단지", "-로만"의 뜻으로 쓰일 때
　　(나는 학술서적만을 읽는다.)
　　В корзине одни только яблоки. (바구니에는 단지 사과들만 있다.)

　2) "한편의"의 뜻으로 쓰일 때
　　(한편의 학생들은 읽었고 다른학생들은 썼다.)
　　Одни согласны, другие нет.
　　(한편의 사람들은 동의하고 다른사람들은 동의하지 않는다.)

　3) 집합명사와 결합할때
　　одни часы(하나의 시계), одни сутки(하루)

(3) два(две), три, четыре의 변화

주격	два, две	три	четыре
생격	двух	трёх	четырёх
여격	двум	трём	четырём
대격	два, две(двух)	три(трёх)	четыре(четырёх)
조격	двумя	тремя	четырьмя
전치	о двух	о трёх	о четырёх

① 이 두 학생을 농촌에 보냈다.
② 나는 두 친구로부터 이 편지들을 받았다.
③ 나는 이것을 두친구에게 알렸다.
④ 나는 친분이 있는 두학생을 초대했다.
⑤ 그는 두명의 신학생들과 이야기를 한다.
⑥ 내집은 도심으로부터 2km 떨어져 있다.

> (4) 명사와의 결합
> ① В нащей библиотеке девятьсот пятьдесят две книги. (주격)
> ② От девятисот пятидесяти двух отнять сорок будет девятьсот двенадцать. (생격)
> ③ К девятистам пятидесяти двум прибавить восемь будет девятьсот шестьдесят. (여격)
> ④ Библиотека купила девятьсот пятьдесят две книги. (대격)
> ⑤ Мы отправились в экспедицию с девятьюстами пятьюдесятью двумя рублями. (조격)
> ⑥ Нам нужно отчитаться в девятистах пятидесяти двух рублях. (전치격)

(4) 명사와의 결합

1) 1, 31, 101등과 같이 1이 포함된 수사는 명사의 주격과 결합

   1 один рубль, 31 тридцать один рубль, 101 сто один рубль

2) 2, 3, 4 : 22, 123, 1004등과 같이 2, 3, 4가 포함된 수사는 명사의 단수생격과 결합

   2 два рубля, 22 двадцать два рубля, 123 сто двадцать три рубля,
   1004 тысяча четыре рубля

3) 5, 6, 7, 8, 9가 포함된 수사는 명사의 복수생격과 결합

   5 пять рублей, 25 двадцать пять рублей, 36 тридцать шесть рублей,
   49 сорок девять рублей, 112 сто двенадцать рублей, 220 двести двадцать рублей,
   1040 тысяча сорок рублей

〔용례〕

주격	три учебника	пять учебников	три книги	пять книг
생격	трёх учбников	пяти учебников	трёх книг	пяти книг
여격	трём учебникам	пять учебникам	трём книгам	пяти книгам
대격	три учебника	пять учебников	три книги	пять книг
	трёх братьев	пять братьев	трёх сестёр	пять сестёр
조격	тремя учебниками	пятью учебниками	тремя книгами	пятью книгами
전치	о трёх учебнигах	о пять учебниках	о трёх книгах	о пяти книгах

① 우리도서관에는 952권의 책이 있다.   ② 952 − 40은 912이다.
③ 952 ＋ 8은 960이다.   ④ 도서관은 952권의 책을 샀다.
⑤ 우리는 952루불을 갖고 학술탐험을 나섰다.
⑥ 우리는 952루불에 대한 책임을 져야한다.

4) пять(5), пятьдесят(50), пятьсот(500)의 변화

주격	пять	пятьдесят	пятьсот
생격	пяти	пятидесяти	пятисот
여격	пяти	пятидесяти	пятистам
대격	пять	пятьдесят	пятьсот
조격	пятью	пятьюдесятью	пятьюстами
전치	о пяти	о пятидесяти	о пятистах

5) двести(200), триста(300), четыреста(400)의 변화

주격	двести	триста	четыреста
생격	двухсот	трёхсот	четрёхсот
여격	двустам	трёмстам	четырёмстам
대격	двести	триста	четыреста
조격	двумястами	тремястами	четырьмястами
전치	о двухстах	о трёхстах	о четырёхстах

> **3. 집합수사의 용법**
>
> (1) ① На углу стояли **двое** — мужчина и женщина.
> ② Мы встретили **двоих**.
> ③ Нас было **трое**.   ④ Они **трое** были на собрании.
> ⑤ У маего брата **четверо** детей.
> ⑥ Только **четверо** высказались за предложение.
> (2) ① **Оба** они больны.   ② Я люблю их **обоих**.
> ③ Мы написали им **обоим**.   ④ Мне нужны **обе** книги.

3. 집합수사의 용법

(1) 집합수사는 個數詞보다 적게 쓰인다.

주격	двое	трое	четверо
생격	двоих	троих	четверых
여격	двоим	троим	четверым
대격	двоих	троих	четверых
	двое	трое	четверо
조격	двоими	троими	четверыми
전치	о двоих	о троих	о четверых

※ пятеро, шестеро, семеро, восьмеро, девятеро, десятеро는 четверо와 동일하게 변화한다.

① 구석에 남자와 여자 둘이 서있었다.   ② 우리는 두사람을 만났다.
③ 우리는 세 사람 이었다.   ④ 그들 셋이 회의에 있었다.
⑤ 내동생에게 아이가 넷이다.   ⑥ 단지 네사람이 제안에 찬성했다.

(2) оба (둘 다, 두가지의)는 남성, 중성에 함께 쓰이며 обе는 여성에 쓰인다.

주격	оба	обе
생격	обоих	обеих
여격	обоим	обеим
대격	оба (обоих)	обе (обеих)
조격	обоими	обеими
전치	об обоих	об обеих

① 그들 둘이 아프다. ② 나는 그들 둘을 사랑한다.
③ 우리는 그들 둘에게 편지를 썼다. ④ 내게 책 두권다 필요하다.

4. 순서수사(順序數詞)

① Я читаю двести сорок восьмую страницу.
② Он живёт в пятьдесят второй квартире.
③ Занятия начались первого сентября.
④ Я приехал в Москву в тысяча девятьсот девяносто первом году.

4. 순서수사(順序數詞)

1~10	11~20	10의 배수	100의 배수
1 - первый	11 - одиннадцатый	10 - десятый	100 - сотый
2 - второй	12 - двенадцатый	20 - двадцатый	200 - двухсотый
3 - третий	13 - тринадцатый	30 - тридцатый	300 - трёхсотый
4 - четвёртый	14 - четырнадцатый	40 - сороковой	400 - четырёхсотый
5 - пятый	15 - пятнадцатый	50 - пятьдесятый	500 - пятисотый
6 - шестой	16 - шеснадцатый	60 - шестьдесятый	600 - шестисотый
7 - седьмой	17 - семнадцатый	70 - семьдесятый	700 - семисотый
8 - восьмой	18 - восемнадцатый	80 - восемьдесятый	800 - восьмисотый
9 - девятый	19 - девятнадцатый	90 - девяностый	900 - девятисотый
10 - десятый	20 - двадцатый	100 - сотый	1000 - тысячей

※ 순서수사는 명사와 결합하여 쓰이며 명사의 성, 수, 격에 따라 변화한다.

① 나는 248쪽을 읽는다.
② 그는 52호 아파트에 산다.
③ 9월 1일 수업이 시작되었다.
④ 나는 1991년에 모스크바에 왔다.

5. 분수

(1) 일반적으로 분자는 개수사 주격형태가 사용되며 분모는 복수생격이 사용된다.

7/10 семь десятых
5/8   пять восьмых

(2) 분자가 1일 경우

※ 분자는 여성형이되며 분모는 주격형태이다.
1/2   одна вторая
1/5   одна пятая
1/10 одна десятая

(3) 분자가 2일 경우

※ 분자는 여성형이 되며 분모는 복수생격형태이다.
2/5   две пятых
2/7   две седьмых

(4) 기 타

1/2 половина   1/3 треть,   1/4 четверть

1,5 полтора   2 1/2 две с половиной   5 1/2 пять с половиной

1 6/7 одна целая, шесть седьмых

3 3/4 три целых, три четверти

0,1 ноль целых и пять сотых (одна десятая)

0,5 ноль целых, пять десятых

2,4 две целых и четыре десятых (два и четыре десятых)

0,05 ноль целях и пять сотых (пять сотых)

1,03 одна целая, три сотых

2,25 две целых, двадцать пять сотых

57,365 пятьдесят семь целых, триста шестьдесят пять тысячных

12,5 % двенадцать и пять десятых процента

讀解演習

1. Родина нашего календаря – Древний Египет. Египетские жрецы заметили, что во время летнего солнцестояния, перед рассветом, появляется на небе яркая звезда Сириус. Они высчитали, что от одного появления Сириус до другого проходит 365 дней. Этот длинный отрезок времени они разделили на 12 отрезков, по 30 дней в каждом, а оставшиеся 5 дней поместили в конце года. Так появился предок нашего календаря.

☞ родина: 기원/ отрезок: 한 조각/в конце года: 연말에, в конце месяца: 월말에, в конце недели: 주말에

2. С момента принятия Республикой Корея в 1962г. Первого пятилетнего плана экономического развития объем реального валового национального продукта(ВНП) страны увеличивался в среднем на 8% в год. В результате ВНП возрос с 2,3 млрд. долларов США в 1962 г. до 376 млрд. долларов в 1994 г., а доля ВНП на душу населения увеличилась с 82 дол-ларов до 8,483 долларов в 1994 г.

☞ валового национального продукта(ВНП): 국민 총생산(GNP)/млрд = миллиард: 10억, млн = миллион: 100만

3. Действительно, бремя ≪сверхдержавности≫ оказалось тяжким грузом для Соединенных Штатов. Если в 1940 - 1960 годы ВНП США ежегодно увеличивался в среднем на 4 -4,5 процента, то в 1970 - 1980 годы темпы роста составили менее 3 процентов. Доля Соединенных Штатов, составлявшая в 1945 году около половины мирового валового внутреннего продукта, к середине 80-х годов сократилась почти в два раза.

☞ бремя: 부담, 하중/ доля: 지분, 몫

4. 數詞

4. В июне 1993 г. корейское правительство обнародовало также пятилетний план либерализации иностранных инвестиций. Согласно этому плану, 132 отрасли из 224, защищаемых в настоящее время от иностранной конкуренции, будут в пять этапов откоыты для иностранных инвесторов в течение пяти лет, начиная с июля 1993 г. После осуществления этого плана, согласно стандартной корейской классификации, из 1148 отраслей экономики 1056 будут открыты для иностранной конкуренции.

☞ согласно чему: 에 따르면/ в течение чего： ～동안에/отрасль： 분야, 부문

5. Мировой океан, занимающий 71% поверхности планеты. Обьём водных масс мирового океана в семнадцать или восемнадцать раз превышает расположенный выше уровня моря обьём материков. Океан — источник жизни на земле. Морские растения, выделяющие кислород, играют в очищении воздуха планеты более важную роль, чем лес. Океан — регулятор климата, аккумулятор и преобразователь энергии Сонца, ветра и Луны.

☞ океан: 대양/поверхность： 표면/обьём： 양/источник： 기원, 본원

필 수 표 현

9. 말(언급내용)의 출처를 표현

по-вашему	(당신의 말대로)
по словам кого	(~의 말에 의하면)
по мнению кого	(~의 의견에 의하면)
по слухам	(소문에 의하면)
по сообщению кого, чего-либо	(~의 소식 · 보도에 의하면)

10. 언급자의 확신성에 대한 표현

конечно	(물론, 틀림없이)
понятно	(물론)
разумеется	(물론, 말할것도 없이)
безусловно	(의심할 나위없이, 물론)
без сомнения	(의심없이)
бесспорно	(확실히, 명백히)
действительно	(참으로, 정말)
видно	(필시, 반드시)
очевидно	(필경)
должно быть	(반드시)

4. 數 詞

11. 개연성, 불확실성, 의심에 대한 표현

вероятно	(아마, 필시)
возможно	(아마도, 어쩌면)
может быть	(혹은~일지도 모르는)
по-видимому	(아마도)
видимо	(아마, 필시, 어쩌면)
наверно	(아마 틀림없이)
пожалуй	(아마, 어쩌면~일지도 모른다.)

12. 부동사 говоря 활용 표현

Вообще говоря	(일반적으로 말하면)
Собственно говоря	(사실대로 말하면)
Откровено говоря	(솔직히 말하면)
Иначе говоря	(바꿔 말하면)
Короче говоря	(잘라 말하면)
Грубо говоря	(대강 말하면, 속되게 말하면)

Рыбак рыбака видит издалека.
어부는 멀리서도 어부를 알아본다.

Без труда не вытащишь и рыбку из пруда.
노력이 없이는 물고기를 연못에서 건질수 없다.

長文 讀解

1.

На протяжении геологической истории Земли состав её атмосферы менялся. Для зарождения жизни на нашей планете и её развития в течение примерно 4 млрд. лет необходимо, чтобы существовала вода в жидкой фазе, то есть температура земной поверхности не должна была в это время значительно отличаться от современной. Отсюда возникает парадокс "слабого Солнца": согласно всем теориям происхождения и эволюции звезд, их светимость в начале жизни на 25-30% ниже, чем спустя 5 млрд. лет(таков, приблизительно, возраст нашего светила). При прочих равных условиях в далеком прошлом средняя температура Земли должна была бы примерно на 20℃ ниже современной(сейчас она +15℃), а при такой температуре жизнь невозможна. Парадокс снимается, если допустить, что на ранних стадиях Земли в атмосфере было, по крайней мере на порядок больше углекислого газа, обеспечивавшего своими парниковыми свойствами приемлемые для развития жизни температурные условия.

Г. С. Голицын: Климат на протяжении четырех миллиардов лет

☞ парадокс: 자가당착, 역설/ при каком условии: ~한 조건하에서/по крайней мере: 적어도, 최소한

속담

Хочется рыбку съесть, да не хочется в воду лезть.
물고기는 먹고 싶지만, 물에는 들어가려하지 않는다.

Капля и камень добит.
물방울이 바위를 뚫는다.

2.

Только за период с середины XV в. до середины XVI в. государственная территория России увеличивается более чем шесть раз. Вос соединение русского народа в рамках единого государства, с одной стороны, и общий экономический подъем страны — с другой, приводят к значительному росту именно в этот период коренного русского населения, особенно Северо-Восточной Руси. Так, если в конце XVв., согласно новейшим исследованиям российских учёных, население руского государства составляло примерно 5-6 млн. человек, то уже к середине XVI в. оно увеличилось до 9 млн.

В XV — середине XVI в. в результате общего роста населения России укрупняются сельские поселения(села, деревни), растут города, начинают заселяться окраины государства. Особенно быстро растет на землях, непосредственно расположенных вокруг Москвы. Сама Москва была в XVI в. одним из крупнейших городов в Европе(около 200000 жителей). Польский историк Матвей Меховский писал в 20-х годах XVI в., что Москва вдвое больше Флоренции и Праги. Крупнейшими городами страны были в XVI в. также Новогород, который, по словам Меховс кого, ≪на много больше, чем Рим≫, и Писков. Последний иностранные путешественники сравнивают по величине с Парижем.

История России: Образование централизованного государства

☞ с одной стороны 〜 с другой стороны: 한편으로 〜, 다른 한편으로〜/согласно чему:〜에 따르면/ в результате чего:〜의 결과로

文法연습 ──────────────

1. 다음문장중 공란에 один의 적당한 형태를 써 넣으시오.

   1) Я прожил в Москве _____ месяц.

   2) Студент написал доклад за _____ неделю.

   3) Он не пропустил ни _____ урока.

   4) Я не могу ждать ни _____ минуты.

   5) Мы все ехали в _____ вагоне.

   6) Все могут поместься в _____ лодке.

   7) Все уселись за _____ столом.

2. 다음문장중 공란에 два의 적당한 형태를 써 넣으시오.

   1) Собрание началось в _____ часа.

   2) Все пришли к _____ часам.

   3) Когда я пришёл было без _____ минут три часа.

   4) На собрании выступили _____ докладчика.

   5) Они остановились на _____ интересных вопросах.

   6) Между _____ докладами был перерыв.

3. 다음문장중 숫자를 말로 표현하시오.

   1) Я учусь на 1 курсе.

   2) Мой младший брат в 3 классе.

   3) Наши места в 10 ряду.

   4) Я живу на 6 этаже в 35 квартире.

   5) Московский университет был основан в середине XVIII века, в 1755 году.

   6) Город Петербург был основан в 1703 году.

作文

1. 지금은 3시 15분전이다.

2. 우리는 9시부터 3시까지 수업을 한다.

3. 의사는 12시부터 6시까지 환자를 받는다.

4. 나는 10시까지 가겠다.

5. 우리는 7시에서 9시 사이에 만날 것이다.

6. 기차는 약 60 km를 갔다.

7. 농촌은 도시로부터 12km 떨어져 있다.

8. 그의 나이는 20세가 넘지 않는다.

9. 그의 누나는 그보다 4살이 많다.

10. 제안은 75명의 찬성과 4명의 반대로 받아들여졌다.

重 要 表 現

65. **иметь возможность** : 가능성을 갖고 있다
    Сейчас мы имеем возможность купить квартиру.

66. **использовать все возможности для чего** : ~을 위해 모든가능성을 이용하다
    Нужно использовать все возможности, чтобы убедить его.

67. **вести войну** : 전쟁을 하다
    Мы ведем с ними войну уже много лет.

68. **возвращать/вернуться с войны** : 전쟁에서 돌아오다
    Её муж не вернулся с войны.

69. **выиграть войну** : 전쟁에서 승리하다
    Они выиграли войну за счёт талантлывых полководцев.

70. **избежать войны** : 전쟁을 피하다
    Этот договор помог избежать войны.

71. **навязывать/навязать кому войну** : 전쟁을 강요하다
    Эта война была нам навязана.

72. **обьявлять/обьявить кому войну** : 전쟁을 선포하다
    Германия обьявила нам войну.

73. **разжигать/разжечь войну** : 전쟁을 일으키다
    Мы не знаем, кто разжел эту войну.

74. **выдвигать/выдвинуть вопрос** : 문제를 제기하다
    Вопрос об здравоохранение был выддвинут на собрании.

75. **думать/подумать над вопросом** : 문제에 대해 숙고하다
    Студенту дали возможность подумать над вопросам.

4. 數 詞

76. **забрасывать/забросить кого вопросами** : ~에게 질문세례를 던지다
    Лектора забросали вопросами.

77. **заниматься/заняться каким вопросам** : 문제를 다루다
    Я думаю, что этим вопросам занимается пётор.

78. **интересваться каким вопросом** : 문제에 관심을 갖다
    Нас интересует вопросы истории 19 века.

79. **касаться/коснуться какого вопроса** : ~문제를 건드리다
    Жаль, что мы не коснулся этого вопроса.

80. **обращаться/обратиться к кому с вопросом** : ~에게 문제를 호소하다
    Он обращался с личным вопросам в деканат.

81. **обсуждать/обсудить вопрос** : 문제를 논의하다
    Вопрос о каникулах мы обсудим позже.

82. **осаждать кого вопросами** : 질문공세를 하다
    Докладчика осаждали вопросами.

83. **освещать/осветить вопрос** : 문제를 해명하다
    Я постралcя осветить этот вопрос.

84. **отвечать/ответить на вопрос** : 문제에 답변하다
    Отвечайте на вопрос чётко.

85. **поднимить/поднять вопрос** : 문제를 제기하다
    Преподаватель поднял вопрос об экзамене.

86. **покончить с вопросом** : 문제를 해결하다
    Давайте покончим с вопросом о прогулах.

【 독해 · 문법 · 작문 해답 】

〔讀解 演習〕

1.
> 우리 달력의 발상지는 고대 이집트이다. 이집트의 승려들은 여름에는 태양이 뜨기전에 하늘에 밝게 빛나는 시리우스 별이 나타난다는 것을 알아냈다. 그들은 시리우스별이 한 번 나타나고 다음번에 나타날 때 까지 365일이 걸린다는 것을 계산했다. 이 긴 시간의 마디를 그들은 다시 12로 나누었으며 이를 각기 30일로 나누었고 남은 5일은 연말로 위치시켰다. 이렇게 우리달력의 선조가 나타났다.

2.
> 한국이 1962년 첫 경제발전 5개년 계획을 착수한 시점으로부터 국민총생산량(GNP)은 연 평균 8% 성장을 보였다. 1962년 GNP가 미화 23억불에서 1994년 376억불로 성장함으로써 일인당 국민소득은 미화 82불에서 1994년 8,483불로 증가되었다.

3.
> 실제로 초강대국의 부담이 미국에게는 무거운 짐으로 나타났다. 1940년부터 1960년까지 미국의 GNP는 매년 평균 4-4.5% 증가했으나 1970-80년 사이에는 성장률이 3% 미만에 머물렀다. 1945년 미국은 세계 GNP의 약 반을 차지했으나 80년 중반에 거의 2배로 감소하였다.

4.
> 1993년 6월 한국정부는 외국자본의 자유화 5개년 계획을 공포하였다. 이계획에 따르면 현재 외국과의 경쟁으로부터 보호되고있는 224개의 산업중 132개의 산업분야가 1993년 7월부터 5년간에 걸쳐 5단계를 거쳐 외국자본에 개방된다. 이계획이 완수된후에는 한국표준분류에 따라 1148개의 산업중 1056개의 산업이 외국과의 경쟁을 위해 개방이 될것이다.

5.
> 대양은 지구 표면의 71%를 차지하고 있다. 대양의 수량은 대륙내에 있는 수량보다 17-18배정도 많다. 대양은 지구상의 삶의 원천이다. 산소를 만들어내는 해조는 지구상의 대기를 정화시키는데 숲보다도 더 중요한 역할을 하고 있다. 대양은 기후를 조정하며 태양, 바람, 달의 에너지를 축적하고 변환시킨다.

4. 數 詞

〔長文 讀解〕

1.

지구의 지질학적 역사기간동안에 환경이 바뀌었다. 현재 지구의 환경이 생성되기 위해서는 즉 단단한 기반위에 물이 고이고 지구표면의 기온이 현재와 큰차이가 없으려면 약 40억년이 필요하다. 바로 이점에 "약한 태양"이라는 자가당착이 생긴다: 태양의 생성과 진화에관한 모든이론에 의하면 태양의 빛은 시초에 50억년이 지난 이후보다 25-30%정도가 적었다(이것이 태양의 대략적인 나이이다). 이러한 부동적인 조건하에서는 먼 옛날 지구의 평균온도는 현재(현재 평균 + 15℃)보다 약 20℃ 낮았을것이며 그러한 온도에서는 생명체의 존재가 불가능하다. 그러나 만일 초기단계에 있는 지구의 환경에 온실의 특성을 갖고있었던 이산화탄소가 보다 많은 상태에서 최소한 생명체의 발전이 허용될 수 있는 기온적 조건이 있었다고 가정하면 자가당착은 없어진다.

2.

단지 15세기 중반부터 16세기 중반까지의 기간에 러시아국가의 영토는 6배나 확장된다. 단일국가의 범주안에서 러시아민족의 재결합은 한편으로 전체 국가경제의 성장을 나타내며 또 한편으로는 특히 북동 루시의 러시아 인구가 크게 증가되는 것을 나타낸다. 러시아학자들의 최근 연구를 토대로 15세기말 러시아 인구가 5-6백만 이었다면 16세기 중반에 벌써 9백만으로 증가되었던 것이다.

15세기에서 16세기중반에 러시아 인구의 증가로 농촌이 확대되고 도시가 성장하며 국가변경지역에 사람들이 거주하기 시작한다. 특히 모스크바 주변의 지역에 인구가 급속히 증가한다. 모스크바는 16세기에 유럽에서 가장큰 도시중에 하나였다(인구 20만). 폴랜드의 역사가 마트베이 마홉스키는 1520년경 모스크바가 프로렌찌아와 프라하보다도 두배 더 크다고 기술했다. 16세기에 러시아의 큰도시중에 하나가 노보고로드 였는데 마홉스키에 의하면 로마보다도 훨씬 크다고 기술했고 최근 외국 여행가 삐스코프는 그 크기를 파리와 비교한다.

⟨文法연습⟩

1. 1) один, 2) одну, 3) одного, 4) одной, 5) одном, 6) одной, 7) ͡дним

2. 1) два, 2) двум, 3) двух, 4) два, 5) двух, 6) двумя

3. 1) первом, 2) третьем, 3) десятом, 4) шестом, тридцати пятой,
   5) тысячи семьсот пятидесяти пятом, 6) тысячи семьсот третьем

〈作文〉

1. Сейчас без пятнацати минут три часа.

2. Мы занимаемся с девяти до тоёх часов.

3. Врач принимает с двенацати до шести часов.

4. Я приду к десяти часам.

5. Мы встретимся между семью и девятью часами.

6. Поезд прошёл около шестьдесяти километров.

7. Деревня находится в двенадцати километрах от города.

8. Ему не больше двадцати лет.

9. Сестра старше его на четыре года

10. Предложение было принято семьдесятью голосами против четырёх голосов.

5. 동사(動詞)

기본 문법

1. 동사의 체(體)

(1) 不完了體 동사

1) ① Чем он сейчас **занимается**? — Он **пишет** письмо.
   ② Чем он **занимался** вчера утром? — Он **читал** новый роман.
   ③ Что ты **будешь делать** завтра? — Сначала буду **писать** письмо.
2) ① Я каждый день **хожу** в библиотеку.
   ② Все эти годы он **писал** свой роман.
   ③ После окончания школы я **буду учиться** в университете.
3) ① Я **умею играть** в шахматы.
   ② Птицы летают, а рыбы плавают.

(2) 完了體 동사

1) ① В нашем городе **построили** новую школу.
   ② Во время каникул я **прочитал** много книг.
   ③ Завтра я **напишу** письмо своему брату.
2) ① Девочка **заплакала**.
   ② Он **заговорил** взволнованно и горячо.
   ③ Я **пошёл** быстрыми шагами. ④ Самолёт **полетел** на юг.
3) ① Я **посидел** в библиотеке, **почитал** газеты и новый журнал.
   ② После обеда до занятий я **погулял**.

1. 동사의 체(體)

※ 러시아어의 모든 동사는 完了體 및 不完了體의 형태를 갖고 있으며 대부분의 동사가 불완료체동사와 완료체 동사로 짝을 이루고 있다.

(1) 불완료체(不完了體) 동사

　1) 일정시각의 진행과정에 있는 행위를 의미
　　　① 그는 지금 무엇을 하고 있습니까? — 그는 편지를 씁니다.
　　　② 그는 어제 아침 무엇을 했습니까? — 그는 새 소설을 읽었습니다.
　　　③ 내일 너는 무엇을 할거니? — 먼저 나는 편지를 쓸거야.
　2) 반복 및 지속되는 행위를 의미
　　　① 나는 매일 도서관에 다닌다.
　　　② 금년내내 그는 자신의 소설을 썼다.
　　　③ 학교 졸업후에 나는 대학에서 공부할것이다.
　3) 항시적인 능력이나 특성을 의미
　　　① 나는 장기를 둘줄안다.
　　　② 새들은 날고 고기들은 헤엄을 친다.

(2) 완료체(完了體) 동사

　1) 행위의 종료를 의미하며 결과가 이루어지거나 목적이 달성됨을 의미한다.
　　　① 우리시에는 새로운 학교가 건설되었다.
　　　② 방학때 나는 많은 책을 읽었다.
　　　③ 나는 내일 남동생에게 편지를 쓸것이다.
　2) 행위의 시작을 의미
　※ 일반적으로 за-, по- 접두어를 가진 완료체동사가 행위의 시작을 의미
　　　① 소녀가 울기 시작했다.
　　　② 그는 흥분한채 격렬하게 말을 시작했다.
　　　③ 나는 빠른 걸음으로 가기 시작했다.
　　　④ 비행기가 남쪽으로 날기 시작했다.
　3) 제한된 시간의 행위를 의미(잠시동안)
　　　① 나는 도서관에 잠시 앉아서 신문과 새 잡지를 잠시 읽었다.
　　　② 점심후에 수업전까지 잠시 산책을 했다.

5. 動詞

> **2. 시제(時制)**
> (1) 현재형
>   1) 동사 1형
>   ① Я иду в парк.   ② Что ты теперь читаешь?
>   ③ Это дерево растёт до двадцати метров в высоту.
>   ④ Мы живём в Москве.   ⑤ Где вы работаете?
>   ⑥ Медведи живут только в лесах.
>   2) 동사 2형
>   ① Вечерам я сижу дома.   ② Что ты говоришь?
>   ③ Снег блестит на солнце.   ④ Мы строим новое общество.
>   ⑤ Что вы молчите?   ⑥ Зубы стучат от холода.

2. 시제(時制)

※ 불완료체동사는 현재, 과거, 미래의 시제를 갖고 있으며 완료체동사는 과거와 미래의 시제만을 갖는다.

(1) 현재형
1) 현재형 동사의 변화

인칭	단수	인칭	복수
Я	знаю	Мы	знаем
Ты	знаешь	Вы	знаете
Он, она, оно	знает	Они	знают

※ 동사 현재형은 인칭과 수에 따라 변화한다.
① 나는 공원에 간다.   ② 너는 지금 무엇을 읽고 있니?
③ 이 나무는 키가 20미터까지 자란다.   ④ 우리는 모스크바에 산다.
⑤ 당신은 어디서 일합니까?   ⑥ 곰들은 숲에서만 산다.

2) 동사 1형, 2형의 현재형 변화

인칭	1형 동사		어미	2형 동사		어미
Я	гуляю	даю	-ю, -у,	говорю	смотрю	-ю, -у
Ты	гуляешь	даёшь	-ешь, -ёшь	говоришь	смотришь	-ишь
Он,Она,Оно	гуляет	даёт	-ет, -ёт	говорит	смотрит	-ит
Мы	гуляем	даём	-ем, -ём	говорим	смотрим	-им
Вы	гуляете	даёте	-ете, -ёте	говорите	смотрите	-ите
Они	гуляют	дают	-ют, -ут	говорят	смотрят	-ят, -ат

※ 주요 2형동사

блестить, бояться, говорить, гореть, греметь, дрожать, звенеть, звучать, кричать, лежать, лететь, молчать, ешить, садиться, свистеть, спать, спешить, стоять, стучать

① 저녁에 나는 집에 있다.　　② 너는 무슨말을 하니?
③ 눈이 햇빛에 반짝거린다.　④ 우리는 새로운 사회를 건설한다.
⑤ 왜 침묵하십니까?　　　　⑥ 추워서 이가 떨린다.

(2) 과거형
　1) 불완료체 동사
　　① Я писал письмо друзьям.　② Что ты делал вчера вечером?
　　③ Что из Чехова вы читали?
　2) 완료체 동사
　　① Об этом я прочитал в газете.
　　② Вчера ты пришёл домой поздно.
　　③ Кто написал роман "Война и мир"?
　　④ Машина сделала крутой поворот.
　　⑤ Дети сделали снежную бабу.

(2) 과거형

　1) 어미가 -ть로 끝나는 동사는 어간에 -л을 붙여 과거형을 만든다.

인칭	불완료체	완료체
Я, Ты, Он	читал смотрел	прочитал посмотрел
Я, Ты, Она	читала смотрела	прочитала посмотрела
Оно	читало смотрело	прочитало посмотрело
Мы, Вы, Они	читали смотрели	прочитали посмотрели
원형	читать смотреть	прочитать посмотрить

　① 나는 친구들에게 편지를 썼다.　　② 어제 저녁 너는 무엇을 했니?
　③ 체홉 작품중에서 당신은 무엇을 읽었습니까?

　2) 어미가 -сти, -зти로 끝나는 불규칙 동사과거형 변화

인칭	нести	везти	вести	грести	расти
Я, Ты, Он	нёс	вёз	вёл	грёб	рос
Я, Ты, Она	несла	везла	вела	гребла	росла
Оно	несло	везло	вело	гребло	росло
Мы, Вы, Они	несли	везли	вели	гребли	росли

　① 나는 신문에서 이것에 대해 읽었다.　② 어제 너는 집에 늦게 왔다.
　③ "전쟁과 평화"라는 소설은 누가 썼습니까?　④ 자동차가 급회전을 했다.
　⑤ 아이들은 눈사람을 만들었다.

　3) 어미가 -чь로 끝나는 불규칙 동사과거형 변화

인칭	мочь	лечь	беречь	жечь	печь
Я, Ты, Он	мог	лёг	берёг	жёг	пёк
Я, Ты, Она	могла	легла	берегла	жгла	пекла
Оно	могло	легло	берегло	жгло	пекло
Мы, Вы, Они	могли	легли	берегли	жгли	пекли

(3) 미래형
  1) 불완료체
    ① Я буду выполнять моё обещание.
    ② Ты будешь выполнять твоё обещание.
    ③ Он(Она) будет выполнять его(её) обещание.
    ④ Мы будем выполнять наше обещание.
    ⑤ Вы будете выполнять ваше обещание.
    ⑥ Они будут выполнять их обещание.
  2) 완료체
    ① Я выполню моё обещание.
    ② Ты выполнишь твоё обещание.
    ③ Он(она) выполнит его(её) обещание.
    ④ Мы выполним наше обещание.
    ⑤ Вы выполните ваше обещание.
    ⑥ Они выполнят их обещание.

(3) 미래형

인칭	불완료체		완료체	
Я	буду	читать-смотреть	прочитаю	посмотрю
Ты	будешь	〃	прочитаешь	посмотришь
Он, Она, Оно	будет	〃	прочитает	посмотрит
Мы	будем	〃	прочитаем	посмотрим
Вы	будете	〃	прочитаете	посмотрите
Они	будут	〃	прочитают	посмотрят
원형	читать смотреть		прочитать	посмотреть

1) 불완료체 동사의 미래형은 [보조동사 быть + 동사원형]의 합성형태를 취하며 완료체 동사의 미래형은 현재형변화와 동일하게 인칭에 따라 변화한다.

① 나는 나의 약속을 지킬 것이다.
② 너는 너의 약속을 지킬 것이다.
③ 그(그녀)는 그(그녀)의 약속을 지킬 것이다.

④ 우리는 우리들의 약속을 지킬 것이다.
⑤ 당신은 당신의 약속을 지킬 것이다.
⑥ 그들은 그들의 약속을 지킬것이다.

2) 불완료체 미래는 행위가 이루어질것을 나타내지만 행위가 완수될지 여부는 알수 없는 상태를 의미하며 완료체 미래는 행위가 이루어질것이며 행위가 완수될것임을 나타낸다.

① 나는 나의 약속을 지킬것이다.
② 너는 너의 약속을 지킬것이다.
③ 그(그녀)는 그(그녀)의 약속을 지킬것이다.
④ 우리는 우리들의 약속을 지킬것이다.
⑤ 당신은 당신의 약속을 지킬 것이다.
⑥ 그들은 그들의 약속을 지킬것이다.

3. 타동사와 자동사
(1) 타동사
① Вчера я **протитал** книгу которую ты мне дал.
② Я **расширял** деятельности по визинису.
③ Правительство **изменило** экономический план.

(2) 자동사
1) ① Над головой **летают** птицы. ② Я долго **стоял** в очереди.
   ③ Я всю жизнь за женщину **страдаю**.
2) ① Сестра **помогла** мне решить **задачу** по матиматике.
   ② Никто не **верил** ему.
   ③ Я **завидую** тому, что у вас есть невеста.
3) ① Я **учился** русскому языку в шиколе.
   ② Я искренне **радуюсь** вашему счастью, Ирина Павловна.
   ③ Он **гордится** героем-сыном.

3. 타동사와 자동사

(1) 타동사
타동사는 대격의 목적어를 취하며 행위가 직접 목적어에 영향을 미친다.
читать книгу(책을 읽다), расширить деятельность(활동을 넓히다),
изменить план(계획을 변경하다)
① 어제 나는 네가 내게 준 책을 다 읽었다.
② 나는 비즈니스 활동을 확대했다.　③ 정부는 경제계획을 변경했다.

(2) 자동사

1) 공간내에서의 움직임, 물리적 정신적 상태 등을 나타낸다.
   летать(날다), стоять(서다), страдать(괴로워하다)
   ① 머리 위로 새들이 날아간다.　② 나는 줄을 오래 섰다.
   ③ 나는 평생 여성 때문에 괴로워 한다.

2) 간접격(대격이 아닌격)을 요구하며 전치사 없이 또는 전치사와 함께 사용된다.
   помогать кому(чему): 돕다, верить кому(в что): 믿다,
   завидовать кому(чему): 질투하다
   ① 누나는 내가 수학문제 푸는 것을 도와준다.
   ② 누구도 그를 믿지 않았다.
   ③ 당신에게 약혼녀가 있는 것을 부러워 합니다.

3) -ся, -сь 어미로 끝나는 재귀동사는 자동사로 분류
   учиться чему: ~를 배우다, радоваться кому(чему): ~를 기뻐하다,
   гордиться кем(чем): ~를 자랑스러워하다
   ① 나는 학교에서 러시아어를 배웠다.
   ② 이리나 빠브로브나 나는 진심으로 너의 행복을 기뻐한다.
   ③ 그는 영웅인 아들을 자랑스러워 한다.

4. 재귀동사

(1) 시제
  ① Сегóдня я **занимáюсь** рýсским языкóм.
  ② Зáвтра я **бýду занимáться** рýсским языкóм с преподавáтелем.
  ③ Я **занимáлся** рýсским языкóм в шкóле.

(2) 용법
  1) ① Я **брéюсь** чéрез день.   ② Сестрá **причёсывается**.
     ③ Ребёнок **одевáется** сам.
  2) ① Когдá мы **видéлись** в послéдный раз?
     ② Они́ **встрéтились** взгля́дами.
     ③ Друзья́ **обня́лись**.
  3) ① Дом **стрóится** строи́телями.   ② План **выполня́ется** завóдом.
     ③ Нóвая полити́ческая пáртия **создалáсь** извéстным полити́ком.
  4) ① Положéние жéнщны **улучшáется**.
     ② Погóда за ночь **измени́лась**.
     ③ Слýхи быстро **распространи́лись** по гóроду.
  5) ① Сегóдня мне хорошó **рабóтается**.   ② Емý не **спи́тся**.
     ③ Мне óчень **хóчется** спать.

4. 재귀동사

(1) 시제

인 칭	현 재		미 래	
Я	мóюсь	вернýсь	бýду мы́ться	-вернýться
Ты	мóешься	вернёшься	бýдешь	"
Он, Онá, Онó	мóется	вернётся	бýдет	"
Мы	мóемся	вернёмся	бýдем	"
Вы	мóетесь	вернётесь	бýдете	"
Они́	мóются	вернýтся	бýдут	"

※ -ся는 모음뒤에서는 -сь가 된다.

인칭	과거	
Я, Ты, Он	мылся	вернулся
Я, Ты, Она	мылась	вернулась
Оно	мылось	вернулось
Мы, Вы, Они	мылись	вернулись

① 지금 나는 러시아어를 공부하고 있다.
② 나는 내일 선생님과 함께 러시아어를 공부할 것이다.
③ 나는 학교에서 러시아어를 공부했다.

(2) 용법

1) -ся는 동작이 타인에게 전달되지 않고 자신에게 돌아오는 의미를 갖고있으며 себя 와 비슷한 의미를 갖는다.
   ① 나는 하루 걸러 면도를 한다.   ② 여동생은 머리를 빗는다.
   ③ 아이가 혼자 옷을 입는다.

2) -ся는 동작이 상호에게 미치는 의미를 갖고 있다.
   ① 우리가 마지막으로 본게 언제냐?   ② 그들은 눈으로 마주쳤다.
   ③ 친구들은 서로 껴안았다.

3) -ся는 불완료체 타동사의 수동적의미
   ① 집은 건설가들에 의해 건축된다.   ② 계획은 공장에 의해 이행된다.
   ③ 새 정당은 유명한 정치가에 의해 창설되었다.

4) -ся는 자동사적 의미를 갖고있다.
   ① 여성의 지위가 향상되고 있다.   ② 날씨가 밤동안 변했다.
   ③ 소문은 도시를 따라 빠르게 확산되었다.

5) 무인칭문장에서 -ся는 행위자의 의지와 무관한 상태를 표현
   ① 오늘은 일이 잘된다.   ② 그는 잠을 이루지 못한다.
   ③ 나는 무척 자고 싶다.

> **5. 무인칭동사**
> (1) ① На дворе **морозит**.　② Уже **светает**.
> 　　③ Начинало **холодать**.
> (2) ① Меня сильно **знобило**.　② Ему что-то **нездоровилось**.
> (3) ① Работу **следует** закончить к концу этого месяца.
> 　　② Эту книгу не **стоит** читать.
> (4) ① **Дует** из окна.　② На улице **тает**.

5. 무인칭동사

(1) 자연현상을 설명

　　① 마당이 얼고 있다.

　　② 벌써 밝아지고 있다.

　　③ 추워지기 시작했다.

(2) 사람의 상태를 설명(무인칭동사는 대격이나 여격을 취함)

　　① 나는 오한이 심했다.

　　② 그는 무언가 몸이 불편했다.

(3) 의무를 나타냄

　　① 일을 월말까지 마쳐야 한다.

　　② 이책은 읽을 필요가 없다.

(4) 인칭동사가 무인칭동사로 사용

　　① 창문에서 바람이 분다.

　　② 길이 녹고 있다.

> **6. 원형동사 활용**
>
> (1) ① Я начал изучать русский язык. ② Я продолжаю работать.
> ③ Я закончил писать дессертацию.
> (2) ① Они могли уже ехать домой. ② Я совсем не умею плавать.
> ③ Мне удалось достать два билета. ④ Мы едва успели пообедать.
> (3) ① Я мечтаю поехать на море.
> ② Он решил отказаться от поездки.
> ③ Он постарался хорошо учиться.
> (4) ① Я очень люблю путешествовать. ② Я стесняюсь говорить.
> ③ Я боюсь простудиться.
> (5) ① Он уговорил меня остаться.
> ② Он уговорил меня не оставаться.
> ③ Я обещал вернуться сегодня домой до пяти часов вечера.
> ④ Я обещал не возвращаться сегодня домой до пяти часов вечера.
> (6) ① Прошу вас сесть. ② Советую вам заниматься спортом.
> ③ Разрешаю вам курить. ④ Запрещаю им уходить.

6. 원형동사 활용

(1) 행위의 시작, 연속, 종료를 나타낸다.(불완료체 원형동사와 결합)
　　① 나는 러시아어 공부를 시작했다.　② 나는 일을 계속한다.
　　③ 나는 논문 쓰는 것을 마쳤다.

(2) 가능성, 불가능성, 능력, 무능력등을 나타낸다.
　　① 그들은 벌써 집에 갈수 있었다.　② 나는 전혀 수영을 못한다.
　　③ 표 2장을 구하는데 성공했다.　　④ 우리는 막 점심을 마칠수 있었다.

(3) 행위자의 희망, 의지, 거리낌등을 나타낸다.
　　① 나는 바다에 가는 것을 염원하고 있다. ② 그는 여행을 안가기로 결정했다.
　　③ 그는 잘 배우려고 노력했다.

5. 動 詞

(4) 일정행위에 대한 주어의 감정,태도를 표현한다.
   ① 나는 여행하는 것을 매우 좋아한다.   ② 나는 말하는 것을 꺼린다.
   ③ 감기들까봐 걱정한다.

(5) 설득과 의향을 나타내는 동사뒤에 완료체동사 또는 불완료체동사 원형이 함께 사용된다.(부정문일경우 불완료체 동사가 사용)
   ① 그는 내가 남도록 설득했다.   ② 그는 내가 남지 않도록 설득했다.
   ③ 나는 오늘 5시까지 집으로 돌아오겠다고 약속했다.
   ④ 나는 오늘 5시까지 집에 돌아오지 않겠다고 약속했다.

(6) 요청, 충고, 허용, 금지등의 행위를 표현
   ① 앉아주십시오.   ② 당신이 운동할 것을 충고 합니다.
   ③ 당신의 흡연을 허용합니다.   ④ 그들이 떠나는 것을 금한다.

(7) ① Я иду заниматься.   ② Мы приехали сюда учиться.
    ③ Мы остановились отдохнуть.   ④ Он остался помагать нам.
(8) ① Я должен идти.   ② Я обязан сказать.
    ③ Я готов защищать свою точку зрения.
    ④ Я намерен уехать.
(9) ① Вам надо учиться.   ② Им необходимо заниматься.
    ③ Вам нельзя опаздывать.   ④ Мне трудно говорить по-русски.
(10) ① Мне некуда идти.   ② Мне неоткуда ждать писем.
     ③ Мне некому это сказать.   ④ Ей не с кем поговорить.
(11) ① Не надо так громко говорить: ты мне мещаешь.
     ② Не следует задерживать книгу: она всем нужна.
     ③ Не стоит смотреть этот фильм: он неинтересной.
     ④ Нечего меня уговаривать: я не пойду в кино.
(12) ① Они сказали мне о своём решении переехать в другой город.
     ② Попытка исправить эту ошибку не увенчалась успехом.
     ③ У меня не было желание идти в театр.
     ④ У него было возможность продолжать учёбу.
     ⑤ Нет необходимость спешить с решением этого вопроса.
     ⑥ Есть смысл отложить конференцию до начала каникул.

(7) 목적을 나타내는 행위를 표현한다.
　※ 아래 동사뒤에 위치하여 원형동사가 목적을 표현한다.
　　　идти-ходить, ехать-ездить, приходить-прийти, приезжать-приехать
　　　останавливаться-остановиться, оставаться-остаться, звать-позвать
　　　① 나는 공부하러 간다.　　　② 그들은 배우기 위해 이곳에 왔다.
　　　③ 우리는 쉬기 위해 멈추었다.　④ 그는 우리를 돕기 위해 남았다.

(8) 형용사 단어미와 함께 사용;
　　　① 나는 반드시 가야 한다.　　② 나는 말해야만 한다.
　　　③ 나는 내 견해를 방어할 준비가 되어 있다.　④ 나는 떠나려고 한다.

(9) 부사와 함께 사용 :
　　　① 당신은 배워야 한다.　　　② 그는 공부하는 것이 꼭 필요하다.
　　　③ 당신은 늦어서는 안됩니다.　④ 나는 러시아어로 말하는 것이 어렵다.

(10) 부정부사와 함께 사용;
　　　① 나는 갈 곳이 없다.　　　　② 내게는 편지 올 곳이 없다.
　　　③ 나는 이것을 말할 사람이 없다.　④ 그녀는 말할 사람이 없다.

(11) 부적당, 부적절함을 나타내는 아래표현들은 불완료체동사 원형과 함께 사용된다.
　　　① 그렇게 크게 말할 필요는 없다: 내게 방해가 되고 있다.
　　　② 책을 갖고 질질 끌어서는 않된다: 그책은 모두에게 필요하다.
　　　③ 이영화를 볼 필요가 없다: 재미가 없는 영화다.
　　　④ 그무엇도 나를 설득하지 못한다: 나는 영화관에 안간다.

(12) 명사와 함께 사용된다.
　　　① 그들은 내게 다른도시로 이주하겠다는 자신들의 결정에 대해 말했다.
　　　② 이 실수를 고치려는 시도는 성공하지 못했다.
　　　③ 나는 극장에 가고싶은 마음이 없었다.

④ 그에게는 공부를 계속할 수 있는 가능성이 있었다.
⑤ 이 문제 해결을 꼭 서둘러야할 필요가 없다.
⑥ 회의를 방학전까지 연기하자는 의견이 있다.

---

7. 정태동사와 부정태동사
(1) ① Завтра я **иду** в институт.
　　② Вчера он **ехал** в Москву.
(2) ① Весь день мы **ходили** по лесу.
　　② Я каждый день **хожу** в институт.
　　③ По этой улице часто **ездят** машины.
(3) 접두어 ПО-의 첨부
　1) ① Опять **пошли** ссоры.
　　② Между ними **пошла** открытая вражда.
　2) ① Мы **походили** полчаса около дома, вернулись и легли спать.
　　② Я **поплавал** несколько минут и снова лёг на горячий песок.

7. 정태동사와 부정태동사

※ 동일한 행위, 움직임이 일부 불완료체동사인 정태동사와 부정태동사로 표현

(1) 정태동사는 일정한 방향을 가지고 있는 동사
　　① 나는 내일 연구소에 간다.　　② 어제 그는 모스크바로 갔다.
　　Он идёт на работу. (그는 직장에 간다.)
　　Он бежит в школу. (그는 학교로 뛰어간다.)

정태	идти	бежать	ехать	лететь	плыть	нести	везти	вести
부정태	ходить	бегать	ездить	летать	плавать	носить	возить	водить

(2) 부정태동사는 일정한 방향이 없이 여러방향에서 일어날 수 있으며 간격을 두고 반복되는 행위 및 움직임을 표현

　　Чайки летают над морем.(갈매기는 바다 위를 난다.)
　　Рыбы плавают.(고기들이 헤엄친다.)

　① 하루종일 우리는 숲속을 다녔다.
　② 나는 매일 대학에 간다.
　③ 이길에는 차들이 자주 다닌다.

(3) 접두어 ПО-의 첨부

1) 접두어 по-는 정태동사와 결합하여 완료체동사를 만들며 행위의 시작을 나타낸다. 명확한 시간에 시작된 1회성 행위를 표현한다.

정태	идти	бежать	ехать	лететь	плыть	нести	везти	вести
완료체	пойти	побежать	поехать	полететь	поплыть	понесити	повезти	повести

　① 다시 불화가 시작되었다.
　② 그들간에 공개적인 반목이 시작되었다.

2) 접두어 по-는 부정태동사와 결합하여 완료체동사를 만들며 제한된 시간, 짧은시간내에 이루어진 행위를 나타낸다.

부정태	ходить	бегать	ездить	летать	плавать	носить	возить	водить
완료체	походить	побегать	поездить	полетать	поплавать	поносить	повозить	поводить

　① 30분간 집주위를 돌아다닌후 돌아와서 잠자리에 누웠다.
　② 나는 몇분간 수영을 하고 다시 모래위에 누웠다.

8. 운행동사

1, 2) ① Кто-то **вошёл** в комнату. ② Она **вышла** из комнаты.
③ Во двор **въехал** грузовик. ④ Грквзок **выехал** из двора.
3, 4) ① Он быстро **взбежал** по лестнице на второй этаж.
② Он быстро **сбежал** по лестнице со второго этажа.
5, 6) ① Ко мне из Ленинграда **приехал** брат.
② Вчера брат **уехал** из москвы.
③ Только что, ко мне **пришёл** мой друг.
④ Сестра **ушла** из дома рано утром, и до сих пор её нет.
⑤ Весной они **прилетают** обратно.
⑥ Когда наступает осень, перелётные птицы **улетают** на юг.
⑦ Брат **приезжает** ко мне каждый год.
⑧ Скоро он **уезжает** от меня.
7, 8) ① В перерыв студент **подошёл** к профессору и задал ему вопрос.
② Учитель написал предложение и **отошёл** от доски.
9, 10) ① Собрание кончилось, и **разошлись** по домам.
② Друдья **сошлись** в ресторан для поздравлеения с женитьбой.

8. 운행동사

(1) 정 · 부정태동사가 아래접두어와 결합하여 다양한 "운동 및 움직임"을 표현한다.

접두어	의 미	접두어	의 미
(1) в-, во-	사물의 안으로	(2) вы-	사물의 밖으로
(3) вз-, взо-, вс-	표면의 위로	(4) с-, со-	표면의 아래로
(5) при-	장소에 도착	(6) у-	장소를 출발
(7) под-, подо-	사물과 가깝게 접근	(8) от-	사물로부터 멀어짐
(9) раз-, разо-, рас-	하나로부터 여러방향으로 분산	(10) с-	여러방향에서 한곳으로 집중
(11) до-	특정장소나 대상까지 접근	(12) пере-	① 대상을 가로지르는 동작 ② 한장소에서 다른 장소로 이동

(13) про-	① 대상을 지나치는 움직임 ② 대상을 통과하는 움직임 ③ 특정거리의 통과	(14) о-, об-, обо-	① 대상을 도는 움직임 ② 장애물을 돌아가는 움직임 ③ 대상이나 지역전체를 돌아 다니는 움직임
(15) за-	① 어떤장소나 사람에게 들르는 행위 ② 대상의 뒤로 움직임 ③ 대상에 깊숙히 들어가는 움직임	(16) на-	사물과의 충돌

(2) 〔접두어 + 정태동사〕는 완료체가 되며 〔접두어 + 부정태동사〕는 불완료체로 전환된다.

В шкаф вошло много книг.(책장으로 많은 책이 들어갔다.)
　〔 в + идти = видти 〕는 완료체동사
Это не входит в мою задачу.(이것은 나의 과제에 포함되지 않는다.)
　〔 в + ходить = входить 〕는 불완료체동사

Мать скоро придёт за мной.(엄마는 곧 나를 데리러 온다.)
　〔 при + идти = прийдти 〕는 완료체동사
Поезд приходит в пять часов.(기차는 5시에 온다.)
　〔 при + ходить = приходить 〕는 불완료체동사

1, 2) ① 누군가 방으로 들어갔다.　　② 그녀는 방에서 나왔다.
　　　③ 농장으로 짐차가 들어왔다.　④ 짐차가 농장을 떠났다.

3, 4) ① 그는 빠르게 계단을 따라 2층으로 올라갔다.
　　　② 그는 빠르게 계단을 따라 2층에서 내려왔다.

5, 6) ① 남동생이 레닌그라드로부터 내게 왔다.

② 어제 남동생은 모스크바를 떠났다.
③ 바로 조금전 내친구가 내게 왔다.
④ 여동생은 이른 아침 집을 나가서 아직까지 집에 오지 않았다.
⑤ 봄에 그들은 다시 날아온다.
⑥ 가을이오면 철새들은 남쪽으로 날아간다.
⑦ 남동생은 매년 나를 방문한다.
⑧ 곧 그는 나로부터 떠난다.

7, 8) ① 휴식시간에 학생들은 교수에게 다가갔으며 그에게 질문을 던졌다.
② 선생님은 문장을 쓰고 칠판에서 벗어났다.

9, 10) ① 회의는 끝났고 집으로 흩어졌다.
② 결혼을 축하하기 위해 친구들이 레스토랑에 모였다.

※ 접두어 в가 "위로"라는 의미를 표현하기도 한다.
Дети с весёлым смехом **въезжали** на гору.
(아이들이 밝은 웃음과 함께 산으로 올랐다.)
Дети с весёлым смехом **съезжали** на санках с гору.
(아이들이 밝은 웃음과 함께 썰매를 타고 산을 내려왔다.)

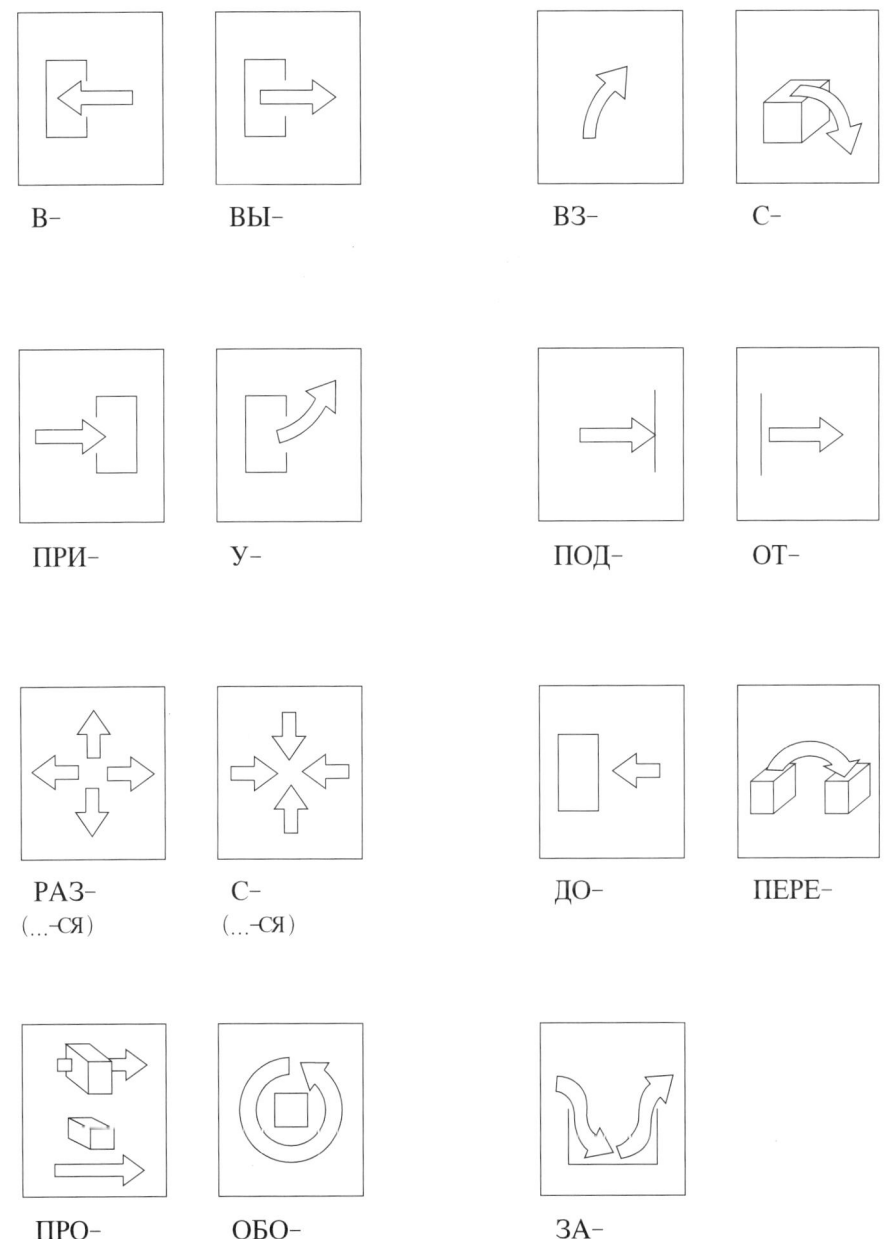

(11) Я **дошёл** до дома за полчаса.
(12) ① Я **перешёл** через улицу.　② Я **перешёл** на другую сторону.
(13) ① Я **прошёл** мима дома.　② Мы **прошли** площадь.
　　　③ За день мы **прошли** 20 километров.
(14) ① Я **обошёл** вокруг озера.　② Я **обошёл** гору.
　　　③ Я **обошёл** все комнаты общежития.
(15) ① Я **зашёл** в магазин по дороге домой.　② Я **зашёл** к другу.
　　　③ Я **зашёл** далеко в лес.
(16) Машина наехала на **забор**.

(11) 나는 30분만에 집에 도달하였다.
(12) ① 나는 길을 건너갔다.
　　　② 나는 다른 방향으로 건너갔다.
(13) ① 나는 집옆을 지나갔다.
　　　② 우리는 광장을 통과하였다.
　　　③ 우리는 하루에 20km를 갔다.

※ ① Автобус проехал остановку.(버스가 정류장을 지나쳤다.)
　② Машина проехал деревню.(자동차가 시골을 통과하였다.)
　③ На машине мы проехали триста километров.
　　(자동차로 우리는 300km를 달렸다.)

(14) ① 나는 호수를 돌아갔다.
　　　② 나는 산을 돌아갔다.
　　　③ 나는 기숙사의 모든 방을 돌아갔다.
(15) ① 나는 집에 가는 길에 가게에 들렸다.
　　　② 나는 친구에게 들렸다.
　　　③ 나는 숲속 깊이 들어갔다.
(16) 자동차가 담장에 부딪쳤다.

9. 불완료체동사에 접두어가 첨부되어 만들어진 완료체동사

접두어	불완료체동사	완료체동사
1. вз- вс-	волновать(흥분시키다) бунтовать(소요를 일으키다) бодрить(고무하다), кипятить(끓이다)	взволновать, взбунтовать взбодрить, вскипять
2. вы-	рвать(잡아빼다), копать(파다) сушить(말리다)	вырвать, выкопать высушить
3. из- ис-	мерить(재다), расходовать(지출하다) портить(망치다), пугать(놀라게하다)	измерить, израсходовать испортить, испугать
4. за-	асфальтировать(아스팔트로 포장하다) планировать(계획을 세우다)	заасфальтировать запланировать
5. на-	рисовать(그리다), писать(쓰다) печатать(인쇄하다), поить(마시게하다) кормить(먹이다), учить(가르치다) копить(모으다)	нарисовать, написать напечатать, напоить накормить, научить накопить
6. о-	беднеть(부족하게되다), глохнуть(귀먹다) слепнуть(시력을 잃다), публиковать(출판하다) характеризовать(특징지우다)	обеднить, оглохунуть ослепнуть, опубликовать охарактеризовать
7. от- ото-	салютовать(경례를 하다) мстить(보복하다)	отсалютовать отомстить
8. пере-	ночевать(숙박하다), зимовать(월동하다) крестить(성호를 긋다)	переночевать, презимовать перекрестить
9. под-	мести(쓸다, 청소하다) считать(셈하다)	подмести подсчитать
10. при-	сниться(꿈에 보이다), мирить(화해하다) готовить(준비하다)	присниться, примирить приготовить

11. про-	сверлить(구멍을 뚫다), диктовать(받아쓰다) читать(읽다), демонстрировать(전시하다)	просверлить, продиктовать прочитать продемонстрировать
12. раз- рас-	делить(분할하다), бить(치다) дробить(부수다), давить(누르다) таять(녹는다)	разделить, разбить раздробить, раздавить растаять
13. с- со-	делать(하다), копить(모으다) играть(놀다), группировать(그룹을 만들다)	сделать, скопить сыграть, сгруппировать
14. у-	таить(비밀로 하다), падать(떨어지다) терять(잃다), тонуть(가라앉다)	утаить, упадать утерять, утонуть
15. по-	брить(면도하다), стричь(깎다) стирать(세탁하다), мыть(씻다) дарить(주다), советовать(충고하다) знакомить(소개하다), ставить(세워놓다) сеять(파종하다), краснеть(빨갛게되다) темнеть(어두워지다)	побрить, постричь постирать, помыть подарить, посоветовать познакомить, поставить посеять, покраснеть потемнеть

讀解演習

1. А ведь лес для людей. Он **укрепляет** почву, охраняет полноводность рек и озер, **укрощает** городские шумы, **очищает** воздух, **служит** основным поставщиком кислорода, без которого жизнь на Земле невозможна.

☞ 불완료체동사 용법/служить чем; ~이되다, ~의 역을 하다

2. Вместе со мной **жил** громадный серый кот. Его звали Смок. Днем я был на работе, а Смок **спал** дома. Вечером я **возвращался**, пил чай и **садился** читать газету или книгу. Потом **убирал** квартиру, и мы со Смоком шли гулять. На улице Смок убегал от меня, и я гулял один, а потом **шёл** домой и **ложился** спать. Утром **приходил** Смок, я **открывал** ему дверь, и он **проходил** на кухню завтракать. Иногда он **возвращался** вместе со мной.

☞ 불완료체동사 과거용법/кот; 수코양이/читать, гулять, спать, завтракать 원형동사는 목적을 나타낸다

3. В детстве, в тяжелые годы войны, я твёрдо усвоил, что самое главное в жизни – это свобода и независимость нашей Родины. С годами у людей появляются новые ценности и задачи, которые они также считают главными, но эта **была, есть и будет** всегда главной, потому что свобода и независимость нашего народа – это основа всего, что мы делаем и, конечно, **будем делать**.

☞ быть동사 용법/в детстве; 어린시절에/ с годами; 해가 가면서/ считать что чем; ~을 ~로 여기다

4. Открылась дверь. В класс вошла учительница. Она подошла к столу, увидела подарок. На лице у неё отразилась растерянность, смущение, признательность. Ей было приятно, что её ученики не забыли о дне 8 Марта. Она радовалась, что они любят и уважают её.

☞ 완료체동사 과거용법/ забыть о чём(ком); ~을 잊다 /на чём отразиться; 반영되다

5. Вот покупатель примерил костюм. Посмотрел на себя в зеркало. Судя по всему, сомневался, брать ли, но в самый последний момент махнул рукой: "выпишите, пожалуйста, чек". Чек выписать проще всего. Продавец посмотрел, как сидит пиджак, и откровенно сказал: "не берите, не к лицу он вам. Завтра ожидается новое поступление. Вместе подберём то, что вам больше идёт".

☞ 완료체동사 과거용법/ судя по чему~에 따라 판단하건대/новое поступление; 새제품

6. В Ясной Поляне Толстой родился и прожил большую часть своей жизни. Отсюда начиналось его познание Родины. Здесь выросла его беспредельная любовь к России. С Ясной Поляной связаны и первые шаги писателя по пути к народу, и его многогранная общественная деятельность.

☞ 불완료체동사 과거용법/ любовь к чему(~에 대한 사랑); любовь к родине 조국애, любовь к ближнему 동포애

7. Вернулся домой отец. Алеша - к нему.
- Я больше в школу не пойду, - говорит.
- А что же ты будешь делать?
- Работать буду.
- Кем?
- Как ты, - сказал Алеша.

А отец у Алеши мастером работает на заводе, где "Мосвичи" делают.

- Очень хорошо, - сказал отец. -Давай работать вместе. Начнём с самого легкого.

Достал он большой лист бумаги и сказал:

- Вот чертеж новой машины. В нём есть ошибки. Посмотри и скажи мне!

Алеша посмотрел на чертеж. Ничего здесь не разберешь!

- Я это не умею! - признался Алеша.

- Тогда я сам **поработаю**, - сказал отец, - а ты отдохни!

Алеша подумал и сказал:

- Я завтра опять в школу пойду.

☞ 완료체동사 미래용법

8. Здесь нужно терпение, **нужно** много раз **слушать** одно и то же музыкальное произведение и **не терять** уверенности, что хорошая музыка станет для вас настоящим источником радости.

☞ 원형동사 용법/стать чем; ~이 되다

9. Рано утром он **вышел из гостиницы**, **вошёл в метро**, доехал до станции ≪Сокольники≫, вышел из метро, подошёл к остановке троллейбуса. На троллейбусе он **доехал до одного московского завода**. У завода он сделал пересадку и на автобусе снова **поехал в центр**. А через год или два он рассказал нам об этой необычной экскурсии.

☞ 운행동사 용법/делать пересадку; 환승하다

10. Наступила ночь. Ночь была тёмная-тёмная. На небе блестели звёзды. Ёжик **пошёл** гулять по лесу. Он увидел красную ягодку и съел. Вкусно! Он увидел жёлтый листок и взял его. Потом он видит – в воде блестит голубая звезда. Почему она упала в воду? Подумал ёжик, подумал и положил на голубую звезду листок: пусть звезда тут до утра лежит. Утром проснулся ёжик. Светило солнышко. Ёжик **пошёл** посмотреть голубую звезду. Поднял листок, и что он увидел! Вместо голубой звезды он нашёл в воде большое красное солнышко.

☞ пошёл гулять, пошёл посмотреть; 「по + 정태동사」로 행위의 시작을 나타냄

필 수 표 현

13. 전개의 순서

Во-первых	첫째
Во-вторых	둘째
В-третьих	셋째
В-четвертых	넷째

14. 연결어

прежде всего	무엇보다도 먼저
между прочим : кстати	그것은 그렇고, 곁들여
тем не менее : но, однако	그럼에도 불구하고, 한편
одним словом	한마디로 말해서, 잘라 말해서
иными словами	달리 말해서, 환언하면
наконец	결국
в конце концов	결국, 종국적으로
итак	결국, 그러면
таким образом	그런 방식으로
следовательно	따라서, 그렇기 때문에
с одной стороны~, с другой стороны~	한편으로는~, 다른 한편으로는~
главное	중요한 것은, 요점은

15. 관계의 정도

в значительной мере~	상당히
по крайней мере~	최소한
в значительной степени~	상당히
в высокой степени~	상당히
не в малой степени~	적지않게
в ещё большей степени~	아주 대단히
до некоторой степени~	약간
до известной степени~	어느정도

속담

Яйца курицу не учат.
계란은 암탉을 가르칠수 없다. (물개에게 고기잡는 법을 가르치지 마라.)

Кто рано встает, тому Бог дает.
하나님은 일찍일어나는 사람에게 베푼다. (근면한사람이 성공한다)

В гостях хорошо, а дома лучше.
손님이 되는 것도 좋지만 집에 있는 것이 더 좋다.

Пустая бочка пуще гремит.
빈나무통이 더 요란하다. (빈수레가 요란하다)

長文 讀解

1.

Известно, что все мы в России — любители быстрой езды. И все же первая высокоскоростная дорога появилась не у нас, а в Японии, 1964 году. Через семнадцатьлет Азию догнала Европа: парижане с ветерком помчались до Лиона. Сегодня в мире 4530 километров высокоскросных магистралей, вдвое больше общая протяженность линий, на которых используются поезда ВСМ. В эту копилку прогресса наша страна не внесла ни метра. Однако не за горами создание ВСМ Санкт-Петербург — Москва.

Общепризнанно, что ВСМ гораздо меньше загрязняет окружающую среду, чем авиация и автомобильный транспорт. Поэтому у экспертов не было сомнений по поводу самой идеи прокладки современной, высокоэкологичной трассы между двумя крупнейшими городами страны. Но, принимая идею как таковую, мы должны знать, каким будет её реальное вплощение. Насколько совершенны технические решения? Как строительство и эксплуатация ВСМ отразятся на экологии, демогрфии, экономике региона? Мы обязаны удостоверится в том, что начато огромное дело, его доведут до конца, а не бросят из-за отсутствия средств. Самое страшное для экологии — незавершенное сторительство, специалисты хорошо знают.

Марина Рубанцева：Высокоскоросная магистраль

☞ ВСМ = высокоскоросная магистраль；고속전철선, 고속전철/ общепризнанно, что~；~이 일반적으로 인정되고 있다/по поводу чего；~에 대해서, 관해서

2.

Интересы России как евразийской державы, безусловно, обращены не только на запад, но и на Восток. Причём возрастающая роль Азиатско-Тихоокеанского региона(АТР) в мировой экономике увеличивает в перспективе значимость Приморского края как контактной с ним зоны.

В то же время специфика современных геостратегических и экономических устремлений России определяется действием целого ряда факторов не только внешнего, но и внутреннего характера. К важнейшим из них относятся:

— распад Советского Союза и изменение расстановки сил в мире в
результате окончания холодной войны;
— геополитические и экономические притязания сопредельных государств и их
военно-политических и экономических образований;
— сдвиги в региональном распределении мировой экономической мощи;
— проблемы становления новой российской государственность;
— трудности формирования рыночной экономики в России.

Анализ этих и других факторов и вероятных последствий их воз действия является необходимым условием осознания возможностей и роли России в будущем мировом сообществе, понимания особенностей её интересов в Азиатско-Тихоокеанском регионе.

Вместе с тем на фоне кризиса в экономике, углубляющегося в Российской Федерации, и близкого к критическому состояния в Приморье, динамичные развитие АТР, а также намечающееся изменения в соотношении сил внутри региона создают серьёзные угрозы долгосрочным интересам России. Применительно к региону Дальнего Востока вообще и Приморскому краю, в часности, эти угрозы состоят в следующем.

Недостаточный учет особенностей мирового развития, игнорирование объективных тенденций возрастания роль АТР, снижение темпов развития Дальнего Востока и Приморского края могут либо привести к утрате экономикой России поцентиальных возможностей азиатко-тихоокеанского рынка, либо потребуют существенно больших финансовых, экономических и политических усилий, хотя бы для сохранения нынешних позиций России в этом важнейшем регионе мира.

Концептуальные подходы к обоснованию перспектив Приморского края

☞ в перспективе；앞으로, 장래에／ В то же время；동시에／ вместе с тем；그와 함께(동시에)／применительно к чему；～의 경우에／ в частности；특히,그중에도／ хотя бы；비록 ～일지라도, 하다못해 ～라도

Не руби сук, на котором сидишь.
앉아있는 가지는 자르지 마라.(스스로 무덤을 파지마라.)

Не делай из мухи слона.
모기로 코끼리를 만들지 마라.(문제를 과장하지 마라)

Не меряй на свой аршин.
자기의 잣대로 남을 재지마라.

文法연습

1. 다음문장중 공란에 주어진 동사의 불완료체와 완료체 과거형을 써 넣으시오.

　　1) встречать-встречить

　　　　Он часто _____ этого человека.

　　　　Сегодня он опять _____ этого человека.

　　2) возвращаться-вернуться

　　　　Он всегда _____ домой рано.

　　　　Сегодня он _____ домой рано.

　　3) повторять-повторить

　　　　Она часто _____ новые слова.

　　　　Сегодня она ещё раз _____ новые слова.

2. 다음문장중 공란에 앞문장에서 사용된 동사의 미래형을 써 넣으시오.

　　1) Вчера она рисовала. Завтра она _____.

　　2) Раньше этот магазин закрывался в 6 часов. Скоро этот магазин _____ в 7 часов.

　　3) В субботу мама готовила обед. В воскресенье дочь _____ обед.

　　4) Он уже прочитал этот рассказ, я я _____ через два дня.

　　5) Сегодня магазин закрылся в 6 часов. Завтра магазин тоже _____ в 6 часов.

　　6) Я свободна, я уже написала рассказ. Я буду свободна, когда _____ ассказ.

3. 다음문장중 공란에 적당한 동사의 과거형을 써 넣으시오.

　　1) удивить-удивиться

Он _____ всех своим планом.

Все _____, когда услышали о его плане.

2) собрать-собраться

Мой знакомый _____ марки.

Друзья _____, чтобы поздравить его с праздником.

3) встречить-встретиться

Он _____ геологов в тайге.

Они _____ в тайге.

4) остановить-остановиться

Шофё_____ машину, и мы сели в неё.

Троллейбус _____, и мы вышли из него.

4. 다음문장의 공란에 적당한 접두어를 써 넣으시오.(вы, за, пере, при, у, в)

1) Саша _____нёс сестре в день рождения чудесные розы.

2) Цветов очень много, их нужно на ночь _____нести из комнаты.

3) Володя ушёл на работу и случайно _____нёс с собой ключ.

4) Сестра _____несла маленького брата через дорогу.

5) Подруга шла в университет и по дороге _____несла мне билет в театр.

6) Два человека _____несли в зал пианино.

作文

1. 그는 많이 일했고 지적으로 발전했다.

2. 그들은 자신의 아들을 혼내주었다.

3. 학생은 병이나서 많은 수업을 듣지 못했다.

4. 목이 아플 때 찬물을 마시면 안된다.

5. 그는 자신에 관해 이야기 하는 것을 좋아했다.

6. 그는 인간의 변화가능성에 대해 매우 믿었다.

7. 책과 함께하면 지식이 쌓인다.

8. 그는 우리들에게 읽기, 쓰기, 셈하기를 가르쳤다.

9. 우리는 자신의 일을 독립적으로 할수있는 능력을 반드시 키워야 한다.

10. 나는 자연의 음악을 듣기위해 일요일에 숲에갔다.

11. 방송이 30분 연장되었다.

12. 모든 결과는 한국에 직접적인 영향을 미칠것이다.

重 要 表 現

87. рассматривать/рассмотреть вопрос ; 문제를 재고하다
    Мы уже рассмотрем этот вопрос.

88. решать/решить вопрос ; 문제를 해결하다
    Они решили вопрос о продолжании её учёбы положительно.

89. ставить/поставить что под вопрос ; 문제화 하다
    Её честность можно поставить под вопрос.

90. стоять под вопросом ; 문제가 되고있다
    Этот пункт стоит под вопросом.

91. вызывать/вызвать какое воспоминание в ком (у кого) ; ~에 대한 기억을 불러일으키다
    Эта квартира вызвала у неё теплые воспоминание о собственном доме.

92. сохранять/сохранить воспоминание о ком (о чём) ; ~에 대한 기억을 간직하다
    Я сохранил воспоминание о том летнем вечере.

93. быть (находиться) под впечатлением от чего ; ~로부터 인상을 받다
    Мы до сих пор под впечатлением от концерта.
    Он находится под впечатлением от рассказа.

94. обмениваться/обменяться с кем впечатлениями ; ~와 인상을 서로 이야기하다
    Во время встречи подруги обменялись впечатлениями об отдыхе.

95. производить/произвести впечатление на кого ; ~에게 인상을 주다
    Она производит очень хорошее впечатление.
    Эта книга произвела большое впечатление на широкого читателя.

96. становиться/стать врагами ; 적이 되다
    После той истории они стали врагами.

5. 動 詞

161

97. **вызывать/вызвать врача** (на дом); 의사를 부르다
    звать/позвать врача;
    Родители вызвали врача на дом.
    Нужно немедленно позвать врача.

98. **показываться/показаться врачу**; 의사에게 보이다
    Почему вы не хотите показаться врачу?

99. **беречь время**; 시간을 아끼다
    Время нужно беречь.

100. **выигрывать/выиграть время**; 시간을 벌다
     Чтобы выиграть время он заказал обед.

101. **назначать/назначить время для чего**; ~에 대한 시간을 지정하다
     Мой секретарь назначил вам время для встречи.

102. **находить/найти время для чего**; ~을 위한 시간을 찾다
     Мне нужно найти время для встречи с ней.

103. **проводить/провести время**; 시간을 보내다
     Он проводил все время на пляже.

104. **распологать временем**; 시간을 갖고 있다
     Я не распологаю таким временем.

105. **распределять/распределить время**; 시간을 나누다
     Чтобы все успеть нужно чётко распредить время.

106. **терять/потерять время**; 시간을 잃다
     Мы потеряем много времени на сборы.

107. **убивать/убить время**; 시간을 죽이다
     Чтобы убить время он решил просмотреть универсальный магазин.

108. **ждать встречи с кем** ; ~와의 만남을 기다리다
 Она очень ждала встречи с сыном.

109. **намечать/наметить встречу на какое число** ; ~날짜에 미팅을 예정하다
 На какое число намечила встреча с директором?

110. **организовать встречу** ; 미팅을 주선하다
 Мне нужно организовать с этим комитетом.

111. **проводить/провести встречу** ; 미팅을 하다
 Он будет проводить встречу в своём кабинете.

112. **устраивать/устроить встречу** ; 미팅을 주선하다
 Устройте мне встречу с его заместителем.

113. **проводить/провести выборы** ; 선거를 시행하다
 Выборы будет проведены в воскресенье.

114. **участвовать в выборах** ; 선거에 참여하다
 Все должны участвовать в выборах.

115. **делать/сделать вывод** ; 결론을 내리다
 Я надеюсь, что вы сделали вывод?

116. **приходить/прийти к выводу** ; 결론에 도달하다
 Мы пришли к выводу, что он не может выполнять эту задачу.

117. **искать нужное выражение** ; 필요한 표현을 찾다
 находить/найти нужное выражение ;
 Поищите нужное выражение в статье.
 В тексте можно найти нужное выражение.

118. **не стесняться в выражениях** ; 꺼리낌없이 말하다
 Он говорил с ней не стесняясь в выражениях.

【 독해 · 문법 · 작문 해답 】

〔讀解 演習〕

1.
숲은 사람들을 위한 것이다. 숲은 지질을 강하게 하고, 강과 호수의 물이 고이도록 유지시키고 도시의 소음을 감소시키며 대기를 정화한다. 지구상의 삶에 필요한 산소를 제공하는 원천이기도 하다.

2.
큰회색고양이가 나와 함께 살았다. 이름은 스모크였다. 낮에 내가 일터에 있을 때에는 스모크는 집에서 잠을 잤다. 저녁에 집으로 돌아와서 나는 차를 마시고 신문이나 책을 읽었다. 그리고난후 아파트를 청소하고 나는 스모크와 함께 산책을 나갔다. 거리에서 스모크는 나를 떠나 달음질을 쳤다. 나는 혼자서 산책을 하고 그후 집으로 돌아와서 잠자리에 들었다. 스모크는 아침에 돌아왔고 나는 문을 열어주었으며 고양이는 아침을 먹기위해 부엌으로 갔다. 가끔 고양이는 나와함께 돌아왔다.

3.
어린시절 전쟁으로 어려울 때 나는 삶의 가장 중요한 것은 우리나라의 자유와 독립이라는 것을 굳게 알게되었다. 해가 가면서 사람들이 또한 중요시 여기는 새로운 가치들과 과제들이 나타났지만 이것은 중요했고 중요하고 중요할 것이다. 왜냐하면 우리국민의 자유와 독립은 우리가 하고있고 해야할 모두의 가장 기본이기 때문이다.

4.
문이 열렸다. 교실로 선생님이 들어왔다. 그녀는 책상 가까이로 갔고 선물을 보았다. 그녀의 얼굴에 곤혹과 당혹과 감사의 표정이 나타났다. 그녀는 자기 학생들이 5월 8일을 잊지 않았다는 것이 기뻤다. 그리고 그들이 자신을 사랑하고 존경하는 것이 기뻤다.

5.
고객은 양복을 몸에 재었다. 거울앞에서 자신를 바라 보았다. 모두가 보기에도 살것인지가 의심스러웠다. 그러나 마지막 순간 손을 흔들었다: "영수증을 써 주시오". 영수증을 쓰는 것은 쉬운일이다. 판매원은 신사복 상의가 어울리는지 보고나서 솔직하게 말했다: 사지 마십시오. 당신에게 어울리지 않습니다. 내일 새제품이 올 것 같습니다. 당신에게 보다 더 잘 어울리는 것을 같이 고르시죠.

6. 톨스토이는 '야스나야 뽈랴느'에서 태어났으며 대부분의 인생을 그곳에서 지냈다. 이곳에서부터 그의 조국에 대한 인식이 시작된다. 이곳에서 러시아에 대한 그의 끝없는 사랑이 성숙했다. 민족을 향한 작가의 첫걸음과 그의 다각적인 사회활동은 야스나야 뽈랴느'와 관계가 있다.

7. 아빠가 집으로 돌아왔다. 알료샤는 아빠에게 다가갔다.
- 나는 더 이상 학교에 가지 않을거예요. 라고 말한다.
- 그러면 도대체 무엇을 할거니?
- 일을 할거예요.
- 어떤 사람으로써?
- 아빠같은 사람. - 알료샤는 말했다.
알료샤의 아빠는 '모스크비치' 자동차를 만드는 공장에서 일을 한다.
- 자 여기 자동차 도면이 있다. 여기에는 잘못된점이 있다. 보고나서 그것을 내게 말해 주렴!
알료샤는 도면을 보았다. 아무것도 알수 없다!
- 나는 할줄 몰라요.- 알료샤는 인정했다.
- 그러면 내가 혼자 하지. 너는 쉬어라.-라고 아빠는 말했다.
알료샤는 생각했다 그리고 말했다.
- 내일 다시 학교에 갈께요.

8. 인내가 필요하며 음악작품들을 많이 듣는 것이 필요하며 좋은 음악이 당신에게 실제적인 즐거움의 원천이 된다는 확신을 잃지 않는 것이 필요하다.

9. 아침일찍 그는 호텔에서 나와서 지하철을 탔으며 '스꼴니끼' 라는 역까지 갔다. 지하철에서 내려서 트롤리버스 정류장까지 갔다. 트롤리버스를 타고 모스크바의 한공장에 까지 갔다. 공장근처에서 환승을 해서 버스를 타고 다시 시내중심가로 갔다. 1년인가 2년뒤에 그는 우리들에게 바로 이 묘한 시내관광에 대해 이야기 해주었다.

10.

> 밤이 왔다. 밤은 깜깜하고 깜깜했다. 하늘에 별들이 빛났다. 고슴도치는 산책을 하러 숲으로 갔다. 그는 붉은 딸기를 보았고 이를 먹었다. 그는 노랑잎새를 보았고 이를 쥐었다. 그런후 그는 샘물속에 파란별이 반짝이는 것을 본다. 왜 저별이 물속에 빠졌을까? 고슴도치는 생각을 거듭했다 그리고 노랑잎새를 파란별위에 얹어놓았다: 아침까지 저별이 누워있도록 놔두자. 고슴도치는 아침에 눈을 떴다. 햇님이 비추었다. 고슴도치는 파란별을 보기위해 갔다. 잎새를 들었다. 그가 본 것이 무엇인가! 그는 물속에서 파란별 대신에 크고 붉은 햇님을 발견했다.

〔長文 讀解〕

1.

> 러시아에 사는 우리는 모두가 빨리 달리는 것을 좋아한다는 것이 잘 알려져 있다. 그러나 첫고속철도는 우리가 아니라 1964년 일본에서 나타났다. 17년후에 유럽이 일본을 따라 잡았다: 파리시민들은 리옹까지 바람과 함께 질주했다. 오늘날 고속철이 이용하고 있는 고속철도의 길이는 4530 km이며 일반 철로의 길이보다 두배가 많다. 이러한 진보에 우리나라는 단 1미터도 기여를 못했다. 그러나 쌍 뻬쩨르부르그와 모스크바간에 고속철의 건설이 멀지 않았다.
>
> 고속철이 비행기나 자동차 교통수단 보다도 훨씬더 주위환경을 더럽히지 않는다는 것이 일반적으로 인정되고 있다. 이 때문에 전문가들은 거대한 두 도시간에 현대적이고 고수준의 생태학적인 철로 부설계획에 대해 어떠한 의심도 갖지 않는다. 그러나 그러한 사실을 받아들이면서도 우리는 어떻게 그 계획이 실현될 것인지에 대해 알아야만 된다. 얼마나 기술적인 문제들이 해결되었는가? 고속철의 건설과 이용이 지역의 환경, 인구, 경제에 어떤 영향을 줄것인가? 큰일이 시작되면 끝까지 일을 진행해야하며 자재의 부족으로 버려두어서는 않된다는 것을 우리는 확인 해야할 책임이 있다. 환경에 가장 치명적인 것이 바로 완수되지 못한 건설이라는 것을 전문가들은 잘 알고 있다.

2.

유라시아국가로서 러시아의 이익은 당연히 서구뿐만이 아니라 극동에도 주의를 돌리고 있다. 게다가 세계경제에서 성장하고 있는 아태지역의 역할은 장래에 이지역과의 접촉지역으로서 연해주지역의 중요성을 증대시키고 있다.

동시에 현재 러시아의 지역전략적, 경제적 지향의 특성은 대외 뿐만이 아니라 대내적인 특성을 갖고 있는 총체적 요소의 작용으로 나타나고 있다. 그중 가장중요한 것은 다음과 같다.

―냉전 종식의 결과로 소련의 붕괴와 세계의 세력배치 변화
―인접국가들의 지역정치적, 경제적 요구와 이들 국가들의 정치적, 경제적 구성
―세계경제력의 지역분배 진행
―새로운 러시아국가 형성의 문제
―러시아내 시장경제 수립의 어려움

이러한 그리고 다른 요소들과 이들요소들의 작용으로 나타날 수 있는 결과들에 대한 분석이 장래 세계사회에서의 러시아의 가능성과 역할을 인식할 수 있는, 아태지역에서 러시아 이익의 특성을 이해할 수있는 필수적인 조건인 것이다.

더욱이 러연방내에 심화되고 있는 경제의 위기, 연해주의 근접적 위기 상황에서 아태지역의 역동적 발전, 나타나고 있는 지역내 힘의 변화등이 러시아의 장기적 이익에 중대한 위협을 주고 있다. 극동지역 전체 특히 연해주지역의 경우 그러한 위협은 다음과 같다.

세계발전의 특성에 대한 부족한 이해, 아태지역 역할의 증대에 관한 객관적 경향의 무시, 극동지역과 연해주의 발전속도 저하등이 아태지역시장의 잠재적 가능성에 대한 러시아경제의 손실을 가져다줄 수 있거나 또한 세계의 중요한 이 지역에서 현재 러시아의 위치를 유지하려고만 해도 막대한 재정, 경제, 정치적 노력을 요구할것이다.

〈文法연습〉

1. 1) встречал, встретил, 2) возвращался, вернулся, 3) повторяла, повторила.

2. 1) будет рисовать, 2) будет закрываться, 3) будет готовить
   4) прочитаю, 5) закроется, 6) напишу

3. 1) удивил, удивились. 2) собрал, собрались, 3) встретил, встретились,
   4) остановил, остановился

4. 1) при, 2) у, 3) вы, 4) пере, 5) за, 6) в

〈作文〉

1. Он много трудился и развивался интеллектуально.

2. Они проучили своего сына.

3. ученик болел и пропустил много занятий.

4. В случае заболевания горла нельзя пить холодную воду.

5. Он любил говорить о себе.

6. Он очень верил в возможности человека изменяться.

7. С книгами знаться — ума набраться.

8. Он учил нас читать, писать, считать.

9. Мы должны выработать в себе умение делать свое дело независимо.

10. Я пошёл в лес в воскресенье послушать музыку природы.

11. Передача длилась трицать минут.

12. Все последствия будет иметь прямое воздействие на Республику Корей.

6. 태(態)

기본 문법

1. 능동태와 수동태

(1) ① Кто нарисовал эту картину?
    ② Мой друг нарисовал эту картину.
(2) ① Кем нарисована эта картина?
    ② Эта картина нарисована моим другом.

2. 능동태의 수동태 전환

(1) ① Наука объясняет тайны природы.
    (⇒ Тайны природы **объясняются наукой**.)
    ② Наш университет организует международные конференции.
    (⇒ **Нашим университетом организуются** международные конференции.)
(2) ① Этот портрет нарисовал известный художник.
    (⇒ Этот потрет был **нарисован известным художником**.)
    ② Я получил это письмо позавчера.
    (⇒ Это письмо было получено **мной** позавчера.)
(3) ① Войны можно вычеркнуть из жизни народов земли.
    (⇒ Войны **могут быть вычеркнуты** из жизни народов земли.)
    ② Нельзя решить задачи, стоящие перед страной, без интенсификации экономики.
    (⇒ Задачи, стоящие перед страной, **не могут быть решены** без интенсификации экономики.)

1. 능동태와 수동태
(1) 능동태

능동태 문장은 주어가 행위의 주체가 되고 직접목적어가 행위의 대상이 되는 문장으로서 타동사가 서술동사로 사용된다.

① 누가 이 그림을 그렸습니까?   ② 내 친구가 이 그림을 그렸습니다.

Ученик выполняет задание. (학생은 과제를 설명합니다.)

Собрание решило этот важный вопрос. (회의는 이 중요한 문제를 결정했다.)

(2) 수동태

수동태 문장은 주어가 행위의 대상이 되고 행위의 주체는 조격형태로 변형되어 문장 내에서 서술적 역할을 한다.

① 누구에 의해 이 그림이 그려졌습니까?

② 이 그림은 내친구에 의해 그려졌읍니다.

Задание выполняется учеником. (과제는 학생에 의해 설명되어 집니다.)

Важный вопрос решён собранием. (중요한 문제는 회의에 의해 결정됐다.)

2. 능동태의 수동태 전환

(1) 능동태의 서술동사가 불완료체인 경우 수동태로 전환시, 동사는 -ся 어미를 가진 동사로 전환되며 주어는 조격으로 전환된다.

① 과학은 자연의 비밀을 설명한다.

② 우리대학은 국제회의를 조직한다.

Этот завод производит станки. (이 공장은 공작기계를 생산한다.)

⇒ Станки производятся этим заводом. (공작기계는 이 공장에 의해 생산된다.)

Преподаватель проверяет письменные работы.
(선생님은 서면과제물을 검사한다.)

⇒ Письменные работы проверяются преподавателем.
(서면과제물은 선생님에 의해 검사된다.)

(2) 능동태의 서술동사가 완료체인 경우 수동태로 전환시, 동사는 수동형동사 단어미로 전환되며 주어는 조격으로 전환된다.

　① 이 초상화는 유명한 화가가 그렸다.
　② 나는 이 편지를 그저께 받았다.

　Архитектор создал проект здания. (건축가가 건물설계를 하였다.)
　⇒ Проект здания был создан архитектором.
　(건물설계는 건축가에 의해 만들어졌다.)

　Завод выполнил план. (공장은 계획을 이행했다.)
　⇒ План был выполнен заводом. (계획은 공장에 의해 이행되었다.)

(3) 형용사 단어미 должен(должна), 부사 можно, необходимо, нельзя, 무인칭동사 следует 등과 함께 사용된 능동태 문장을 수동태 문장으로 전환시

1) 서술동사가 불완료체인 경우 -ся 어미를 가진 동사를 사용하여 전환

능 동 태	수 동 태
следует учитывать тот факт	должен учитываться тот факт
необходимо решать эти вопросы	должно решаться эти вопросы
можно рассматривать как	может рассматриваться как

2) 서술동사가 완료체인 경우 [быть 동사 + 수동형동사 단어미] 형태로 전환

능 동 태	수 동 태
нужно создать	должно быть создана
необходимо дополнить	должно быть дополен
можно предложить	может быть предложен
нельзя решить.	не может быть решена.

Эту проблему должны решить. (이 문제를 반드시 해결해야 한다.)
⇒ Эта проблема должна быть решена. (이 문제는 반드시 해결되어야 한다.)
Эту проблему можно решить. (이 문제는 해결 할수 있다.)
⇒ Эта проблема может быть решена. (이 문제는 해결 될수 있다.)
Эту проблему нельзя решить. (이 문제는 해결 할수 없다.)
⇒ Эта проблема не может быть решена. (이 문제는 해결 될수 없다.)

3) 과거형태는 〔동사과거 + быть 동사 + 수동형동사 단어미〕 형태로 전환

능동태(과거)	수동태(과거)
Эту проблему должны были решить. (이문제는 해결 했어야 했었다)	Эта проблема должна была быть решена. (이 문제는 해결 됐어야 했었다)
Эту проблему можно было решить. (이문제는 해결 할수 있었다)	Эта проблема могла быть решена. (이 문제는 해결 될수 있었다)

> **3. 행위주체가 없는 수동태 구문**
> ① На первом курсе изучают русскую литературу.
>   (⇒ На первом курсе **изучается** русская литература.)
> ② В этом магазине продают литературу на русском языке.
>   (⇒ В этом магазине **продаётся** литература на русском языке.)

3. 행위주체가 없는 수동태 구문

※ 조격형태의 행위주체가 없는 수동태 구문이 不定人稱文 형태로 자주 쓰인다.

① 1학년에서 러시아 문학을 공부한다.
② 이 가게에서 러시아어로 된 문학작품을 판다.

В этом магазине продаётся обувь.
(이 가게에서 신발을 판다.)
Книги в библиотеке выдаются с 10 часов.
(도서관에서 책을 10시부터 빌려준다.)
магазин закрыт с 12 до 2 чисов.
(12시부터 2시까지 가게는 문이 닫힌다.)
Все билеты проданы.
(모든 표가 다 팔렸다.)
Это место занято.
(이 자리는 임자가 있다.)

※ 조격형태의 행위주체가 있는 수동태 구문은 회화체에서는 사용되지 않으며 공식적 형태의 文語에서 사용된다.

Работа будет закончена мною к первому декабря.
(12월 1일까지 나는 일을 마칠것이다.)
Этот текст легко понимается студентами первого курса.
(이 책은 첫 번째 과정에 있는 학생들에게 쉽게 이해가 된다.)

讀解演習

▷ **КЛЮЧ**: Тайны природы **объясняются наукой**.

1. Решение глобальных и региональных вопросов в огромной степени **определялось двумя «сверхдержавами»**. Таким образом, от советско-американских отношений зависело не только направление развития мировой истории, но и само выживание человечества.

☞ 불완료체동사 수동태 용법/ в огромной степени; 상당수준/ таким образом; 이런식으로/не только~но и;~뿐만이 아니라 ~도

▷ **КЛЮЧ**: Станки производятся этим заводом.

2. Правда, через полтора-два десятилетия Китай может обогнать США, если китайская экономика не утратит нынешние темпы развития, но пока США сохраняют лидерство в мировой экономике. Эта роль обеспечивается не только **динамикой** развития американского внутреннего рынка, но и **созданием** НАФТА, активным участием США в АПЭК, провозглашением ЕС.

☞ 불완료체동사 수동태 용법/ правда, что~; ~은 사실이다. 본문에서 что가 생략됨/ НАФТА; 북미 자유무역지대/ АПЭК; APEC

▷ **КЛЮЧ**: Письменные работы проверяются преподавателем.

3. Плохо развита инфраструктура, недостает местного капитала, не хватает квалифицированных кадров. Реакция регионов на неблагоприятные обстоятельства обычно **ограничивалась требованиями** таможенных или налоговых льгот. Но это ярко выраженное нахлебничество и в отношении центра, и в отношении других регионов, таких льгот и преференций не имеющих.

☞ 불완료체동사 수동태 용법/в отношении чего(кого) = по отношению к чему(кому) ~와의 관계에 있어서

▷ **КЛЮЧ**: Этот потрет был нарисован **известным художником**.

4. Быть может, все дело в том, что эротические мотивы творчества Пушкина **представлены несколькими принципиально разнящимися пластами**. Его высокая эротика выполена такой тонкой словесной вязью, которую трудно перевести в изобразительный ряд, не говоря уж о том, что Пушкин не был художником-професионаром.

☞ 완료체동사 수동태 용법/может быть = быть может; 아마도, 혹은 ~일지도 모르는/ пласт; 층

▷ **КЛЮЧ**: Проект здания **был создан архитектором**.

5. Распад СССР **был подготовлен** не только **последними десятью годами**, как говорит Ельцин, ю **всей историей** нашего ≪пространства≫, к нему вел процесс, начинавшийся более ста лет назад и не прерывавшийся ни при Ленине, ни при Сталине, ни При Хрущеве или Брежневе, ни, естественно, во времена горбачевской демократизации.

☞ 완료체동사 수동태 용법/при + 사람이름(전치격): ~의 시대에, ~의 치세(治世)에

필 수 표 현

16. 특성묘사

(1) представлять собой	что	(~이다)
(2) служить	чем	(~으로 되다, ~의역할을 하다)
(3) являться	чем	(~이다)

(1) Глобус представляет собой шар.

(2) Этот факт служит доказательством его честности.

(3) Пушкин является великим русским поэтом.

17. 설명의 구체화

(1) состоит	в чём	(~에 있다)
заключается	в том, что….	(~에 있다, ~라고 하는데 있다)
кроется	в том, чтобы…	(~에 있다, ~에 존재하다)
(2) В этом заключается		(여기에 ~이 있다)
В этом кроется	что	(여기에 ~이 있다)
Этим обьясняется		(이것으로 설명되다)

(1) Его заслуга состоит в разработке новой теории.

Наша ошибка состоит в том, что мы не учли влияния температуры на ход эксперимента.

Наша задача состоит в том, чтобы исследовать этот район.

Вопрос заключается в том, что мы можем сделать для них.

Причина заключается в том, что нас никто не предупредил об этом.

(2) В этом заключается вся сущность.

Этим оъясняется быстрый рост города.

18. 소속

(1) относиться	к чему	(~와 관련하다)
(2) приналлежать	к чему	(~에 속하다)
(3) входить	во что	(~범위내로 들어가다)
	в число чего	(~수에 포함되다)

(1) История относится к гуманитарным наукам.

Эти факты относятся к другой категории.

(2) Биология принадлежит к естественным наукам.

Он принадлежит к правящей партии

(3) Это не входит в мои планы. Он входит в число членов нового бюро.

長文 讀解

1.

Мы работали со Слонимским несколько раз. Первый опыт — 1959 год, когда он писал музыку, а я стихи к кинофильму "Ночь". Увы, сама картина не имела прокатной судьбы. Однако плоды нашего сотворчества исполнялись после этого неоднократно. Когда в 1971 году я переехал из Ленинграда в Москву, то постарался не рвать с родным городам, а значит — с петербургскими друзьями. Одним из наиболее близких был и остался Сергей слонимский. А рождение же нового цикла, недавно прозвучавшего в Петербургской филармонии, — счастливая случайнрсть. Дело в том, что у Слонимского в Большом зале Московской консерватории был концерт, на который я с удовольствием пришел. А затем я подарил Сергею новый сборник своих стихотворений. Некоторые показались ему интересными в музыкальном отношении. Так родился цикл "Городские романсы".

Меня вообщее очень интересует такого рода дуетная работа — сотворчество композитора и поэта, драматурга и поэта.

Евгений Реин: Поэзия

☞ писать музыку: 작곡하다/ цикл: 작품/сотворчество: 공동제작/драматурга: 극작가

2.

Кутузову надо было идти ещё целые сутки с своими обозами, чтобы достигнуть Цнайма, и потому, чтобы спасти армию, Багратион должен был с четырьмя тысячами голодных, изумученных солдат удерживать в продолжение суток всю неприятельскую армию, встретившуюся с ним в Голлабруне, что было, очевидно, невозможно. Но странная судьба сделала невозможное возможным. Успех того обмана, который без боя отдал венский мост в руки французов, побудил Мюрата попытаться обмануть так же и Кутзова. Мюрат, встретив слабый отряд Багратиона на цнаймской дороге, подумал, что это была вся армия Кутзова. Чтобы несомненно раздавить эту армию, он поджидал отставшие по дороге из Вены войска и с этой целью предложил перемирие на три дня, с условием, чтобы и те и другие войска не изменяли своих положений и не трогались с места. Мюрят уверял, что уже идут переговоры о мире и что потому, избегая бесполезного пролития крови, он предлагает перемирие. Австрийский генерал граф Ностиц, стоявший на аванпостах, поверил словам парламентера Мюрата и отступил, открыв отряд Багратиона. Другой парламентер поехал русскую цепь объявить то же известие о мирных переговорах и предложить перемирие русским войскам на три дня. Багратион отвечал, что не может принимать или не принимать перемирия, и с донесением о сделанном ему предложении послал к Кутузову своего адъютанта.

Перемирие для Кутзова было единственным средством выиграть время, дать отдохнуть измученному отряду Багратиона и пропустить обозы и тяжести(движение которых было скрыто от французов) хотя один лишний переход до Цнайма. Предложение перемирия давало единственную и неожиданную возможность спасти армию. Получив это известие, Кутзов немедленно послал состоявшего при нём генерал-адъютанта Винценгероде в неприятельский лагерь. Винценгероде должен был не только принять перемирие, но и предложить условия капитуляции, а между тем Кутзов послал своих адъютантов назад торопить сколько возможно движение обозов всей армии по кремско-цнаймской дороге.

Л. Н. Толстой: Война и Мир

☞ целые сутки: 몇주야 계속하여/предложить перемирие: 휴전을 제안하다/между тем: 그사이에, 그동안에/бой: 전투/переговоры о мире: 평화교섭/адьютант: 부관

文法연습

1. 다음 문장을 수동태문장으로 전환 하시오.

   1) Учёные многих стран изучают космос.

   2) Преподаватель проверяет наши тетради.

   3) Конструкторы создают новые машины.

   4) Профессора этого института делают сложные операции.

   5) Несколько раз в день московский радио передают последние известия.

   6) Наш факультет проводит интересные литературные встречи.

2. 다음 문장을 수동태문장으로 전환 하시오.

   1) Эту школу построили в прошлом году.

   2) Этот завод построили в 1956 году.

   3) Эту историю рассказали мне недавно.

   4) эту книгу перевели на английский язык.

   5) Кто подписал документы?

   6) Кто написал эту книгу?

3. 다음 문장을 수동태문장으로 전환 하시오.

   1) В соседнем доме открыли аптеку.

   2) На нашей ульце строят поликлинику.

3) В этом районе скоро откроют новую библиотеку.

4) В этом киоске продают книги на иностранных языках.

5) Союзные договоры агрессивного характера нельзя считать правомерными.

作文

1. 집은 건축가들에 의해 세워진다.

2. 이 책에 재미있는 사건들이 쓰여져 있다.

3. 이 고도는 여행객들이 방문이 적은곳이다.

4. 벌써 이소설가의 새소설의 출판이 준비되고 있다.

5. 책상은 작은 램프에 의해 밝아졌다.

6. 새자동차 설계가 설계자에 의해 연구될것이다.

7. 이 공장은 언제 세워졌읍니까?

8. 파멸적인 환경의 변화로 지구상에서의 삶 자체가 위협을 받을수 있다.

重要表現

119. **измерять/измерить высоту чего**: ~의 높이를 재다
   Как можно измерять высоту этого дома?

120. **летать/лететь на большой высоте**: 고도를 날다
   Современый самолёт может лететь на большой высоте.

121. **организовать выставку**: 전시회를 조직하다
   Они хочет организовать выставку российской продукции.

122. **осматривать/осмотреть выставку**: 전시회를 관람하다
   Вы полностью осмотрели выставку?

123. **открывать/открыть выставку**: 전시회를 열다
   Выставку будет открывать мэр города.

124. **побывать на выставке**: 전시회에 방문하다
   посещать/посетить выставку:
   Они побывали на многих выставках.
   Я приглашаю вас посетить нашу выставку.

125. **готовиться/подготовиться к выступлению**: 연설(등단)을 준비하다
   Она тщательно подготовилась к выступлению.

126. **находить/найти выход**: 출로를 찾다
   Будет очень трудно найти выход из этой ситуации.

127. **выписывать/выписать газету**: 신문을 신청하다
   подписываться/подписаться на газету:
   Какие газеты мы выписываем?
   Я подписался на ежедневную газету.

128. **издавать газету**: 신문을 발행하다
	Эта газета издаётся уже очень давно.

129. **конспектировать/законспектировать что**: ~을 요약하다
	Вы должны законспектировать 3 главы.

130. **наступает годовщина**: 기념일이 다가오다
	Наступает 5 ая годавщина нашей свадьбы.

131. **отмечать/отметить годовщину чего**: ~의 기념일을 맞이하다
	Вы будете отмечать годовшину создания университета.

132. **праздновать/отпраздновать годовщину чего**: ~의 기념일을 경축하다
	Они празднуют годовщину Дня независимая.

133. **испытывать голод**: 굶주림을 겪다
	Я испытывал голод по книгам.

134. **страдать от голода**: 기아로 고통을 당하다
	Многие люди страдают от голода.

135. **утолять/утолить голод**: 시장기를 해소하다
	Ему хотелось утолить голод.

136. **повышать/повысить голос**: 목소리를 높이다
	Я не люблю, чтобы на меня повышали голос.

137. **узнавать/узнать кого по голосу**: 목소리로 ~를 알다
	Я узнала сестру по голосу.

138. **проводить/провести голосование**: 가결을 하다
	По этому пункту было решено провести голосование.

139. **ставить/поставить что на голосование**: ~을 가결에 부치다
	Давайте поставим этот вопрос на голосование.

140. **обещать кому золотые горы**; 空約을 하다
   Он пообещал ей золотые горы.

141. **стоять горой за кого (за что)**; 전력을 다하여 ~을 옹호하다
   Он стоит горой за своего семью.

142. **быват]/быть в гостях у кого**; ~를 방문하다
   Я часто бываю у него гостях.

143. **возвращаться/вернуться из гостей**; 방문에서 돌아오다
   Мы поздно возвращались из гостей.

144. **идти в гости к кому**; ~를 방문하다
   приезжать/приехать в гости к кому;
   приходить/прийти в гости к кому;
   Завтра онт идут в гости к друзьям.
   Когда вы приедете к нам в гости?
   Приходите к нам в гости.

145. **приглашать/пригласить кого в гости**; ~를 초대하다
   Нужно пригласить их к нам в гости.

146. **принимать/принять гостей**; 손님을 맞이하다
   Я очень люблю принимать гостей.

147. **возвращаться/вернуться из-за границы**; 외국에서 돌아오다
   Его семье только что вернулась из-за границы.

148. **жить за границей**; 외국에서 살다
   Мы очень долго жили за границей.

149. **защищать границы**; 국경을 방어하다
   Каждое государство должно защищать свои границы.

【 독해 · 문법 · 작문 해답 】

〔讀解 演習〕

1.
국제적이고 지역적인 문제들에 대한 결정이 상당수준에서 2개의 초강대국에 의해서 확정 되었다. 그런방식으로 세계역사의 발전방향뿐만이 아니라 인류의 생존 또한 미-소관계에 달려있었다.

2.
만일 중국이 현재의 발전속도를 잃지만 않는다면 30년후에는 미국을 따라잡을 수 있다는 것은 사실이다. 그러나 얼마동안 미국이 세계경제에서 군림하고 있다. 이러한 역할은 미국내 수시장의 발전 뿐만이 아니라 NAFTA의 창설, APEC에 대한 적극적 참여, EC의 주도에 의해 지탱되고 있다.

3.
인프라구조의 발전이 열악하며, 지역자본이 불충분하고, 전문인력이 부족하다. 좋지 못한 사정에 대한 지역들의 반응이 관세 또는 세제혜택 요구들로 제한 되었다. 그러나 이것은 중앙과의 관계에 있어서 또한 그러한 혜택과 특혜를 받고 있지 않은 다른 지역들과의 관계에 있어서 명확히 식객의 관계(얻어먹는 관계)로 설명된다.

4.
아마도 뿌쉬킨 창작의 에로틱한 모티브는 원칙적으로 몇가지로 분리되는 층들에 의해 나타나는것 같다. 그의 높은 에로이즘은 그가 전문적인 화가가 아니었다는 것을 말하지 않더라도 표현상 위치를 바꾸기 어려운 섬세한 언어들의 결합들로 이루어져 있다.

5.
소련의 붕괴는 최근 몇십년 동안에 준비되었을 뿐만아니라 옐친이 말한것처럼 소련지역의 모든 역사를 통해 준비되었다. 100년 훨씬 전부터 시작해서 레닌, 스탈린, 후루시쵸프,브레즈네프 통치기간 동안에도 물론 고르바쵸프의 민주화기간에도 쉬지않고 진행되었으며 그러한 과정이 붕괴를 이르게 했다.

6. 態

〔長文 讀解〕

1.

우리는 슬로님스키하고 몇번 일을 같이했다. 첫 번째 경험은 1959년 내가 "밤"이라는 영화에 대한 시를 쓰고 그가 음악을 작곡했을 때였다. 애석하게도 그 영화는 상영되지 못하였다. 그러나 우리의 공동창작의 결과들은 이일 이후에 여러번 성취되었다. 1971년 나는 레닌그라드에서 모스크바로 이사를 했으나 고향 즉 뻬쩨르부르그 친구들과 단절되지 않으려고 노력했다. 그중 가장 친한친구가 세르게이 슬로님스키였다. 얼마전에 뻬쩨르부르그 필하모니를 통해 울려퍼진 새로운 공동창작품의 탄생은 다행스러운 우연이었다. 즉 슬로님스키가 모스크바 음악원 대강당에서 연주회를 가졌을 때 나는 기꺼이 연주회에 갔다. 그후에 나는 세르게이에게 나의 새로운 시집을 선물했다. 몇몇시들이 음악과 관련하여 그에게 흥미를 주었다. 그렇게해서 "도시의 로망스"라는 작품이 탄생되었다.

작곡가와 시인, 극작가와 시인의 공동창작 등 이러한 이중적 형태의 일이 나에게는 통상 큰 관심을 끈다.

2.

꾸뚜조프는 쯔나임에 가기위해, 군대를 구하기위해 수송대열을 끌고 몇주야를 계속 더 가야만 했다. 바그라찌온은 4천명의 굶주리고 기진맥진한 병사들과 함께 밤새도록 골라부르그에서 마주친 적군을 저지하고 있겠지만 불가능하다는 것이 분명했다. 그러나 야릇한 운명은 불가능을 가능하게 만들었다. 이는 싸우지 않고 벤스키다리를 프랑스군의 손에 넘겨준 기만작전의 성공이 뮤라따로 하여금 그와 같은 기만작전을 꾸뚜조프에게 시도하도록 자극 하였다. 뮤라따는 쯔나임 길에서 허약한 바그라찌온의 부대를 마주친후 이것이 꾸뚜조프 군대의 전부라고 생각했다. 이군대를 확실히 격퇴하기위해 비엔나로부터 뒤쳐져 오는 군대를 기다렸고 이목적으로 상호간 군대의 위치를 변경하지 않으며 침범하지 않는 조건으로 3일간의 휴전을 제의했다. 뮤라따는 무익하게 피를 흘리지 않고 그가 휴전을 제안하고 있기 때문에 벌써 평화협상이 진행중일것이라고 확신했다. 전선에 위치하고 있는 오스트리아 장군 노스찌쯔 백작은 뮤라따 장군이 보낸 軍使의 말을 믿고 바그라찌온 군대를 열고(지나) 물러섰다. 다른 軍使는 평화협상에 대한 소식을 알리고 러시아 군대에 3일간의 휴전협상을 제안하기위해 러시아 군영으로 갔다. 바그라찌온은 휴전을 받아들일수 없거나 또는 받아들이지 않겠다고 답변하고 그에게 제안된 내용에 대한 보고서와 함께 그의 부관을 꾸뚜조프에게 보냈다.

휴전은 꾸뚜조프에게 있어서 시간을 벌 수 있고, 바그라찌온의 지친 병사들을 쉬게할 수 있고, 쯔나임까지 수송대열과 무거운 짐들, 단지 1개의 보충대라도 통과시키킬 수 있는 유일한 수단이었다(프랑스 군대에게는 비밀리에, 휴전의 제안은 군대를 구할 수 있는 예상치 않은 유일한 가능성을 주었다. 이소식을 받은후 꾸뚜조프는 즉시 그의 부관장군을 적진영의 빈쩬게로제에 보냈다. 빈쩬게로제는 휴전을 받아들일뿐만 아니라 항복의 조건을 제시하였을 것인바 꾸뚜조프는 그사이에 그의 부관을 후방으로보내 끄렘스코-쯔나임 길을 따라 모든군대의 수송대열을 가능한 빨리 이동시키도록 하였다.

〈文法연습〉

1. 1) Космос изучается учёными многих стран.

   2) Наши тетради проверяются преподавателем.

   3) Новые машины создаются конструкторами.

   4) Профессорами этого института делаются сложные операции.

   5) Несколько раз в день московским радио передаются последние известия.

   6) Нашим факультетом проводятся интересные литературные встречи.

2. 1) Эта школа была построена в прошлом году.

   2) Этот завод был построен в 1956 годе.

   3) Эта история была рассказана мне недавно.

   4) Эта книга была переведена на английский язык.

   5) Кем были подписаны документы?

   6) Кем была написана эта книга?

3. 1) В соседнем доме открылась аптека.

   2) На нашей ульце строится поликлиника.

   3) В этом районе скоро откроется новая библиотека.

   4) В этом киоске продаются книги на иностранных языках.

   5) Союзные договоры агрессивного характера не могут считаться правомерными.

〈作文〉

1. Дом строится строителями.

2. В этой книге описываются интересные события.

3. Этот старинный город часто посещается туристами.

4. Уже готовится к печати новый роман этого писателя.

5. Стол освещался маленькой лампочкой.

6. Проект новой машины будет разрабвтываться конструкторомю

7. Когда был построен этот завод?

8. Само существование жизни на земле может быть поставленно под угрозу катастрофическими экологическими изменениями.

7. 법(法)

기본 문법

1. 법의 종류
 (1) Я хочу спать.   (2) Разрешите мне спать.
 (3) Я хотел бы спать.

2. 명령법
 (2) ① Запомни(запомните) эти слова.
    ② Поставь(поставьте) лампу на стол.
 (3) ① Пусть дети играют.
    ② Пускай товарищ позвонит мне по телефону.

1. 법의 종류

※ 법은 말하는 사람의 심리를 나타내는 동사의 표현방식으로 직설법, 명령법, 가정법이 있다.

(1) Я хочу пить.(직설법); 마시고 싶다

(2) Дайте мне воду.(명령법); 나에게 물을 주십시요

(3) Я хотел бы пить.(가정법); 마시고 싶은데

2. 명령법

(1) 구성

※ 명령법은 불완료체동사 및 완료체동사의 현재형 어간으로 만든다.

идти	ид-ут — **иди**	изучать	изуча-ют — **изучай**
прийти	прид-ут — **приди**	изучить	изуч-ат — **изучи**
садиться	сад-ятся — **садись**	резать	реж-ут — **режь**
сесть	сяд-ут — **сядь**	разрезать	разреж-ут — **разрежь**

(2) 명령법은 2인칭 단수와 복수형태를 갖는다.

① 이 단어들을 기억해라.(기억하세요.)
② 램프를 탁상위에 세워라.(세우세요.)

단수	говори	получи	возьми	держи	садись
복수	говорите	получите	возьмите	держите	садитесь

※ 단수형태에서는 어미가 -И, -Й로 끝나며 복수형태에서는 단수형태에 -ТЕ가 첨부된다.
복수형은 대상이 다수일때 사용하며 또한 상대방에 대한 공손한 태도를 취할시 사용한다.

Дай(дайте) мне книгу. (내게 책을 다오./ 주세요.)
Покажи(покажите) ему фотографию. (그에게 사진을 보여줘라./ 보여주세요.)

(3) пусть, пускай가 제3자에대한 명령법으로 사용된다.

① 아이들이 놀도록 내버려 두어라   ② 친구가 내게 전화하노톡 하세요.

Пусть все соберутся к 9 часам в институте.

(9시까지 연구소에 모두 모이도록 해라.)

Пускай он идёт в спортивный зал, там его ждут.
(그가 체육관에 오도록 하세요 거기서 그를 기다립니다)

> 3. 가정법
> (1) 구성
> (2) 용법
> 1) ① Он бы пришёл, если бы был здоров.
> ② Я поехал бы, если бы было время.
> 2) ① Я бы поспал ещё немного. ② Мне хотелось бы поехать с вами.
> ③ Я бы выпил чашку чаю.

3. 가정법

(1) 구성

인칭 대명사	불완료체 동사	완료체 동사
Я, ТЫ, ОН	звонил бы	позвонил бы
Я, ТЫ, ОНА	звонила бы	позвонила бы
ОНО	звонило бы	позвонило бы
МЫ, ВЫ, ОНИ	звонили бы	позвонили бы

※ 가정문은 동사과거형에 бы를 첨부하여 만들며 동사과거형과 같이 性과 數에따라 변화한다.

(2) 용법
1) 가정문은 어떤 조건하에서 일어날수도 있는 행위를 표현한다.
① 건강했더라면 그가 올수 있었을 것이다.
② 만일 시간이 있었다면 나는 갈수 있었을 것이다.

Мне бы не справиться с работой, если бы ты не помог.
(만일 네가 돕지 않았다면 나는 이일을 처리할수 없었을 것이다.)
Если бы не дождь, я пошёл бы гулять.
(비가오지 않았다면 산책을 할수 있었을 텐데.)

※ если бы는 현실과 반대되는 상태를 가정한다.

2) 가정문은 소망, 희망을 표현한다.
    ① 좀더 산책하고 싶은데
    ② 나는 당신하고 같이 가고 싶은데
    ③ 차를 마시고 싶은데

Я лучше сделал бы это сам. (내가 직접 이것을 했더라면 좋았을 것을)
Лучше было бы начать сразу. (바로 시작했더라면 좋을뻔 했는데)

※ бы는 문장의 어디에나 위치할 수 있다.

Вы **бы** лучше мочали об этом.
Вы лучше **бы** молчали об этом.
Вы лучше молчали **бы** об этом.

讀解演習

▷ **КЛЮЧ : Запомни (запомните)** эти слова.

1.
Запомни основные правила питания. Во-первых, **старайся есть** разнообразную пищу, содержащую все необходимые вещества для организма. Во-вторых, **старайся придерживаться** определеннго режима питания. **Помни**, что ужин должен быть никак не позднее чем за час до отдыха ко сну. В-третьих, **следи** за своими манерами во время еды: ешь **не торопясь**, **не читай** во время еды, **прожуй**, а потом **разговаривай**, **бери** сахар специальными щипцами или ложкой и т.д.

☞ 명령법 용법/Во-первых; 첫째, Во-вторых; 둘째, В-третьих; 셋째/ т.д. = так далее; ..등등

▷ **КЛЮЧ : Поставь (поставьте)** лампу на стол.

2.
УБЕДИТЕЛЬНАЯ ПРОСЬБА КНИГИ

Пожалуйста, **не трогайте** меня грязными руками - мне будет стыдно, если меня возьмут другие читатели.

Не исчёркивайте меня пером или карандашом - это так некрасиво.

Не ставьте на меня локтей, когда читаете, и не кладите меня раскрытой лицом вниз, ибо вам самим не понравилось бы, если бы с вами так обращались.

Не кладите в меня ни карандаша, ничего толстого, кроме тоненького листка бумаги, иначе книга портится.

Помогите мне остаться свежей и чистой, и я помогу вам быть счастливыми.

☞ 명령법 용법/ибо = потому что = так как; 왜냐하면, 이므로

▷ **КЛЮЧ**: Он **бы пришёл**, **если бы был** здоров.

3. По данным сопоставимых исследований 1969 и 1989 гг. доля молодых замужных женщин, считающих, что в идеальной семье должно быть трое и более детей, снизилась с 54 до 26%, а среднее идеальное число детей уменишилось с 2.69 до 2.18. Даже эти идеальные представления, **если бы** они реализовались, **не обеспечили бы** устойчивого возобновления поколений.

☞ 가정법 용법/по данным чего : ~의 자료에 의하면

▷ **КЛЮЧ**: **Если бы** нет дождь, он **пошёл бы** гулять.

4. Он пояснил, что "**если** эффективно сочетать передовые научно-технические достижения и богатые природные ресурсы России, промышленные технлогии и опыт Кореи, то обе страны **смогли бы** укрепить свою международную конкурентоспособность".

☞ 가정법 용법/эффективно : 효과적으로/ международная конкуренто-способность : 국제경쟁력

▷ **КЛЮЧ**: Мне **хотелось бы** поехать с вами.

5. Бурный экономический рост государств АТР, их стремление к более независимой от США политической роли в регионе, к экономической интеграции вызвает растущее беспокойство администрации Билла Клинтона, которая **хотела бы** поставить, если не под свой полный контроль, то хотя бы занять лидирувщее место в интеграционном процессе в АТР.

☞ 가정법 용법/стремление к чему(~에 대한 지향, 갈망) : стремление к славе 명예의 갈망.

필 수 표 현

19. 구성

(1) состоять	из чего	(~으로 구성되다)
(2) входить	в состав чего	(~구성원이 되다)
(3) содержать	что	(~을 함유하다, 포함하다)
содержаться	в чём	(~에 포함되어 있다)
(5) приходиться	на что	(數/量이 ~에 해당하다)
(6) составлять	какую часть чего	(~한 부분을 구성하다)

(1) Парламент России состоит из двух палат.

Наша семья состоит из четырёх человек.

(2) Он входит в состав комиссии.

Водород входит в состав воды.

(3) Эта книга содержит в себе десять глав.

Книга содержит много интересного.

В обычной воде содержится 0.02 % тяжлой воды.

В овощах содержатся витамины.

(4) На Тихий океан приходится 50% водной поверхности Земли.

На сто человек приходится десять больных.

(5) Вода составляет 65% веса тела человека.

Населения города составляет пять миллионов человек.

20. 유사

(1) похож	на кого	(~와 닮다)
	на чего	(~와 유사하다)
(2) сходен	с кем	(~와 닮다)
	с чем	(~와 유사하다)
сходство	с кем-чем	(~와 유사, 일치)
(3) подобен	чему	(~와 유사하다, 비슷하다)
подобно	тому, как	(~와 비슷하게)

(1) Ребёнок похож на отца.

   На дереве были плоды, похожие на апельсины.

(2) По наружности он был сходен с мужиком.

   Это не имеет ни малейшего сходство с оригинаром.

(3) Её любовь к сыну была подобна безумию.

속담

У медали две стороны.
   동전에는 양면이 있다. (항상 다른 반대의 시각이 있다)

Всякому овощу свое время.
   모든 채소는 철이 있다. (적절한 시기에 맞추어 일을 처리하라)

Не убив медведя, шкуры не делят.
   곰을 죽이지 않고는 가죽을 나눌수 없다.
   (떡줄사람은 생각도 않는 데 김치국물부터 마신다.)

長文 讀解

1.

Направленная деятельность человека на Земле имеет три основыные состовляющие: сельское хозяйство, промышленность и энергетика. Сельское хозяйство нас кормит, человек возделывает землю. Но одновременно идёт отправление, истощение и эрозия почв, опустынивание культурных земель, чем сегодня затронуто свыше половины угодий.

Далее, для земледелия нужна вода. Более половины людей живут на побережье водоемов. Но человек варварски относится к этой благодатной среде, и уже сегодня в большинстве городов Земли ощущается нехватка качественной пресной воды. В 80 развивающихся странах, где сегодня живёт более 40 процентов населения Земли, именно нехватка воды сдерживает развитие экономики. Очистка згрязненных водоемов, особенно вод Мирового океана, крайне затруднена.

Пожалуй, наиболее характерная черта современной цивилизации — высокоразвитая промышленность. Человек производит громадное количество различных продуктов. Все продукты материальны и состоят из элементов. Всего в нашей части Вселенной известно немногим более сотни химических элементов. Так вот, уже сегодня потоки ряда элементов, обусловленные направленной деятельностью человека, превзошли природные потоки.

Николай Михайлов: Человек — это звучит слишком гордо.

☞ далее; 더욱이, 게다가/ пожалуй; 아마, 어쩌면 ~일지도 모른다/состоить из чего; ~으로 구성되어 있다/ так вот; 바로

2.

Русские, крупнейший этнос Российской Федерации (по переписи 1989 г. составшие 119.9 млн. человек, или 81.4% населения), живут на всей территории — от Балтийского моря на западе до Тихого океана на востоке и от Северного Ледовитого океана до Алтая, Тянь-Шаня и Амура на юге. С этой точки зрения Россию можно было бы считать "национальным" государством с этническими меньшинствами, таким, скажем, как Франция, где на долю собственно французрв приходится около 83% всех жителей. Однако нашу страну отличает весьма важное обстоятельство, которое и определяет её "федеративный" характе. Дело в том, что многие этнические меньшинства, в соответствии с прежними советскими конституциями, имеют свою государственность в виде автономных республик, а по новой Конституции 1993 г. — в виде просто республик, обладающих значительной степенью суверенности. Что же касается преимущественно русских областей и краев, то хотя они и считаются теперь такими же субъектами федерации, как и республики, но фактически существенно уступают им по своему статусу.

Отсутствие у русского этноса национальной государственности и вытекающее отсюда его фактическое малоправие — один из важных аспектов так называемого различными этнологами и политологами. Многие сильно суждают его рамки, ограничиваясь анализом проблем тех наших соотечественников, которые оказались в государствах "ближнего", точнее, нового зарубежья. Положение более чем 25 млн. русских отрезанных политическими границами от исторической родины заслуживает всяческого внимания. Проблем здесь действительно немало — начиная от получения полноправного гражданского статуса, языково-культурной адаптации и кончая переселением в Россию.

В. И. Козлов: Русские в Российской Федерации

☞ этнос: 민족/ по переписи: 인구조사에 따르면/ в соответствии с чем: ~에 따라/ в виде чего: ~의 형식(상태)로/ что касается чего, то: ~에 관해서는

作文

1. 선생님의 과제를 정확하게 해라.

2. 바로 여기 책상 가까이 앉아주십시오.

3. 말보다는 실천을 앞세워라.

4. 일이 잘못되었을 때 상황을 탓하지 말고 자신을 탓해라.

5. 학문은 사람의 인생전부를 요구한다는 것을 기억하시오.

6. 시간이 있었더라면 나는 갈수 있었을 것이다.

7. 그가 건강했더라면 올수 있었을 것이다.

8. 내가 직접 이 일을 했더라면 좋았을 것이다.

9. 나는 당신이 일찍 떠나기를 원했었다.

10. 이 일에 대해 침묵을 지켰으면 좋았을 것이다.

重要 表現

150. **нарушать/нарушить границу**; 국경을 범하다
    Преступник нарушил государственную границу.

151. **охранять границы**; 국경을 지키다
    Эти войска охраняют границы.

152. **измерять/измерить кому давление (крови)**; 혈압을 재다
    Доктор измерял мне давление

153. **оказывать/оказать на кого давление**; ~에게 압력을 가하다
    Только он может оказать давление на своих детей.

154. **иметь данные для чего**; ~에 대한 자료를 갖고있다
    Я имею все данные для доклада.

155. **приводить/привести какие данные**; ~을 인용하다
    Он привел данные о рождаемости в России.

156. **ставить/поставить дату на чём**; ~에 날짜를 표기하다
    На этом документе стоит дата подписания.

158. **возглавлять/возглавить какое движение**; ~한 운동을 선도하다
    Она возглавляет движение "Женщины России".

159. **находиться в движении**; 움직이는 상태에 있다
    Ребенок все время находится в движении.

160. **приводить/привести что в движение**; ~을 움직이게 하다
    Эта деталь приводит в движении весь механизм.

7. 法

161. **вступать/вступить в действие** ; 효력을 발생하다
　　Закон вступает в действие 25 июля.

162. **оказывать/оказать действие на кого (на что)** ; ~에 영향을 주다
　　Все случившиеся оказало на него сильное действие.

163. **продлить срок действия чего** ; ~의 효력기간을 연장하다
　　Мне нужно продлить срок действия визы.

164. **возглавлять/возглавить делегацию** ; 대표단을 이끌다
　　Делегациб будет возглять министр иностранных дел.

165. **встречать/встретить делегацию** ; 대표단을 영접하다
　　Нам нужно встретить делегацию в аэропорту.

166. **приветствовать делегацию** ; 대표단을 환영하다
　　Почти все сотрудники приехали приветствовать делегацию.

167. **провожать/проводить делегацию** ; 대표단을 환송하다
　　Он уехал проводить делегацию в аэропорту.

168. **дело касается кого (чего)** ; ~와 관련하다
　　Дело касается его здоровья.

169. **запускать/запустить дела** ; 일을 방치하다
　　Он совсем запустил дела.

170. **излагать/изложить суть дела** ; 핵심을 설명하다
　　Постарайтесь изложить суть дела.

171. **откладывать/отложить дела** ; 일을 미루다
　　Отложи все дела и приезжай ко мне.

172. **передавать/передать дело в суд** ; 재판에 회부하다
　　Они пообещали передать дело в суд, если денгь не будет выплачены.

173. **поручать/поручить кому дело** ; ~에게 일을 위임하다
    Ему нельзя поручить ни одного дела.

174. **приступать/приступить к делу** ; 일을 착수하다
    Вы можете приступать к делу завтра.

175. **разбираться/разобраться в каком деле** ; ~한 일을 잘 이해하다
    В этом деле сложно разобраться.

176. **улажить/уладить дело** ; 일을 처리하다
    Давайте попробуем уладить это дело.

177. **организовать демонстрацию** ; 데모를 조직하다
    Студенты организовали демонстрацию.

178. **участвовать в демонстрации** ; 데모에 참가하다
    Ты будешь участвовать в демонстрации.

179. **назначать/назначить день чего** ; ~의 날짜를 지정하다
    Мы уже назначили день свазьбы

180. **отмечать/отметить день чего** ; ~한 날짜를 기념하다
    Они будут отмечать день 8 марта.

181. **беречь деньги** ; 돈을 절약하다
    Он старается беречь деньги.

182. **брать/взять деньги у кого** ; ~에게 돈을 빌리다
    Мне не удобно брать у него деньги.

183. **возвращать/возвратить кому деньги** ; ~에게 돈을 갚다
    Когда тебе вернут деньги?

7. 法

【 독해 · 문법 · 작문 해답 】

〔讀解 演習〕

1.
기본적인 식생활규칙을 기억해라. 첫째, 신체에 필요한 필수요소가 들어있는 여러종류의 음식을 먹도록 노력해라. 둘째, 일정한 식사규칙을 지켜라. 그리고 잠들기전 늦어도 꼭 한시간전에는 저녁을 먹어야 한다는 것을 기억해라. 셋째, 식사의 에티켓에 유의해라: 음식을 먹는중에 서두르지 말고, 책을 읽지말고, 잘 씹어 삼키고나서 이야기하고, 설탕은 설탕집게나 숟가락으로 집는 등등.

2.
책의 간절한 요청
제발 더러운 손으로 나를 만지지 마세요 - 만일 다른사람이 나를 보게될 때 창피 할것입니다.
펜이나 연필로 밑줄을 긋지 마십시오 - 이것은 아름답지 못합니다.
책을 읽을때 내위에 팔꿈치를 세우지마세요, 그리고 책을 편채 아래로 두지 마세요 만일 당신과 그렇게 마주친다면 당신스스로가 마음에 들지 않을 것입니다.
내속에 얇은 종이외에는 연필이나 어떤 두꺼운 것을 끼우지 마세요, 그러면 책을 버립니다.
내가 깨끗하고 새것으로 남아 있도록 도와 주십시오 그러면 나는 당신이 행복해지도록 돕겠읍니다.

3.
1969년과 1989년을 대조한 자료에 의하면 기혼여성중 이상적 가족구조로 아이가 셋이나 그이상이라고 생각하는 여성이 54%에서 26%로 줄었으며 아이가 둘이라고 생각하는 여성은 2.69%에서 2.18%로 줄었다. 설사 이런 이상상태가 실현된다 할지라도 안정적인 세대의 형성이 이루어지지 않을수도 있다.

4.
만일 러시아의 선진적인 과학기술 업적, 부유한 자연자원과 한국의 산업기술과 경험이 효과적으로 결합된다면 양국은 자신의 국제경쟁력을 강화할 수 있을것이라고 그는 설명했다.

5.
> 아태지역 국가들의 급속한 경제성장, 지역내에서 미국으로부터 보다 더 독립적인 정치적 역할의 지향, 경제통합의 지향등이 클린턴 행정부의 무거운 염려를 야기시키고 있다. 클린턴 행정부는 미국의 충분한 통제밑에 두려고 하지는 않을지라도 아태지역내 통합과정에서 지도적인 위치나마 차지하려 하고 있는 것이다.

〔長文 讀解〕

1.
> 지구상에서 사람들이 하고 있는 일들은 다음 3가지의 중요구성을 갖고 있다. 농업, 산업 그리고 동력분야이다. 농업은 우리를 먹게해주고 사람은 땅을 경작한다. 그러나 현재 유용경작지의 반이상을 손상시킨 대지의 소모와 침식, 재배면적의 사막화가 동시에 진행된다.
> 더우기 경작을 위해서는 물이 필요하다. 반이상의 사람이 물가에서 살고 있다. 사람은 이러한 좋은 환경을 원시적으로 대하고 있다. 벌써 대부분 지구상의 도시들이 질좋은 담수의 부족을 느끼고 있다. 지구상 인구의 40%가 살고있는 80여 개발도상국에서 바로 물의 부족이 경제발전을 억제시키고 있다. 세계 대양의 물을 정수한다는 것은 극히 어려운 것이다.
> 고도로 발전된 산업이 현대문명의 가장 큰 특징일지도 모른다. 사람은 엄청난 양의 다양한 제품들을 생산하고 있다. 모든 생산물들은 물질적인 것이며 여러 원소들로 구성되어 있다. 우리주변의 모든 만물은 100가지도 안되는 화학원소들로 구성되어 있는 것으로 알려져있다. 바로 사람들의 활동에 의해 조건지워진 원소들의 흐름이 벌써 자연의 흐름을 능가하였다.

2.
> 러연방의 가장 규모가 큰민족인 러시아인(1989년 인구조사에 따르면 1억 천구백구십만으로 주민의 81.4%)은 서부 발틱해로부터 동쪽 태평양에 이르기까지 북극양으로부터 남부 알타이, 천산, 아무르에 이르는 모든 영토에 살고 있다. 이러한 시각에서 볼 때 러시아는 순수 프랑스인이 전체주민의 83%를 차지하고있는 프랑스와 같은 소수민족을 포함한 민족국가로 여길수 있다. 많은 소수민족들은 구소련 헌법에 따라 자치공화국 형태의 국가체제를 갖고 있었으나 1993년 새 헌법에 따라 상당수중의 주권을 갖고있는 단순한 공화국 형태의 국가체제를 갖고있다. 특히 주와 지방은 공화국과 같이 현재 러연방의 구성주체로 여겨지고 있지만 사실상 위상에 있어서 공화국에 미치지 못한다.
> 러시아민족의 민족국가체제 부재로부터 여러 인종학자들과 정치학들에 의해 지칭되고 있는 중요한 시각중의 하나인 사실상의 소수권리가 초래되고 있다. 많은 사람들이 인근국가 정확히 말해서 새로운 외국의 동포문제에 대한 분석을 제한하면서 소수권리에 대한 범주를 열심히 논의하고 있다. 정치적인

경계선으로 인해 역사적 조국에서 분리된 2천 5백만이 넘는 러시아인들의 상황은 큰 관심의 대상이 된다. 완전한 시민의 지위를 받는 문제, 언어 문화적 적응문제로부터 러시아로 이주하는 문제에 이르기까지 실로 많은 문제들이 있다.

〈作文〉

1. Выполняй точно задание преподавателей.
2. Садитесь! вот сюда к столу.
3. Не спеши языком, торопись делом.
4. Никогда не вините обстоятельства в своих неудачах, вините только себя.
5. Помните, что наука требует от человека всей его жизни.
6. Я поехал бы, если бы было время.
7. Он бы пришёл, если бы был здоров.
8. Я лучше сделал бы это сам.
9. Мне хотеллось бы, чтобы вы отправились пораньше.
10. Вы бы лучше молчали об этом.

8. 형동사(形動詞)

기본 문법

1. 형동사 형태 및 구성

※ 형동사는 態의 형태에 따라 크게 능동형동사와 수동형동사로 나뉘며 시제에 따라 현재와 과거로 나뉜다.

	능동 형동사	수동 형동사
현재	читать — читаю-т — чита-**ющий** писать — пишу-т — пиш-**ущий** говорить — говорят — гово-**ящий**	читать — чита-ем — чита-**емый** любить — люб-им — люб-**имый** давать — да**ём** — дава-**емый**
과거	чита-ть — чита-л — чита-**вший** писа-ть — писа-л — писа-**вший** нес-ти — нёс — нёс-**ший** спас-ти — спас — спас-**ший**	прочитать — прочитал — прочита-**нный** видеть — видел — виде-**нный** принести — принёс — принес-**ённый** осветить — осветил — освещ-**ённый**

(1) 능동형동사 현재형은 타동사 3인칭 복수형 어미에 -ющий, ущий, ащий, ящий를 첨부하여 만든다.

чита-ющий (읽고있는) пиш-ущий (쓰고있는)

гово-ящий (말하고있는)

(2) 수동형동사 현재형은 타동사 1인칭 복수형 어미에 -емый, -имый를 첨부하여 만든다.

чита-емый (읽히고 있는) люб-имый (사랑받고 있는)

дава-емый (받고있는)

(3) 능동형동사 과거형은 타동사 단수 과거형 어미에 -вший, -ший를 첨부하여 만든다.
чита-вший (읽은)   писа-вший (쓴)
нёс-ший (갖고온)   спас-ший (구한)

(4) 수동형동사 과거형은 타동사 단수 과거형 어미에 -нный, -енный를 첨부하여 만든다.
прочита-нный (읽혀진)   виде-нный (보여진)
принес-ённый (가져오게된)   освещ-ённый (밝아진)

2. 형동사의 격변화

① Студент решающий задачу, сидит за столом.
② Я наблюдаю за работой студента, решающего задачу.
③ Я помогаю студенту, решающему задачу.
④ Я вижу студента, решающего задачу.
⑤ Я разговариваю с студентом, решающим задачу.
⑥ Я рассказал вам о студенте, решающем задачу.

2. 형동사의 격변화

[능동형동사 현재]

격	남성·중성	여성	복수
주격	поющий поющее	поющая	поющие
생격	поющего	поющей	поющих
여격	поющему	поющей	поющим
대격	поющий, поющего, поющее	поющую	поющие, поющих
조격	поющим	поющей (поющею)	поющими
전치	о поющем	о поющей	о поющих

※ 능동형동사 과거, 수동형동사 현재 및 과거형도 상기 변화와 동일하게 격변화

① 과제를 풀고 있는 학생이 책상앞에 앉아있다.
② 나는 과제를 풀고 있는 학생을 관찰한다.
③ 나는 과제를 풀고 있는 학생을 돕는다.
④ 나는 과제를 풀고 있는 학생을 본다.
⑤ 나는 과제를 풀고 있는 학생과 이야기를 한다.
⑥ 나는 과제를 풀고 있는 학생에 대해 당신에게 이야기 했다.

---

3. 동사적 특징

(1) 타동사와 자동사적 성질
  1) Преподаватель физики рассказал нам об учёных, **изучающих космос**.
  2) Студенты **сидящие рядом со мной**, учатся в нашей группе.
(2) 형동사의 격
  1) Я сказал другу, **позвонившему мне**, что вечером буду дома.
  2) В горах мы встретили альпинистов, **поднимавшихся на самую высокую вершину**.
(3) 불완료체와 완료체의 성질
  1) В аудиторию вошёл профессо, **читающий** нам лекции по истории.
  2) Мой брат знаком с писателем, **написавшим** книгу о космонавтах.
(4) 현재와 과거의 시제
  1) Вчера к нам приходила студентка, **изучающая** арабский язык.
  2) Я спросил девушку, **сидевшую** рядом, давно ли начался фильм.

---

3. 동사적 특징

(1) 타동사와 자동사적 성질을 보유

1) изучающих는 타동사의 성질을 보유하여 космос를 목적어로 취하고 있다.

Преподаватель физики рассказал нам об учёных, которые изучают космос.
(물리선생님은 우리들에게 우주를 연구하고 있는 학자들에 대해 설명해 주었다.)

повар, готовящий обед(점심을 준비하는 요리사)

учёный, проводящий исследование(연구를 하고 있는 학자)

девочика, любящая мать(엄마를 사랑하는 소녀)

※ читать, выполнять, любить 동사로부터 만들어진 상기 형동사들은 본동사의 타동사적 특성을 갖고있어 전치사 없이 대격 목적어를 취한다.

2) сидящие рядом со мной는 자동사의 성질을 보유

Студенты которые сидят рядом со мной, учатся в нашей группе.
(내옆에 앉아있는 학생들은 우리반에서 배우고있다.)

идущий, сидящий, отдохнувший

купающийся, встречающийся, занимающийся

※ идти, сидеть, отдохнуть 동사로부터 만들어진 상기형동사들은 본동사의 자동사적 특성을 갖고있으며 접미사 -ся를 가진 동사의 형동사도 동일

(2) 본동사가 취하는 격 및 전치사를 취한다.

1) Я сказал другу, который позвонил мне, что вечером буду дома.
(내게 전화한 친구에게 내일 집에 있을것이라고 말했다.)

2) В горах мы встретили альпинистов, которые поднимались на самую высокую вершину.
(산에서 우리는 가장 높은 봉우리에 올랐던 등산가들을 만났다.)

занимающийся спортом(운동을 하고있는),

укводящий делами(사무를 관장하는)

требующий подтверждения(확인을 요구하는),

достигший успеха(승리를 추구하는)

надеющийся на лучшее(나은 것을 기대하는), верящий в бога(하나님을 믿는)

※ заниматься, уководить, требовать, достигнуть동사로부터 만들어진 상기형동사들은 본동사가 취하는 격을 동일하게 취하고 있으며 надеяться на что, верить в что와 같이 본동사가 취한 전치사를 동일하게 취한다.

(3) 본동사와 동일하게 불완료체, 완료체의 성질을 보유

　1) 불완료체의 성질
　　В аудиторию вошёл профессор, который читает нам лекции по истории.
　　(우리에게 역사강의를 하시는 교수님이 강의실로 들어갔다.)

　2) 완료체의 성질
　　Мой брат знаком с писателем, который написал книгу о космонавтах.
　　(내동생은 우주비행사들에 대한 책을 썼던 작가와 아는 사이이다.)

　　　давящий, меняющий давший, поменявший
　※ давать, менять동사가 불완료체 동사이므로 형동사도 동일하게 불완료체 성질을 보유하며 дать, поменять동사는 완료체 동사이므로 형동사도 동일하게 완료체 성질을 보유

(4) 형동사는 현재와 과거의 시제를 갖고 있다.

　1) 현재
　　Вчера к нам приходила студентка, которая изучает арабский язык.
　　(어제 아랍어를 연구하고 있는 여학생이 우리에게 왔었다.)

　2) 과거
　　Я спросил девушку, которая сидела рядом, давно ли начался фильм.
　　(옆에 앉아 있는 아가씨에게 영화가 시작된지 오래 돼었느냐고 물었다.)

　　※ мальчик, читающий книгу (책을 읽고 있는 소년)
　　　мальчик, читавший книгу (책을 읽은 소년)

4. 형용사적 특징

(1) какой?, какая?, какое?, какие?의 질문에 호응

1) К нам в университет приезжал журналист, **работающий** в журнале "новое время".
2) Моя сестра, **мечтавшая** стать артисткой, поступила в театральной институт.
3) Я несколько раз прочитал письмо, **написанное** моей сестрой.
4) Геологи, **находившиеся** в горах, два месяца не получали писем.

(2) 性, 數, 格에 따라 변화

1) Студент, **опоздавшийй** на лекцию, решил не входить в аудиторию.
2) Из всех предметов, **изучаемых** в университете, больше всего я люблю историю.
3) Я хочу поити к другу, **живущему** в общежитии.
   Я часто пишу сестреќ **живущей** в австрии.
4) Где можно купить книгу, **написанную** этим автором.
   Мы встретили туристов, **приехавших** в москву из разных стран.
5) Вчера я разговаривал с российским студентом, **изучающим** английский язык
6) На следующии день все говорили о журналисте, **приглашённом** нами на вече.

4. 형용사적 특징

(1) 형용사와 동일하게 какой?, какая?, какое?, какие?의 질문에 호응하여 수식하는 대상의 특성을 나타낸다.

1) К нам в университет приезжал журналист, который работает в журнале "новое время".
   ("노보예브례먀" 잡지사에서 일하는 기자가 우리 대학에 왔다.)/ (какой)

2) Моя сестра, которая мечтала стать артисткой, поступила в театральной институт.
   (배우가 되기를 꿈꾸어왔던 내 여동생이 연극대학에 들어갔다.)/ (какая)

3) Я несколько раз прочитал письмо, которое написал моя сестра. (какое)
(나는 내여동생이 쓴 편지를 몇번 읽었다.)

4) Геологи, которые находились в горах, два месяца не получали писем.(какие)
(산에 있는 지질학자들은 두달동안 편지를 받지 못했다.)

(2) 형용사와 동일하게 수식하는 명사의 性, 數, 格에 따라 변화한다.

1) Студент, который опоздал на лекцию, решил не входить в аудиторию.
(남성단수 주격)
(강의에 늦은 학생은 강의실로 들어가지 않기로 결정했다.)

2) Из всех предметов, которые изучают в университете, больше всего я люблю историю.
(대학에서 공부하고 있는 과목중에서 나는 무엇보다도 역사를 좋아한다; 남성복수 생격)

3) Я хочу поити к другу, который живёт в общежитии. (남성단수,여격)
(기숙사에 살고있는 친구에게 나는 가고 싶다.)
Я часто пишу сестре, которая живёт в австрии.(여성단수,여격)
(나는 오스트리아에 살고있는 여동생에게 자주 편지를 쓴다.)

4) Где можно купить книгу, которую написал этот автор? (여성단수 대격)
(이 작가가 쓴 책을 어디서 살수 있읍니까?)
Мы встретили туристов, которые приехали в москву из разных стран.
(복수 대격)
(우리는 여러나라로부터 모스크바에 온 관강객들을 만났다.)

5) Вчера я разговаривал с российским студентом, который изучает английский язык.
(어제 나는 영어를 공부하는 러시아학생과 이야기를 했다; 남성단수 조격)

6) На следующии день все говорили о журналисте, которого мы пригласили.(남성단수 전치격)

(다음날 모두는 우리들이 초대했던 저널리스트에 대해 이야기했다.)

---

5. 능동형동사와 수동형동사
 (1) 능동형동사
  1) В коридоре стоят студенты, **сдающие сегодня экзамен** по литературе.
  2) Друг, **прочитавший новую книгу**, ассказал мне её содержание.
 (2) 수동형동사
  1) Мы с интересом узнаём новости, **сообщаемые газетами**.
  2) Книга, **прочитанная товарищем**, заинтересовала нас всех.

---

5. 능동형동사와 수동형동사

(1) 능동형동사; 능동태적 의미를 갖는다

  1) В коридоре стоят студенты, которые сегодня сдают экзамен по литературе.
   (능동현재)
   (오늘 문학 시험을 치르는 학생들이 복도에 서있다.)
  ※ 형동사 сдающие는 행위의 주체인 студенты를 수식하고 있으며 которые сегодня сдают экзамен인 능동적 행위를 표현하고 있으므로 능동형동사이다.

  2) Товарищ который прочитал новую книгу, рассказал нам её содержание.
   (능동과거)
   (새 책을 읽은 친구가 우리에게 내용을 이야기 했다.)
  ※ 형동사 прочитавший는 행위를 행한 주체인 товарищ를 수식하고 있으며

"который прочитал новую книгу"인 능동적 행위를 표현하고 있으므로 능동형 동사이다.

(2) 수동형동사: 수동태적 의미를 갖는다

1) Мы с интересом узнаём новости, которые сообщаются газетами.
   (수동현재)
   (우리는 흥미를 갖고 신문에 보도되는 뉴스들을 알아낸다.)
※ новости는 행위가 미치는 대상(목적어)이 종속절에서 수동태 구문으로 변화되어 주어가 된 것으로 형동사 сообщаемые 는 новости를 수식하고 있으며 "которые сообщаются газетами"인 수동적 행위를 표현하고 있으므로 수동형동사이다.

2) Книга, которая была прочитанна товарищем, заинтересовала нас всех.
   (수동과거)
   (친구에게 읽혀진 책이 우리 모두의 관심을 끌었다.)
※ книга는 행위가 미치는 대상(목적어)이 종속절에서 수동태 구문으로 변화되어 주어가 된 것으로 형동사 прочитанная는 книга를 수식하고 있으며 "которая была прочитанна"인 수동적 행위를 표현하고 있으므로 수동형동사이다.

6. 형동사 장·단어미

(1) 형동사 장어미·단어미 형태

장어미 형태	단어미 형태
писанный закон. (성문법)	закон писан. (법률이 성문화 되었다)
развитая страна. (선진국)	страна развита. (국가가 발전했다)
занятое место. (예약석)	место занято. (자리가 찼다)
решённые задачи (해결된 과제)	задачи решённы. (과제들이 해결되었다)

※ 형동사는 형용사와 같이 장어미, 단어미 형태를 갖고 있다. 형동사 장·단어미는 일반적으로 수동형동사 과거어미 형태로 구성되며 성과 수에 따라 변화한다.

〔단어미 형태〕

-н ; сделать - сделан (행해진) собрать - собран (수집된)

-ен ; получить - получен (받은) осудить - осуждён (논의된)

-т ; занять - занят (점유된)   одеть - одет (입혀진)

(2) 형동사 단어미용법

※ 형동사 단어미형태는 회화에서 거의 사용되지 않으며 주로 文語에서 널리 사용된다.

1) Здание построенно строителями.
   (건물은 건축가들에 의해 건설되었다.)
   Здание было построенно строителями.
   (건물은 건축가들에 의해 건설되었었다.)
   Здание будет построенно строителями.
   (건물은 건축가들에 의해 건설될것이다.)

2) Контракт подписан.
   (계약이 체결되었다.)
   Контрак был подписан.
   (계약이 체결되었었다.)
   Контракт будет подписан.
   (계약이 체결될것이다.)

讀解演習

▷ **КЛЮЧ**: Студенты **сидящие рядом со мной**, учатся в нашей группе.

1. Тем не менее в "Экспоком 94" приняли участие все ведущие телекоммуникационные фирмы мира, активно **работающие** в России. Они проведут в рамках выставки десятки семинаров, презентаций и пресс-конференций, где расскажут о своей продукции и производственных планах в России.

☞ 능동형동사 현재용법/тем не менее; 그럼에도 불구하고, ~이긴 하지만/ в рамках чего; ~의 범위 · 테두리 안에서/ пресс-конференция; 기자회견

▷ **КЛЮЧ**: Я часто пишу сестре, **живущей** в австрии.

2. А как хорошо каждое утро! В природе нет ничего музыкальнее **наступающего** раннего утра. Ещё до восхода солнца просыпаются, начинают радостно петь птицы. Полнится жизнью пробудившийся лес, полную грудью дышит земля.

☞ 능동형동사 현재용법/всход солнца; 일출/грудь; 가슴

▷ **КЛЮЧ**: Вчера к нам приходила студентка, **изучающая** арабский язык.

3. Структурная перестройка экономики, **составляющая** основное содержание нового этапа преобразований, охватывает продолжительный период. Структурная перестройка естественным образом опирается по преимуществу предприятий и новому доктрину промышленной политики.

☞ 능동형동사 현재용법/перестройка; 개혁/этап; 단계

8. 形動詞

▷ **КЛЮЧ**: Я спросил девушку, **сидевшую** рядом, давно ли начался фильм.

4. Снижение конкурентспособности корейской экономики объясняется сочетанием двух факторов - **сохранившейся** от прошлого системой государственного управления экономикой и отсутствием тех преимуществ, которые давал **существовавший** в прошлом избыток дешевой рабочей силы. В результате страна вынуждена была обратиться к поискам новых движущих сил экономического развития.

☞ 능동형동사 과거용법/объясняться чем: ~으로 설명된다/ в результате: 결국

▷ **КЛЮЧ**: Геологи, **находившиеся** в горах, два месяца не получали писем.

5. Самая базовая фундаментальная характеристика нашего «пространства» заключается в том, что это пространство бывшего СССР, но сам СССР возник на территории бывшей Российской империи, русского государства, постепенно **расширявшегося** по своему периметру за счёт своих слабых соседей.

☞ 능동형동사 과거용법/заключаться в чём: ~에 있다, ~라고 하는데 있다/ за счёт чего: ~의 희생으로

▷ **КЛЮЧ**: Где можно купить книгу, **написанную** этим автором.

6. **Подписанная** с президентом Кореи Московская декларация, по мнению Б. Ельцина, является "крупным политическим документом, целиком **устремленным** в будущее", " новым шагом вперед в деле нашего взаимовыгодного сотрудничества".

☞ 수동형동사 과거용법/явиться чем: ~이다/по мнению чего: ~의 의견에 따르면

▷ **КЛЮЧ**: На следующий день все говорили о журналисте, **приглашённом** нами на вече.

7. Художник должен, обязан рассказать об увиденном, пережитом, продуманном. Он обязан найти такие образы и характеры, каких до него не знала литература, он должен восстановить, воссоединить связь времен.

☞ 수동형동사 과거의 명사적 용법

▷ **КЛЮЧ**: Это **решённые** вопроса.

8. Запланированные доходы каждый год с удивительным постоянством не поступают. Прибегать к эмиссии правительство после урока, полученнго в "чёрный вторник", не хочет. В итоге **завышенные** расходы, **заниженные** доходы и "простаивающий печатный станок" в совокупности приводят к естественному и неизбежному последствию: углубляется кризис неплатежей.

☞ 형동사 장어미용법/в итоге: 결국/ прийти к чему: ~에 이르다

▷ **КЛЮЧ**: Окна **открыты**.

9. Дипломатические отношения между СССР и Республикой Корея были **установлены** 30 сентября 1990 г. - раньше чем планировалось.

☞ 형동사 단어미 용법/СССР(소비에트 사회주의 공화국): Союз Советских Социалистических Республик

▷ **КЛЮЧ**: Задание **выполнено** студентом.

10. Южнокорейской стороне **передано** свыше 200 архивных документов, относящихся к войне в Корее 1950 – 1953 годов. Они включают переписку, которую вели тогдашние руководители СССР, КНДР и КНР, в том числе телеграммы Иосифа Сталина и Мао Цзэдуна, раскрывают степень вовлеченности бышего Советского Союза в корейскую войну.

☞ 형동사 단어미 용법/в том числе; 그수 속에, 그속에 포함되어/КНДР(조선민주주의 인민공화국=북한): Корейская Народно-Демократическая Республика/КНР(중화인민공화국=중국): Китайская Народная Республика

속담

Волков бояться — в лес не ходить.
늑대가 무서우면 숲에 다니지 마라.
(위험을 두려워하면 아무것도 얻지 못한다.)

Не ошивается тот, кто ничего не делает.
아무것도 않하는 사람은 실수를 저지르지 않는다.
(실수를 하지 않는 사람은 진정한 것을 얻을수 없다.)

Без труда нет плода.
노력이 없이는 열매도 없다.

Сорная трава хорошо растет.
잡초가 훨씬 잘자란다.(굳은일이 좋은일보다 더 빨리퍼진다)

필 수 표 현

21. 부합

(1) равняться	чему	(~와 같다, 동일하다)
равен		(~와 같다, 동등하다)
(2) соответствовать		(~와 일치하다, 합치하다)
(3) подходить/подойти	к чему	(~에 적합하다, 알맞다)
(4) приближаться		(~에 가깝다, 부합되다)

(1) Дважды два равняется четырём.

Ваша просьба для меня равняется приказу.

Расстояние равное пяти метрам.

Площадь квадрата равна произведению двух его сторон.

(2) Это не соответствует истине стандарту.

Его рассказ соответствует фактам.

(3) Ключ не подходит к замку.

Этот галстук не подходит к твоему пиджаку.

(4) Число учеников приближается к тысяче.

Это приближается к истине.

22. 상이

(1) отличаться	от чего	чем	(~와는 달리, 빈대로)
		тем, что…	
		по чему	
(2) в отличие	от чего	(~과는 ~의 차이가 있다)	

(1) Климат Сибили резко отличается от климата украины.

Мы отличаемся друг от друга как внешностью, так и характером.

Инертные газы отличаются от других химических элементов тем, что несоединяются ни с какими элеменами.

(2) В отличие от своего отца он был высокого роста.

Инертные газы в отличие от других химических элементов не вступают в реакции.

(3) Животный мир Антарктибы не имеет ничего общего с животным миром Европы.

속담

Друзья познаются в беде.
어려울 때 친구를 알 수 있다.

Хорошо там, где нас нет.
우리가 없는 곳이 더 좋다.(남의 떡이 더 커보인다)

И в мое оконце засветит солнце.
내 창에도 태양이 비칠것이다.(쥐구멍에도 볕들날이 있다)

長文 讀解

1.

Часто утверждают, что в Российских верхах идёт больба между либералами и консерваторами. Но если иметь в виду не личные убежденя тех или иных деятелей, а объективно исполняемые ими фунции, то придётся признать, что реально наши реформаторы-либералы — это скорее либеральные бюрократы. В условиях, когда собственность сращена с государственной властью, а гражданское общество крайне слабо, реформаторский импульс неизбежно будет исходить почти исключительно сверху — как это было и прежде в российской истории.

Известно, что реформы в России начинались чаще всего после военных поражений, когда уклоняться от задачи модернизации страны становилось уже невозможно. Тогда давался шанс либеральным бюрократам — но по возможности не либералам. Заимствовались достижения передовых стран в области науки, техники, социально-государственной организации — но всячески тормозирось развитие социо- культурной и политической среды из контекста который были взяты эти западные достижения. Государство заботилось, о том, чтобы быть в состоянии предъявить все необходимые для уважающей себя страны атрибуты. Интеллигенция же, точнее, основная масса её, усвоив отведенную ей функцию обслуживания государственных потребностей, приняла как данность своё зависимое положение.

Петр Спивак : Чего изволите интеллектуального?

☞ иметь в виду что : 고려하다, 생각하고 있다/ известно, что : ~이 알려져있다/ по возможности : 가능한 한

8. 形 動 詞

2.

Гуманизм как система духовных ценностей, в которой приоритет человека является определяющим, становится сегодня главным, центральным понятием в философии, науке, культуре в целом. Он провозглашается как политический принцип, стратегическая цель общественного развития, и потому очень важно понимать, какое содержание вкладывается в это пнятие. Действительно, принцип «человек — мера всех вещей», сформированный древнегреческим философом Протагором, воспринимается сегодня так, как будто родился не два тысячелетия назад, а здесь, сейчас.

Вопрос «что есть гуманизм?» тесно связан с вопросами «что есть человек?» и «что есть философия?». Все эти вопросы не дают покоя человеку на протяжении тысячелетий, и каждая эпоха пытается предложить свой ответ, ибо если есть «вечные вопросы», то нет «вечные ответов». Поэтому и обусждение проблемы гуманизма оказывается в то же время обсуждением того, что такое философия и для чего она существует.

Если мы обратимся к истории философии, то увидим, что философское знание и философская деятельность приобретали найвысшее значение тогда, когда они осуществлялись в переломные эпохи, переломные периоды жизни человечества. И именно в эти периоды необыкновенно возрастает внимание к проблеме человека. Переломные периоды, кризис «внешней» деятельности заставляют человека обратиться к деятельности «внутренней», к осмыслению себя. «Познай самого себя» — так древние сформулировали это. Вот и сейчас мы и внутри нашей страны, и во всём мире переживаем время угроз и надежд, и, как мы считаем, наступил «звёздный час» философии. Конечно, философия сама по себе не может спасти мир, но мир не будет спасен, если не будет дано глубокое, в том числе и философское, осмысление тех угроз и надежд, которые сейчас доминируют в этом мире.

Иван Фролов: Новый гуманизм.

☞ ибо: 왜냐하면/ заставлять(заставить) кого + 동사원형: ~를 하도록 강요하다, 부득이 ~하게하다/во всём мире: 전세계에서/сам(сама) по себе: 그자신, 자기자신 으로서

文法연습

1. 다음문장을 능동형동사 현재형 문장으로 전환하시오.

   1) Мы сдавали экзамен профессору, который читал нам лекции.

   2) Я знаю девушку, которая идёт нам навстречу.

   3) Студенты которые сидят рядом со мной, учатся в нашей группе.

   4) Студентам, которые желают поехать на экскусию, нужно прийти на вокзал в И часов утра.

   5) Я познакомился с девушкой, которая хорошо говорит по-усски.

2. 다음문장을 능동형동사 과거형 문장으로 전환하시오.

   1) Мой брат знаком с писателем, который написал книгу о космонавтах.

   2) Зрители с удовольствием слушали артистов, которые исполнили народные песни.

   3) В горах мы встретили альпинистов, которые поднимались на самую высокую вершину.

   4) Милиционер подошел к машине, которая остановилась посредине ульцы.

   5) Человек, который появился на экране, был похож на Чарли.

3. 다음문장을 수동형동사 현재형 문장으로 전환하시오.

   1) Мы смотрели все фильмы, которые демонстрируют в этом кинотеатре.

   2) Мы должны описывать опыты, которые проводим на уроках химии.

8. 形動詞

3) Спутники, которые люди посылают в космос, имеют постоянную связь с землей.

4) Кислород, который выделяют растения, делает воздух чистым и свежим.

5) Каждый день мы слушаем последние известия, которые передают по радио.

6) Проблемы, которые решает этот институт, играют огромную роль в развитии физики.

4. 다음문장을 수동형동사 과거형문장으로 전환하시오.

1) Я вернул в библиотеку журнал, который я прочитал.

2) Врач, которого пригласили к больному, аботает в городской больнице.

3) Студенты, которых мы встретили на улице, спешили в клуб.

4) Мне нравится книга, которую написал этот авто .

5) Мы изучаем физику по книге, которую написал этот авто .

6) Преподаватель говорил нам о книге, которую написал этот авто .

7) Мы познакомились с журналистом, которого мы пригласили на вече .

8) Нам понравился вечер, который организовали студенты старших курсов.

9) Операция, которую сделал молодой врач, прошла успешно.

10) Декан разговаривал со студентами, которых приняли на первый курс.

作文

1. 나는 옆에 앉아 있는 아가씨에게 영화가 시작된지 오래되었는가를 물었다.

2. 매일 우리는 라디오로 방송되는 마지막 뉴스를 듣는다.

3. 극장복도에 우리의 화가들이 그린 그림들이 걸려져 있다.

4. 무대로 나간 음악가는 콘서트의 시작을 알렸다.

5. 젊은 화가들에 의해 조직된 전시장에 갔었다.

6. 나에게 전화한 친구에게 저녁에는 집에 있을 것이라고 말했다.

7. 나는 친구들이 나에게 선물한 그림을 벽에 걸었다.

8. 선생님을 직업으로 선택하는 모든 젊은이는 반드시 아이들을 사랑해야한다.

9. 2/3이상의 다수결에 의해 결정이 이루어질 것이다.

10. 그가 그러한 결과들을 이룩할 수 있다는 것을 배제할 수 없다.

8. 形 動 詞

重要 表現

184. **выдавать/выдать кому деньги**; 돈을 지급(지불)하다
    Сотрудикам выдают деньги 15 числа каждого месяца.

185. **давать/дать кому деньги на что**; ~에 대한 돈을 주다
    Дай ему деньги на конфеты.

186. **зарабатывать/заработать деньги**; 돈을 벌다
    Он стал зарабатывать большие денег.

187. **обменивать/обменять деньги**; 돈을 교환하다
    Мне нужно обменять старые денги на новые.

188. **одалживать/одолжить кому деньги**; ~에게 지불을 미루다
    Я одолжил деньги своему другу.

189. **переводить/перевести кому деньги через банк**; 은행을 통해 ~에게 돈을 송금하다
    Деньги можно перевести в вашу компанию через банк.

190. **платить/заплатить кому деньги за что**; ~에 대해 돈을 지불하다
    Ему заплатил деньги за выступление.

191. **разменять деньги (на мелочь)**; 잔돈으로 헐다
    Вы не можете разменять мне деньги?

192. **рубить/срубить дерево**; 나무를 베다
    Это старое дерево лучше срубить.

193. **сажать/посадить дерево**; 나무를 심다
    Они посадили это дерево 5 лет назад.

194. воспитывать детей: 아이를 기르다
    Она лучше знает как воспитать детей.

195. заботиться о детях: 아이를 보살피다
    Кто будет заботиться о детях?

196. заниматься детьми: 아이를 돌보다
    В их семье жена занипается детьми.

197. нарушать/нарушить дисциплину: 규율을 어기다
    Этот мальчик нарушил дисциплину.

198. соблюдать дисциплину: 규율을 지키다
    Все ученики должны соблюдать дисциплину.

199. внушать/внушить кому доверие: ~에게 신뢰를 불어넣다
    Тот человек не внушает нам доверие.

200. входить/войти к кому в доверие: ~의 신뢰를 얻다
    Он сделал это, чтобы войти к нему в доверие.

201. злоупотреблять/злоупотребить чьим доверием: ~의 신뢰를 악용하다
    Секретарь злоупотребляла доверием начальника.

202. обманывать/обмануть чьё доверие: ~의 신뢰를 저버리다
    Вы обманули моё доверие.

203. относиться/отнестись с доверием к кому (к чему): ~에게 신뢰를 갖다
    Относитесь с доверием к ней!

204. питать доверие к кому (к чему): ~에게 신뢰를 갖다
    Я питаю доверие к этому человеку.

205. приводить/привести какой довод: ~한 논거를 제시하다
    Какой довод вы можете привести в его пользу.

【 독해 · 문법 · 작문 해답 】

〔讀解 演習〕

1. 하여간 "엑스포 94"에 러시아에서 적극적으로 일하고 있는 세계의 모든 선두적인 텔레코뮤니케이션 기업들이 참석했다. 그들은 전시중 10번의 세미나, 소개회, 기자회견을 개최하며 그곳에서 자사의 상품과 러시아에서의 생산 계획을 설명 할것이다.

2. 모든 아침이 얼마나 좋은가! 자연중에 다가오는 이른 아침보다 더 음악적인 것은 없다. 아직 태양이 뜨기전에 새들은 잠을 깨고 즐겁게 노래를 시작한다. 잠에서 일어난 숲은 생명으로 가득차 있고 대지는 가슴을 활짝열고 숨을 쉰다.

3. 새로운 개조단계의 중요내용을 포함하고 있는 경제의 구조적 개혁은 지속적인 기간을 필요로 한다. 구조적 개혁은 당연히 기업의 특전과 산업정책의 새로운 노선에 바탕을 둔다.

4. 한국경제의 국제경쟁력 하락은 두가지 요소의 결합으로 설명된다. 이는 과거부터 유지되어온 국가경제 운용 시스템과 과거의 값싼 잉여노동력이 제공했던 특혜의 부재이다. 결과적으로 한국은 경제발전의 새로운 원동력을 모색해야만 했다.

5. 가장 기본이 되고 근본이 되는 우리 ≪영역≫의 성격은 약한 이웃을 희생해가며 지속적으로 영토를 넓혀갔던 러시아국가, 구 러시아제국의 영토위에서 일어난 소련, 바로 구 소련의 영역이라고 말할수 있다.

6. 한국 대통령과 서명한 모스크바선언은 옐친대통령의 견해에 의하면 미래를 총체적으로 지향하는 대대적인 정치적 문서이며 상호호혜의 협력에 있어서 전진적인 새로운 일보인 것이다.

7. 예술가는 본 것, 체험한 것, 사유한것에 대해 이야기해야 하고 말할 의무가 있다. 그는 그 이전에 문학이 알지 못했던 그러한 예술적 표현과 특질을 찾아내야할 의무가 있고 시간들의 관계를 복구하고 재결합해야 한다.

8. 매년 계획된 수입이 놀라웁게도 항상 들어오지 않는다. 정부는 "검은 화요일"의 교훈을 얻고난후 화폐를 발행 하는쪽으로 가기를 원치 않는다. 결과적으로 지출의 증가, 수입의 감소, 멈추고 있는 화폐발행기는 총제적으로 피할 수 없는 당연한 결과를 초래한다: 미지불의 위기를 심화시킨다.

9. 소련과 대한민국간의 외교관계가 계획되었던 것보다도 일찍 1990년 9월 30일 수립 되었다.

10. 남한측에 1950-53간의 한국전쟁과 관련된 200개이상의 고문서가 전달되었다. 이문서들은 그 당시 소련, 북한, 그리고 중국의 지도자들이 주고받은 서신을 포함하고 있으며 그 안에는 즉 이오시프 스탈린과 마오저뚱의 전보들이 들어있고 한국전쟁에서 구소련의 관여정도를 밝혀주고 있다.

〔長文 讀解〕

1.

러시아의 상층부에서 자유주의자들과 보수주의자들과의 투쟁이 전개되고 있다고 자주 주장되고 있다. 만일 그 어떠한 행위에 대한 개인적인 확신이 아니라 그들에 의해 객관적으로 수행되고 있는 기능들을 의미한다면 실제로 우리의 자유개혁주의자들은 자유주의적인 관료들이다. 소유가 국가권력과 유착되고 시민사회가 매우 약해지는 상황에서는 러시아역사에 있었던 것처럼 개혁적 충동이 상층부에서 거의 예외없이 일어날 것이다.

러시아에서의 개혁은 국가의 근대화 과제로부터 벗어나는 것이 벌써 불가능해진 시점인전쟁의 참패뒤에 자주 시작되었다는 것이 잘 알려져있다. 그때 자유주의자들이 아니라 자유주의적 관료들에게 기회가 주어졌다. 과학, 기술, 사회국가조직분야에서 선진국들의 성과를 전용하였으나 서구적 성과와 맥락을 같이하는 사회문화 및 정치적인 환경의 발전은 여러형태로 제동이 걸렸다. 국가는 존경하는 국가자신을 위해 필요한 모든 목표를 제시하기위해 급급했다. 지식인들 대부분은 그에게 주어진 국가의 요구에 따른 봉사기능에 동화하고 자신의 의존적 상황에 대한 현실을 받아들였다.

8. 形動詞

2.

인도주의는 정신적 가치체제로서 그안에서 인간의 우선권이 규정되며 오늘날 철학, 과학, 문화등 모든분야에서 중요한 중심적 개념이 되고 있다. 인도주의는 정치적인 원칙과 사회발전의 전략적인 목표로 공포되고 있기 때문에 이 개념속에 어떠한 내용들이 포함되어 있는지를 이해하는 것이 매우 중요하다. 고대 그리스 철학자 피타고라스가 정의한 "인간은 만물의척도"라는 원칙은 실제로 2천년전에 탄생된 것이 아니라 바로 지금 세상에 태어난것처럼 받아들여지고 있다.

"인도주의가 무엇인가?"라는 질문은 "사람이 무엇인가?" 그리고 "철학이 무엇인가?"라는 질문과 밀접한 관계가 있다. 이러한 질문들은 수천년동안 사람에게 안식을 주지 않고있다. 왜냐하면 "영원한 질문"이 있으면 "영원한 대답"이 없기때문에 모든 시대가 자신의 대답을 제시하려고 노력하고 있다. 이 때문에 인도주의에 대한 문제의 논의는 바로 그러한 철학이 무엇이며 왜 존재하는가에 대한 논의인 것이다.

만일 우리가 철학의 역사에 주의를 돌리면 철학적 인식과 철학적 행위가 철학적 변혁의 시대, 인간생활의 변혁의 시기에 완성되었을 때 가장 수준높은 인식을 얻게되었음을 알 수 있다. 바로 이러한 시기에 인간의 문제에 대한 관심이 비상하게 증대된다. 변혁의 시기,외부적 행위의 위기는 사람으로 하여금 내부적 행위와 자신에 대한 이해에 관심을 돌리도록 한다. "너자신을 알라" 이것은 오래전에 만들어 졌다. 바로 현재 우리와 우리나라의 내부는 전세계에서 위협과 희망의 시기를 겪고 있으며 우리가 여기고 있는것처럼 철학의 최고 시련의 시기가 닥쳐온 것이다. 물론 철학자체가 세상을 구하지는 못하지만 만일 세계를 덮고 있는 위협과 희망들에 대한 깊은 철학적 이해가 없다면 세상은 구해지지 않을것이다.

〈文法연습〉

1. 1) Мы сдавали экзамен профессору, читающему нам лекции.

   2) Я знаю девушку, идущую нам навстречу.

   3) Студенты сидящие рядом со мной, учатся в нашей группе.

   4) Студентам, желающим поехать на экскурсию, нужно прийти на вокзал в И часов утра.

   5) Я познакомился с девушкой, хорошо говорящей по-русски.

2. 1) Мой брат знаком с писателем, написавшим книгу о космонавтах.

   2) Зрители с удовольствием слушали артистов, исполнявших народные песни.

   3) В горах мы встретили альпинистов, поднимавшихся на самую высокую вершину.

4) Милиционер подошел к машине, остановившейся посредине улцы.

5) Человек, появившийся на экране, был похож на Чарли.

3. 1) Мы смотрели все фильмы, демонстрируемые в этом кинотеатре.

2) Мы должны описывать опыты, проводимые на уроках химии.

3) Спутник, послаемые людьми в космос, имеют постоянную связь с землей.

4) Кислолод выделяемый растениями, делает воздух чистым и свежим.

5) Каждый день мы слушаем последние известия, передаваемые по радио.

6) Проблемы, ешаемые этим институтом играют огромную роль в развитии физики.

4. 1) Я вернул в библиотеку журнал, прочитанный мной.

2) Врач приглашенный к больному, аботает в городской больнице.

3) Студенты встреченные нами на улице, спешили в клуб.

4) Мне нравится книга, написанная этим автором.

5) Мы изучаем физику по книге, написанной этим автором.

6) Преподаватель говорил нам о книге, написанной этим автором.

7) Мы познакомились с журналистом, приглашённым нами на вече.

8) Нам понравился вече, организованный студентами старших курсов.

9) Операция, сделанная молодым врачом, прошла успешно.

10) Декан разговаривал со студентами, принятыми на первый курс.

〈作文〉

1. Я спросил девушку, сидевшую рядом, давно ли начался фильм.

2. Каждый день мы слушаем последние известия, передаваемые по радио.

3. В фойе театра висят картины, нарисованные нашими художниками.

4. тист, вышедший на сцену, обьявил о начале концерт.

5. Мы были на выставке, организованной молодыми художниками.

6. Я сказал другу, позвонившему мне, что вечером буду дома.

7. Я повесил на стену картину, подаренную мне моими друзьями.

8. Каждый молодой человек, избирающий профессию учителя должен любить детей.

9. Решение будет принято большинством не менее 2/3 голосов.
10. Не исключительно, что он даст таких результатов.

참 고

〔교통수단〕

(1) отвезти, привезти (кого, что) на машине. (~를 차로 운반하다)
　　Отведите меня домой на машине.
　　Привезите мою жену на машине в больницу.

(2) ехать, приехать, на автбусе (на метро). (버스, 전철로)가다, 도착하다, 도달하다
　　Ему очень долго ехать на автобусе.
　　Ты можешь приехать ко мне домой на метро.
　　Как мне доехать до магадина "М" на автобусе.

(3) прибыть на поезде. (기차로 도착하다)
　　Делегация прибывает на поезде в 14:00.

(4) доставить гауз на самолёте (на пароходе). 짐을 항공으로(배로) 송달하다
　　Я хочу, чтобы мой груз доставили на пароходе.

(5) доставить груз самолётом (пароходом) 짐을 항공으로(배로) 송달하다
　　груз Иванова был достоблен самолётам.
　　☞ 교통수단을 조격으로 표현가능

9. 부동사(副動詞)

기본 문법

1. 부동사 형태 및 구성

※ 부동사는 동사의 체에 따라 크게 불완료체 부동사와 완료체 부동사로 나뉜다

불완료체 부동사	완료체 부동사
читать — чита-ют — читая	прочитать — прочитал — прочитав
заниматься — занима-ются — занимаясь	вернуться — вернулся — вернувшись
слышать — слыш-ат — слыша	принести — принёс — принесши

(1) 불완료체 부동사는 불완료체동사 3인칭 복수 현재형 어미에 -а, -я를 첨부하여 만든다.

    читая (읽으면서)

    занимаясь (일·공부 하면서)

    слыша (들으면서)

(2) 완료체 부동사는 완료체동사 단수 과거형 어미에 -в, -вши, -ши를 첨부하여 만든다.

    прочитав (읽은후)

    вернувшись (돌아온후)

    принесши (갖고온후)

> **2. 동사적 특성**
>
> (1) 타동사와 자동사의 성질
>   1) **Читая текст**, я выписываю незнакомые слова.
>   2) **Отдыхая на юге**, сестра редко писала домой.
> (2) ① **Занимаясь спортом**, люди укрепляют своё здоровье.
>   ② **Рассказывая о своём путешествии**, брат показывал нам фотографии.
> (3) 불완료체 및 완료체의 성질
>   1) ① Они сидели за столом, спокойно **беседуя**.
>   ② Он слушал **улыбаясь**.
>   2) ① **Побеседовав**, они разошлись.
>   ② **Улыбнувшись**, он ответил на мой вопрос.

2. 동사적 특성

(1) 타동사와 자동사의 성질을 보유

1) 부동사 читая는 타동사 читать의 성질을 보유하여 전치사 없이 대격목적어를 취한다.
(텍스트를 읽으면서 나는 모르는 단어들을 기록한다.)
Слушая радио передачи на русском языке, я стараюсь понять, что говорит диктор.
(노어 라디오방송을 들으면서 나는 아나운서가 말하는 것을 이해하려 노력한다.)

2) 부동사 Отдыхая는 자동사 отдыхать의 성질을 보유하며 접미사 -ся, -сь를 가진 동사도 동일하다. (남쪽에서 쉬면서 여동생은 집에 거의 편지를 쓰지 않았다.)

(2) 부동사는 본동사가 취하는 격을 동일하게 취한다.

※ Занимаясь спортом, Рассказывая о своём путешествии는 본동사 заниматься

чем, рассказывать о чём와 동일하게 격을 취한다.
① 운동을 하면서 사람들은 건강을 증진한다.
② 자신의 여행에 대해 이야기하면서 남동생은 우리에게 사진을 보여주었다.

(3) 부동사는 동사의 불완료체 및 완료체의 성질을 보유한다.

1) беседовать, улываться동사가 불완료체동사이므로 беседуя, улыбаясь부동사도 불완료체의 성질을 보유한다. (불완료체동사는 반복,지속,습관적인 행위를 표현)
① 그들은 조용히 이야기 하면서 식탁에 마주 앉아 있었다. ② 그는 미소를 띠면서 들었다.

2) побеседовать, улыбнуться동사가 완료체동사이므로 побеседовав, улыбнувшись부동사도 완료체의 성질을 보유한다. (완료체동사는 일회로 종료되는 행위를 표현)
① 그들은 토의를 하고 나서 헤어졌다.
② 웃고 나서 그는 나의 질문에 답변했다.

---

3. 부사적 특성
(1) Они сидели за столом, **разговаривая** о своих делах.
(2) **Увидев друга**, я подошёл к нему.
(3) **Желая** не упать, он шёл медленно с палкой.
(4) **Встречаясь** с друзьями или знакомыми, люди говорят друг другу "зудравствуите".

---

3. 부사적 특성

※ 부동사는 부사처럼 성, 수, 격에 따라 변화하지 않는다. 또한 부사처럼 행위가 이루어지는 장소의 상황(как?, когда?, почему?, при каком условии?)을 부연설명하며 서술동사나 추가적 행위를 부연설명한다.

(1) разговаривая о своих делах는 어떻게(как?)에 호응

(그들은 자신들의 일들에 대해 이야기하면서 식탁에 마주앉아 있었다.)

Он сидит, читая. (그는 읽으면서 앉아있다.)

(2) Увидев друга는 언제(когда?)에 호응 (친구를 보고나서 나는 그에게 갔다.)

Написав письмо, он лёг спать. (편지를 쓴후 그는 잠을 잤다.)

(3) Желая не упать는 왜(почему?)에 호응

(넘어지지 않기를 바라면서 그는 지팡이를 갖고 천천히 갔다)

Не поняв вопроса, она растерялась.

(문제를 이해하지 못해서 그녀는 혼란스러웠다.)

(4) Встречаясь с друзьями или знакомыми는 어떤조건하에(при каком условии?)에 호응 (친구들이나 아는 사람들을 만나면서 사람들은 서로에게 "안녕하세요"라고 말한다.)

---

4. 불완료체 부동사와 완료체 부동사의 차이

(1) 불완료체 부동사

① **Выходя** из дома, я часто встречаю этого человека.

② **Гуляя** по городу, туристы покупали сувениры.

③ **учаясь** в университете, я буду заниматься теннисом.

(2) 완료체 부동사

① **Прожив** пять лет в Москве, он хорошо говорит по-русски.

② **Выйдя** из аудитории, я встретил своего друга.

③ **Окончив** медицинский институт, мой друг будет врачом.

---

4. 불완료체 부동사와 완료체 부동사의 차이

(1) 불완료체 부동사는 주행위와 동시에 일어나는 행위를 부연 설명한다.

1) Он рисует, слушая музыку.
   (그는 음악을 들으면서 그림을 그린다.)
2) Он рисовал, слушая музыку.
   (그는 음악을 들으면서 그림을 그렸다.)
3) Он будет рисовать, слушая музыку.
   (그는 음악을 들으면서 그림을 그릴것이다.)

① 집에서 나오면서 나는 이사람을 자주 만난다.
② 도시를 걸으면서 관광객들은 기념품을 샀다.
③ 대학에서 공부하면서 나는 테니스를 할 것이다.

(2) 완료체 부동사는 주행위가 일어나기전에 일어난 행위를 부연 설명한다.

1) Закончив учёбу, он работает. (학업을 마친후 그는 일을 한다.)
2) Закончив учёбу, он работал. (학업을 마친후 그는 일을 했다.)
3) Закончив учёбу, он будет работать. (학업을 마친후 그는 일을 할것이다.)

① 모스크바에서 5년을 산후 그는 러시아어를 잘한다.
② 강의실에서 나온후 나는 친구를 만났다.
③ 의대를 졸업한후 나의 친구는 의사가 될것이다.

※ 부동사는 자체적으로 시제를 갖지 못하며 부동사의 시제는 서술동사(주행위)의 시제에 따른다.

讀解演習

▷ **КЛЮЧ**: **Читая текст**, я выписываю незнакомые слова..

1. На моем письменном столе стоит школьный глобус. Тихонько поворачиваю земной шар в миниатюре вокруг оси, и голубая, жёлтая, зелёная, белая краски плывут, **сменяя** друг друга, перед глазами. Большая часть его окрашена в голубой цвет.

☞ 불완료체 부동사 용법/школьный глобус: 지구본/ ось: 축

▷ **КЛЮЧ**: **Слушая** радио, мы узнаём о том, что происходит в мире.

2. В природе все взаимосвязано и взаимообусловлено. Если человек рубит лес, добывает уголь и нефть, то тем самым он прямо или косвенно нарушает экологический баланс. Но, **проявляя** заботу о растительном и животном мире, человек может восстановить баланс.

☞ 불완료체 부동사 용법/тем самым: 그 자체로/баланс: 균형

▷ **КЛЮЧ**: Мы готовимся к экзаменам, **повторяя** тексты и делая упражнения.

3. Клинтон защищал внешнюю политику своей администрации, **утверждая**, что для выработки долговременной внешней политики необходимо было большое время из-за того, что мировая обстановка после завершения холодной войны не является черно-белой и вообще беспримерна.

☞ 불완료체 부동사 용법/из-за того, что~: ~ 때문에/холодная война: 냉전

▷ **КЛЮЧ**: **Встречаясь** с друзьями или знакомыми, люди говорят друг другу "зудравствуите".

4. Именно Хрущев по собственной инициативе выдвинул задачу создать прочные гарантии против рецидивов культа личности. Он вел бескомпромиссную больбу за это внутри страны и на международной арене, не **считаясь** с теми издержками, которые такая борьба могла привнести в отношения с теми или иными странами, входившими в социалистический лагерь.

☞ 불완료체 부동사 용법/культ личности; 개인숭배/ вести больбу за что; ~을 위하여 투쟁하다

▷ **КЛЮЧ**: **Окончив** медицинский институт, мой друг будет врачом.

5. Не менее важны и экономические проблемы. Сеул предоставил СССР 3 млрд. долларов в 1990 году. **Выплатив** половину этой сумы, корейцы заморозили кредит, когда стало неясно, как будут выплачиваться проценты по счётам бывшего СССР.

☞ 완료체 부동사 용법/кредит; 차관/бывший СССР; 舊소련

▷ **КЛЮЧ**: **Увидев** друга, я подошёл к нему.

6. **Высказав** заинтересованность России в полнокровных экономических связях, Б. Ельцин сказал, что хотел бы видеть рост инвестиций южнокорейских фирм в российскую экономику, особенно на Дальнем Востоке. Взаимовыгодным, как считает Б. Ельцин, могло быть стать и активное участие компаний Республии Корея в конверсии российской военной промышленности. В этих вопросах, сообщил он, достигнуто существенное взаимопонимание.

☞ 완료체 부동사 용법/конверсия; 민수(民需)전환/военная промышленность; 군수산업

23. 비교

(1) по сравнению	с чем	(~와 비교하여)	
(2) по сравнению	с тем	что… как…. сколько…. кто….	(~와 비교하여)
(3) Сравнительно		(~와 비교해서)	

(1) По сравнению с алмазом графит мягкий.

Средняя прдолжительнось жизни людей в России стала больше на 24 года по сравнению с дореволюционным временем.

(2) В воздухе звук распространяется медленно по сравнению с тем, как он распространяется в твёрдом теле.

(3) Сравнительно с прошлым годом объём экспорта повышался.

24. 대비

(1) превосходить/превзойти	что (по чему)	(~보다 우세하다, 능가하다)
(2) уступать	чему (по чему)	(~에 지다, 뒤지다)
(3) превышать/превысить	что	(~을 넘다, 초과하다)

(1) Самолёт превосходит судно в скорости.

По широте взглядов он превосходил своих современников.

(2) Он уступает своему старшему брату в знаниях.

Как учёный, он значительно уступает своему отцу.

(3) Расходы превышают доходы.

Скорость современных самолётов превышает скорость звука.

Население города превысило два миллиона человек.

속담

Решетом воду не черпают.
채로 물을 풀수 없다.(쓸모없는일에 시간낭비 하지마라)

За все браться — ничего не сделать.
모든 것을 하려하면 아무것도 이루지 못한다.

Держи уши пошире, а рот поуже.
귀는 넓게하고 입은 좁게하라.(말은적게하고 남의말을 귀담아 들어라.)

長文 讀解

1.

Для того чтобы личное искуство превратилось в национальное, оно должно удовлетворять трем условиям: отвечать духу народа, быть волнующим и быть доступным.

Никогда картина Репина не была только изображением людей, природы, событий. Не внешняя сторона явлений привлекла его внимание, а смысл, та идея, которую сам художник в них вкладывал.

В ≪Бурлаках≫ Репин наделил всех действующих лиц индивидуальными чертами. Зритель не может оставаться равнодушным, стоя перед картиной, она его волнует не только содержанием, но и доходчивостью. Доходчивость — свойство его дарования. Этой же природной особенности обязаны своей ранней популярностью Пушкин и Толстой. Это то особое мастерство, о котором писал Репину Лев Толстой, впервые увидевший его ≪Грозного≫: ≪Сделано так мастерски, что не видать мастерства≫.

Кроме доступности произведений, массового зрителя влечет к Репину его многогранность. Репинская тематика не знает границ.

Свыше полувека отделяет нас от тех дней, когда Репин писал свои лучшие картины, а они так же волнуют и радуют, так же свежи, жизнерадостны.

Репин — гений русского национального искусства, но, как все великие мастера прошлого, он принадлежит всему человечеству.

Художественное наследство: Художник Илья Ефимович Репин

☞ для того, чтобы; ~을 하기위해/ превратиться(превращаться) в что; ~로 변화하다, 바뀌다/ обязанный кому-чему чем; ~에게~의 빚을지다 Я вам обязан жизнью. 나는 당신에게 생명의 빚을지고 있다(당신의 나의 생명의 은인이다). Пушкин и Толстой обязаны ~ особенности(чему) ~ популярностью(чем). 문장에서 этой же природной особенности(чему)가 문장 앞으로 나오고 주어는 뒤로 도치

2.

В демократическом обществе принято критически оценивать внешнюю политику собственного правительства. Американские законодатели, учёные и журналисты при всех послевоенных президентах, начиная с Трумэна и кончая Клинтоном, обвиняли и обвиняют Белый дом в слабой политике на Ближнем и Дальнем Востоке, в Восточной и Западной Европе и, конечно же, в отношении Москвы. Теперь эпидемия критики докатилась и до нас, стой только разницей, что многие оппоненты осуждают Кремль не просто за слабую дипломатию, а за то, что поведение России на мировой арене якобы дирижируется из Вашингтона и Тель-Авива.

На самом деле российская линия в международных делах определяется цельм комплексом внутренних и внешних факторов и под их же воздействием эта линия претерпевает определенную эволюцию.

Чтобы лучше понять, что происходит сейчас в нашей внешней политике, давайте вспомним, как она зарождалась на рубеже 1991-1992 годов. К власти в Москве пришли тогда люди демократических устремлений, которые горели желанием в сжатые сроки построить новую Россию. Запад представлялся им политическим и идеологическим союзником. Одновременно Запад должен был стать главным экономическим партнером — он распологал передовой техлогией и финансовыми ресурсами, которыми обещал делиться с Россией. Наконец, западыные страны рассматривались Москвой как образчик для собственного развития.

Итак, совершенно естественным образом западное направление выкристаллизвалось как ведущее во внешней политике юного Российского государства.

Евгений Бажанов : Когда Родина не в опасности

☞ якобы; 흡사 -와 같이/ на самом деле; 실제는/ прийти к власти;권력의 지리에 오디 /наконец; 마침내, 드디어/ итак; 그래서

9. 副 動 詞

文法연습

1. 다음 문장을 불완료체부동사 형태의 문장으로 전환 하시오.

    1) Когда мы возвращались домой, мы дружески беседовали.

    2) Когда я начинал эту работу, я не думал, что она будет такой трудной.

    3) Когда я возвращался из университета, я встретил на улице своего знакомого.

    4) Когда мой брат учился в институте, он одновременно работал на заводе.

2. 다음 문장을 완료체부동사 형태의 문장으로 전환 하시오.

    1) Когда брат возвратился из санатория, он сразу приступил к работе.

    2) Студент не могут ответить, потому что он не понял вопроса.

    3) Я не смог позвонить вам, потому что я потерял ваш телефон.

    4) Если он успешно окончит институт, он сможет заниматься научной деятельностью.

    4) После того как я закончил работу, я пошёл домой.

    6) После того как мы поужинали, и стали смотреть телевизор.

作文

1. 기사를 읽으면서 나는 모르는 단어들을 적는다.

2. 책을 다 읽고나서 도서관에 반납할것이다.

3. 계단을 올라가면서 그들은 큰소리로 이야기했다.

4. 4층에 올라가고난후 그들은 벨을 눌렀다.

5. 헤어지면서 그들은 서로 편지를 쓰기로 약속했다.

6. 쉬고나서 그는 일을 계속했다.

7. 친구는 나에게 책을 주면서 3일이 지나쳐 돌려줄 것을 부탁했다.

8. 극장에서 집으로 돌아오면서 친구를 만났다.

9. 2년전에 헤어지고나서 그들은 서로간에 한 장의 편지도 쓰지 않았다.

10. 그녀는 자동차에서 내리면서 굉장히 피곤함을 느꼈다.

重要 表現

206. **разбивать/разбить чьи доводы**; ~의 논거를 뒤엎다
     Его выступление разбило их доводы.

207. **соглашаться/согласиться с доводами кого**; ~의 논거에 동의하다
     Я не могу согласиться с вашими доводами.

208. **аннулировать договор**; 조약(계약)을 파기하다
     Этот договор нужно аннулировать.

209. **заключать/заключить договор**; 조약(계약)을 체결하다
     Две страны заключили договор о дружбе.

210. **нарушать/нарушить договор**; 조약(계약)을 위반하다
     Эта страна нарушила договор о сотрудничестве.

211. **подписывать/подписать договор**; 조약(계약)에 서명하다
     Президенты обеих стран подписали договор о взаимопомощи.

212. **разрывать/разорвать договор**; 조약(계약)을 깨다
     Обе страны разорвали договор о военной помощи.

213. **мокнуть/промокнуть под дождём**; 비에 젖다
     У меня не была зонта и я промок под дождём.

214. **попадать/попасти под дождь**; 비를 맞다
     Возвращаясь из леса они попали под дождь.

215. **приводить/привести какое доказательство**; ~한 증거를 제시하다
     Какие доказательства его невиновности у вас есть?

216. **собирать/собрать доказательства**; 증거를 모으다
     Мы собрали доказательства его причасности к делу.

217. **выступать/выступить с докладом**; 보고를 하다
    Кто будет первые выступать с докладом?

218. **готовиться к докладу**; 보고를 준비하다
    Я очень занят потому, что я готовлюсь к докладу.

219. **делать/сделать доклад**; 보고를 하다
    Вы сделали доклад лучше всех.

220. **выдавать/выдать кому документ**; ~에게 서류를 제시하다
    Мне не выдали этот документ вовремя.

221. **исполнять/исполнить (свой) долг перед кем**; ~에 대한 의무를 행하다
    Она исполняла свой долг перед детьми.

222. **оказываться/оказаться у кого в долгу**; ~에게 빚지다
    Он спас меня и я у него оказался в долгу.

223. **считать что своим долгом**; 자신의 의무로 여기다
    Мать считает своим долгом помочь детям.

224. **брать/взять у кого что в долг**; ~로부터 ~을 빌리다
    Мая соседка взяла у меня в долг 2 тысячи рублей.

225. **выплачивать/выплатить кому долг**; ~에게 빚을 갚다
    Я должен выплатить им долг завтра.

226. **погашать/погасить (свой) долг**; 빚을 갚다
    Мой брат погасил свой долг.

227. **выпадать/выпасть на чью долю**; -의 운명에 놓이게되다
    На его долю выпало пойти туда.
    На её долю выпало слышком много горя.

【 독해 · 문법 · 작문 해답 】

〔讀解 演習〕

1. 내 책상위에는 지구본이 서있다. 천천히 작은 지구를 축을 따라 돌린다. 파란색, 노란색, 녹색, 흰색이 서로 서로를 바꾸면서 눈앞에서 움직인다. 많은 부분이 파란색으로 칠해져 있다.

2. 자연속에서는 모든 것이 상호연계적이고 상호제약적이다. 만일 사람이 숲을 벌채하고 석탄과 석유를 판다면 이는 바로 직접 · 간접적으로 환경의 균형을 깨는 것이다. 그러나 식물과 동물의 세계를 돌보아 주면서 사람은 균형을 재건할 수 있다.

3. 클린턴은 냉전이 종결된 이후 세계정세가 흑백으로 분리되지 않고 대체로 불분명한 상태로 인해 장기적인 외교정책을 연구하기 위해서는 장기간의 시간이 필수적이라고 확신하면서 자기 행정부의 외교정책을 두둔했다.

4. 바로 흐루시쵸프는 자신의 발의에 따라 개인숭배 재현을 반대하는 확고한 보장책을 과제로 제시했다. 바로 이러한 투쟁이 사회주의권에 포함되는 국가들과의 관계에서 초래될수도 있는 손해비용을 생각하지 않으면서 그는 국내와 국제무대에서 비타협적인 투쟁을 전개했다.

5. 경제문제들 또한 중요하다. 서울은 1990년 소련에 30억불을 제공했다. 구소련에 제공한 차관의 이자수령이 분명치 않게되자 당시 서울은 차관액의 반만 지급하고 차관을 동결했다.

6. 옐친은 활력적인 경제관계에 있어서 러시아의 관심도에 대해 말하고 한국기업들의 러시아경제에 대한 투자, 특히 극동지역에 대한 투자가 증대되기를 희망했다. 옐친이 생각하는바와 같이 러시아 군수산업의 민수화에 한국기업의 적극적인 참여가 상호호혜적일수도 있다. 그는 바로 이문제들에 있어서 본질적인 상호이해가 있었다고 말했다.

〔長文 讀解〕

1.

  개인적인 예술이 민족적인 예술이 되기 위해서는 민족의 정신에 호응해야하며, 감동적이어야하고, 접근이 용이해야 하는 세가지 조건을 만족시켜야한다. 레삔의 그림은 한 번도 사람들, 자연, 사건의 단순한 묘사가 아니었다. 외부적인 현상이 아니라 자신이 그속에 집어넣고자 했던 정신과 사상이 그의 관심을 끌었다.

  "부르라까흐"작품속에서 레삔은 움직이고 있는 모든사람들의 얼굴에 개인적인 특성을 부여하였다. 관람자는 그림앞에서 무관심하게 있을수가 없으며 그림은 내용뿐만이 아니라 명료성으로 관람자를 감동시킨다. 명료성은 그의 재능의 특성이다. 뿌쉬킨과 톨스토이가 일찍부터 유명해진것은 이러한 천성적 특성의 덕분이었다. 레브 톨스토이는 그의 "그로즈노보"작품을 보고서 그의 뛰어난 솜씨에 대해 그런솜씨를 다시 만나지 못할 정도로 잘 그렸다고 레삔에게 글을 썼다.

  작품의 접근성외에도 레삔이 많은 관람자들의 관심을 끄는 것은 그의 다면성이다. 그의 주제는 끝이 없다.

  반세기가 넘는 세월이 레삔이 자신의 좋은 작품들을 그렸던 때로부터 우리를 나누고 있지만 그들은 그렇게 생기있게, 매우 기쁘게 그렇게 감동하고 웃고있다.

  레삔은 러시아 민족예술의 천재이다. 그러나 과거의 모든 위대한 예술과들과 같이 그는 모든 인류에 속해있다.

2.

  민주사회에서는 자기국가의 대외정치를 비판적으로 평가하는 것이 허용되고 있다. 트루만으로부터 클링턴에 이르기까지 전후 대통령의 시대에는 미의회, 학자들, 저널리스트들이 중동, 극동, 동구, 서구, 물론 모스크바와 관련해서도 백악관의 유약한 정치에 대해 비난을 했고 비난을 하고 있다. 비판의 전염병이 우리에게 까지 굴러왔다. 단지 다른점은 많은 반대자들이 단순히 크레믈린의 유약한 외교정치에 대해서 뿐만이 아니라 국제무대에서 러시아의 행위가 워싱턴이나 텔아비브에 의해 움직이고 있는 것 같은점에 대해서 논란을 하고 있다.

  사실상 국제적인 문제에 있어서 러시아의 노선은 국내 및 대외적인 요소들의 총체들에 의해 결정되며 그것들의 작용에 따라 이노선은 특정한 진화를 겪게되는 것이다.

  우리의 대외정치에서 무엇이 일어나고 있는가를 잘 이해하기 위해서 1991-1992년에 외국에서 외교정치가 어떻게 생겼는가를 기억해보자. 그당시 모스크바에서 짧은기간동안에 새러시아를 건설하려는 정렬적인 민주적 의향을 가진 사람들이 권력을 잡았다. 서유럽은 그들에게 정치적, 이데올로기적 동맹자인체 했다. 동시에 서구는 러시아와 나누기로 약속한 첨단기술과 재원을 갖고있기 때문에 중요한 경제적 파트너가 됐어야만 했다. 결국 서구국가들은 모스크바에게 자가발전의 모형으로 간주되었다.

  그래서 아주 자연스럽게 서구지향이 젊은 러시아의 중심적인 대외정치로 굳어지게 되었다.

〈文法연습〉

1. 1) Возвращаясь домой, мы дружески беседовали.

   2) Начиная эту работу, я не думал, что она будет такой трудной.

   3) Возвращаясь из университета, я встретил на улице своего знакомого.

   4) Учаясь в институте, мой брат одновременно работал на заводе.

2. 1) Возвратившись из санатория, брат сразу приступил к работе.

   2) Не поняв вопроса, студент не могут ответить.

   3) Потеряв ваш телефон, я не смог позвонить вам.

   4) Успешно окончив институт, он сможет заниматься научной деятельностью.

   5) Закончив работу, я пошёл домой.

   6) Поужинав, мы стали смотреть телевизо.

〈作文〉

1. Читая статью, я выписываю незнакомые слова.

2. Прочитав книгу, я сдам её в библиотеку.

3. Поднимаясь по лестнице, они громко разговаривали.

4. Поднявшись на чевёртый этаж, они позвонили.

5. Расставаясь, они обещали писать друг другу.

6. Отдохнув, он продолжал работу.

7. Давая мне книгу, друг попросил меня вернуть её через три дня.

8. Возвращаясь из театра домой, я встретил товарища.

9. Расставшись два года тому назад, они не написали друг другу ни одного письма.

10. Выйдя из машины, она почувствовала крайнюю усталость.

10. 부사(副詞)・조사(助詞)

기본 문법

1. 부사의 형태

(1) 형용사에서 파생된 부사

  1) 형용사 단어미 중성형태

высокий	высоко(높게)	гладкий	гладко(평평하게)
красивый	красиво(아름답게)	внешний	внешне(외견상, 표면상)
искренний	искренне(진심으로)	крайний	крайне(극단적으로)
давний	давно(예전에)	поздний	поздно(늦게)
ранний	рано(이르게)	неожиданный	неожиданно(예상치 않게)

※ 러시아어의 부사들은 형용사에서 파생된것들이 많다.

  2) [ПО + 형용사단수 여격] 형태

другой	по-другому(다른 방법으로)
настоящий	по-настоящему(참으로, 실제로)
новый	по-новому(새로운 방법으로)
прежный	по-прежнему(전과같이)
разный	по-разному(다양한 방법으로)

3) 어미가 И로 끝나는 형태(방식의 부사)

братский	братски, по-братски (형제처럼)
дурацкий	дурацки, по-дурацки(어리석게, 바보처럼)
детский	детски, по-детски(어린이처럼)
героческий	геройски, по-геройски(영웅적으로)
логический	логически(논리적으로)

(2) 명사에서 파생된 부사

1) 조격 단수형태

верх	верхом(말을 타고)
дар	даром(무료로)
ряд	рядом(나란히)
круг	кругом(둥글게)
шёпот	шёпотом(속삭이며)

2) [전치사 + 명사] 형태

слух(청각)	вслух(크게)	оборот(회전)	наоборот(반대로)
даль(먼곳)	издаль(멀리서)	верх(상부)	сверху(위에)
стать(이유)	кстати(때마침)	близость(근처)	поблизости(근처에서)
лишек(여분)	слишком(너무)	место(장소)	вместе(함께)
даль(먼곳)	вдали(먼곳에)	низ(하부)	внизу(밑에)
	вдаль(먼곳으로)		вниз(아래로)
нутро(내부)	внутри(안에)	перёд(전면)	впереди(앞에)
	внутрь(안으로)		вперёд(앞으로)
верх(상부)	наверху(위에서)	граница(국경)	за границей(해외에)
	наверх(위쪽으로)		за границу(해외로)

(3) 수사로부터 파생된 부사

вдвоём(둘이서)	однажды(한번, 1회)
втроём(셋이서)	дважды(두번, 2회)
вчетвером(넷이서)	трижды(세번, 3회)
во-первых(첫째로)	впервые(최초로)
во-вторых(둘째로)	наедине(홀로)
в-третьих(셋째로)	

(4) 대명사에서 파생된 부사

1) этот, тот, сей로부터 파생된 형태

затем(그 다음에)	с тех пор(그 이후로)
потом(그 후에)	до тех пор(그때까지)
поэтому(그래서, 그 이유로)	до сих пор(지금까지)
сейчас(지금)	

2) мой, твой, свой, наш, ваш로부터 파생된 형태

по-моему(내 생각에는)	по-вашему(당신 생각에는)
по-твоему(너의 생각에는)	по-его(её, их)(그의 의견에 의하면)
по-нашему(우리 생각에는)	по-своему(자기 방식대로)

2. 수식의 대상

(1) Я **хорошо** знаю его.
(2) Эта **очень интересная** книга
(3) Мне **очень трудно** выпонить эту задачу.
(4) Здесь **неразрешенно чтение** вслух.

3. 서술부사

(1) ① Мне очень **жаль**, что так случилось.
    ② Ему было **интересно** с ней разговаривать.
(2) ① Сегодня **не тепло и не холодно**.　② В доме стало **шумно**.
(3) ① Вам **нужно** показаться врачу.　② **Нельзя** входить.
(4) ① Настала **пора** расставаться.　② Мы встали очень **рано**.

2. 수식의 대상

※ 부사는 일반적으로 동사, 형용사, 부사, 명사를 수식한다.

(1) 동사 수식	Искренне прошу вас.(진정으로 당신에게 부탁합니다) Я высоко оценил его.(나는 그를 높이 평가했다) Я очень люблю мороженое.(나는 아이스크림을 매우 좋아한다)
(2) 형용사 수식	Он очень здоров.(그는 매우 건강하다) Я здесь совершенно ноый человек. (나는 여기서 완전히 새로운 인물이다)
(3) 부사 수식	Это почтн невозможно.(이것은 거의 불가능하다) Он пришёл слишком рано.(그는 너무 일찍 왔다)
(4) 명사 수식	чтение вслух(낭독) наклон вправо(오른쪽 경사)

(1) 나는 그를 잘안다.　　　(2) 이것은 매우 재미있는 책이다.
(3) 이 과제를 수행하는것이 내게 매우 어렵다.
(4) 이곳에서는 책을 소리내어 읽는 것이 허용되지 않는다.

3. 서술부사

(1) 사람의 상태나 감정을 표현	тепло(따뜻하다), жарко(덥다), холодно(춥다), больно(아프다), весело(즐겁다), радостно(기쁘다), скучно(심심하다), грустно(우울하다), интересно(재미있다), трудно(어렵다), легко(쉽다), смешно(우습다), стыдно(부끄럽다), обидно(무례하다), досадно(분하다), приятно(유쾌하다), жаль(애석하다)
(2) 자연이나 환경의 상태를 표현	светло(밝다), темно(어둡다), холодно(춥다), жарко(덥다), прохладно(서늘하다), солнечно(청명하다), морозно(얼어붙을 듯이 춥다), просторно(넓다), свободно(자유롭다), тесно(밀집하다), пусто(텅비다), душно(무덥다), тихо(조용하다), шумно(시끄럽다), плохо(좋지않다), хорошо(좋다)
(3) 필요,가능,불가능의 행위를 표현	нужно(필요하다), надо(~할 필요가 있다), необходимо(꼭 필요하다), обязательно(의무적이다), можно(~할 수있다), нельзя(~해서는 않된다), невозможно(불가능하다)
(4) 행위의 시간을 표현	рано(이르다), поздно(늦다), пора(~할 때이다)

(1) ① 그렇게돼서 정말 유감입니다.
　　② 그에게는 그녀와 이야기하는 것이 재미 있었다.
(2) ① 오늘은 덥지도 않고 춥지도 않다.　　② 집안이 시끄러워 졌다.
(3) ① 당신은 의사한테 가야한다.　　② 들어가서는 안된다.
(4) ① 헤어져야할 시간이 왔다.　　② 우리는 매우 일찍 일어났다.

> **4. 대명사적 부사**
>
> (1) 의문·관계 부사
> ① Ты не знаешь, **где** он работает. ② Я не знаю, **куда** он ушёл.
> ③ Трудно было понять, **откуда** шёл звук.
> ④ Я не знаю, **когда** я буду сбоводен.
> (2) 지시부사
> ① **Там** видно будет. ② Дорога **туда** идёт.
> ③ **Тогда** он был ещё молод.
> (3) 不定부사
> ① Мне **негде** сесть. ② Мне торопиться **некуда**.
> ③ Мне **некогда** читать газету. ④ **Незачем** идти туда так рано.
> (4) 否定形부사
> ① Он живёт **где-то** в этом районе. ② **Почему-то** он не пришёл.
> ③ Он **зачем-то** сделал это. ④ Надо было уехать **куда-нибудь**.
> ⑤ Если он **почему-нибудь** опоздает, то мы не будем его ждать.
> ⑥ Когда она **зачем-нибудь** открывала дверь, в комнату врывался холодный ветер.

4. 대명사적 부사

※ 대명사적부사는 대명사와 같은 형태로 의문부사, 관계부사, 지시부사, 不定부사, 否定形부사 등으로 분류된다.

(1) ① 그가 어디서 일하는지 너는 아니?
　　② 나는 그가 어디로 갔는지 모른다.
　　③ 어디서 소리가 나는지 알기가 어려웠다.
　　④ 나는 그가 언제 자유롭게 될지 모른다.

(2) ① 그곳은 보일 것이다.　　　　② 길이 저리로 나있다.
　　③ 그때 그는 아직 젊었었다.

(3) ① 그 어디에도 앉을 곳이 없다.
　　② 그 어디에로도 서두를 데가 없다.
　　③ 신문을 읽을 시간이 없다.
　　④ 그곳에 이렇게 이르게 갈 필요가 없다.

(4) ① 그는 이 지역 어디엔가 살고 있다.
　　② 왠지 그는 오지 않았다.
　　③ 그는 무슨 이유로 인해 이일을 했다.
　　④ 어디에론가 떠나가야 했었다.
　　⑤ 만일 그가 무슨 이유로 인해 늦는다면 우리는 그를 기다리지 않을 것이다.
　　⑥ 그녀가 무슨 이유로 인해 문을 열었을 때 방안으로 찬바람이 들어왔다.

[대명사적 부사 표]

	(1)의문·관계부사	(2) 지시부사	(3) 부정부사	(4) 부정형부사
장소의 부사	где(어디에) куда(어디로) откуда(어디로부터)	там(저기) туда(저리로) оттуда(저리로부터) здесь(여기) тут(여기) сюда(이리로) отсюда(여기로부터)	нигде(어디에도) никуда(어디에로도) ниоткуда(어디로부터도) негде(그 어디에도) некуда(그 어디에로도) неоткуда (그 어디로 부터도)	где-то(어디엔가) куда-то(어디론가) откуда-то(어디로부턴가) где-нибудь куда-нибудь откуда-нибудь ☞ -то와 동일 кое-где(여기저기)
시간의 부사	когда(언제)	тогда(그때)	никогда(단 한번도) некогда(시간없다)	некогда(단한번) когда-то(언젠가) когда-нибудь (〃) когда-либо (〃)
방식의 부사	как(어떻게)	так(그렇게)	никак(그 어떻게도)	как-то(그 어떻게) как-нибудь (〃) как-либо (〃) кое-как(어떻게라도)
정도및 비교의 부사	сколько(얼마나) насколько(얼마나)	столько(그만큼) настолько(그만큼)	нисколько(전혀없다)	несколько(약간)
원인의 부사	почему(왜)	потому(그래서)		почему-то (무슨이유로 인해) почему-нибудь (〃)
목적의 부사	зачем(무엇 때문에)	затем(무슨 이유로)	незачем(필요없다)	зачем-то (무슨이유로 인해) зачем-нибудь (〃) зачем-либо (〃)

4. 시간의 부사

(1) ① **Раньше** ездили на лошадях.
　　② Я приехал в Москву **давно**.

(2) ① Я приехал в Москву **надолго**.
　　② Я живу в Москве **долго**.

(3) ① Он **постоянно** опаздывает на лекции.
　　② Иногда вспоминайте об мне.

5. 시간의 부사

(1) когда?에 호응하는 부사

весной(봄에), летом(여름에), осенью(가을에), зимой(겨울에)
утром(아침에), днём(낮에), вечером(저녁에), ночью(밤에)
позавчера(그저께), вчера(어제), сегодня(오늘), завтра(내일), послезавтра(모레)
однажды(언젠가), давно(예전에), недавно(최근의), раньше(이전에), прежде(전에), теперь(지금)
сейчас же(방금), сразу(즉시), тотчас(곧), сперва(최초에), сначала(처음에), потом(나중에)
рано(이르게), поздно(늦게), скоро(빨리), вскоре(곧), вовремя(제때에)
всегда(항상), обычно(통상), постоянно(항상), иногда(가끔)

　　① 전에 사람들은 말을 타고 다녔다.　② 나는 모스크바에 오래전에 왔다.

(2) сколько времени? 에 호응하는 부사

　　долго, надолго, недолго, ненадолго

　　① 나는 모스크바에 오래 있으려고 왔다.
　　② 나는 모스크바에 오랫동안 살고 있다.

(3) как часто?에 호응하는 부사

всегда(항상), постоянно(부단히), всё время(항상), непрерывно(연속적으로)
часто(자주), обычно(통상적으로), обыкновенно(흔히)
иногда(가끔), редко(드물게), никогда(늘 ~하지 않는다)
ежеминутно(매분마다), ежедневно(매일), еженедельно(매주), ежемесячно(매달), ежегодно(매년)

① 그는 항상 강의에 늦는다. ② 가끔 나를 생각해 주세요.

6. 장소의 부사

※ где?, куда?, откуда?의 질문에 호응

где?	куда?	откуда?
Я здесь! (나는 여기있어)	Иди сюда! (이리와!)	Мне не хочется отсюда уходить. (이곳에서 떠나기가 싫다)
Коля там. (꼴랴는 저기있다)	Иди туда, к нему! (저리 그에게로 가라)	Он вернулся оттуда. (그는 그곳에서부터 돌아왔다)
Я наверху. (나는 위에 있다)	Поднимайся ко мне наверх! (위에 내게로 올라와라!)	Я бросаю сверху верёвку. (나는 위에서부터 밧줄을 던진다)
Я внизу. (나는 아래에 있다)	Он спускается вниз. (그는 아래로 내려간다)	Он вытаскивает товарища снизу. (그는 아래로부터 친구를 끌어 낸다)
Интересно, что там внутри?(안에 무엇이 있는지 궁금해?)	Загляну внутрь. (안을 들여다 본다)	Изнутри выскочило страшное. (안으로부터 이상한 것이 뛰어 나갔다)
Что там вдали? (저기 먼곳에 무엇이 있지?)	Я смотрю вдаль. (나는 먼곳을 쳐다본다)	Издали доносится гудок. (먼곳에서부터 경적이 들려온다)
В воскресенье я сижу дома.(일요일에 나는 집에 있다)	После работы я иду домой. (일이 끝난후 나는 집으로 간다)	Каждое утро я выхожу из дому. (매일아침 나는 집에서 나온다)

〔장소의 부사 표〕

где? (어디에?)	куда?(어디로?)	откуда?(어디로부터?)
тут, здесь(여기)	сюда(이리로)	отсюда(이곳으로부터)
там(저기)	туда(저리로)	оттуда(그곳에서부터)
везде, всюду(모든곳에)	──	отовсюду(모든곳으로부터)
наверху(위에)	наверх, вверх(위로)	сверху(위로부터)
внизу(아래에)	вниз(아래로)	снизу(아래로부터)
внутри(안에)	внутрь(안으로)	изнутри(안으로부터)
снаружи(밖에)	наружу(밖으로)	снаружи(밖으로부터)
впереди(앞에)	вперёд(앞으로)	спереди(앞으로부터)
позади, сзади(뒤에)	назад(뒤로)	сзади(뒤로부터)
слева, налево(왼쪽에)	налево, влево(왼쪽으로)	слева(왼쪽으로부터)
справа, направо (오른쪽에)	направо, вправо (오른쪽으로)	справа(오른쪽으로부터)
дома(집에)	домой(집으로)	──
вдали(먼곳에)	вдаль(먼곳으로)	издали(먼곳에서부터)
далеко(멀리에)	далеко(멀리)	издалека(멀리서부터)
где-то(어디엔가)	куда-то(어디론가)	откуда-то(어디로 부턴가)
где-нибудь(어디엔가)	куда-нибудь (〃)	откуда-нибудь (〃)
гле-либо(어디엔가)	куда-либо (〃)	откуда-либо (〃)
кое-где(여기저기)	кое-куда(어디에론가)	──
нигде(어디에도)	никуда(어디에로도)	ниоткуда(어디로부터도)
негде(그 어디에도)	некуда(그 어디에로도)	неоткуда(그어디로부터도)

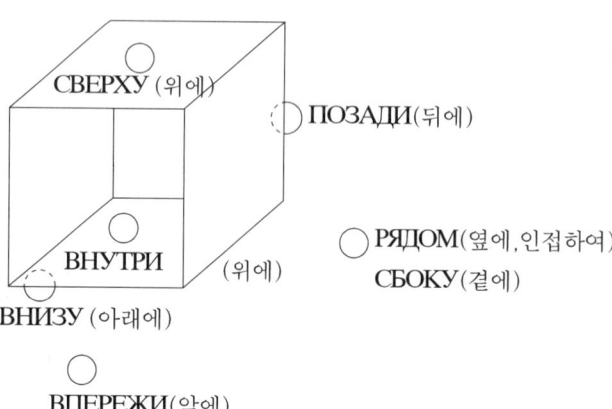
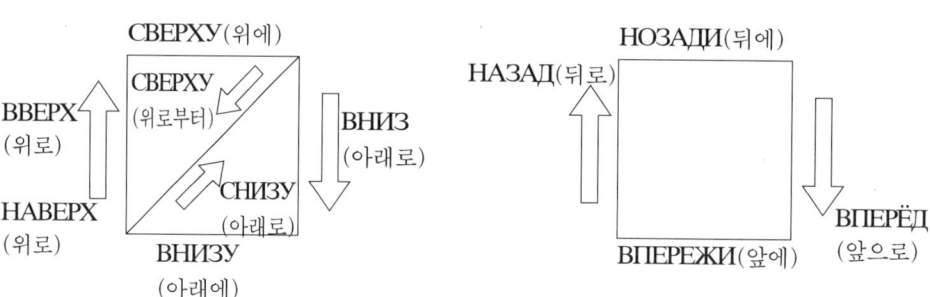
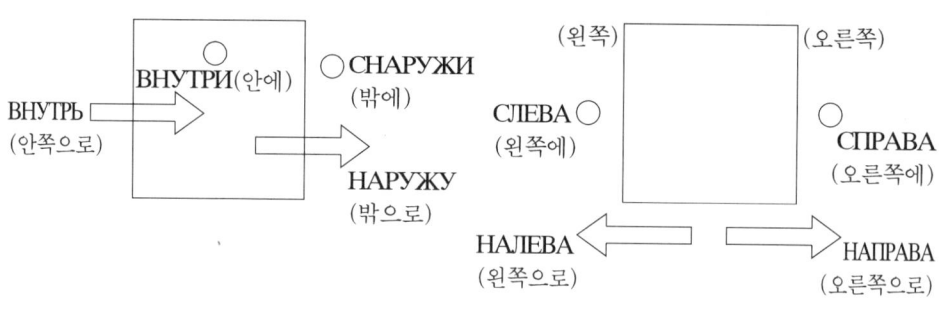

7. 정도 및 비교의 부사

(1) ① Я **очень** хочу поехать в Москву.
　　② Он **очень** болен.　　　　　③ **Очень** хорошо.
(2) ① Он **много** работает.　　　　② Сегодня я **много** занимался.
(3) ① Он **мало** говорит.　　　　　② Мы **мало** его видим.
(4) ① Он **немного** говорит по-русски.
　　② Он **немного** старше меня.　③ Это **немного** труднее.
(5) ① Я **чуть** держусь на ногах.　② Мне сегодня **чуть-чуть** лучше.
　　③ Отсюда **чуть** видно.
(6) ① Я сегодня **совсем** не спал.　② Он **совсем** здоров.
　　③ **Совсем** темно.
(7) ① Я **совершенно** забыл об этом.　② Вы **совершенно** правы.
　　③ **Совершенно** верно.
(8) ① Вы меня **слишком** хвалите.
　　② Эта рубашка мне **слишком** мала.
　　③ Он **слишком** много говорит.
(9) ① Я **почти** закончил перевод этой книги.
　　② У нас **почти** одинаковые платья.
　　③ Он **почти** каждый день ездил город.
(10) ① Сегодня я **достаточно** читал.　② Он **достаточно** умён.
　　③ **Достаточно** хорошо.
(11) ① Эта дорога **гораздо** короче, чем та.
　　② Она **гораздо** умнее его.　③ Театр **гораздо** ближе, чем школа.

7. 정도 및 비교의 부사

(1) очень(매우)

　① 나는 모스크바에 매우 가고 싶다.(동사 수식)

　② 그는 매우 아프다.(형용사 수식)　　③ 매우 좋다.(부사 수식)

(2) много(많이)

　① 그는 일을 많이 한다.　　　　② 오늘 나는 공부를 많이 했다.

(3) мало(적게)

　① 그는 말을 적게 한다.　　　　② 우리는 그를 적게(가끔) 본다.

(4) немого(약간)

　① 그는 러시아어를 약간 말한다.(동사 수식)

　② 그는 나보다 약간 나이가 들었다.(형용사 수식)

　③ 이것은 약간 더 어렵다.(부사 수식)

(5) чуть(조금)

　① 나는 간신히 발로 서있다.(동사 수식)

　② 오늘 나는 조금 상태가 좋다.(형용사 수식)

　③ 여기서 조금 보인다.(부사 수식)

(6) совсем(전혀)

　① 나는 오늘 전혀 잠을 자지 못했다.(동사 수식)

　② 그는 완전히 건강하다.(형용사 수식)　③ 완전히 어둡다.(부사 수식)

(7) совершенно(완전히, 아주)

　① 나는 완전히 이것에 대해 잊어버렸다.(동사 수식)

　② 당신이 완전히 옳다.(형용사 수식)　③ 정말 그렇다.(부사 수식)

(8) слышком(굉장히, 너무)

　① 당신은 나를 너무 칭찬한다.(동사 수식)

　② 이 셔츠는 내게 너무 작다.(형용사 수식)　③ 그는 너무 말을 많이한다.(부사 수식)

(9) почти(거의)

　① 나는 이 책의 번역을 거의 마쳤다.(동사 수식)

　② 우리는 거의 같은 옷을 입고 있다.(형용사 수식)

　③ 그는 거의 매일 도심을 다닌다.(부사 수식)

(10) достаточно(충분히)

　① 오늘 나는 충분히 책을 읽었다.(동사 수식)

　② 그는 충분히 현명하다.(형용사 수식)　③ 충분히 좋다.(부사 수식)

(11) гораздо(훨씬)

　① 이 길은 저 길보다 훨씬 짧다.(형용사 수식)

　② 그녀는 그보다 훨씬 현명하다.(형용사 수식)

　③ 극장은 학교보다 훨씬 가깝다.(부사 수식)

> **8. 비교급**
> (1) **Лучше** поздно, чем никогда.
> (2) Говори **потише**.
> (3) Он рассказывает **интереснее** всех нас.

8. 비교급

(1) 형용사로부터 파생된 부사는 비교급이 있으며 형용사 비교급과 동일한 형태이다.

(늦어도 안하기 보다는 낫다.)

※ 형용사 비교급은 какой?, какая?, какое?, какие?의 질문에 호응하지만 부사비교급은 как?의 질문에 호응한다.

형용사 비교급	부사 비교급
Здесь течение быстрее, чем там.	Здесь река течёт быстрее, чем там.
Сегодня ветер сильнее.	Сегодня ветер дует сильнее.
Этот рассказ интереснее, чем тот.	Он рассказывает интереснее, чем я.

(그는 우리모두 보다도 재미있게 이야기한다.)

(2) 비교급부사는 접두어 "по-"를 첨부하여 "약간, 좀더"의 의미를 표현한다.

Прииди ко мне пораньше. (좀더 일찍이 내게 와라.)

(좀더 조용히 이야기 해라.)

(3) 부사의 최상급비교 구문은 [부사비교급 + ВСЕХ(대명사 ВСЕ의 생격)]형태로 만든다.

Он говорит по-русски лучше всех в нашей группе.
(그는 우리그룹에서 다른 사람보다도 러시아어를 잘한다.)
Этот ученик решил задачу раньше всех.
(이학생은 다른 학생보다도 빨리 이과제를 해결했다.)

속담

Жизнь прожить — не поле перейти.
산다는 것이 들판을 건너는 것이 아니다.
(인생이란 항상 편하고 즐거운 것이 아니다.)

Яблоко от яблони недалеко падает.
사과는 사과나무에서 멀리 떨어지지 않는다.(부전자전)

Муравей невелик, а горы копает.
개미는 크지 않지만 산을 파낸다.(물방울이 바위를 뚫는다.)

Век живи, век учись.
백년을 살고 백년을 배워라.

조사(助詞)

```
1. 의문조사
   (1) Живёт ли он в Москве?
   (2) Разве это случилось в прошлом году?
   (3) Неужели он согласился?

2. 감탄조사
   (1) Что за безобразие!           (2) Как я рад тебя видеть!
   (3) Ну и молодец!

3. 강조조사
   (1) ① Он даже не смотрит на меня. ② Это и ребёнок понимает.
   (2) ① Ведь это правда.            ② Ведь я и не спорю.
       ③ Что же мне делать.          ④ Это одно и то же.
   (3) ① На небе ни облачка.         ② Он не сделал ни одной ошибки.
       ③ Он ни разу не пришёл к нам.
```

1. 의문조사

※ ли는 뒤에오는 단어를 강조한다. разве, неужели는 의심, 놀라움 등을 나타내며 문장 전체에 의미를 미친다.

(1) 그가 모스크바에 삽니까?   (2) 정말 이것이 작년에 일어났습니까?
(3) 정말 그가 동의했습니까?

2. 감탄조사

※ что за(어떠한 !), как(얼마나 !), ну и(오 !)는 문장앞에 위치한다.

(1) 이 무슨 꼴불견인가? (2) 너를 보니 얼마나 기쁜가? (3) 오 기특한것!

3. 강조조사

(1) даже, и (~도)
　※ даже, и는 뒤에 위치한 단어를 강조한다.
　　① 그는 나를 쳐다보지도 않는다.　② 이것은 어린아이도 이해한다.
(2) ведь, же (바로)
　※ ведь는 문장전체에 의미를 미치며 정해진 위치가 없다.
　　же 또한 문장전체에 의미를 미치며 문장앞을 제외하고 자유롭게 위치한다.
　　① 바로 이것이 맞다.　② 바로 나는 논쟁하지 않는다.
　　③ 과연 무엇을 해야할것인가.　④ 이것도 역시 마찬가지이다.
(3) ни (~도): 부정의 강조
　　① 하늘에 구름한점이 없다.　② 그는 단하나의 실수도 하지 않았다.
　　③ 그는 한 번도 내게 오지 않았다.

4. 제한의 조사
① Мне **только**(**лишь**) двадцать лет.
② Всего **только** год жил он в Москве.
③ Она верит **лишь** тебе.
④ Я всё слелаю, **лишь** бы ты не уезжал.

5. 지시조사
① **Вот** твая комната.　② **Вон** туда иди.
③ **Это** Пётор рассказал мне всё.

6. 否定조사
① Он **не** был там.　② **Не** смотри на меня!
③ Нет, **не** говорите!

4. 제한의 조사

※ только, лишь, только лишь (단지)
※ только가 가장 흔하게 사용되며 제한하는 단어의 앞에 위치한다.
  ① 나는 단지 20살이다.
  ② 그는 모스크바에서 단지 1년을 살았다.
  ③ 그녀는 너만을 믿는다.
  ④ 네가 떠나지 않는다면 나는 모든 것을 하겠다.

5. 지시조사

※ вот(여기), вон(저기), это(이것, 저것)은 문장전체에 의미를 미치며 일반적으로 문장앞에 위치한다.
  ① 여기 네방이 있다.
  ② 저기 그리로 가라.
  ③ 바로 이 표토르가 내게 모든 것을 이야기해 주었다.

6. 否定조사

※ 부정조사 не는 부정하는 단어의 앞에 위치한다.
  ① 그는 그곳에 없었다.
  ② 나를 처다보지 마라!
  ③ 아니, 말하지 마세요.

讀解演習

▷ **КЛЮЧ**: Я этого **никогда** не забуду.

1.
Я **никогда** не делал ничего плохого. Но когда заболела моя жена Марта и у меня не было денег на лекарство, я украл у графини маленькое золотое блюдо и продал его. Мне тяжело теперь вспоминать об этом и скрывать мой проступок от дочери: я её научил не брать ничего чужого.

☞ 목적을 나타내는 전치사 на의 용법; деньги на лекарство(약살돈), деньги на ремонт(수선비)/ красть(украсть) у кого что; ~에게 ~을 훔치다

▷ **КЛЮЧ**: Он **всегда** рано встаёт.

2.
У меня много хороших друзей. Они жили много веков назад и живут сейчас. Эти друзья живут в разных мира. **Я всегда** могу пойти к ним или пригалсить их к себе домой в гости. Некоторые из них рассказывают мне о том, что было, другие открывают мне великие тайны природы; один из них учат меня, как жить, другие -как умирать. Одни делают меня весёлым, а другие - грустным. **Я всегда** могу позвать их на помощь.

☞ много뒤에 명사복수는 생격이 온다: много хороших друзей(많은 좋은 친구), много книг(많은 책)/пригалсить кого к себе домой в гости; ~를 집에 손님으로 초대하다

▷ **КЛЮЧ**: Он убежал **далеко** в лес

3.
-Только надо ходить пешком!
Тогда можно понять, что хотел сказать нам архитектор, услышать музыку улиц и площадей. Когда живёшь на одном и том же месте долго, не видишь, как много вокруг интересного, неизвестного. Не дадо ехать **далеко**, путешествовать по морям и океанам, чтобы увидеть что-нибудь новое, необычное. Надо только смотреть вокруг внимательными глазами.

☞ архитектор; 건축가/путешествовать по чему; ~를 여행하다

▷ **КЛЮЧ**: Теперь, **когда** вы об этом упомянули, я вспомнил.

4. Почтовая связь помогает людям поддерживать отношения друг с другом путём обмена письмами, подарками и помогать друг другу материально. Особая роль принадлежит почтовой связи сейчас, **когда** быстро развивается международный почтовый обмен, налаживаются и расширяются связи между народами нашей страны и народами других стран.

☞ помочь кому + 동사원형 ; ~가 ~하도록 돕다/ между кем-чем и кем-чем ; ~와 ~의 사이에, между окном и дверью ; 창문과 문사이에, между двумя и тремя часами ; 2시와 3시 사이에/когда ;는 관계부사

▷ **КЛЮЧ**: Ты не знаешь, **где** он работает.

5. Комната у нас небольшая, кино здесь не устроишь, а телевизор стоит себе в углу и показывает. Молодец. Это, конечно, его плюс. Никуда идти не надо: включил - и смотри. Например, мне и вставать нельзя, и тем более из дома выходить, а я всё равно с его помощью все вижу: **где** что происходит и как.

☞ молодец ; 칭찬의 의미로 잘한다! 훌륭하다!의 뜻/тем более ; 하물며, 더구나

▷ **КЛЮЧ**: Это **очень** лёгкий, **слишком** лёгкий, **достаточно** лёгкий, и **совсем** лёгкий.

6. Однажды мы спорили о том, что значит быть современным человеком. Мнения ребят были **очень** разные. Я считаю современному человеку должно быть интересно в жизни всё, а не только своё дело, свой дом. Современный человек много читает, смотрит новые фильмы и спектакли, любит искусство, увлекается спортом, наукой, техникой.

☞ спорить о ком-чём ;~에 대해 논쟁하다/увлечьться чем ; ~에 열중(몰두)하다/очень는 형용사수식

▷ КЛЮЧ: **Почему-то** он не пришёл.

7.
> Но **почему-то** около школы было тихо, там никого не было. ≪Может быть, праздник в школе?≫ - подумала я, открыла дверь и вошла. Но в школе тоже было тихо. Мне стало интересно, где все дети и где Алеша. Я поднялась на второй этаж. Но и там никого не было. Я открыла какую-то дверь.

☞ почему-то : 왠지, 어떤 이유에서인지 / стать интересно : 흥미로워지다

▷ КЛЮЧ: Он рассказывает **интереснее** всех нас.

8.
> **Всё больше** на Земля появляется заводов, городов, элктростанции, и **всё меньше** остаётся рек, лесов, животных. С 1600 года с лица Земли исчезло примерно 150 видов зверей и птиц. И половина этого числа - за последние 50 лет! Учёные считают, что сейчас в мире каждый день исчезает один вид растений. И с каждым из них исчезает и несколько видов животных.

☞ всё : 비교급을 강조. Он мне всё больше и больше нравится. 그는 점점더 내맘에 든다.

▷ КЛЮЧ: Живёт **ли** он в Москве? Он **даже** не смотрит на меня.

9.
> Я всё помню, Алёша, я помню тебя до одиннадцати лет, мне был тогда пятнадцатый год, пятнадцать и одиннадцать, это такая разница, что братья в эти годы никогда не бывает товарищами. Не знаю, любил **ли** я тебя **даже**. Когда я уехал в Москву, то в первые годы я **даже** и не вспоминал о тебе вовсе. Потом, когда ты сам попал в Москву, мы раз только, кажется, и встретились где-то. А вот здесь я уже четвёртый месяц живу, и до сих пор мы с тобой не сказали слова.

☞ вовсе = совсем = совершенно : 완전히, 전혀(주로 부정문에서 사용)

▷ **КЛЮЧ** : **Ведь** это правда.

10. **Ведь** каждый человек имеет какие-то свои черты характера. Одни люди, например, лиричны, романтичны, другие - энергичны, деловиты. Люди выбирают костюм и причёску с той целью, чтобы подчеркнуть те или иные черты своего характера.

☞ черты характера; 특성/причёска; 헤어스타일

Со стороны виднее.
옆에서 더 잘보인다.(훈수를 두는 사람이 장기판을 더잘본다.)

Любовь на замок не закроешь.
사랑은 자물통에 채울수 없다.(사랑은 모든장애를 극복한다.)

Два арбуза в одной руке не удержишь.
한손에 두 개의 수박을 잡을수 없다.
(동시에 두 마리의 토끼를 잡을수 없다.)

Скажи мне, кто твой друг, и я скажу тебе, кто ты.
네친구가 누구인지 말해라, 그러면 네가 누구인지 네게 말해 주마.
(친구를 보면 그 사람을 알수 있다.)

필 수 표 현

25. 영향

(1) влиять оказать влияние	на кого-что	(~에 영향을 주다)
(2) отражаеться	на чём	(~에 영향을 미치다)
(3) воздействовать	на что...	(~에 영향을 주다, 감화를 미치다)

(1) Родитель влияют на детей.

　　Этот климат благотворно влияет на его здоровье.

　　Это оказало большое влияние на формирование его характера.

　　Улица может оказать друное влияние на ребёнка.

(2) Курение плохо отражается на здоровье.

(3) Кислоты воздействуют на металл.

　　Активное излучение Солнца воздействует на высокие слои атмосферы, существенно влияет на общую циркуляцию воздушных масс, отражается на климате и погоде всей Земли.

26. 의존

(1) зависит	от чего	(~에 의존하다, ~에 의하다)
(2) в зависимости		(~에 따라서)

(1) Всё зависит от его ответа.

Это во многом будет зависит от обстоятельств.

Решение этой проблемы зависит от министерств финансов.

(2) Тариф изменяется в зависимости от расстояния.

Принимайте одно из этих лекарств в зависимости от того, как вы будете себя чувствовать.

Свойство кристалла находится в зависимости от строения его решётки.

속담

Учиться никогда не поздно.
배움은 언제라도 늦지않다.

Исправиться никогда не поздно.
바로잡는 것은 언제라도 늦지않다.

Слезами горю не поможешь.
눈물은 불행을 도울수 없다.(후회만하는 것은 도움이 되지 않는다.)

Не место красит человека, а человек место.
자리가 사람을 빛내는 것이 아니라 사람이 자리를 빛내는 것이다.
(인품이 사람의 자리나 위치보다 더 중요하다)

長文 讀解

1.

В природе человека — стремление продвигаться от незнания к знанию. Разум основан на умении целенаправленно програмировать и осуществлять три фундаментальных действия с информацией: хранить во времени, передавать в пространстве, преобразовывать как форму, так и содержание.

Формирование информационной инфраструктуры начались на самом раннем историческом этапе, когда сложились языковые среды, давшие память поколениям в передаче простейших навыков и знаний. С появлением письменности развились абстрактные формы выражения знаний, давшие начало наукам и культурам. Долгое время информация гнездилась и закреплялась в сверхузкой, элитарной человеческой прослойке. Историческое развитие со временем наращивает темпы. Чем больше накапливалось информации, чем больший круг людей приобщался к информационным процессам, тем богаче оказывалась история разнообразием и значимостью событий.

Потребность в информации росла и растает быстрее, чем информация производится. За последние 15 лет опережающий спрос на информацию вознес компьютерный рынок до уровня индустрии массового производства и потребления. На основе компьютеров и программ появилась глобальная информационная инфраструктура, обслуживающая самые разнообразные сферы жизни.

Юрий Затуливетер: Компьютерная революция в социальной перспективе

☞ с появлением; 출현하면서/ начало; 시작, 기원/ на основе чего; ~을 근거로하여, ~을 기초하여

2.

— Начну с наивного вопоса: что такое агрессия?

— Она имеет очень глубокие общебиологические и даже физические корни, это глубокое свойство живого вещества вообще. Существуют физиологические исследования, которые оказывают: агрессивно-оборонительный рефлекс — самый фундаментальный инстинкт человека. Когда человек погружается в кому, то самым последним угасает именно этот инстинкт — после полового и пищевого. Пока есть агрессивный рефлекс — перед нами живое тело. Исследование нейрофизиологов показали существование в мозге определенных нейронов — если их подвергнуть электростимуляции, то человек начинает испытывать ярость, злобу. И, как всяким нейронам, им надо фунционировать. В поведении человека это выражается в том, что после длительного пребывания в спокойствии, стабильности, однообразий он начинает бессознательно стремиться к конфликтам.

— В своей книге вы пишете о глобальном кризисе современной цивилизации. Сумеет ли человечество выбраться из него?

— Никто не застраховал человеческую цивилизацию от полного обвала в XXI веке. Реалистических сценариев выживания гораздо меньше, чем сценариев самоистребления. При прямолинейной экстраполяции сегодняшние кризисы, по всем подсчетам, к середине следующего столетия достигнут своего апогея. Сумеет ли справиться наш плане тарный разум с этой ситуацией, что называется, бабушка надвое сказала. Труднее доказать, что человечество способно выжить и выйти на новый виток. По сценарию американского политолога Сэмюэла Хантингтона, в ближайшем будущем мир разделится по религиозному признаку на 7-8 цивилизаций, конфликтующих друг с другом, а это при нынешних технологиях — апокалипсис. Но в любом случае, XXI век станет беспримерным по драматизму, таким насыщенным эпохальными событиями, какого ещё не было.

Интервью с Акомом Назаретяном автора книги "Агрессия, мораль и кризисы в развитии мировой культуры"

☞ стремиься к чему; 지향하다/ выбраться из чего; ~으로부터 벗어나다, 면하다/ бабушка надвое сказала: 아직 모르겠다. 믿을수 없는 말이다./виток; 단계, выйти на новый виток; 새로운 단계로 진입하다/апокалипсис;계시록, 묵시록(예언서)/ в любом случае; 어떠한 경우라도

참 고

[전달수단]

(1) послать · отправить · передать · сообщить через(друга, курьера, посла)
(친구, 전령, 대사)를 통해 보내다, 송부하다, 전하다, 알리다

Пошлите все документы через курьра.

Мой сын отправил письмо через друга.

Можно передать этот материал через курьера.

Время ужина мы сообщили через посла.

☞ через는 개인, 기관간 전달방법을 표현

(2) разыскать · найти узнать · через(справочное бюро, газету, знакомых, архив)
(안내소, 신문, 지인)을 통해서 찾아내다, 발견하다. 알아내다

Нужно попробовать разыскать его через справочное бюро.

Этого врача можно найти через знакомых.

文法연습

1. 다음문장의 공란에 очень이나 много를 알맞게 써 넣으시오.

   1) Мне _____ понравился кинофильм.

   2) Сегодня я _____ ходил и поэтому _____ устал.

   3) Мой младший брат _____ читает.

   4) Он _____ помогал мне в этой работе.

   5) Я _____ люблю музыку.

   6) Студент _____ волновался во время экзамена.

   7) Нам _____ мешает шум в соседней комнате.

2. 다음문장중 공란에 -то 이나 -нибудь 를 알맞게 써 넣으시오.

   1) Я когда- ___ слышал эту песню.

   2) Когда- _____ в свободное время зайди ко мне.

   3) Она почему- _____ не пришла сегодня.

   4) Когда- _____ давно в нашем городе жил один известный художник.

   5) Встретимся ли когда- ____.

   6) Летом мы поедем отдыхать куда- _____ на юг.

3. 다음문장을 아래 형태로 전환하시오.

> Брат пишет красивее меня.
> ⇒ Брат пишет более красиво, чем я

1) Мой товарищ живёт дальше меня от центра города.

2) Володя рассказывает интереснее других.

3) Машина ехала быстрее велосипедиста.

作文

1. 나는 그를 썩 잘 이해하지 못했다.

2. 나는 그에게 그녀가 언제 돌아오는지를 물었다.

3. 당신들중에 누구도 가보지 못한곳에 갔었다.

4. 그는 또한 러시아의 경제문제에 관해 언급했다.

5. 그는 자신의 규칙들을 한 번도 어긴적이 없었다.

6. 나는 다른사람들보다 공부를 잘했다.

7. 나는 그가 언제, 어디로 일하러가는지에 관심이 있다.

8. 젊은 전문가는 어떻게 자신의 지식을 향상시키는가?

9. 시간이 갈수록 나는 우울해졌다.

10. 나도 당신처럼 일찍 일어난다.

重要表現

228. **вести дом**; 집안을 이끌어 나가다
    Эта женщина ведет дом уже 10 лет.

229. **отправляться/отправиться по домам**; 집으로 가다
    Было поздно и все отправились по домам.

230. **приводить/привести кого в дом**; ~을 집으로 배웅하다
    Её сын привел в дом свою невесту.

231. **дорога идёт куда**; 길이 ~로 향하다
    Дорога идёт к морю.

232. **дорога пролегает где (через что)**; 길이 나있다
    Дорога пролегает через поле.

233. **дороги расходяться**; 길이 갈리다
    Здесь наши дороги разошлись.

234. **находить/найти свою дорогу**; 자신의 길을 찾다
    Я нашёл свою дорогу в жизни.

235. **открывать/открыть кому (чему) дорогу**; ~에게 길을 열어주다
    Его талант открыл ему дорогу.

236. **получать/получить доход от чего**; ~으로부터 수입을 얻다
    Она получает ежегодно доход от продажи вина.

237. **приносить/принести кому доход**; ~에게 이익이 되다
    Это предприятие приносит ему огромный доход.

238. **находить/найти себе друга**; 친구를 찾다
    Он быстро нашёл себе друга.

239. **завязывать/завязать дружбу с кем**; ~와 친교를 시작하다
   Он завязал дружбу почти со всеми.

240. **порвать дружбу с кем**; ~와 친교를 끊다
   После того случая он порвал с ними дружбу.

241. **вкладывать/вложить душу (все силы души) во что**; ~에 정신을 심다
   Художник вложил всю душу в эту картину.

242. **говорить с кем по душам**; 허심탄회하게 이야기하다
   Мы говорили с ней по душам.

243. **жить с кем душа в душу**; 사이좋게 살다
   Они живут душа в душу.

244. **изливать/излить душу кому (перед кем)**; ~에게 마음을 털어놓다
   Она излила ему всю душу.

245. **кривить душой (совестью)**; 양심에 어긋나게 굴다
   Мне не нравиться, когда кривет душой.

246. **открывать/открить душу кому (перед кем)**; ~에게 마음을 열다
   Девочка открыла подруге свою душу.

247. **делать/сделать кому искусственное дыхание**; ~에게 인공호흡을 하다
   Врач сделал ему искусственное дыхание.

248. **добиваться/добиться единства**; 일치를 보다
   Мы добились единства в этом вопросе.

249. **устраивать/устроить ёлку**; 트리를 만들다
   Каждый год в клубе устраивают ёлку для детей.

250. **мучиться от жажды**; 갈증으로 괴로워하다
    Воды не было и мы мучились от жажды.

251. **страдать от жажды**; 갈증으로 고생하다
    Больной страдает от жажды.

252. **выражать/выразить желание**; 희망을 말하다
    Они выразили желание остаться дома.

253. **гореть желанием**; 욕망으로 불타다
    Я горло желанием тебя увидеть.

254. **уступать/уступить желанию кого**; ~의 요청에 양보하다
    Родители уступали желанию ребёнка.

255. **приносить/принести кого(что) в жертву**; ~을 희생하다
    Она принесла в жертву свою личную жизнь.

256. **делать/сделать какой жест**; ~몸짓(제스쳐)을 하다
    Он сделал жест одобрения.

257. **ухаживать за животными**; 동물을 돌보다
    Девочка очень хорошо ухаживает за животными.

258. **вдохнуть жизнь в кого(в что)**; ~에 활기를 불어넣다
    Его речь вдохнула в неё жизнь.

259. **жертвовать/пожертвовать жизнью ради кого(ради чего)**; ~을 위해 삶을 희생하다
    Он пожертвовал жизнью ради своих детей.

260. **рисковать (своей) жизнью**; 목숨을 걸다
    Они рисковали жизнью, чтобы выполнть то задание.

【 독해 · 문법 · 작문 해답 】

〔讀解 演習〕

1.
> 나는 한 번도 잘못을 저지른 일이 없다. 그러나 내아내 마르따가 아팠을 때 나에게 약살돈이 없어서 백작부인으로부터 작은 금접시를 훔쳤고 이를 팔았다. 지금 나는 이일을 생각하고 딸에게 이일을 숨기는것이 고통스럽다: 나는 딸에게 다른사람의 물건을 훔치지 말라고 가르쳤다.

2.
> 나에게는 좋은 친구들이 많다. 그들은 수세기전에 살았으며 지금도 살고 있다. 이친구들은 여러세계에서 살고 있다. 나는 항상 그들에게 다가갈수 있으며 그들을 손님으로 집에 초대할 수도 있다. 그들중에 몇몇은 무엇이 있었는가를 이야기해주고 다른이는 자연의 위대한 신비를 보여준다; 그중에 하나는 어떻게 살아야하는가를 다른이는 어떻게 죽어야하는가를 가르친다. 그들은 나를 즐겁게 만들기도 하고 다른이들은 우울하게 만들기도 한다. 나는 항상 필요할 때 그들을 부를수 있다.

3.
> -걸어서 다닐 필요가 있다.
> 그러면 건축가들이 우리들에게 무엇을 이야기 하고자 했는가를 이해할수 있으며 거리와 광장의 음악을 들을수 있다. 한곳에서 그리고 어떤장소에서 오래살면 주변에 재미있고 알려지지 않은것들이 많다는 것을 보지 못한다. 무엇인가 새롭고 특별한 것을 보기위해 바다를 따라 대양을 따라 멀리 여행할 필요가 없다. 단지 주변을 세심한 눈으로 살펴보는게 필요하다.

4.
> 우편은 사람들이 편지와 선물을 교환함으로써 서로간의 관계를 유지하도록 도와주며 물질적으로 서로를 도울수 있도록 도와준다. 국제우편교환이 급속히 발전하고 우리국민과 다른나라 사람들간의 관계가 개선되고 확대되는 현재 우편은 중요한 역할을 하고 있다.

5. 내방은 크지 않아서 영화를 상영할 수는 없지만 구석에 텔레비젼이 놓여 있어서 볼 수 있다. 기특한 것. 이것이 그의 장점이다. 어디를 갈 필요가 없다: TV를 틀고 보아라. 예를 들어 나는 일어나서도 안되고 더욱이 집에서 나가서도 안되는 상황이지만 TV의 도움으로 전과같이 어디에서 무엇이 일어나고 어떤지 다 본다.

6. 언제가 우리는 현대인이 어떠해야 하는지에 대해서 토론을 했다. 친구들의 의견의 매우 다양했다. 나는 현대인은 자신의 일, 가정뿐만이 아니라 모든 삶에 재미를 가져야 한다고 생각한다. 현대인은 많이 읽고 새로운 영화와 흥행물을 보고, 예술을 사랑하며, 운동과 과학과 기술에 취미를 갖는다.

7. 그러나 왠지 학교주변이 조용했고 아무도 없었다. 《아마도 학교가 쉬는 날일까?》라고 나는 생각했고 문을 열고 들어갔다. 그러나 학교내에도 조용했다. 모든 아이들이 어디있는지 그리고 알료샤가 어디있는지 궁금해졌다. 나는 2층으로 올라갔다. 그러나 거기에도 아무도 없었다. 나는 어떤문을 열었다.

8. 땅위에 공장들, 도시들, 발전소들이 더욱더 많아질수록 강들, 숲들, 동물들이 더욱더 적어진다. 1600년대부터 지구상에서 약 150종의 동물들과 새들이 사라졌다. 이중의 반은 최근 50년 동안에 사라졌다. 과학자들은 현재 지구상에서 매일 한종류의 식물이 사라지고 있다고 여기고 있다. 그것들과 함께 몇가지의 동물들도 사라지고 있다.

9. 알료샤, 나는 모든 것을 기억한다 그리고 내가 15살 때 였을 때 네가 11살전 이었던 것을 기억한다. 15살과 11살은 그나이의 형제들이 전혀 친구가 되지 않는 그만한 차이였다. 나는 내가 너를 사랑했었는지도 잘 모르겠다. 내가 모스크바로 갔을 때 첫해에는 나는 너를 전혀 생각하지도 않았다. 그후 네가 모스크바로 왔을 때 우리는 한 번 어디에선가 만난 것 같다. 나는 여기에서 벌써 4개월동안 살고있지만 아직까지 나와 너는 서로 말을 나누지 않았다.

10. 실로 모든 사람이 어떤 자신만의 특성을 가지고 있다. 예를들어 어떤사람들은 낭만적이고 다른사람들은 정력적이고 활동적이다. 사람들은 자신의 특성을 나타내기위해 양복과 머리스타일을 선택한다.

[長文 讀解]

1.

자연 속의 인간은 무지로부터 인식으로 움직이려는 갈망을 갖고 있다. 이성은 정보의 3가지 근본적인 행위, 즉 적시에 보관하고, 전파하고, 형태와 내용을 전환하는것을 분명한 목적을 갖고 프로그램화하고 이를 실현하는 능력에 기초한다.

정보의 하부구조 형성은 역사의 시초단계 즉 간단한 숙련 지식의 전달과정에서 세대들에게 기억을 시켜주는 언어적인 수단들이 만들어졌던 때에 시작되었다. 문헌이 나타나면서 과학과 문화를 시작하게 했던 지식표현의 추상적 형태들이 발전되었다. 오랫동안 정보는 높고좁은 엘리트계층의 사람들속에서 품어졌으며 고정되었다. 역사발전은 현대에 들어 속도가 빨라지고 있다. 정보가 많이 싸일수록, 보다 많은 사람들이 정보과정에 참여할수록 역사는 사건의 여러형태와 의미로 인해 풍부하게 되었다.

정보에 대한 수요가 증대되었고 정보가 생산되는 속도보다 빠르게 늘어나고있다. 15년동안 앞지르는 정보수요가 컴퓨터시장을 대량생산과 소비수준으로 끌어올렸다. 컴퓨터와 프로그램의 기반위에 가장 다양한 삶의 영역에 도움을 주고있는 세계규모적인 정보하부구조가 형성되었다.

2.

—천진난만한 질문부터 시작하겠습니다: 공격이란 무엇입니까?

—이는 매우 깊은 일반생물학적 그리고 물리학적 뿌리를 갖고 있으며 살아있는 생물체가 일반적으로 갖고있는 근원적인 특성이다. 공격·방어의 반사작용은 인간의 가장 근본적인 본능이다. 사람이 어떤상황에 처하게될 때 바로 공격적인 본능은 성욕과 식욕 다음에 가장 마지막으로 꺼진다. 공격적인 반사작용이 있다는 것은 우리육체가 살아있다는 것이다. 신경생리학자들의 연구는 뇌속에 특정한 신경세포가 존재하며 만일 전기적 자극을 가하면 사람은 분노, 적의를 느끼기 시작한다는 것을 보여주었다. 다른 신경세포들과 마찬가지로 이세포들에게도 기능이 수행되어져야한다. 사람은 평정, 안정, 단조함속에 오랫동안 머물러있은후에 무의식적으로 분쟁을 갈망하기 시작한다는 것으로 사람의 행위가 설명되고 있다.

— 당신은 자신의 저서에 현대문명의 세계적 위기에 대해서 썼습니다. 인류가 위기에서 빠져나올수 있을까요?

—누구도 21세기의 완전한 붕괴에 대비하여 인류문명에 대한 보험을 들지 않고있다(대비를 하지 않고 있다). 살아남을수있다는 현실주의적인 시나리오가 자멸에 대한 시나리오 보다 훨씬적다. 현재의 위기를 직선으로 수치화한다면 다음 세기 중반에 절정에 다다를 것이다. 우리지구의 이성이 이상황을 극복할수있을지는 아직 모르겠다. 인류가 견디고 새로운 단계로 진입할수 있을정도로 능력이 있는지는 예측하기 어렵다. 미국의 정치학자 사무엘 헌팅턴의 시나리오에 의하면 가까운 미래에 세계는 종교적인 특징에 따라 상호간에 분쟁하고있는 7-8개의 문명으로 나누어 진다고 하였는데 현대 기술시대에서 묵시록이라 할수있다. 그러나 어느경우라도 21세기는 극적인면에서, 획기적인 사건들로 풍부한, 이전에는 없었던 비교할수 없는 것이 될 것이다.

〈文法연습〉

1. 1) очень, 2) много, очень, 3) много, 4) много, 5) очень, 6) очень, 7) много

2. 1) то, 2) нибудь, 3) то, 4) то, 5) нибудь, 6) то

3. 1) Мой товарищ живёт более далеко от центра города, чем я.
   2) Володя рассказывает более интересно, чем другие.
   3) Машина ехала более быстро, чем велосипедист.

〈作文〉

1. Я не очень хорошо понял его.

2. Я спросил его, когда она вернётся.

3. Я был там, где никто из вас не был.

4. Он также коснулся экономической проблемы России.

5. Он никогда не нарушал своих правил.

6. Я учился лучше других.

7. Я интересуюсь, когда и куда он поедет работать.

8. Как совершенствуют свои знания молодые специалисты.

9. время от времени я мрачнел.

10. Я встаю так же рано, как и вы.

11. 전치사(前置詞)

기본 문법

1. 장소의 전치사

(1) ① Мы живём в городе. ② Он входит в комнату.
③ Он вышел из комнаты.
(2) ① Ваза стоит на столе. ② Она ставит вазу на стол.
③ Он взял вазу со стола.
(3) ① Она ставит перед гостями чашечки кофе.
② Цветы растут перед домом.
(4) ① Садитесь за стол! ② Он сидит за столом.
③ Из-за гор показалось солнце.
(5) ① Он вешает картину над диваном. ② Над столом висит лампа.
(6) ① Поставь чемодан под стол. ② Кошка сидит под стулом.
③ Цветок показался из-под снега.
(7) ① Лодка плывёт к берегу. ② Стол стоит у окна.
③ Пароход отошёл от пристани.
(8) ① От москвы до Ленинграда 650 километров.
② Пароход отошёл от берега.
(9) ① Дом находится между лесом и рекой.
② Между горами протекает река.
(10) ① Река протекает через город. ② Голос слышен сквозь стену.
(11) Я спустился по лестнице.

1. 장소의 전치사

(1) B, ИЗ 용법
　　① 우리는 도시에 산다.　　　　② 그는 방으로 들어간다.
　　③ 그는 방에서 나왔다.

(2) НА, С 용법
　　① 꽃병은 탁상위에 서있다.　　② 그녀는 꽃병을 책상위에 세운다.
　　③ 그는 탁상으로부터 꽃병을 집었다.

(3) ПЕРЕД 용법
　　① 그녀는 손님들앞에 커피잔을 놓았다.　② 집앞에 꽃들이 자란다.

(4) ЗА, ИЗ-ЗА 용법
　　① 탁상뒤에(맞이해서) 앉으십시오.　② 그는 탁상뒤에 앉아있다.
　　③ 산뒤로 태양이 나타났다.

(5) НАД 용법
　　① 그는 소파위에 그림을 건다.　② 탁상위에 전등이 매달려 있다.

(6) ПОД, ИЗ-ПОД 용법
　　① 탁상밑에 가방을 두어라.　② 고양이는 탁상밑에 앉아있다.
　　③ 꽃이 눈속에서 나타났다.

(7) К, У, ОТ 용법
　　① 배가 강가로 항해한다.　② 탁상은 창문옆에 놓여져있다.
　　③ 배는 부두에서 멀어졌다.

(8) ДО 용법
　　① 모스크바에서 레닌그라드까지 650 km이다.　② 배는 강가에서 멀어졌다.

(9) МЕЖДУ 용법
　　① 집은 숲과 강사이에 위치하고 있다.　② 산과 산사이에 강이 흐른다.

(10) ЧЕРЕЗ 용법
　　① 강은 도시를 통과하여 흐른다.　② 목소리가 벽을 통해서 들린다.

(11) ПО 용법
　　(계단을 따라 내려왔다)

[장소의 전치사]

의 미	где?(어디에)	куда?(어디로)	откуда?(어디로부터)
1. 사물의 내부	в + 전치격 сидеть в зале (강당에 앉다)	в + 대격 войти в дом (집으로 들어가다)	из + 생격 выйти из дома (집에서 나오다)
2. 사물의 표면	на + 전치격 лежать на столе (책상위에 놓다)	на + 대격 положить что на стол (책상위에 ~을 놓다)	с + 생격 взять что со стола (책상에서 ~을 집다)
3. 사물의 앞쪽	перед + 조격 стоять перед домом (집앞에 서있다)	перед + 조격 поставить стул перед столом(책상앞에 의자를 세우다)	─
4. 사물의 뒤쪽	за + 조격 стоять за углом (구석뒤에 서있다)	за + 대격 зайти за угол (구석뒤로 가다)	из-за + 생격 выйти из-за угла (구석에서 나오다)
5. 사물의 위	над + 조격 висить над столом (책상위에 걸려있다)	над + 조격 повесить лампу над столом(책상위에 램프를 달다)	─
6. 사물의 아래	под + 조격 лежать под шкафом (선반위에 놓여있다)	под + 대격 положить что под шкаф(선반위로 ~을 놓다)	из-под + 생격 вытащить что из-под шкафа(선반에서 ~을 꺼내다)
7. 사물에 접근	у + 생격 стоять у ворот (입구옆에 서있다)	к + 여격 подойти к дому (집으로 다가가다)	от + 생격 отойти от дома (집에서 떨어지다)
8. 사물의 임계	─	до + 생격 доехать до дома (집까지 가다)	от + 생격 отъехать от дома (집에서 떠나다)

9. 사물의 중간	между + 조격 сидеть между ними (그들 사이에 앉다)	между + 조격 сесть между ними (그들 사이로 앉다)	—
10. 장애물의 통과	—	через + 대격 идти через улицу (길을 통과하여 가다) сквозь + 대격 пробраться сквозь толпу (군중을 통과하여 겨우 지나가다)	—
11. 사물의 표면을 따라	—	по + 여격 идти по улице (길을 따라 가다)	—

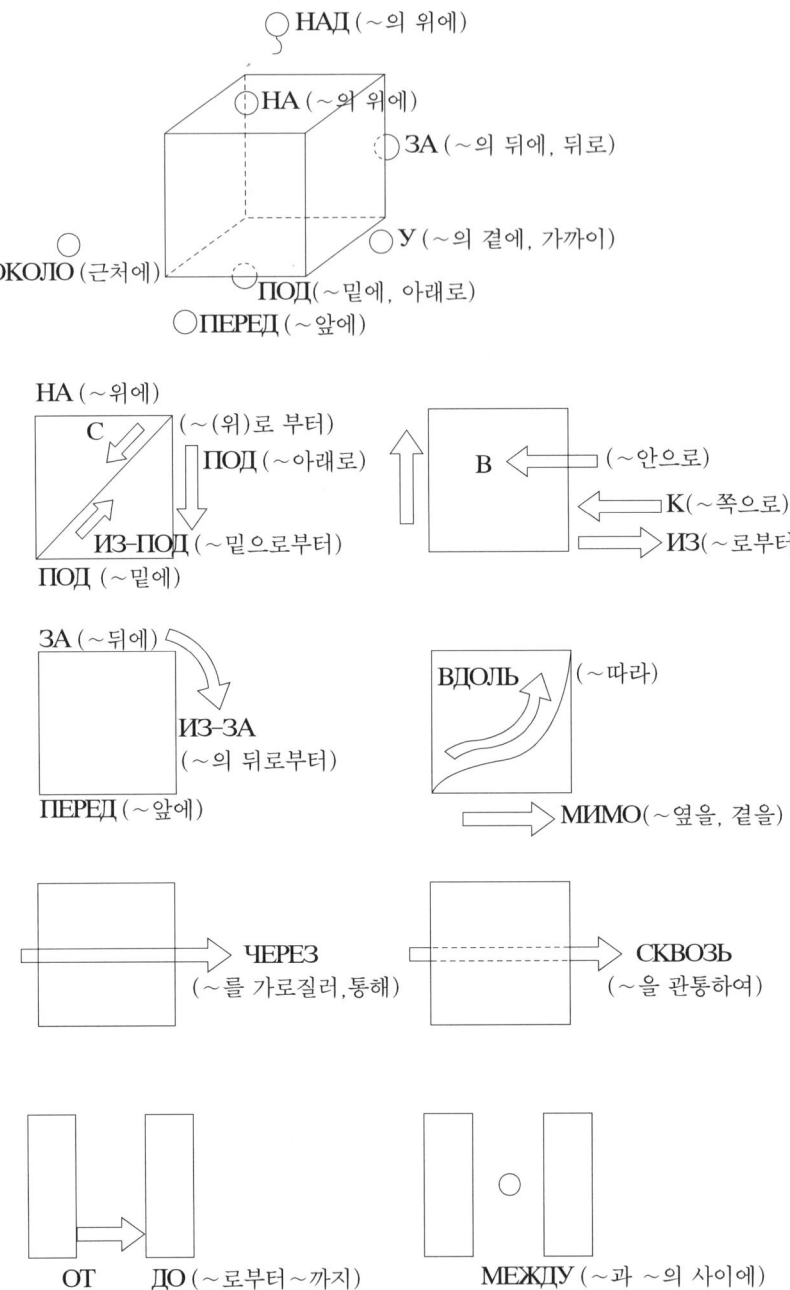

〔B의 용법〕

где?	куда?	откуда?
в стране	в страну	из страны
в районе	в район	из района
в городе	в город	из города
в деревне	в деревню	из деревни
в центре	в центр	из центра
в аэропорту	в аэропорт	из аэропорта
в университете	в университет	из университета
в институте	в институт	из института
в аудитории	в аудиторию	из аудитории
в лаборатории	в лабораторию	из лаборатории
в школе	в школу	из школы
в театре	в театр	из театра
в кино	в кино	из кино
в консерватории	в консерваторию	из консерватории
в цирке	в цирк	из цирка
в клубе	в клуб	из клуба
в музее	в музей	из музея
в библиотеке	в библиотеку	из библиотеки
в общежитии	в общежитие	из общежития
в гостинице	в гостиницу	из гостиницы
в больнице	в больницу	из больницы
в поликлинике	в поликлинику	из поликлиники
в аптеке	в аптеку	из аптеки
в магазине	в магазин	из магазина

[на의 용법]

где?	куда?	откуда?
на родине	на родину	с родины
на севере	на север	с севера
на юге	на юг	с юга
на западе	на запад	с запада
на востоке	на восток	с востока
на работе	на работу	с работы
на заводе	на завод	с завода
на фабрике	на фабрику	с фабрики
на факультете	на факультет	с факультета
на курсе	на курс	с курса
на занятии	на занятие	с занятия
на уроке	на урок	с урока
на лекции	на лекцию	с лекции
на докладе	на доклад	с доклада
на экзамене	на экзамен	с экзамена
на затёте	на затёт	с затёта
на собрании	на собрание	с собрания
на митинге	на митинг	с митинга
на конференции	на конференцию	с конференции
на конгрессе	на конгресс	с конгресса
на вечере	на вечер	с вечера
на экскурсии	на экскурсию	с экскурсии
на выставке	на выставку	с выставки
на концерте	на концерт	с концерта
на спектакле	на спектакль	с спектакля
на балете	на балет	с балета
на футболе	на футбол	с футбола
на стадионе	на стадион	с стадиона
на почте	на почту	с почты
на телеграфе	на телеграф	с телеграфа
на станции	на станцию	с станции
на остановке	на остановку	с остановки
на вокзале	на вокзал	с вокзала
на аэродроме	на аэродром	с аэродрома
на улице	на улицу	с улицы
на площади	на площадь	с площади
на рынке	на рынок	с рынка

> ## 2. 시간의 전치사
> (1) Зимние каникулы будут **в январе**.
> (2) Приходите **в субботу** ровно в час.
> (3) Концерт перенесён **на завтра**.
> (4) Поздравляю с **Новым годом**!
> (5) **По праздникам** мы ходим на экскурсии.
> (6) Я буду в отпуске **до пятого мая**.
> (7) Дети моют руки **перед обедом**.
> (8) Приходите ко мне часам **к семи**!
> (9) Я узнал об этом **за три дня до** открытия конференции.
> (10) Я узнал об этом **через три дня после** открытия конференции.
> (11) Он будет дома **между часом и двумя**.
> (12) Тракторист работает **с самого утра**.
> (13) ① Я буду в отпуске **по пятое мая**.
>   ② Я буду в отпуске **до пятого мая**.
> (14) Он прочитал книгу **за неделю**.
> (15) Он получил отпуск **на месяц**.

2. 시간의 전치사

(1) В

(겨울방학은 1월에 시작될 것이다.)

(2) В

(토요일 정각 1시에 오십시오.)

(3) НА

(콘서트는 내일로 연기되었다.)

(4) С

(신년을 축하합니다!)

(5) ПО

(우리는 휴일마다 견학을 간다.)

(6) ДО

(나는 5월5일 전까지 휴가를 간다.)

(7) ПЕРЕД

(아이들은 점심전에 손을 씻는다.)

(8) К

(내게 7시까지 오십시오!)

(9) ЗА ~ ДО

(나는 회의 개회전 3일전에 이것을 알아냈다.)

(10) ЧЕРЕЗ

(나는 회의 개회후 3일후에 이것을 알아냈다.)

(11) МЕЖДУ

(그는 1시와 2시사이에 집에 올것이다.)

(12) С

(트랙터기사는 이른 아침부터 일을 한다.)

(13) ПО

① 나는 5월 5일까지 휴가를 갈 것이다. (5일이 휴가의 마지막날)

② 나는 5월 5일전까지 휴가를 갈 것이다. (4일이 휴가의 마지막날)

(14) ЗА

(그는 일주일에 걸쳐 책을 읽었다.)

(15) НА

(그는 한달간의 휴가를 받았다.)

〔시간의 전치사〕

포괄적 의미	용 법
구체시간	1. в + 전치격(년, 달) в 1988 году(1988년에), в мае(5월에), в 60-х годах(60년대에)
	2. в + 대격(시간, 요일) в два часа(2시에), в среду(수요일에)
	3. на + 대격(미래의 정해진 시간) приехать на следующий день(다음날에 가다)
	4. с + 조격(계절의 시작) с приходом зимы(겨울이 오면서)
	5. по + 여격 принимать по средам (날짜의 반복) (수요일마다 손님을 받다) с первого по пятое июня. (해당 날짜) (6월 1일부터 5일까지)
시간의 임계	6. до + 생격(임계시간의 시작) стоять до двух часов(2시까지 서 있다)
	7. перед + 조격(임계시간의 직전) перед войной(전쟁직전에)
	8. к + 여격(임계시간의 근접) прийти к вечеру(저녁까지 가다)
	9. за + 조격 + до(перед) : 임계시간 까지의 한정된 시간 за неделю до Нового года(신년 일주일 전에) за неделю перед Новым годом(신년 일주일 전에)
	10. через + 대격(시간간격의 경과) вернусь через час(1시간뒤에 돌아오다)
	11. между + 조격(시간과 시간사이) переговорить между лекциями (강의 시간 사이에 잠깐 이야기하다)
시간의 연속	12. с + 대격(대량, 약) гулять с час(약 1시간 산책하다)
	13. по + 여격(반복의 연속) гулять по целым часам(1시간 내내 산책하다)
기 간	14. за + 대격 сделать работу за час(1시간동안 일을 하다)
	15. на + 대격(미래의 기간) уйти на час(1시간동안 나가다)

> **3. 원인 · 이유의 전치사**
> (1) **Из-за тебя** мы опоздали.
> (2) **Благодаря вам** мы кончили работу в срок.
> (3) ① Они дрожали **от страха**.
>   ② Она заплакала **с радости**.
> (4) Он отказался **по неумению**.
> (5) Он дал бавушке на ульце сто рублей **из сострадания**.
> (6) **По случаю дни рождния** мы подарили дргу.
> (7) **В связь с скандалом** он ушёл из работы.
> (8) Спасибо **за помощь**!
> (9) **Ввиду сильных морозов** надо запасаться дровами.
> (10) ① **Вследствие буря** они не могли выйти из дома.
>   ② **В силу закона** редкий животник сохраняет.

3. 원인 · 이유의 전치사

(1) ИЗ-ЗА

(너 때문에 우리는 늦었다.)

(2) БЛАГОДАРЯ

(당신덕택에 우리는 시일에 맞추어 일을 끝마쳤다.)

(3) ОТ, С

① 그들은 공포에 떨었다.　② 그녀는 기뻐서 울었다.

(4) ПО

(그는 미숙해서 거절당했다.)

(5) ИЗ

(그는 동정심 때문에 거리에있는 할머니에게 100루블을 주었다.)

(6) ПО СЛУЧАЮ

(생일을 맞이해서 우리는 친구에게 선물을 주었다.)

(7) В СВЯЗИ С

(스켄달로인해 그는 일자리를 떠났다.)

(8) ЗА

(도움에 감사드립니다!)

(9) ВВИДУ

(추위가 심하기 때문에 장작을 준비 해두어야 한다.)

(10) ВСЛЕДСТВИЕ, В СИЛУ

① 폭풍 때문에 그들은 집에서 나갈수가 없었다.

② 법에 의해 희귀동물이 보호된다.

> Медленно, но верно.
> 천천히 그러나 바르게(견고하게)
>
> Сколько голов — столько умов.
> 사람수대로 의견이 다르다.
>
> Последняя капля переполняет чашу.
> 마지막 물방울이 그릇의 물을 넘치게한다.
> (사소한것이라도 돌이킬수 없는 결과를 초래한다.)

〔 원인 · 이유의 전치사 〕

의 미	용 법
1. 원인이 긍정적인 결과를 초래	благодаря + 여격 Благодаря дождям будет хороший урожай. (비 덕택에 풍작이 될 것이다)
2. 원인이 부정적인 결과를 초래하거나 실현될수 없는 행위를 초래	из-за + 생격 Я опоздал из-за тебя.(나는 너 때문에 늦었다) Из-за шума он ничего не слышал. (소음 때문에 그는 아무것도 듣지 못했다)
3. 내부상태, 자연현상, 외부의 힘 등의 영향에 따른 무의식적인 원인	от + 생격 Он задрожал от страха.(나는 공포에 떨었다) засмеялся от радости.(기뻐서 웃었다) румяный от мороза(추워서 붉어진) с + 생격 заплакать с горя(슬퍼서 울다)
4. 자신의 특성이나 물리적 상태에 따른 주관적 원인	по + 여격 сказать по глупости(바보같이 말하다) не заметить рассеянности(방심하여 깨닫지 못하다) отсутствовать по болезни(병으로 결석하다) уйти по возрасту(나이에 따라 떠나다)
5. 자신의 내부적인 느낌이나 경향에 따른 주관적 원인	из + 생격 не говорить о себе из скромности (겸손하여 자기에 대해 말하지 않는다) не согласен из принципа(원칙 때문에 동의하지 않는다)
6. 사건에 따른 원인	по случаю + 생격 поздравить по случаю юбилея
7. 무엇과 관련	в связи с + 조격 не поехать в связи с болезнью(병으로 인해 가지 않다)
8. 동기와 관련	за + 대격 наградить за хорошую работу(일을 잘하여 포상하다)
9. 이전행위에 따른 원인	ввиду + 생격 ввиду отъезда(떠난 결과로)
10. 피할수 없는 원인	вследствие, в силу + 생격 вследствие бури(폭풍의 결과로) в силу + 생격 в силу обстоятельств(상황 때문에)

> **4. 목적의 전치사**
> (1) Всё **для победы**!
> (2) Мы должны работать **ради общего блага**.
> (3) Он сказал своему сыну одно слово **в назидание**.
> (4) **На что** употребляют это орудие?
> (5) Они боролись **за свободу**.
> (6) Она сходила в магазин **за хлебом**.
> (7) Он подготовлен **к экзамену**.
> (8) Недавно он продал свою землю **под постройку** дороже чем раньше.
> (9) Мы боремся **во имя** мира во всём мире.

4. 목적의 전치사

(1) ДЛЯ (모든 것은 승리를 위해!)

(2) РАДИ (우리는 사회의 복지를 위해 일해야한다.)

(3) В (그는 자신의 아들에게 교훈으로 한마디 말을 했다.)

(4) НА (이 도구는 어디에 사용되는가?)

(5) ЗА (그들은 자유를 위해 싸웠다.)

(6) ЗА (그녀는 빵을 사기위해 가게에 들렀다.)

(7) К (그는 시험준비를 했다.)

(8) ПОД (그는 자신의 건축용지를 과거보다 비싸게 팔았다.)

(9) ВО ИМЯ (우리는 세계 각처에서 평화의 이름으로 싸운다.)

〔목적의 전치사〕

용법	용례	참고
1. для + 생격	работать для победы(승리를 위해 일하다) сделать всё для защиты мира (평화수호를 위해 최선을 다하다)	행위의 예정
2. ради + 생격	работать ради общего дела (공공사업을 위하여 일하다)	문어적 표현
3. в + 대격	сказать в назидание(교훈으로 말하다) сделать в отместку(보복으로 하다)	
4. на + 대격	подарить на память(기념으로 선물하다)	수단으로
5. за + 대격	бороться за свободу(자유를 위해 싸우다) погибнуть за родину(조국을 위해 죽다)	행위완수를 통한 획득 대상
6. за + 조격	сходить за хлебом(빵을 사러 다니다) приехать за сыном(아들을 위해 가다) уехать за сеном(풀을 베러 가다)	행위의 목적으로서 받게 되는 대상
7. к + 여격	готовить к экзаменам(시험을 준비하다) стремиться к великой цели (위대한 목적을 추구하다)	준비의 목적
8. под + 대격	обработать поле под картофель (감자밭을 경작하다) бутылка под молоко(우유병) банка под варень(잼통)	예정의 대상
9. во имя + 생격	сражаться во имя победы (승리의 이름으로 싸우다)	문어적 표현
10. в знак + 생격	подарить в знак дружбы (우정의 표시로 선물하다)	문어적 표현

5. 합동 · 비합동의 전치사

(1) Мальчик **с девочкой** играют вместе.
(2) Познакомитесь **с моим братом**.
(3) Я люблю **чай с лимоном**.
(4) Об этом вопросе был **спор между учёными**.
(5) Он поёт **под рояль**.
(6) Учёный закончил предисловие **к своей книге**.
(7) Не беспокойтесь, я буду **при вас**.
(8) **Без вас** приходил кто-то.
(9) ① Она была **вне безопасности**.
　　② **Исключая меня** все пошли в кинотеатр.
　　③ Все пришли ко мне, **за исключением тебя**.
　　④ Я не доверяю никому **кроме вас**.
(10) ① Он живёт **вместе с родителями**.
　　② Я рад работать **совместно с ним**.
　　③ Женщины работают **наряду с мужчинами**.
　　④ Президент посетил Москву **в сопровождении министров правительства**.
　　⑤ Наша страна была **в политическом союзе с США**.

5. 합동 · 비합동의 전치사

(1) С

(소년은 소녀와 함께 놀고 있다.)

(2) С

(내동생을 소개하겠습니다.)

(3) С

(나는 레몬을 탄 차를 좋아한다.)

(4) МЕЖДУ

(이문제에 대해서 학자들간에 논란이 있었다.)

(5) ПОД

(그는 피아노에 맞추어 노래를 한다.)

(6) К

　　(학자는 자기 저서의 머리말을 끝냈다.)

(7) ПРИ

　　(염려하지 마십시오. 나는 당신곁에 있을것입니다.)

(8) БЕЗ

　　(당신이 없었을 때 누군가가 왔었다.)

(9) ВНЕ, ИСКЛЮЧАЯ, ЗА ИСКЛЮЧЕНИЕМ, КРОМЕ

　　① 그녀는 위험밖에 있었다.(안전했다.)

　　② 나를 제외하고 모두 영화관에 갔다.

　　③ 너를 제외하고 모두 나에게 들렀다.

　　④ 나는 당신외에 누구도 믿지 않는다.

(10) ВМЕСТЕ С, СОВМЕСТНО С, НАРЯДУ С, В СОПРОВОЖДЕНИИ, В СОЮЗЕ С

　　① 그는 부모와 함께 산다.

　　② 나는 그와 함께 일하는게 기쁘다.

　　③ 여자들은 남자들과 나란히 일을 한다.

　　④ 대통령은 장관들을 대동하고 모스크바를 방문했다.

　　⑤ 우리나라는 미국과 정치적 동맹국 이었다.

〔합동 · 비합동의 전치사〕

의 미	용 법	용 례
1. 합동	с + 조격	Сын с отцом пошли в кино. (아들과 아버지는 극장에 갔다) Он говорил с учителем. (그는 선생님과 이야기를 했다)
2. 행위의 공동 참여	с + 조격	здороваться с учителем (선생님에게 인사하다) бороться с ним(그들과 싸우다) прощаться с другом(친구와 헤어지다)
3. 내용물과 용기의 결합	с + 조격	стакан с водой(물컵) бутылка с молокой(우유병) банка с медом(꿀통)
4. 공동행위의 주체	между + 조격	война между странами(국가간의 전쟁) ссора между друзьями(친구간의 불화) мячь между шахматистами (장기 선수들 간의 시합)
5. 동반의 대상	под + 대격	петь под аккомпанемент (반주에 맞춰 노래하다) танцевать под музыку(음악에 맞춰 춤추다) отправить под конвоем(경호하에 보내다)
6. 동반되는 문장	к + 여격	введение к статье(논문 서론) предисловие к книге(책 서문) надпись к портрету(초상화 표제)
7. 참석의 대상	при + 전치격	это произошло при свидетелях (이것은 목격자앞에서 일어났다) говорить при нём(그 앞에서 말하다)
8. 동반대상의 부재	без + 생격	жить без родителей(부모없이 살다) читать без очков(안경없이 읽다)
9. 다른대상이나 행위의 분리	вне + 생격 исключая + 생격 за исключением + 생격 кроме + 생격	быть вне опасности(위험밖에 있다) присутствовали все, исключая меня (나를 뺀채 모두가 참석했다) пойдут все, за исключением тебя (너만 빼고 모두가 갈 것이다) в любой день кроме субботы (토요일을 제외한 모든 날에)

	вместе с + 조격	пойти вместе с ним(그와 함께 가다)
10. 합동의 표현	совместно с + 조격	работать совместно с ним(그와 함께 일하다)
	наряду с + 조격	женщины голосуют наряду с мужчинами (여자들이 남자들과 나란히 투표하다)
	в сопровождении +생격	прийти в сопровождении друдей (친구들과 동행하여 가다)
	в союзе с + 조격	быть в союзе с ним(그와 함께 있다)

6. 조건과 양보의 전치사

(1) Мы поговорим об этом **при нашей следующей встрече**.
(2) **В случае болезни ночью**, тебе надо вызвать скорую помощь.
(3) **Несмотря на плохою погоду**, экскурсия состоялась.
(4) Он продал свой дом **вопреки всем нашим советам**.

7. 근거 · 출처의 전치사

(1) ① Я узнал об этом **из газет**.
　　② Я услышал новости события **от сестры**.
(2) Нападающий отнял мяч **у зашитника**.
(3) Медаль сделана **из чистого золота**.
(4) ① Он **из Москвы**. 　　② Они продают цветы **с юга**.
(5) Я снял копию **с книги**.
(6) ① Я удержал пятисот тысячи рубрей **из зарплаты**.
　　② Я взял **с него** деньги.

6. 조건과 양보의 전치사

(1) ПРИ (다음에 만날 때 우리는 이것에 대해 이야기할 것이다.)

(2) В СЛУЧАЕ (밤에 병이났을 때 너는 구급차를 불러야한다.)

(3) НЕСМОТРЯ (날씨가 나빴음에도 불구하고 견학이 이루어졌다.)

(4) ВОПРЕКИ (우리의 모든 충고와는 반대로 그는 자신의 집을 팔았다.)

〔조건과 양보의 전치사〕

의 미	용 법	용 례
1. ~조건상태에서	при + 전치격	при пожаре(화재시에)
		при одном условии(한가지 조건하에)
2. ~한 경우에	в случае + 생격	в случае пожара(화재의 경우에)
3. ~임에도 불구하고	несмотря + 생격	Несмотря на плохую погоду, мы пошли гулять. (나쁜 날시에도 불구하고 우리는 산책을 갔다)
4. ~과는 반대로	вопреки + 여격	Вопреки предсказаниям, день был солнечным. (일기예보와는 반대로 날씨가 맑았다)
5. ~과는 달리	наперекор + 여격	сделать что-либо наперекор общему мнению (전체의 의견과는 달리 무엇인가를 하다)

7. 근거·출처의 전치사

(1) из, от

　① 나는 이것을 신문에서 알았다.

　② 나는 사건 소식을 여동생으로부터 들었다.

(2) у (공격수는 수비수로부터 공을 뺏었다.)

(3) из (메달은 순금으로 만들어 졌다.)

(4) из, с

　① 그는 모스크바 출신이다.

　② 그들은 남쪽에서 온 꽃을 판다.

(5) с (나는 책에서 복사를 했다.)

(6) из, с

　① 나는 봉급에서 5천루불을 공제했다.

　② 나는 그에게서 돈을 빌렸다.

〔 근거 · 출처의 전치사 〕

내 용	용 법	용 례
1. 소식의 출처	из + 생격 от + 생격 (주로 사람)	узнать из газет(신문을 통해 알다) из разговора(면담을 통해 알다) услышать из достоверных источников (믿을 수 있는 출처로부터 듣다) почувствовать из письма(편지를 통해 느끼다) узнать от товарища(친구를 통해 알다) услышать от сестры(여동생을 통해 듣다) получить письмо от матери(엄마로부터 편지를 받다) привет от друга(친구로부터의 안부)
2. 대상획득의 출처	у + 생격	взять у брата книгу(동생에게 책을 빌리다) занять у него денег(그로부터 돈을 빌리다) отбить у врага город(적으로부터 도시를 탈취하다)
3. 대상원료의 출처	из + 생격	связать носки из шерсти(털실로 양말을 뜨다) получить кислород из воды(물에서 산소를 얻다) сделать фигурку из бумаги(종이로 像을 만들다) мебель из красного дерева(마호가니 가구) образовать комиссию из учеников (학생들로 위원회를 구성하다)
4. 사회적 또는 지역적 출처	из + 생격 от + 생격 с + 생격	Он из крестьян(그는 농부 출신이다) дети от первого брака(첫 결혼의 아이) цветы с юга(남방의 꽃) гости с Украины(우크라이나 출신 손님) кора с дерева(나무껍질)
5. 모조의 출처	с + 생격	рисовать с героя портрет(영웅의 초상화를 본떠 그리다) снять копию с письма(편지를 복사하다) перевести с корейского языка на русский (한국말을 러시아어로 번역하다) брать пример с него(그로부터 예를 들다)
6. 수입의 출처	из + 생격 с + 생격	удержать пятьсот рублей из зарплаты (월급에서 500루불을 가불하다) взять с него плату(그로부터 봉급을 받다)

讀解演習

▷ **КЛЮЧ**: Мы живём **в городе**. Ваза стоит **на столе**.

1. Люди едят везде. Едят дома, **на улице**, **на работе**, **в театре**, **в кино**, едят **на стадионах и пароходах**, **в вагонах и на вокзалах**, помаленьку стали есть даже **в воздухе**. В связи с тем что человек ест, где только возможно, это правда, что люди считают пищу источником жизни человека.

☞ помаленьку; 서서히, 점점/в связи с тем что~; ~와 관련하여

▷ **КЛЮЧ**: Магазин расположен **в этом здании**.

2. Последнее обстоятельство больно ударяет **по Сибири и Дальнему Востоку**: они расположены **в не слишком благоприятной зоне**. Потенциальные масштабы потребления огромны, но своя промышленность - узкопрофильная и в силу этого не может ни удовлетворить целиком местные потребности, ни сбыть произведенную продукцию здесь же.

☞ ни~ни~; ~도~도; 부정의 강조. Я не знаю ни места, ни времени.나는 장소도 시간도 모른다.

▷ **КЛЮЧ**: Я родился **в 1960 году**.

3. **В 1985 году** весь мир отмечал замечательную дату-сто двадцать пять лет со дня рождения великого русского писателя Антона Павловича Чехова. Он родился в **1860 году** в Таганроге, городе на берегу Азовского моря. После окончанию гимназии Он поступил на медицинский факультет Московского университета. **В годы учёбы** в университете он публикует свои первые юмористические рассказы. **В 1884 году** опубликован первый сборник его рассказов. Чехов становится известным писателем.

☞ гимназия; 중등학교/сборник; 선집

▷ **КЛЮЧ**: Это событие произошло **в 30-х годах**.

4. В **70-х годах** не раз возникала необходимость подтверждения советско-американской договоренности, в результате которой был урегулирован карибский кризис. Например, в связи с кратковременными заходами, вызванными техническими причинами, советских подводных лодок в порты Кубы, Вашингтон не расценил это как нарушение договоренности.

☞ в результате чего; ~의 결과로/в связи с тем; ~와 관련하여

▷ **КЛЮЧ**: Приходите ко мне часам **к семи** !

5. Основная цель программы - поселить **к 2000 году** граждан России в общество с устойчивым экономическим ростом не менее 5 процентов в год, с темпами годовой инфляции не выше 5-8 процентов, дефицитом бюджета - 2 процента.

☞ годавая инфляция; 연간 인플레/дефицит бюджета; 재정적자

▷ **КЛЮЧ**: Он прочитал книгу **за неделю**.

6. За эти «**последние годы**» Соединенные Штаты радикально расширили зону своих жизненных интересов. Сегодня это - Западное полушарие, Европа, Восточная Азия, Близний Восток, Юго-западная и Южная Азия, Африка - иначе говоря, почти весь мир.

☞ за эти последние годы; 최근 몇년동안/жизненный интерес; 중대(긴요)한 이익

▷ **КЛЮЧ**: **Благодаря вам** мы кончили работу в срок.

7. Отношения между нашими странами стали быстро развиваться после установления официальных дипломатических отношений в сентябре 1990 г. особенно **благодаря проведнию серии встреч на высшем уровне и подписанию Договора об основах взаимоотношений между Республикой Корея и Российской Федерацией**, которое состоялось в Сеуле в ноябре 1992 г. в результате визита президента России Б. Ельцина в Республику Корея.

☞ благодаря кому-чему: ~덕분에, 때문에/сирия; 연속, 시리즈

▷ **КЛЮЧ**: **Из-за тебя** мы опоздали.

8. Но в рамках этого сотрудничества российская дипломатия должна последовательно и неуклонно добиваться равноправного положения. Это очень нелегко не только **из-за нынешнего состояния России**, но и после «козыревских» лет, приучивших США к нашему «послушанию». Недаром Вашингтон реагирует иной раз болезненно на изменившееся поведение российской дипломатии. Без этого, однако, невозможна собственная внешняя политика ни на одном направлении.

☞ добиться чего: ~을 얻다/ недаром: 까닭·이유가 있어

▷ **КЛЮЧ**: **Всё для победы**!

9. Для начала выясним: чем же отличаются хорошие, настоящие книги. Да тем, что они делают нас духовно богаче. Прочитал человек такую книгу - стал уже чуточку добрее и чуточку умнее, жизнь вокруг себя стал лучше видеть, в людях лучше разбираться. Пропустить, не прочитать хорошую книгу - большая потеря **для человека**.

☞ да тем, что ~ богаче.는 отличаются를 부연설명/чуточку = чуть = немного; 아주 조금

▷ **КЛЮЧ**: Его любят **за доброту**.

10. Наверно, мы все любили тогда своего учителя **за его человечность, за его добрые помыслы, за его мечты** о нашем будущем. Хотя мы и были детьми, мне думается, мы это тогда уже понимали.

☞ наверно = наверное = наверняка; 확실히, 아마 틀림없이

▷ **КЛЮЧ**: **Без вас** приходил кто-то.

11. Но всякое дерево имеет корни. **Без корней** его повалил бы даже несильный ветер. Корни питают дерево, связывают его с землей. Корни - это то, чем мы жили вчера, год назад, тысячу лет назад. Это наша история.

☞ корни: 뿌리/「без+명사생격」: ~없이

▷ **КЛЮЧ**: Я не доверяю никому **кроме вас**.

12. Большое внимание в этом политическом документе будет уделено проблемам азиатско-тихоокеанского региона. **кроме того**, стороны подпишут ряд других документов, направленных на развитие связей в различных областях.

☞ 「кроме+명사생격」: ~이외에도

▷ **КЛЮЧ**: **Несмотря на плохую погоду**, экскурсия состоялась.

13. Отношения Республики Корея с Японией, **несмотря на извесные нюансы историко- психологического характера**, в целом развиваются успешно. Но между двумя странами существует проблема торговли. В Сеуле считают, что их страна и Япония должны играть большую, нежели сейчас, роль в АТР.

☞ в целом: 전체적으로/ играть роль: 역할을 하다

▷ **КЛЮЧ**: Наша страна была **в политическом союзе** с **США**.
  Об этом вопросе был спор **между учёными**.

14. Россия не может бросать вызов гегемонии США, но может не соглашаться с нею, и это - перспективная позиция. Россия не может уберечь свои отношения **с США** от негативного воздействия нынешней диспропорции **между американским и российским потенциалами**, но она может стараться её уравновесить за счёт сотрудничества **с другими странами**.

☞ вызов: 도전/гегемония: 패권, 헤게모니/согласиться с чем: ~에 동의하다

▷ **КЛЮЧ**: Он из Москвы.

15. Для марсианских проблем был создан интернациональный проект «фобос». Над ним работают специалисты **из Австрии, Болгарии, Венгрии, Германии, Польши, Франции, России, Швеции**. Они создают две автоматические станции, которые полетят на Марс и проведут там научные исследования.

☞ работать над чем: ~을 대상으로 일하다, работать над книгой
  работать на что(кого): ~을 위해 일하다, работать на свою семью
  работать на чём: ~재료를 사용하고 있다, работать на нефти
  работать с чем: ~을 이용하여 일하다, работать со словарём

27. 위치

(1) находиться (2) лежать (3) быть расположенным	к югу в двух километрах в десяти минутах ходьбы в двух шагах справа недалеко на расстояние пяти километров на глубине пяти километров на высоте пяти километров	от чего (~로부터)	(남쪽에 위치하고 있다) (2km에 위치하고 있다) (도보로 10분거리에 있다) (2발자국 위치에 있다) (우측에 위치하고 있다) (멀지않은곳에 위치하고 있다) (5km거리에 있다) (5km 속에 있다) (5km 위에있다)

(1) Завод находится в двух километрах от города.

В десяти минутах ходьбы от железнодорожной станции находится старинная усадьба.

(2) Город лежит на берегу моря.

Эта деревня лежит к западу от города.

(3) Магазин расположен недалеко от центра.

Средиземное море расположено между Европой и Африкой.

В 57 километрах к северу от Москвы расположено Брамцево.

28. 초래, 야기

(1) вызвает что	(~을 야기하다)
(2) приводит к чему	(~한 결과로 이끌다)
(3) повлечь за собой что	(~을 동반하다, 초래하다)

(1) Беспокойство часто вызвает бессонницу.

   Это собитие вызвало большую требогу у мировой общественности.

(2) Ваш план приведёт к желаемому результату.

   Эти ошибки в конечном счёте приведут к катастрофе.

(3) Его поступок повлёк за собой неприятные последствия.

   Одна беда влечёт за собой другую.

   Загрязнение раны может повлечь за собой нагноение.

長文 讀解

1.

Как русское сельское хозяйство дошло до настоящего своего состояния? обычная точка зрения такова: оно дошло до такого состояния в результате империалистической и гражданской войны. Здесь есть правда, но мне кажется — не вся правда. Верно, что империалистическая война подготовила крушение русского народного хозяйства. Но если бы во время этой войны непосредственно наблюдали только ркусское хозяйство, то мы не заметили бы разрушительных влияний на него войны. Империалистическая война, казалось бы, должна была повредить русскому сельскому хозяйству прежде всего своими колос сальными наборами, тем, что она забрала 40-50 процентов мужской рабочей силы. Однако русская деревня была настолько переполнена, имела такие громандые избытки рабочей силы, что даже такие громандые наборы её не обессилили. Оказалось все-таки возможным удержать посевы более или менее на прежнем уровне, и компетентные статически утверждают, что размеры посевов к 1916 году сократилась не больше как на 10 процентов. Что касается общего уровня благосостояния сельского населения, то, как это ни парадоксально, оно к этому моменту не понизилось, потому что условия сбыта продуктов улучшились, крестьянское население получало большие пайки, — все это, быть может, за счёт истощения государства и народного хозяйства, все это, быть может, подготовляло катастрофу, но тогда её ещё не было.

Борис Бруцкус : Будет ли у нас тучные годы?

☞ верно : 아마, 필시/ во время чего : ~시기에/ прежде всего : 우선,무엇보다도 먼저/ обессилеть : 약해지다, 무력해지다/более или менее : 어느정도

2.

Когда есть политическая борьба, в который ни одна из борющихся за власть сил не обладает очевидными преимуществами перед другими, её исход зависит от того, кто сумеет склонить в решающий момент чашу весов в свою пользу. И тут определяющую роль способно сыграть именно телевидение, если оно кем-то монополизировано или даже просто вправе принять сторону какой-то одной партии или группировки. Обладая огромными, ни с чем не сравными возможностями воздействия на общественное мнение и даже на настроянии людей оно в состоянии переломить ситуацию. В результате победят не те, кто предлагает более обоснованную программу действий и на чьей стороне правда, а те, кого поддерживает телевидение.

Следует добавить, что роль телевидения крайне велика не только в переломные моменты. Оно обладает мощной властью и в обычных условиях. Работая с утра до поздней ночи, оно в гораздо большей степени, чем любые другие средства массовой информации, может использовать такие известные приемы пропаганды, как однонаправленность и повторяемость. "Капля камень долбит". Телевидение изо дня в день вбивает в сознание и подсознание своих зрителей и слушателей определенные стереотип мышления, оценки, выводы. Когда им не противопоставляются с такой же настойчивостью другие взгляды и мнения, многие невольно поддаются каждодневной пропаганде.

Надо ясно отдавать себе отчёт: там, где телевидение монополизировано, от свободы массовой информации мало что остается, если даже она сохраняется применительно к печатным изданиям. Что могут противопоставить огромный силе телевидения, проникающего почти в каждую квартиру, скажем, отдельные газеты и журналы, пусть даже выходящие немалым тиражом? Тем более что цены на них постоянно растут и они становятся для множества людей недоступными.

Михаил Пискотин: Согласие в стране и притязания телевидения

☞ обладать чем; ~을 갖다, 획득하다/ зависит от чего; ~에 달려있다/в пользу кого(чего); ~의 이익이 되도록, ~을 위하여/ следует + 동사원형;~해야한다/ изо дня в день; 매일 매일, 끊임없이

文法 · 作文

1. 다음문장중 공란에 전치사를 알맞게 써 넣으시오.(на, по)

   1) _____ каналу плывут теплоходы.

   2) _____ на бассейне плавали небольшие рыбки.

   3) Мы долго ходили _____ улицам города Москвы.

   4) Машина остановился _____ шоссе.

   5) Машины идут _____ шоссе.

2. 다음본문중 공란에 전치사를 알맞게 써 넣으시오. (в, по, на, из)

   Театр оперы и балет — гордость Одессы. Он основан давно, 1) __ 1807 году. Но теперешнее здания театра построено 2) __ 1887 году 3) __ проекту венских архитекторов украинскими и рускими мастерами. Автор проекта Фолькнер сказал 4) пп открытии театраК《Одеский театр — лучший 5) __ мире!》. Это почти правда. Здание Одесского оперного театра, действительно, одно 6) __ самых красивые 7) __ мире. Театр построен 8) __ стиле венского барокко.

3. 다음본문중 공란에 전치사를 알맞게 써 넣으시오. (с, по, у, на, через, из)

   Однажды мы 1) ___ братом поехали в Ленинград. В Ленинграде жили родствен- ники матери. Мы остановились 2) ___них. Брат целые дни занимался своими делами, а я ходил 3) ___ соседним улицам. Потом я познакомился 4) ___ дочерью соседей —Марией. Но родители звали её почему-то не Маша, а Мика. Мика водила меня 5) ___ Ленинграду. Мы ходили 6) ___ ней 7) ___ широким проспектам, гуляли 8) ___ Летнему саду, стояли 9) ___ мостах, 10) ___ набережных и почти не разговаривали. Было хорошо и так. С грустью уезжал я 11) ___ Ленинграда. А 12) ___ несколько дней после возвращения я пошёл 13) ___ почту, чтобы напи- сать Мике.

作文

1. 평생 나는 이사진을 기억했다.

2. 우리 모두는 우리 선생님의 인간성을 좋아했다.

3. 책은 말그대로 세상에 있는 모든 것들에 대해 알려준다.

4. 우리나라에서는 젊은이들이 운동에 열중한다.

5. 나는 항상 기꺼이 운동을 한다.

6. 인류의 우주비행이 온세상에 알려졌다.

7. 너는 언제부터 언제까지 이책을 읽었니?

8. 일요일에는 수많은 사람들이 숲과 공원에 산책하러 간다.

9. 그가 올때가지 우리는 떠나지 않기로 결정했다.

10. 그에게 가지전에 나는 그녀에게 편지에 대해 언급하지 않기로 결심했다.

11. 지하철은 아침 6시에 운행이 시작되어 밤 1시에 운행을 종료한다.

12. 그러한 접근은 지역내 강국들의 결합을 강화시킬수 있는 가능성을 주고있다.

重要表現

261. **объявлять/объявить забастовку** ; 파업을 선언하다
    Работники метрополитена объявили забастовку.

262. **подавлять/подавить забастовку** ; 파업을 진압하다
    Забастовка шахтёров была подавлена.

263. **реконструировать завод** ; 공장을 재건하다
    Завод нужно срочно реконструировать.

264. **говорить загадками** ; 빙 돌려 말하다
    Я не понимаю, когда говорят загадками.

265. **отгадывать/отгадать загадку** ; 퀴즈를 풀다
    Эту загадку сложно отгадать.

266. **раскрывать/раскрыть заговор** ; 음모를 밝히다
    Их преступный заговор был раскрыт.

267. **задавать/задать кому задачу** ; ~에게 과제를 주다
    Он задал мне трудную задачу.

268. **ставить/поставить перед кем какую задачу** ; ~에게 ~한 임무를 부여하다
    Перед ней стояла сложная задача.

269. **делать/сделать заказ на что** ; ~을 예약하다
    Я хочу сделать заказ на мебель для офиса.

270. **приходить/прийти к какому заключению** ; ~한 결론에 도달하다
    Мы пришли к заключению, что вы правы.

271. **закон входит в силу** ; 법이 효력을 갖다
    Закон входит в силу с 5 июля сего года.

272. **вытекать из закона**; 법에 따르다
   Из закона вытекает, что он не имеет права уезжать из стран.

273. **издавать/издать закон о чём**; ~에 대한 법률을 공포하다
   Предидент издал закон о налогах.

274. **иметь силу закона**; 법적효력을 갖다
   Эта резолюция имеет силу закона.

275. **нарушать/нарушить закон**; 법을 위반하다
   Тот кто нарушил закон, подлежит наказанию.

276. **обходить/обойти закон**; 법을 피하다
   Мошенник всегда найдет способ обойти закон.

277. **опираться на закон**; 법에 근거하다
   В своих доводах он опирается на закон.

278. **принимать/принять закону**; 법을 채택하다
   Правительство приняло закон о пенсиях.

279. **противоречить закону**; 법에 대치되다
   Эти действия прочиворечит закону.

280. **соблюдать законы**; 법을 준수하다
   Все граздане обязаны соблюдать законы.

281. **делать/сделать заметки (на чём)**; 메모를 하다
   Он всегда делал заметку на улице.

282. **вставлять/вставить замсчание**; 소견을 말하다
   Он очень любит перебивать и вставлять свои замечаниею

【 독해 · 문법 · 작문 해답 】

〔讀解 演習〕

1. 사람들은 어느곳에서든지 먹는다. 집에서, 길에서, 일터에서, 연극장에서, 영화관에서, 스타디움에서, 배위에서, 열차에서, 역에서 먹으며 서서히 공중에서도 먹기 시작했다. 사람들이 가능한 모든곳에서 먹는 것으로 볼 때 사람이 음식을 생활의 원천이라고 생각하고 있다는 것은 사실이다.

2. 최근의 상황은 시베리아와 극동지역에 고통스런 충격을 주고 있다. 이곳은 썩 좋은조건을 갖춘지역이 아니다. 잠재적인 소비의 규모는 매우 크나 자체산업은 단편적이고 자체로서는 지역의 수요를 완전히 충족시키지 못하며 이곳에서 생산된 물건조차도 판매를 못하고 있다.

3. 1985년 모든 세계가 러시아의 위대한 작가 체홉의 탄생 125주년을 기념했다. 그는 1860년에 아조프스키이 海岸 "따간로가"에서 태어났다. 그는 중등학교를 마친후 모스크바대학 의학부에 입학했다. 대학에서 학업중 그는 그의 첫 유머집을 출판한다. 1884년 그의 첫 작품집이 출판되었다. 체홉은 유명한 작가가 된다.

4. 카리브의 위기가 조정됨으로 인해 70년대에는 미·소 협정에 대한 확인 필요성이 한 번도 발생되지 않았다. 예를들어 기술적 문제로 인해 소련의 잠수함이 잠간동안 쿠바항에 정박한 것과 관련하여 워싱턴은 이를 협정위반으로 보지 않았다.

5. 프로그램의 중요한 목적이 2000년 까지 연간 5% 이상의 안정된 경제성장과 연간 인플레 5-8% 미만, 재정적자가 2% 미만인 사회로 진입하는 것이다.

6. 최근 몇 년동안 미국은 급진적으로 자신의 중대이익지역을 확장했다. 오늘날 이것은 서반구, 유럽, 동아시아, 중동, 남·서 및 남아시아, 아프리카, 달리말해서 거의 세계의 전부이다.

7.
> 1990년 9월 공식외교관계가 수립된이후, 특히 1992년 11월 옐친대통령의 대한민국방문의 결과로 이루어진 정상간의 만남과 대한민국과 러연방간 기본관계조약의 서명등의 도움으로 양국간의 관계가 급속히 발전하기 시작했다.

8.
> 그러나 이러한 협력의 범주에 있어서 러시아의 외교는 초지일관 부단히 대등한 위치를 추구해야 한다. 이것은 현재 러시아의 상황뿐만이 아니라 우리의 양보적 태도에 미국을 익숙토록 만든 "코지레프"시대 이후이기 때문에 매우 쉽지가 않다. 이유가 있기 때문에 워싱턴은 변화된 러시아의 외교에 과도한 반응을 보이는 것이다. 그러나 이것이 없이는 일관된 고유의 대외정책이 불가능하다.

9.
> 시작을 위해 설명함: 좋은, 참된책들은 무엇이 다른가. 이것은 우리의 정신을 부요하게 만든다. 그러한책을 읽은 사람은 벌써 보다 친절해지고 보다 현명해지고 자신 주변의 삶을 좋게 보게되며, 사람들을 잘 이해하게 된다. 좋은책을 지나치고 읽지 않는다는 것은 사람에게 있어서 큰 손실이다.

10.
> 아마도 우리는 모두 그때 선생의 인격, 훌륭한 생각, 우리들의 미래에 대한 그의 소망등 때문에 그를 사랑했었다. 내생각에는 그때 비록 우리는 아이들이었지만 벌써 이를 이해했던 것 같다.

11.
> 모든나무가 뿌리를 갖고 있다. 뿌리가 없으면 약한 바람에도 쓰러질 것이다. 뿌리는 나무에 양분을 주고 대지와 연결시키고 있다. 뿌리는 어제, 1년전, 천년전 우리가 살아온 과거이다. 이것이 우리의 역사인 것이다.

12.
> 이 정치적 문서에서 큰관심을 돌리고 있는 것은 아태지역의 문제들이 될것이다. 그외에도 양측은 다방면에서의 관계발전을 지향하는 일련의 다른 문서들도 서명할것이다.

13.
> 대한민국과 일본과의 관계는 잘 알려진 역사·심리적 특성의 차이에도 불구하고 전반적으로 성공적으로 발전하고 있다. 그러나 두나라 사이에는 무역의 문제가 있다. 한국사람들은 한국과 일본이 아태지역에서 현재보다 더 큰역할을 해야한다고 여기고 있다.

11. 前 置 詞

14. 러시아는 미국의 패권에 도전할 수는 없으나 미국의 패권에 동조할 수도 없다. 이것이 장기적 입장이다. 러시아는 현재 미국과 러시아간 잠재력의 불균형으로 인한 부정적 영향으로부터 미국과의 관계를 보호할 수가 없다. 그러나 다른나라들과의 협력을 통해서 균형화하려는 노력을 할수있다.

15. 화성연구를 위해 국제적 프로젝트《포보스》가 세워졌다. 동 프로젝트에 오스트리아, 불가리아, 헝가리, 독일, 폴란드, 프랑스, 러시아, 스웨덴에서 온 전문가들이 일하고 있다. 그들은 화성으로 비행해서 그곳에서 과학연구활동을 하게될 2개의 자동 연구소를 세울것이다.

〔長文 讀解〕

1.

어떻게 러시아의 농경제가 현재의 상태에 까지 이르렀는가? 일반적인 견해는 다음과 같다:이는 제국주의 전쟁과 시민전쟁의 결과로 이러한 상태에 이르게 되었다. 이시각이 맞는점이 있지만 전부 맞는 것 같지는 않다. 제국주의전쟁이 러시아 국민경제의 붕괴를 마련하였다는 것이 틀림없다. 그러나 이 전쟁시기에 러시아 경제만을 직접 관찰하였다면 전쟁이 경제에 끼친 파괴적인 영향을 발견하지 못했을수도 있다. 제국주의 전쟁은 무엇보다도 엄청난 징집 즉 남성 노동력의 40-50%를 동원함으로 인해 러시아 농경제에 해를 끼쳤을 것 같다. 그러나 러시아의 농촌은 엄청난 잉여 인력을 가질정도로 그만큼 풍부했으며 그러한 엄청난 징집도 러시아의 농촌을 약화시키지 못했다. 그럼에도 불구하고 다소간 과거의 수준에 이르는 파종을 유지할 수가 있었고 권위있는 통계에 의하면 파종의 규모가 1916년까지 10% 이상 감소하지 않았다는 것이 나타나고 있다. 전체농민들의 생활수준은 이상하게도 이시기 까지 감소되지 않았는바 이는 농산품 판로 조건이 향상되었으며 농민들은 더많은 배급을 받았다. 아마도 이런것들이 국가와 국민경제의 소모를 바탕으로 이루어진 것이며 아마도 이것이 그당시에는 아직 없었던 재난을 마련하게 되었을지도 모른다.

2.

> 권력투쟁을 하고 있는 하나의 세력이 다른 세력에 비해 우월적위치를 점하고 있지 않은 그러한 정치적 투쟁이 있을 때 투쟁의 출구는 결정적인 순간에 누가 저울을 자신에게 유리한 쪽으로 기울게 할 수 있는가에 달려있다. 만일에 텔레비젼이 독점화되어 있거나 또는 일개의 정당이나 집단을 지지할 수 있는 권한이 있을 때 텔레비젼은 바로 이러한 특정한 역할을 할 수 있는 능력을 갖게된다. 여론과 사람들의 기분에 비교할 수 없을정도로 엄청난 작용을 할 수 있는 가능성을 갖고있는 텔레비젼은 상황을 바꿀수 있는 위치에 있다. 결과적으로 진리의 편에 서서 행위의 보다 진실된 강령을 제시하는 쪽이 이기는 것이 아니라 텔레비젼이 지지하는 쪽이 이긴다.
>
> 텔레비젼의 역할은 변혁의 시기에서만 막대한 것이 아니라는 것을 추가하고 싶다. 이는 일반적인 상황에서도 강력한 권력을 갖고 있다. 아침일찍부터 저녁 늦게까지 텔레비젼은 다른 대중정보매체 보다도 훨씬더 높은수준에서 유명한 선전법 즉 일방성과 반복성을 이용 할 수 있는 것이다. "물방울이 돌을 뚫는다". 텔레비젼은 매일같이 시청자들의 의식과 잠재의식속에 일정한 판에박힌 생각, 시각, 결론을 머리속에 때려넣고 있다. 다른시각과 의견들이 그와같은 집요성을 갖고 그에 대적하지 않게 될 때 많은 사람들이 본의 아니게 매일의 선전에 굴복하게 된다.
>
> 명심할 필요가 있다: 비록 출판에서 대중정보의 자유가 유지된다 하더라도 텔레비젼이 독점화된 곳에는 대중정보의 자유가 매우 적어진다. 거의 모든 가정을 침투하고있는 텔레비젼의 엄청난 힘과 무엇이 대적할수 있겠는가? 적지않은 부수를 발행하는 개별적인 신문들과 잡지들이란 말인가? 더욱이 이들의 가격이 항상 오르고 있으며 많은 사람들에게 손에 넣을수 없는 것이 되가고 있다.

〈文法연습〉

1. 1) по, 2) на 3) по, 4) на, 5) по

2. 1) в, 2) в, 3) по, 4) на, 5) из, 6) в, 8) в

3. 1) с, 2) у, 3) по, 4) с, 5) по, 6) с, 7) по, 8) по, 9) на, 10) на, 11) из, 12) через, 13) на

〈作文〉

1. На всю жизнь запомнил я этот портрет.
2. Мы все любили своего учителя за его человечность.

3. Ведь книги рассказывают буквально обо всём на свете.

4. В нашей стране молодёжь увлекается спортом.

5. Я всегда занимаюсь спортом с большой охотой.

6. Весь мир услышал о полёте человека в космос.

7. С какого и до какого времени ты читал эту книгу?

8. В воскресенье тысячи людей направляются на прогулку в лес, в парки.

9. До приезда его мы решили не уезжать.

10. Перед отъездом к нему я решил не говорить ей о письме.

11. Метро начинает работать в 6 часов утра и заканчивает в час ночи.

12. Такой подход открывает возможности для соединения усилий ведущих держав регион.

구문론

구문론 개요도표

1. 단문

(1) 문장의 주요부분

주 어
(1) 명사
(2) 대명사
(3) 형용사, 형동사, 수사
(4) 동사 不定형
(5) 명사적 용법으로 쓰인 단어
(6) 명사어구

술 어
(1) 명사
(2) 형용사
(3) 수동형동사 단어미
(4) 수사, 부사, 대명사
(5) 술어구
(6) 동사

(2) 문장의 부차적 부분

목 적 어
(1) 명사, 대명사
(2) 명사적 용법으로 쓰인 형용사, 형동사, 수사, 동사
(3) 목적어구
(4) 명사·형용사의 목적어

수 식 어
(1) 형용사, 형동사, 수사, 대명사
(2) 명사 또는 전치사 + 명사
(3) 소유대명사
(4) 비교급 형용사
(5) 부사
(6) 부정형 동사
(7) 형용사 + 명사

부사 수식어
(1) 장소의 부사
(2) 시간의 부사
(3) 방식의 부사
(4) 목적의 부사
(5) 원인의 부사
(6) 정도 및 비교의 부사

전 치 사
(1) 장소의 전치사
(2) 시간의 전치사
(3) 원인·이유의 전치사
(4) 목적의 전치사
(5) 합동·비합동의 전치사
(6) 근거·출처의 전치사

2. 복문

주절을 가진 복문	
주절이 문장에서 주어가 되는 경우	접속사 что 사용
	접속어가 활용되는 경우
	(1) 관계대명사 кто, что, какой, чей, сколько 사용
	(2) 관계부사 где, куда, откуда, когда, как, почему, зачем 사용
종속절이 주절의 주어를 수식하는 경우	(1) кто 사용
	(2) что 사용

목적절을 가진 복문	
목적절이 문장에서 목적어가 되는 경우	접속사가 활용되는 경우
	(1) что 사용
	(2) чтобы 사용
	(3) как 사용
	(4) будто(будто бы)
	(5) ли 사용
	접속어가 활용되는 경우
	(1) 관계대명사 кто, что, какой, чей, сколько 사용
	(2) 관계부사 где, куда, откуда, когда, как, почему, зачем 사용
목적절이 주절의 목적어를 수식하는 경우	(1) кто 사용
	(2) что 사용

형용사절을 가진 복문		
관계대명사 사용	(1) каторый 사용	
	(2) какой 사용	
	(3) чей 사용	
	(4) что 사용	
부사 사용	(1) где	
	(2) когда	
	(3) куда	
	(4) откуда	

부사절을 가진 복문
(1) 장소의 부사절
(2) 시간의 부사절
(3) 목적의 부사절
(4) 원인의 부사절
(5) 방식의 부사절
(6) 정도의 부사절
(7) 비교의 부사절
(8) 조건의 부사절
(9) 양보의 부사절

12. 단문(I) — 文章의 主要 部分

기본 문법

1. 주어
  (1) ① Професср читает лекцию.   ② Книга лежит на столе.
  (2) ① Он сообщил мне об этом.   ② Я читаю газету.
  (3) ① Сытый голодного не разумеет. ② Первые будут последними.
      ③ Встречающие ждали прилетие самолёта.
      ④ Два прюс три получается равно пяти.
  (4) ① Учиться всегда пригодится. ② Курить вредно.
  (5) Но - противительный союз.
  (6) 어구
      1) ① В аудитории сидят только три студента.
         ② Много времени прошло.
      2) ① Брат с сестрой учатся в одной школе.
         ② Мы с вами уже говорили об этом.
      3) ① Один из студентов сделал доклад.
         ② Каждый из них по своему проводид каникулы.

1. 주어(※ 주어로 사용되는 다양한 용법)

(1) 명사;

   ① 교수가 강의를 한다.   ② 책이 책상위에 놓여있다.

(2) 대명사;

   ① 그는 내게 이것에 대해 통보했다   ② 나는 신문을 읽는다.

(3) 형용사, 형동사, 수사;
   ① 배부른자는 배고픈자를 이해하지 못한다.
   ② 첫번째 된자들이 나중된자가 될것이다.
   ③ 마중자들이 비행기의 도착을 기다렸다.
   ④ 2+3은 정확히 5이다.

(4) 동사 不定形;
   ① 배우는 것은 항상 유용하다.   ② 흡연은 해롭다.

(5) 명사적 용법으로 쓰인 단어; ("그러나"는 역접속사이다)

(6) 명사어구

   1) 수사 + 명사, 수량대명사 + 명사
      ① 강의실에 단지 세학생만 앉아있다.   ② 많은시간이 흘렀다.
      Ко мне пришли четыре студента.(네명의 학생이 내게왔다.)
      Из них несколько человек живёт здесь.(그들중 몇사람이 이곳에 산다.)
      ※ 수량대명사; много, мало, немного, немало, несколько, сколько, столько

   2) 명사 + C + 조격명사
      ① 남동생은 여동생과 함께 한학교에서 배운다.
      ② 우리는 당신과 함께 벌써 이것에 대해 이야기 했다
      Брат с сестрой пошли в театр.(동생은 여동생과 함께 연극을 보러갔다.)
      Мы с ним ходили в кино.(나는 그와함께 영화관에 갔다.)

   3) 수사, 명사, 대명사 + из + 복수생격
      ① 학생중에 하나가 보고를 했다.
      ② 그들중 각자가 자기식대로 방학을 보냈다.
      Один из спортсменов получил травму.(운동선수중에 하나가 외상을 입었다.)
      Кто из вас был на концерте?(당신들중에 누가 연주회에 갔었읍니까?)
      Старший из братьев учился в университете.
      (형제들중에 연장자가 대학에서 공부했다.)

2. 술어

(1) ① Его старший сын уже **студент**.
　　② Раньше он был известным **актёром**.
(2) ① Ветер был **сильный**.　　② День будет **солнечным**.
　　③ Жизнь **трудна**.　　④ Золото **тяжелее железа**.
(3) ① Вопрос **решён**.　　② Билеты **проданы**.
(4) ① четыре и три - **семь**.　　② Сегодня **холодно**.
(5) 술어구
　　1) ① Он **русского человека**.　　② Он **опытного мастера**.
　　2) ① А.Н. Толстой был **одним из крупнейших российских писателей**.
　　　② Этот день был **один из самых жарких**.
(6) 동사
　　1) ① Он приехал домой **усталый**.
　　　② Мы расстались **друзьями**.
　　2) ① Снег **начинает таять**.　　② Студент **кончил заниматься**.
　　　③ Мальчик **умеет кататься** на коньках.
　　3) ① У меня есть **право голосовать** в президентскиий выборах.
　　　② Он изменил своё **решение переезжать** на другую квартиру.
　　4) ① Они были **обязаны прийти**.
　　　② Я буду **готов приступить** к работе.

3. 연결동사

① Осенью лес **бывает особенно красивым**.
② Народ **является главной силой** развития общества.
③ Он **считается хорошим специальстом**.
④ Эта дорога **называется** "Проспект мира".

2. 술어

(1) 명사

① 그의 아들은 벌써 대학생이다.　　② 그는 전에 유명한 배우였다.

Мой брат - врач. (내동생은 의사다.)

Раньше он был инженером. (전에 그는 기사였다.)

Сестра - студентка. (여동생은 여대생이다.)

Она будет учительницей. (그녀는 선생님이 될 것이다.)

※ 연결동사 быть는 현재형에서는 일반적으로 생략되며 과거나 미래형으로 연결될 시 술어는 조격을 취한다.

(2) 형용사

① 바람이 셌다.　　　　　　② 날씨가 맑을 것이다.
③ 인생은 힘든것이다.　　　④ 금은 철보다 무겁다.

Пагода была хорошая. (날씨는 좋았다.)

Погода была хорошой. (날씨는 좋았다.)

※ 조격으로 수식하는 표현은 문어체

Любовь слепа. (사랑은 눈이 먼것이다; 단어미)

Сестра красивее её подруги. (여동생은 그녀의 친구보다 예쁘다; 비교급)

Она - красивейшая из девушек Москвы.

(그녀는 모스크바 아가씨들 중에서 가장 아름답다; 최상급)

(3) 수동형동사 단어미

① 문제는 해결되었다　　　　② 표가 다 팔렸다

Работа законченна. (일이 다 끝났다.)

Письмо переданно. (편지가 전해졌다.)

(4) 수사, 부사, 대명사

① 4+3은 7이다.　　　　　　② 오늘은 춥다.

Мне было скучно. (나는 심심했다.)

Эта книга мая. (이 책은 나의것이다.)

(5) 술어구

1) 형용사 + 명사(생격)

① 그는 러시아 사람이다.　　② 그는 경험있는 기술자다.

Брат высокого роста. (동생은 키가크다.)

Море было серого цвета.(바다는 잿빛이었다.)
2) один, 명사, 형용사 + из + 복수생격
① 톨스토이는 위대한 러시아작가들중의 한사람이다.
② 이날은 가장 더운날중의 하나였다.

(6) 동사
1) 술어동사 + 형용사·명사
① 그는 피곤한채로 집으로 왔다.   ② 우리는 친구로써 헤어졌다.
Он служил в армии танкистом.(그는 군대에서 탱크병으로 복무했다.)

2) 보조동사 + 동사원형
① 눈이 녹기 시작한다.   ② 학생들은 공부를 마쳤다.
③ 소년은 스케이트를 탈줄안다.
Я начал заниматься русским языком. (나는 러시아어 공부를 시작했다.)
Снег продолжал падать.(눈이 계속 내렸다.)
Ветер перестал дуть. (바람이 그쳤다.)
※ 보조동사의 행위가 시작, 지속, 종료를 나타낸다.

Он мешает мне работать. (그는 내가 일하는 것을 방해한다.)
Я приехал к тебе проститься. (나는 작별하러 네게 왔다.)
※ 보조동사의 행위가 가능.희망 등을 나타낸다.

3) 보조동사 + 명사 + 동사 원형
① 나는 대통령선거권이 있다.
② 그는 다른아파트로 이사갈 결심을 바꿨다.
Всегда мы имеем возможность учиться.
(우리는 언제나 배울 수 있는 가능성을 갖고있다.)
Они сказали мне о своём решении переехать в другой город.
(그들은 다른도시로 가겠다는 자신들의 결정을 내게 이야기했다.)

4) 형용사 단어미 + 동사원형
　　① 그들은 와야만 했었다.　　　　　② 나는 일을 시작할 준비를 할것이다.
　　Он должен сказать. (그는 말해야만 한다.)
　　Я согласен голосовать. (나는 투표에 동의한다.)

3. 연결동사(주어와 술어를 연결해주는 역할)

① 가을에 숲은 특히나 아름답다.
② 국민은 사회발전의 중요한 원동력이다.
③ 그는 훌륭한 전문가로 여겨진다.
④ 이길은 "프로스팩트 미라"라고 불린다.
Найденная книга оказалось очень редкой.
(발견된 책은 매우 희귀한 것으로 알려졌다.)
Он останется навсегда моим другом (그는 항상 나의 친구로 남아있다.)
Пирог получился вкусным. (만두는 맛있었다.)

讀解演習

▷ **КЛЮЧ** : **Профессор** читает лекцию.

1.
Центральный район имеет выгодное экономичеко-географическое положение. С давных времен реки Волга, Днепр и другие связывали центр России с другими районами страны и соседними государствами. Многие причины, в том числе центральное положение, влияли на быстрое хозяйственное освоение района и на политическую роль его главного города - Москвы.

☞ 명사가 주어로 사용/в том числе ; 그수 속에, 그속에 포함되어/влиять на кого(что) ; ~에 영향을 주다

▷ **КЛЮЧ** : **Учиться** всегда пригодится.

2.
Быть учителем - не только великая честь, но и столь же великая ответственность. Все начинается со школы, а в школе все начинается с учителя. Молодым людям, избравшим для себя гордую и трудную профессию учителя, всегда надо помнить, что самоотверженность, самоотдача - наиболее характерные качества педагога.

☞ 원형동사가 주어로 사용/столь же ; 그만큼

▷ **КЛЮЧ** : **Первые** будут последними.

3.
Группа молодёжи из Москвы так ответила на вопрос социалога о свободном времени: 53%(**процента**) **из них** сказали, что свободного времени им не хватает, 45% ответили, что им времени на отдых хватает, а 2% считают, что его очень много. Конечно, у разных людей количество свободного времени разное.

☞ 수사가 주어로 사용/группа ; 집단, 그룹/53%, 45%, 2% 뒤에 молодёжи가 생략

▷ **КЛЮЧ**: Его старший сын уже **студент**.

4.
Люди - **дети природы**. Наша жизнь зависит от неё: от климата, от земли, воды, лесов, полезных ископаемых... Но сегодня сама природа зависит от человека. Люди берут у неё, что им нужно, но часто забывают о том, что природу надо беречь.

☞ 명사가 술어로 사용/зависит от чего; ~에 달려있다, 의존하다

▷ **КЛЮЧ**: Он был **инженером**.

5.
Сибирь не государство. Сибиль - понятие географическое. Однако издавна эта земля имела что-то вроде столицы. Первой из них Тобольск. Омск в то время был **обычной деревней**. Железная дорога возвысила Омск и Иркутск и оставил в груши Тобольск. Новосибирск, который родился около железной дороги, в год револлюции был маленьким городком. В нём было тогда 70000 жителей. Сегодня в Новосибирске более милиона людей. Этот крупный промшленный и культурный центр стал столицей Сибири.

☞ 형용사가 술어로 사용/издавна; 오래전부터, 옛날부터/ вроде чего; ~과 유사한, 비슷한

▷ **КЛЮЧ**: Пушкин - **величайший русский поэт**.

6.
Санкт Петербург - **крупнейший культурный центр** страны. Какие здесь музей, театр, библиотеки, институты! Достаточно сказать, что здесь находится знаменитый Пушкинский дом, где хранятся все рукописи поэта. Здесь находится и Эрмитаж - **крупнейший художественный музей** в стране.

☞ 「형용사+명사」가 술어로 사용/крупнейший; 가장큰(형용사 최상급)/достаточно сказать что, ~라고 밀하면 충분하다

▷ **КЛЮЧ**: Этот день был **один из самых жарких**.

7. Отношения с китаем - **одна из основных и непреходящих проблем** российской внешней политики. С ними в некотором смысле связаны сами судьбы российские. Сейчас, после длительного проамериканского дальтонизма, российское руководство и дипломатия правомерно уделяют большое внимание Китаю.

☞ 「один+из+복수생격」이 술어로 사용/дальтонизм ; 선천성 색맹, 본문에서는 편향을 의미/уделить внимание кому(чему); ~에 주의를 돌리다

▷ **КЛЮЧ**: Снег **начинает таять**.

8. Учиться считать люди начали в самые давние времена, а учителем у них была сама жизнь. Даже в те времена, когда человек не знал таких слов, как «пять» или «семь», он мог показать числа на пальцах рук. Есть и сейчас на земле такие племена, которые при счёте не могут обойтись без помощи пальцев. Вместо числа пять они говорят "рука", десять - "две руки", а двадцать - "весь человек" - тут уж присчитываются и пальцы ног. Так люди **начали учиться считать**, пользуясь тем, что дала им природа,- собственной пятернёй.

☞ 「보조동사+원형동사」이 술어로 사용/племя; 종족, 부족/пятерна; 다섯손가락을 편 손

▷ **КЛЮЧ**: Он изменил своё **решение переезжать** на другую квартиру.

9. После холодной войны главные участники России резко сократили спрос на военную продукцию, а развивающиеся страны не в силах обеспечить платежеспособный спрос. Это обстроило соперничество на мировых рынках, причём Россия пострадала в наибольшей степени. При этом Соединённые Штаты отнюдь не демонстрируют желания компенсировать утрату Россией её традиционных советских рынков сбыта допуском российской продукции на рынки США, других западных и прозападных стран.

☞ 「보조동사+명사+원형동사」이 술어로 사용/спрос: 수요/ При этом: 그럼에도 불구하고

▷ **КЛЮЧ**: Народ **является главной силой** развития общества.

10. **Наиболее сложной является** проблема применения военной силы против нарушателей международного мира и безопасности на региональном уровне. Понятно, что, если невоенные средства принуждения **оказалось не эффективными**, применение силы для восстановления мира может **оказаться последным средством воздействия на агрессора**.

☞ 연결동사 용법/применение; 적용/понятно, что~; ~은 분명하다/оказаться чем; ~으로 확인(판명)되다

속담

Не шути с огнем: обожжешься.
불장난 하지마라: 자신이 다친다.

Не учи плавать щуку, щука знает свою науку.
물고기에게 수영하는것을 가르치지 마라, 물고기는 자신의 과학을 안다.(공자앞에서 문자 쓰지마라.)

Нет худа без добра.
선이 없는 악은 없다.(하늘이 무너져도 솟아날 구멍이 있다, 전화 위복)

필 수 표 현

29. 분류

(1) что делится разделится	на что	(~은 ~로 나누어진다)
(2) в чём выделяется	что	(~은 ~로 분류된다)

(1) Промышленность делится на две группы.

　　Десять делится на пять.

(2) В лёгкой прмышленности выделяется текстильная, пищевой, и другие отрасли.

30. 출처

узнать о чём	от кого у кого из чего	(~로부터 ~를 알아내다)
узнать о чём	где (в институте, на кафедре, на лекции)	(어떤장소에서 ~에 대해 알아내다)

(1) Мы узнали от него много интересного.

　　Мы узнали от Наташи, что у тебя сегодня день рождения.

　　Я узнал от друга новость. (друг мне сказал новость.)

(2) Позвони Алексею и узнай у него, свободен ли он вечером.

　　Я хотел узнать у вас, какой журнал лучше выписать.

　　Я узнал у друга расписание. (я спросил о расписании.)

(3) Из письма я узнал, что моя сестра поступила в спортивную школу.
  Мы узнали о кинофестивале из газет.

(4) А где и у кого об этом можно узнать?

* у кого 은 능동적 행위를 나타내며 от кого 은 수동적 행위를 나타낸다.
  из чего 은 정보및 소식의 출처를 나타낸다.

31. 결론

(1) приитй	к выводу	(결론에 도달하다)
	к заключению	(결론에 이르다)
(2) сделать заключение, что...		(~라는 결론을 맺다)

(1) Он пришёл к следующему выводу.

(2) Из этого можно сделать заключение, что он прав.

長文 讀解

1.

Отказ от урока-монолога и переход к уроку-диалогу. Этому способствует и деление класса на группы. В течение одного урока каждый ученик имеет возможность либо задать вопрос, либо высказать свое мнение, поучаствовать в дискуссии. Тем самым реализуется потребность ребёнка быть услышанным и понятым.

Лучшими уроками я считаю те, на которых даже самые робкие и нерешительные дети говорят. И когда это получается, тогда и приходит истинное удовлетворение от своей работы.

Очень важно, что при этом испытывают сами дети: чувство уверенности в своих силах, возможность самоутвердиться в глазах одноклассников и учителя. Они становятся словно выше ростом, смелее. Лица светятся радостью.

Этому способствует организация дискуссии на уроках. Нет, наверное, в начальной школе других уроков, где бы можно было говорить, что думаешь, и не бояться оказаться неловким и смешным.

На перых же уроках мы с детьми пришли к мысли, что нет глупых вопросов и ответов.

Виктор Валов : Философия для детей

☞ иметь воможность + 동사원형; ~할 수 있는 가능성을 갖다／ либо...либо = или...или; ~ 또는 ~, ~이거나~／ очень важно, что~; ~은 매우 중요하다

2.

Президенты Б.Н. Ельцин и Б. Клинтон обусудили нынешнюю ситуацию в области безопасности в Евроатлантическом регионе. Они подтвердили свою приверженность общей цели формирования стабильной, безопасной, объединеной, единой, демократической Европы. Роль России и США как держав, несущих ответственность в глобальном масштабе, налагает на них особые требования в плане тесного сотрудничесва для достижения этой цели. Они подтвердили, что это сотрудничество будет осуществляться в духе открытости и прагматизма, которые в возрастающей степени характеризуют российско-американские отношения в последние годы.

напоминая о Совместном заявлении по европейской безопасности, принятом в мае 1995 года, президенты отметили, что прочный мир в Европе должен опираться на объединение всего континента в подкрепляющих друг друга организациях и на отношения, которые обеспечат недопущение возврата к разделенности или конфронтации. Ни одна из организаций сама по себе не может обеспечить безопасность. Президенты согласились, что эволюция структур безопасности должна проводиться так, чтобы она не представляла угрозы никому государству и содействовала строительству более стабильной и интергированной Европ. Это должно основываться на глубокой приверженности принципам Организации по безопасности и сотрудничеству в Европе, закрепленным в Хельсинкском Заключительном акте, Будапештском Кодексе поведения и других документах ОБСЕ, в том числе уважению прав человека, демокрации и политического плюрализма, суверенитета и территориальной целостности всех государств, права выбора путей обеспечения собственной безопасногсти.

Президенты убеждены в том, что укрепление ОБСЕ, чей потенциал должен ещё быть полностью реализован, отвечает интересам России и США. Президенты выразили удовлетворение итогами Лиссабонского саммита ОБСЕ и отметили важность осуществления его решений как для определения дальнейших целей сотрудничества в области безопасности, так и для продолжения разработки новаторских методов выполнения растущего объема задач, которые принимают на себя ОБСЕ.

Совместное российско-американское заявление по европейской безопасности

☞ в области чего; ~의 분야에 있어서/ в глобальном масштабе; 세계적 규모에서/ в духе чего; ~의 정신에 입각하여/ опереться на что; ~에 근거하여, ~에 기초를 두고/ основываться на чём; ~에 근거를 두다/ убеждён в том, что~; ~을 확신하다/ ОБСЕ: Организации по безопасности и сотрудничеству в Европе (유럽 안보협력 기구)

속담

Не говори, что делал, а говори, что сделал.
무엇을 했다고 말하지 마라. 무엇을 끝마쳤다고 말해라.

Не откладывай на завтра то, что можно сделать сегодня.
오늘 할일을 내일로 미루지 마라.

Гора родила мышь.
산이 쥐를 낳았다. (많은 수고 끝에 결과가 적다.)

Что прошло, того не воротишь.
흘러간 것은 돌아오지 않는다.

作文

1. 그뒤로 벌써 10년이 흘렀다.

2. 두 젊은이는 저녁 먹은후 즉시 떠났다.

3. 우리는 세사람이었다.

4. 창문의 반은 낡은 정원을 향하고 있다.

5. 이야기가 매우 재미 있었다.

6. 문학의 기본적인 재료는 언어이다.

7. 그녀는 항상 친절하고 상냥하고 부지런했었다.

8. 나는 모든 세상을 사랑할 준비가 되어있다.

9. 인류의 소망이 이루어졌다.

10. 가장 빠르고 편리한 교통수단중에 하나가 택시이다.

11. 지하철노선이 매년 확장된다.

重要表現

283. **делать кому замечание** ; ~를 비난(질책)하다
 Этому мальчику все время делают замечания.

284. **отказываться/отказаться от (своего) замысла** ; 계획(생각)을 포기하다
 Я не хочу отказываться от замысла организовать спортивную секцию.

285. **отменять/отменить занятие** ; 수업을 취소하다
 Директор школы отменил сегодня все занятия.

286. **посещать занятие** ; 수업을 하다
 Чтобы освоить этот предмед нужно регулярно посещать занятия.

287. **пропускать/пропустить занятия** ; 수업을 빠트리다
 Этот ученик часто пропускает занятие.

288. **откладывать/отложить что про запас** ; ~을 예비로 저장하다
 Мы отложили эти деньги про запас.

289. **передавать/передать кому известие** ; ~에게 소식을 전하다
 Завтра в 10 состоится обще собрание, передайте всем это известие.

290. **сообщать/сообщить кому известие** ; ~에게 소식을 알리다
 Мне уже сообщили это неприятное известие об аварии.

291. **вносить/внести изменения во что** ; ~에 변화를 주다
 В новой закон необходимо внести некоторые изменения.

292. **оставлять/оставить что без изменения** ; 변경없이 그대로두다
 Новый закон был принят и оставлен без изменений.

293. **Выступать/выступить от имени кого** ; ~을 대신하여 말하다
 Этот человек будет сегодня выступать от имени всех демократов России.

294. **звать кого по имени**; ~의 이름을 부르다
   Во сне она слышала знакомый голос, который звал её по имени.

295. **приобретать/приобрести имя**; 이름을 얻다
   Он приобрёл себе громкое имя и известность после попытки военного переворота.

296. **брать/взять инициативу в свой руки**; 주도권을 쥐다
   брать/взять на себя инициативу;
   Во время этих событий, он сумел взять инициативу в свои руки.
   Россия берет на себя инициативу по отказу от нанесения первого ядерного удара.

297. **проявлять/проявить инициативу**; 주도를 하다
   В такой ситуации нам необходимо самим проявить инициативу, а не ждать помощи со стороны.

298. **действовать в интересах кого**; ~의 이익을 위해 행하다
   Этот человек действует только в интересах своей кампании.

299. **затрагивать/затронуть чьи интересы**; ~의 이익을 건드리다
   Новый закон затрагивает интересы всех, кто имеет землю в собственности.

300. **обнаруживать/обнаружить интерес к чему**; ~에 흥미를 나타내다
   В возрасте пяти лет ребёнок вдруг обнаружил большой интерес к рисованию.

301. **пробуждать/пробудить интерес к кому(чему)**; ~에 대한 흥미를 일으키다
   Пробуждать интерес ребёнка к учёбе необходимо уже в самом раннем возрасте.

302. **наблюдать за исполнением чего**; ~의 수행을 감독하다
   Министерство экономики обязано будет наблюдать за исполнением этой федеративной программы.

303. **проверять/проверить исполнение чего**; ~의 수행을 점검하다
   Вашему отделу поручается проверить исполнение плана на первое полугодие.

304. проводить/провести испытание ; 실험을 하다
　　Испытание всех наших самолётов проводяться на этом полигоне.

305. вести исследование ; 연구를 하다
　　Учёные нашего института уже ведут исслеования в области высоких энергий.

306. завершать/завершить исследование ; 연구를 완수하다
　　 заканчивать/закончить исследование ;
　　Исследование плазмы было завершено в прошлом годы и его результат были опубликованы.

307. открывать/открыть кому истину ; ~에게 진실(진리)을 밝히다
　　Перед смертью отец открыл ему истину его происхождения.

308. ссылаться/сослаться на источники ; 출처를 인용하다
　　Принаписании научной работы необходимо ссылаться на источники при цитировании.

309. подводить/подвести итоги ; 결론을 짓다, 결산을 하다
　　Сегодняшнее собрание проводится с целью подвести итоги работы предприятия за второе полугодие.

310. формировать кабинет министров ; 組閣을 하다, 내각을 구성하다
　　Сразу после выборов премьеру-министров было прученo сфомировать кабинет министов.

311. снять камень с души у кого ; ~마음의 짐을 덜다
　　Его обьяснение сделало всё ясным, оно сняло камень с моей души.

312. выдвигать/выдвинуть кого кандидатом (в кандидаты) ; ~를 후보로 지명하다
　　Уже сейчас инициативные групы начинают выдвигать своих кандидатов на пост президента Российской Федерации.

313. вкладывать/вложить капитал во что ; ~에 자본을 투자하다
　　Государство вкладывало огромный капитал в реконструкцию экономики.

314. умножать/умножить капитал ; 자본을 분산하다
　　Если вы желаете умножить свой капитал. лучше будет поместить его в надёжный банк.

【 독해 · 문법 · 작문 해답 】

〔讀解 演習〕

1.
중앙지역은 유리한 경제적 · 지리적 위치를 갖고 있다. 오래전부터 볼가, 드네프르,그리고 다른 강들이 러시아중앙을 다른지역들과 이웃국가들을 연결시켰다. 중앙의 위치라는 것을 포함한 많은 원인들이 지역의 빠른 경제적 이용과 중요도시인 모스크바의 정치적 역할에 영향을 주었다.

2.
선생님이 된다는 것은 커다란 명예일뿐만이 아니라 또한 커다란 책임인 것이다. 모든 것이 학교로부터 시작되며 학교에서는 모든 것이 선생님으로부터 시작된다. 자랑스럽고도 힘든 교사를 직업으로 선택한 젊은이는 교사의 요건으로서 가장 특징적인 헌신과 몰두를 항상 염두에 두어야한다.

3.
모스크바의 젊은이 집단이 사회학자의 자유시간에 대한 질문에 다음과 같이 답변했다. 그들중 53%는 자유시간이 부족하다고 답변했으며, 45%는 휴식시간이 충분하다고 말했고 2%는 시간이 무척 많다고 말했다. 물론 많은사람들에게 있어서 자유시간의 양은 다양하다.

4.
사람은 자연의 아이들이다. 우리의 삶은 자연에 의존한다: 기후와 토지, 물, 숲, 유용한 광물등... 그러나 오늘날 자연자체가 사람에 의존한다. 사람은 자연으로부터 필요한 것을 얻으면서 자연을 보호해야 한다는 사실을 자주 잊어버리고 있다.

5.
시베리아는 국가가 아니다. 시베리아는 지리적 의미이다. 그러나 오래전부터 이땅은 수도와 같은 도시들을 갖고 있었다. 그중 첫 번째 도시는 "또볼스크"이다. 그 당시 옴스크는 일반적인 농촌이었다. 철도가 옴스크와 이르쿠츠크를 성장하게 만들었고 또볼스크는 낙후되었다. 철도변에 만들어진 노보시비르스크는 혁명당시 소도시 였다. 그 당시 그곳의 주민은 7만이었다. 오늘날 노보시비르스크에는 100만 이상이 거주하고 있다. 이 커다란 산업 및 문화의 중심지가 시베리아의 수도가 되었다.

6. 성 페테르부르그는 가장 커다란 문화의 센터이다. 이곳에 어떠한 박물관, 극장, 도서관, 대학들이 있는가! 이곳에는 시의 원본이 보관되어 있는 유명한 뿌쉬킨의 집이 있다고 충분히 말할 수 있다. 이곳에는 우리나라에서 가장 큰 에르미따즈 미술박물관이 있다.

7. 중국과의 관계가 러시아 대외정책 문제중 가장 중요하고 장기간에 걸친 문제중의 하나이다. 어떻게보면 이러한 관계들은 러시아 자체의 운명과 관계가 있다. 이제 장기간의 미국 편향적인 선천적 색맹성 외교노선 이후에 러시아지도부와 외교는 적법하게 중국에 큰관심을 돌리고 있다.

8. 사람들은 셈하는법을 가장 오랜 시기로부터 배우기 시작했으며 그들의 선생님은 바로 삶 자체였다. 사람들이 "다섯"이나 "일곱"이라는 단어를 알지 못하던 시기에도 손가락으로 숫자를 나타낼수가 있었다. 현재에도 손가락의 도움이 없이는 셈을 할 수 없는 그러한 종족이 지구상에 존재한다. 그들은 다섯이라는 숫자대신에 "손"이라고 말한다. 열은 "손2개", 스물은 "전체사람" 즉 발가락을 포함하여 셈한 표현이다. 이렇게 사람들은 자연이 준 자신의 다섯 손가락을 가진 손을 이용하여 셈을 배우기 시작하였다.

9. 냉전이후 러시아의 중요 관계국들이 군수물자에 대한 수요를 급격히 감소시켰으며 발전도상국은 수요에 대한 지불조차도 할 수 없는 상태이다. 이것은 세계시장에서 경쟁을 일으켰으며 이로인해 러시아는 크게 어려움을 겪었다. 이것에 대해 아직까지도 미국은 미국, 다른 서구나라, 친서구적인 나라들의 시장으로 러시아무기의 판로를 허용함으로써 러시아의 전통적인 소련시절의 판매시장 상실에 대한 보상의향을 보이지 않고 있다.

10. 국제평화와 지역의 안전을 위반한 국가에 군사력을 적용하는 문제는 가장 어렵고 복잡한 것이다. 만일에 비군사적 수단의 강압이 효과적이지 못할 때, 평화의 회복을 위해 힘의 적용이 도발국에 영향을 줄 수 있는 마지막 수단이 될수 있다.

〔長文 讀解〕

1.

독백적인 수업을 거절하고 대화적인 수업으로 전환하는 것. 그룹수업이 이를 촉진한다. 수업중에 각 학생들이 질문을 던질 수 있거나, 자신의 의견을 말할 수 있거나 토론에 참여할 수 있는 가능성을 갖게된다. 무엇보다도 아이들이 듣는 사람이되고 이해하는 사람이 되어야하는 요구성이 실현된다.

나는 가장 소심하고 우유부단한 아이들이 말할 수 있는 수업이 가장 훌륭한 수업이라고 생각한다. 그렇게되면 자신의 일들로부터 진정한 만족이 오게된다.

아이들 자신들이 경험하는 것이 매우 중요하다: 자신의 능력안에서 확신을 느끼는 것, 같은반 아이들과 선생님의 눈안에서 자기긍정을 할 수 있는 가능성을 말이다. 그들은 말 그대로 높은수준으로 성장하며 용감해진다. 얼굴이 기쁨으로 밝아진다.

수업에서 토의를 조직하는 것이 이를 촉진한다. 아마도 초등학교에서 서툴고 우스꽝스럽게 보이는 것을 겁내지 않고 자신이 생각하는 것을 말할 수 있는 수업이 없는것 같다. 첫수업에서 나는 아이들과 함께 어리석은 질문과 답변은 없다는 생각에 도달하게 되었다.

2.

옐친과 클린턴 대통령은 지중해유럽지역의 안전문제에 대한 현상황을 논의했다. 그들은 안정된, 안전한, 통합된, 단일한, 민주적인 유럽을 형성한다는 공동의 목적에 대한 자신들의 지지를 확인했다. 이러한 목적을 달성하기 위한 긴밀한 협력계획안에서 세계적 규모에서 책임을 갖고있는 강대국으로서의 러시아와 미국의 역할이 특별히 요구되고 있다. 이러한 협력은 최근 몇 년동안의 러·미관계를 특징짓고 있는 솔직성과 실용주의에 입각하여 실현될것임을 확인했다.

1995년 5월에 채택된 유럽안전에 관한 공동선언을 기억하면서 양국정상은 유럽의 확고한 평화는 서로 서로를 보강하는 조직안에 있는 모든 대륙의 연합위에, 분열과 분쟁으로의 회귀를 불허용하는 관계위에 기반을 두고 있다고 강조했다. 어느 하나의 조직체가 자기 스스로 안전을 보장할 수 없다. 양국정상은 안전구조의 진화는 그 어떤나라에 위협을 주어서는 않되며, 보다 안전하고 통합된 유럽의 건설을 촉진하는 것이 되어야 한다는데 동의하였다. 이는 헬싱키 최종규정과 부다페스트 규정 그리고 유럽안전협력기구에 관한 다른문서에서 확보된 유럽안전협력기구의 원칙에 대한 깊은 지지에 근거해야 한다. 즉 인권, 민주주의, 정치적 다원주의, 모든 국가들의 주권과 영토권, 자체안전확보에 대한 선택권에 대한 존중등이다.

양국정상은 유럽안전협력기구의 잠재력이 완전히 실현되어야만 하며 이의 강화는 러시아와 미국이 이익에 부응된다는 것을 확신했다. 양국정상은 리스본에서 개최된 유럽안전협력기구 정상회담의 결과에 만족을 표했고 안전분야 협력의 향후 목표를 결정하기 위해서, 유럽안전협력기구가 받아들이고있는 증대되는 과제들의 수행을 위한 새로운 방법의 지속적인 연구를 위해서는 결정사항의 실현이 중요함을 지적했다.

〈作文〉

1. Уже десять лет ушло с тех по .
2. Оба молодых человека уехали тотчас после ужина.
3. Нас было трое.
4. Половина окон выходит в старый сад.
5. Рассказ был очень интересен.
6. Основным мателиалом литературы является слово.
7. Она всегда оставалась доброй, ласковой, заботливой.
8. Я был готов любить весь ми .
9. Мечта человечества осуществилась.
10. Одним из наиболее быстрых и удобных видов транспорта является такси.
11. Длина линий метро увеличивается с каждом годом.

13. 단문(II)-문장의 副次的 部分

기본 문법

1. 목적어

(1) 명사, 대명사

1) ① Я купил новую **машину**. ② Ученик не решил **задачи**.
2) ① Я помогаю **ему**.
   ② Этот студент хорошо владеет **русскийм языком**.
   ③ Студенты готовятся **к зачёту**. ④ Как он **на** это посмотрит?

(2) ① Она очень часто вспоминала **о прошлом**.
   ② Все посмотрели **на вошедшего**.
   ③ нужно разделить **восемь** пополам.
   ④ Она научила **своих детей считать**.

(3) 목적어구

1) ① Я решил **две трудные задачи**.
   ② У **большинства дверей** имеются замки.
2) ① Я поеду к отцу **с матерью**. ② **Нам с тобой** прислали письма.
3) ① **Одному из студентов** поручили сделать доклад.
   ② **Ни у кого из нас** нет словаря.
   ③ **Сильнейшему из спортсменов** вручили приз.

(4) 명사·형용사의 목적어

1) ① **Изменение плана** совершено.
   ② Президенту поручили **управление государством**.
   ③ У неё отсутствовал **интерес к музыке**.
2) Страна богата **лесом**. (조격)   Сын похож на **отца**. (на + 대격)

1. 목적어

(1) 명사, 대명사

1) 타동사는 대격의 직접목적어를 취하며 부정문에서는 생격의 직접목적어를 취한다.
  ① 나는 새 차를 샀다.   ② 학생은 과제를 풀지 못했다.
2) 타동사를 제외한 동사들은 직접 또는 전치사와 함께 간접목적어를 취한다.
  ① 나는 그를 돕는다.   ② 이 학생은 러시아어를 잘 구사한다.
  ③ 학생들은 시험을 준비한다.   ④ 그는 이것을 어떻게 보는가?

(2) 명사적 용법으로 쓰인 형용사, 형동사, 수사, 동사
  ① 그녀는 자주 과거에 대해 회상했다.
  ② 모두가 들어오는 사람을 쳐다보았다.
  ③ 8을 반으로 나누어야 한다.
  ④ 그녀는 자기 아이들에게 셈하는 것을 가르쳐 주었다.

(3) 목적어구

1) 수사 + 명사; ① 나는 2개의 어려운 과제를 해결했다.
           ② 대부분의 문에는 자물쇠가 있다.
2) 명사, 대명사 + С + 조격(명사, 대명사);
  ① 부모를 뵈러 간다.
  ② 그들이 너와 나에게 편지를 보냈다.
3) 명사, 대명사 + из + 복수생격;
  ① 학생중 한 사람에게 보고요청이 있었다.
  ② 우리들중 누구에게도 사전이 없다.
  ③ 운동선수중 가장 강한자에게 상이 수여되었다.

(4) 명사 · 형용사의 목적어

1) 명사의 목적어:
① 계획의 변경이 이루어 졌다.
② 대통령에게 국가운영이 위임되었다.
③ 그녀에게는 음악에 대한 관심이 없었다.
※ 타동사로부터 파생된 명사가 아닐 경우 본동사가 취하는 격과 전치사를 동일하게 취한다.

2) 형용사의 목적어

Учитель доволен учеником. (선생님은 학생들에게 만족한다./ 조격)

Вопрос понятен студенту. (질문은 학생들에게 이해가 된다./여격)

2. 수식어
(1) ① Мой товарищ, **живущий** в Москве, часто пишет мне.
② Он явился через **три дня**.
(2) ① У меня был **билет в кино**.
② Вчера я был на лекции о Горьком.
(3) ① Пришла брат и **его товарищ**.
② Я поеду **к его товарищу**.
(4) ① Брат **моложе** сестры.
② Он получил комнату **больше** моей.
(5) ① **Прямо напротив гостиницы** через дорогу расположен парк.
② **Домик снаружи** покрасили голубой краской.
(6) ① Она сдержала своё **обещание написать** им письмо.
② У нас к вам большая **просьба остаться** для обсуждения следующего вопроса.
(7) ① Здесь занимаются **ученики первого курса**.
② У него есть сын **пяти лет**.

2. 수식어

(1) 형용사, 형동사, 수사, 대명사가 사용
Маленькая девочка подошла ко мне.(작은 계집아이가 내게 다가왔다.)
① 모스크바에 살고 있는 내 친구는 자주 내게 편지를 보낸다.
② 그는 3일이 지나 나타났다.

(2) 명사 또는 전치사 + 명사
Все собрались в комнате брата.(모두가 동생의 방에 모였다.)
Мы катались на лодке с парусом.(우리는 돛이 있는 배를 탔다.)
① 내게 극장표가 있었다.　　② 어제 나는 고리키에 관한 강의를 들었다.

(3) 소유대명사
① 동생과 그의 친구들이 왔다.　　② 나는 그의 친구에게 간다.

(4) 비교급 형용사
① 동생은 여동생보다 어리다.　　② 그는 나보다 큰방을 받았다.

(5) 부사
① 바로 호텔 맞은편 길건너 공원이 위치하고 있다.
② 집바깥을 파란색으로 칠하였다.

(6) 부정형 동사
① 그녀는 우리에게 편지를 보내겠다는 약속을 지켰다.
② 다음문제 논의를 위해 남아주시기를 간곡히 부탁드립니다.

(7) 형용사 + 명사
Вошёл человек высокого роста.(키가 큰사람이 들어왔다.)
① 이곳에서 첫 번째 과정의 학생들이 공부한다.
② 그에게는 5살짜리 아들이 있다.

> **3. 부사 수식어**
> (1) 방식의 부사
>   1) ① Я читал стихи **наизусть**. ② Лампа горит **ярко**.
>   2) ① Дождь шёл без **конца**. ② Мы **с трудом** поняли его.
>   3) **Читая**, записываю незнакомые слова.
>
> (2) 목적의 부사 수식어
>   1) ① Сделайте это **для общего блага**.
>   ② Откладывайте денги **на поездку**.
>   2) ① Мы встретились **помириться**. ② Я иду **купить** хлеб.
>   3) ① Он **зачем-то** пришёл сюда. ② Он сделал это мне **назло**.
>
> (3) 원인의 부사 수식어
>   1) ① Я не слышал его **из-за шума**.
>   ② Я продал машину по **необходимости**.
>   2) ① Он болен, **поэтому** не ходит в школу.
>   ② Он **почему-то** не позвонил мне.
>   3) ① **Не поняв вопроса**, она растерялась.
>   ② **Применяв новый метод**, бригада сможет перевыполнить норму.

3. 부사 수식어

※ 부사수식어중 장소, 시간, 정도 및 비교의 부사는 8장 부사를 참조할 것

(1) 방식의 부사 수식어

1) 방식의 부사

   ① 나는 시를 암송했다. ② 등불이 밝게 빛나고있다.

2) 전치사 + 명사

   Ученик решил задачу без труда.(학생은 어려움없이 문제를 해결했다.)

   ① 비가 끝없이 왔다. ② 우리는 어렵게 그를 이해했다.

3) 부동사

   Боясь грозы, я поспешил дмой.

(나는 소나기를 걱정하면서 집으로 걸음을 재촉했다.)
(읽으면서 모르는 단어들을 기록했다.)

(2) 목적의 부사 수식어

1) 전치사 + 명사 ; ① 공익을 위해 이것을 하시오.
　　　　　　　　② 여행을 위해 돈을 저축하시오.

2) 부정형 동사 ; ① 우리는 화해하기위해 만났다.
　　　　　　　② 나는 빵을 사러 간다.

3) 목적의 부사 ; ① 그는 무슨 목적에서인지 이리로 왔다.
　　　　　　　② 그는 내게 악의로 이것을 말했다.

(3) 원인의 부사 수식어

1) 전치사 + 명사 ; ① 소음 때문에 그의말을 듣지 못했다.
　　　　　　　　② 나는 어쩔수 없이 차를 팔았다.

2) 원인의 부사 ; ① 그는 아파서 학교에 가지 않는다.
　　　　　　　② 그는 무엇때문인지 내게 전화를 하지 않았다.

3) 부동사 ; ① 문제를 이해하지 못해 그녀는 혼란에 빠졌다.
　　　　　② 새로운 방법을 적용해서 작업조는 평균량 이상을 달성할 수 있었다.

讀解演習

▷ **КЛЮЧ**: Я купил новую **машину**. Она научила **своих детей считать**.

1. Жил-был Волк. Он никогда не убирал **свой дом**. В доме всегда было грязно. Мимо дома проходил Слон. Слон задел **крышу дома**. Часть крыши упала на землю. Слон извинился. Он починил **крышу**. Волк решил заставить **Слона построить** новый дом. Слон ушёл. Волк **ничего** не понял.

☞ мимо чего ; ~옆을/извиниться ; 용서를 빌다. 사죄하다/слона와 построить는 заставить의 목적어로 사용

▷ **КЛЮЧ**: Этот студент хорошо владеет **русскийм языком**.

2. Современный этап научно-технической революции начался с создания микрокомльютеров и персональных компьютеров. **Ими** стали пользоваться не только учёные, но и люди, не занимающиеся научной работой. Персональный компьютер скоро будет нужен человеку так же, как телефон и телевизо.

☞ ими는 пользоваться의 간접목적어/так же, как~ ; ~와 마찬가지로

▷ **КЛЮЧ**: **Одному из студентов** поручили сделать доклад.

3. Республика Корея **превратилась в одно из основных мировых торговых государств** благодаря последовательному проведению политики более свободной торговли и открытия внутренних рынков, одновременно с этим укепряя свои позиции на мировом рынке.

☞ превратьяся в что ; ~로 변화되다/одно~государств ; 전치사 в 의 목적어구

▷ КЛЮЧ : **Изменение плана** совершено.

4. **Принятие реалистичного бюджета** вовсе не будут означать автомачического решения всех проблем. Плохо, если правителтство пойдёт на чисто механическое сокращение финансования по всем направлениям без осуществления структурных преобразования.

☞ реалистичного бюджета는 명사 принятие의 목적어

▷ КЛЮЧ : Страна **богата лесом**.

5. Северо-Западный район **богат полезными ископаемыми, лесом, рыбными ресусами**. Но из-за положения части территории за полярным кругом её хозяйственное освоение затрудно. На Кольском поруострове и в Карелии разведаны запасы апатитов, руд цветных и редких металлов, железных руд. Печорская территория располагает каменным углем, газом, нефтью, титановыми рудами, солями.

☞ 형용사의 목적어 용법: богат чем(~이 풍부한)/ затрудно = трудно ; 어렵다/ расположить чем ; ~을 갖고 있다. 소유하다

▷ КЛЮЧ : **Тёмные** тучи закрыли небо. Вот на землю упали **первые капли дождя**.

6. **Быстрое экономическое и социалиное развитие** способствовало признанию и превышению авторитета Республики Корея в мире, сделало более заметной её роль на между народной арене. Об этом, в частности, свидетельствуют успешное проведение Олимпийских игр 1988г. в Сеуле и прошедшая в Тэчжоне международная выставка 《ЭКСПО-93》, которую назвали "Олимпиадой науки и техники". **Эти два мероприятия международного масштаба** сыграли существенную роль в укреплении связей Республики Корея с другими странами мира и способствовали дальнейшему развитию **её економики**.

☞ 형용사, 수사, 대명사등이 수식어로 사용/способствовать чему: ~을 촉진하다/ свидетель-ствовать о чём; ~을 증명하다

▷ **КЛЮЧ**: Здесь занимаются **студенты второго курса**.

7. Мой собственный **вариант здорового образа жизни** позволил мне последние десять лет чемпионства обходиться без медикаментов. Кроме физической культуры в нашей спортивной семье с детства прививается привычка к режиму, активной физической деятельности, а также к витаминам. На нашем столе круглый год-зелень, приправы из натуральных продуктов, свежие или сушеные фрукты.

☞ 「형용사+명사」가 수식어로 사용/позволить кому + 동사원형: ~에게 ~을 하도록 허용 하다/ также: 역시, 또한/круглый год; 1년내내

▷ **КЛЮЧ**: Лампа горит **ярко**.

8. Люди **по-разному** проводят свободное время: сегодня едут на экскурсию или идут с друзьями в кафе, завтра идут в театр или на дискотеку, а может быть, отдыхают дома с книгой в руках. Все мы читаем, ходим в кино, на выставки и концерты, любим музыку и танцы. Мы любим развлекаться, но, наверное, у каждого есть своё любимое дело - увлечение.

☞ 방식의 부사 수식어 용법

▷ **КЛЮЧ**: Сделайте это **для общего блага**.

9. Сейчас Туркменистана и Эстонии уже просто не могут быть «совмещны», быть частями какого-либо единого объединения. Но самое важное, наверное, — это все же привычка к новому статусу, все больше ощущение его как естественного и нормального. **Для окончательного закрепления этой привычки**, очевидно, нужна смена поколения.

☞ 목적의 부사수식어 용법/самое важное; 가장 중요한 것/ привычка к чему; ~에 대한 익숙

▷ **КЛЮЧ**: Он болен, **поэтому** не ходит в школу.

10. Раньше считали, что животные и растения могут быть полезными или вредными для человека. **Поэтому** многие виды животных и растений уничтожалась. Сейчас можно услышать и другое мнение: нельзя предвидеть, какое значение для человечества может иметь какой-нибудь вид животных или растений в будущем. Виды, которые когда-то казалось совсем ненужными или вредными, потом становились очень важными и полезными. **Поэтому** надо беречь и охрянять всё живущее и рстущее на нащей планете.

☞ 원인의 부사 수식어 용법/в будущем; 장래에/ казаться кем(чем); ~으로 보이다, 생각되다/ стать(становиться) кем(чем); ~ 이 되다

속담

Куй железо, пока горячо.
쇠가 달았을 때 내리쳐라.(쇠뿔도 단김에 빼라.)

Нет дыма без огня.
불없는 연기는 없다.(아니땐 굴뚝에 연기나랴.)

Тише едешь, дальше будешь.
조용히 가는자가 멀리간다.
(신중하게 일을 처리하는 것이 더 좋은 결과를 가져다 준다.)

필 수 표 현

32. 근거

(1) основываться	на чём	(~에 의거하다, 입각하다)
на основании	чего	(~에 기초하여, ~의 이유에 의해)
(2) опираться	на что	(~에 기초를 두다, 근거로 하다)
(3) исходить	из чего	(~에 의거하다, 입각하다)
исходя	из чего	(~에서 출발하여)
(4) В соответствии	с чем	(~에 따라)
(5) Согласно	чему(с чем)	(~에 따라, ~에 따르면)
(6) в результате	чего	(~의 결과로)

(1) Его теория основывается на фактах.

Этот спор основывается на недоразумении.

На каком основании вы утверждаете?

Нельзя определить структуру лунной поверхности на основании наземных наблюдений.

(2) Его точки зрения опирается на провернные данные.

Опираясь на многолетние наблюдения за деятельностью Солнца, учёные пришли

к выводу, что излучение Солнца испытывает колебания.

(3) Мы исходим из опыта.

Исходя из этой факторов трудно поверить его словам.

(4) Всё было решено в соответствии с законом.

(5) Всё было согласно плану. Он действовал согласно с законом.

(6) В результате обследования были обнаружены поразительные факты.
 В результате запуска космической станции "Луна-2" было установлено, что у Луны отсутствует заметное магнитное поле.

33. 이해

(1) иметь	сведения(소식)	о чём	(~에 대한 소식·이해를 갖고 있다)
(2) получить	представление(이해)	о том, что..	(~에 대한 소식·이해를 얻다)
(3) дать		о том, как..	(~에 대한 소식·이해를 알리다)

(1) Я не имею ни малейшего представления об этом.

(2) Посмотрев этот фильм, вы получите довольно полное представление о природе Сибири.

(3) В конце словаря помещены таблицы, которые дают сведения о грамматике языка.
Роман А. С. Пушкина "Евгений Онегин" даёт представление о жизни русского общества в первой половине 19 века.

長文 讀解

1.

Государства национальны в своем происхождении и в своём ядре —вот Факт, на котором неизбежно останавливается мысль. Даже те государства, которые в своём окончательном виде состоят из многих племен и народностей, возникли в результате государствообразующей деятельности одного народа, который и является в этом смысле "господствующим" или державным. Можно идти как угодного далеко в при знании политического равенства разных наций — их исторической равноценности в государстве это все же не установит. В этом смысле Россия, конечно, остается и останется русским государством при всей своей многоплеменности даже при проведении самого широкогонационального равноправия. Совместное существование многих наций под одной государственной кровлей создает между ними не только отношения солидарности, но и соревнования, борьбы. В этой борьбе напрягается чувство национальности, и оно, конечно, всегда угрожает перейти в национализм, хотя внешние проявления последнего могут весьма различаться в разные эпохи истории. Нравственное сознание современного человека все менее мирится с угнетением более слабых национальностей господствующей.

Сергей Булгаков : Душа и держава

☞ состоит из чего ; ~으로 구성되어있다/ остаться(оставаться) ком-чем ; ~의 상태에 머물다. Он оставался членом клуба 그는 클럽회원으로 남아있다/ мириться с кем ; ~와 화해하다

2.

Правительсто Российской Федерации и Правительство Республики Корея выражают удовлетворение достигнутыми результатами сотрудничества и соглашаются препринимать надлежащие меры к его дальнейшему развитию в следующих областях.

— энергетика и разработка природных ресурсов;

— лесная, деревообрабатывающая и целлюлозно-бумажная промышленность;

— химическая промышленность;

— станкостроение и машностроение, включая автомобилестроение и судостроение;

— производство товаров широкого потребления;

— атомная энергетика и обепечение безопасности атомных электростанций;

— авиационно-космическая промышленность, мирное использование космическогопространства;

— военно-техническая область;

— конверсия военной промышленности;

— строительство;

— транспорт и связь;

— банковская система;

— охрана окружающей среды;

— сельское хозяйство;

— рыболовство;

— здравоохраннение и медицина;

— подготовка кадров;

— возможные другие.

Особое внимание и все надлежащее содействие обоих правительств будет также оказаны эффективный совместной реализации таких крупных проектов, как:

— освоение Иркутского газового месторождения;

— освоение газового месторождения в Республике Саха-Якутия и прокладка газопровода в Республику Корея;

— создание корейского технопарка в Находкинской свободной экономической зоне;

— строительство корейского торгового центра в Москве;

— другие совместные проекты, имеющие важное значения для развития экономик обеих стран.

Декларация о содейсвии развитию торгово-экономического и научно-техноческого сотрудничества между Правительством Российской Федерации и Правительством Республики Корея.

☞ выражать удовлетворение ; 만족을 표하다

作文

1. 학생들은 국제정치에 관한 질문들에 흥미를 나타낸다.

2. 보고자는 매우 중요한 문제를 언급했다.

3. 도서관 근무시간을 확인했습니까?

4. 먼 옛날부터 책은 사람을 성장시킨다.

5. 그녀는 사람들과 이야기하고 인생에 관한 그들의 이야기를 듣는 것을 좋아했다.

6. 그가 내 질문을 이해하지 못한 것이 분명하다.

7. 얼마전에 모스크바의 예술가들이 우리도시에 왔다.

8. 그녀는 내일 열차표를 사기위해 역으로 갔다.

9. 그녀는 경험부족으로 많은 실수를 했다.

10. 너의 도움으로 나는 벌써 일을 끝냈다.

11. 이체제의 가장 중요한 문제들은 경제상황이다.

重要表現

315. **обладать какими качествами**; ~특성을 지니다
 Он обладает всеми необходимыми качествами, чтобы стать кампетентным специалистом в этой области.

316. **отличаеться какими качествами**; ~특성으로 인해 두르러지다
 Этот мателиал отличается необычными качествами.

317. **переезжать/переехать на новую квартиру**; 새 아파트로 이사하다
 Мы не можем с вами встреться на этой неделе, потому что переезжаем на новую квартиру.

318. **снимать/снять квартиру**; 아파트를 임대하다
 Так как я не мосвич, я вынужден снимать квартиру недалеко от университета.

319. **выпускать/выпустить книгу в свет**; 책을 출판하다
 издавать/издать книгу;
 Сейчас издательство выпускает в свет книги серии "классика мировой литературы".
 Чтобы издать вашу книгу, потребуется ещё некоторые время.

320. **выбрать/избрать комитет**; 위원회를 선출하다
 На заседании Государственой Думы был выбра комитет, который и будет заниматься выработкой проекта этого закона.

321. **доводить/довести что до конца**; ~을 끝까지 행하다
 Если вы начали эту работу, то нужно довести дело до конца.

322. **подходить/подойти к концу**; 끝에 도달하다
 Ночи стали длиннее и прохладнее — лето подходило к концу.

323. **изменять/изменить конституцию**; 헌법을 개정하다
 В связи с большими политическими изменениями, необходимо уже сейчас изменить конституцию.

324. **принимать/принять конституцию**; 헌법을 채택하다
Конституция была принята в третьем чтении.

325. **проводить/провести конференцию**; 회의를 개최하다
В прошлом году нашим институтом были проведены две международные конференции.

326. **участвовать в конференции**; 회의에 참석하다
Наши учёные также участвовали в конференции по прблемам биохимии.

327. **выступать/выступить с концертом**; 음악회에 출연하다
Завтра известный музыкант и певец Николаев выступает с концертом в Чайковской консерватории.

328. **давать/дать концерт**; 음악회를 개최하다
Знаменитый музыкант даёт концерт в Москве на следующей неделе.

329. **ходить на концерт**; 음악회에 다니다
Мая сестра очень любит ходить на концерты рок-группы.

330. **костюм идёт кому**; ~에게 양복이 어울린다
Вам очень идёт серый костюм, так как он подходит к цвету ваших глаз.

331. **предоставлять/предоставить кому кредит**; ~에게 크레디트를 제공하다, 신용 대부하다
Банк готов предоставить этои организации кредит в 300.000$

332. **вызывать/вызвать кризис**; 위기를 야기하다
Неплатежи предприятий вызвали кризис банковской системы.

333. **углублять/углубить кризис**; 위기를 심화하다
Отусутствие власти на местах ещё более углубляет политический кризис.

334. **подвергать/подвергнуть кого-что критике**; ~를 비판하다
Курс руководства предприятия был подвергнут острой критике на совещании.

335. **расширять/расширить круг кого(чего)**; ~의 범주를 넓히다
Вам необходимо расширить круг знакомов, если вы хотите добиться успеха.

336. **держать курс на что**; ~에 대한 정책을 유지하다
Правительства держит курс на рыночную экономику.

337. **поступать/поступить на какие курсы**; ~한 코스에 들어가다
Вам необходимо поступить на курсы повышения кварификации.

338. **разделятьяс/разделиться на два лагеря**; 두 그룹으로 나뉘다
Наше общество всё больше разделяется на два лагеря очень богатые и очень бедные.

339. **принимать/принять лекарство**; 약을 복용하다
Вам нужно принимать лекарство три раза в день до еды.

340. **читать/прочитать лекцию**; 강의를 하다
Профессор прочитал лекцию по истории.

341. **говорить/сказать что в лицо**; ~을 면전에서 말하다
Я ему высказал всё, что о нём думаю, прямо в лицо.

342. **не иметь своего лица**; 개성이 없다
Это очень незаметный, тихий человек, у енго нет своего лица.

343. **заставать/застать кого на месте преступления**; ~를 범행현장에서 체포하다
Милиция застала преступников на месте преступления при передаче опиума.

344. **занимать/занять первое (второе..) место**; 1등(2등)을 하다
Этот спортсмен занял первое место на соревнованиях в беге 100 метров.

345. **передвигать/передвинуть что с места на место**; ~을 한 장소에서 다른 장소로 옮기다
Мы постоянно передвигаем этот стол с места на место, но он везде мешает.

346. **выражать/выразить мнение**; 의견을 말하다
Мы уже неоднократно выразили своё мнение по этому вопросу.

【 독해 · 문법 · 작문 해답 】

〔讀解 演習〕

1.
> 늑대가 살았다. 그는 한 번도 집을 청소하지 않았다. 집은 항상 더러웠다. 집옆으로 코끼리가 지나갔다. 코끼리는 지붕을 건드렸다. 지붕의 일부분이 땅에 떨어졌다. 코끼리는 미안해했다. 그는 지붕을 수리했다. 늑대는 코끼리가 새집을 짓도록 붙잡아 두기로 결심했다. 코끼리는 떠났다. 늑대는 이를 이해하지 못했다.

2.
> 현대과학기술의 혁명은 마이크로컴퓨터와 개인컴퓨터(PC)가 만들어 지면서 시작되었다. 과학자들 뿐만이 아니라 과학업무에 종사하지 않는 일반 사람들도 이들을 이용하기 시작했다. 개인컴퓨터는 전화나 텔레비전과 같이 곧 사람들에게 필요하게 될것이다.

3.
> 한국은 세계시장에서 자신의 위치를 강화해 나가면서 지속적인 자유무역과 내수시장의 공개정책을 실시한 덕택으로 세계의 중요한 무역국가 중의 하나가 되었다.

4.
> 현실적인 예산의 채택이 모든 문제들의 자동적인 해결을 의미하지는 않을 것이다. 정부가 구조적 개혁을 실현하지 않은채 단순히 모든분야에 대한 재정의 기능적인 삭감만을 실시하게 된다면 바람직하지 않다.

5.
> 북서지역은 유용한 광물, 삼림, 수자원등이 풍부하다. 그러나 이지역이 극지방에 위치하고 있기 때문에 경제적 활용이 어렵다. 꼴스키반도와 까렐리 지역에 인회석, 유색광물, 희귀금속, 철광석등이 매장되어 있는 것으로 탐사되었다. 뻬초르스키 지역은 석탄, 가스, 석유, 티탄광물, 소금등이 매장되어 있다.

6. 급속한 사회·경제적 성장이 국제사회에서 한국 위상의 제고 및 인정을 촉진하였으며 국제무대에서의 역할을 크게 만들었다. 1988년 서울올림픽의 성공적 개최와 과학기술의 올림픽이라고 불리는 엑스포 93의 대전개최가 이를 부분적으로 증명하고 있다. 이 두가지 국제규모의 행사는 한국과 세계 다른나라들과의 관계를 강화하고 지속적인 경제발전을 촉진하는데 지대한 역할을 하였다.

7. 나의 건강을 유지하는 방법은 최근 10년동안 약의 복용없이 지낼수있도록 해주었다. 우리 집안의 운동문화외에도 어려서부터 적극적으로 운동하는 습관과 비타민을 복용하는 습관이 몸에 배었다. 집안식탁에는 항상 야채, 천연식품 소스, 신선하거나 말린 과일이 놓여져 있다.

8. 사람들은 다양하게 자유시간을 보낸다: 오늘 관광을 가거나 친구들과 카페에 가며 내일은 극장이나 디스코텍에 가거나 아니면 책을 보면서 집에서 쉬기도 한다. 우리는 책을 읽고, 영화관, 화랑, 콘서트에 가며 음악과 춤을 좋아한다. 우리는 기분전환하는 것을 좋아하지만 그러나 모든사람들에게는 아마도 자신들이 좋아하는 취미가 있을것이다.

9. 현재 투르크메니스탄이나 에스토니아공화국등은 같이 합쳐질수 없으며 어떤형태의 유일한 연합체의 일부분이 될 수도 없다. 그러나 가장 중요한 것은 새로운 위상에 적응하는것이며 모두가 이를 자연스럽고 정상적인 것으로 더욱더 느끼는 것이다. 이러한 적응이 정착 되려면 세대 교체가 필요하다는 것이 확실하다.

10. 전에 사람들은 동물들과 식물들이 사람에게 이가 되거나 해가 될 수도 있다고 생각하였다. 이때문에 많은 종류의 동물들과 식물들이 절멸되었다. 미래에는 어떤종류의 동물이나 식물들이 사람을 위해 어떠한 의미를 갖을것이라는 선입관을 가져서는 안된다는 다른의견이 현재 나오고 있다. 언젠가 전혀 필요없고 해가되는 것으로 보여졌던 종류들이 매우 필요하고 유용한 것으로 된것들이 있다. 이 때문에 지구상에 살고있는 자라고있는 모든 것들을 보호하고 지켜야 한다.

[長文讀解]

1.

국가는 기원에 있어서 그리고 그 중심에 있어서 민족적이다 —피할수 없이 이러한 사실에 생각이 머무르고 있다. 하물며 그 형태에서 많은 종족들과 민족들로 이루어진 국가도 한민족이 지배적이거나 강대하여 한민족에 의한 국가형성과정의 결과로 생겼다. 국가내에서 여러민족의 정치적 평등, 그들의 역사적인 동등한 가치를 인정함에 있어 바람직하게 나아갈 수 있으나 전부 확립될 수 없다. 이러한 견지에서 러시아는 물론 러시아인 국가로 남아있으며 많은종족을 가진, 가장 폭넓게 민족의 평등권을 실시하는 러시아인 국가로 남을것이다. 일개국가의 지붕밑에서 많은민족들의 공존은 그들간에 단결의 관계 뿐만이 아니라 경쟁과 투쟁의 관계도 생성한다. 이러한 투쟁안에서 민족에 대한 느낌들이 팽팽히 맞선다. 비록 최근에 나타나는 외부적 현상이 역사의 여러시기에 있어서 다르지만 항상 민족주의로 갈 기미를 갖고 있는 것이다. 현대인의 도덕적 인식이 강한민족에 의한 보다약한 민족의 압박에 대해 묵인하지 않으려 한다.

2.

러연방정부와 대한민국정부는 협력에서 얻어진 결과들에 만족을 표하며 다음분야에서의 향후 발전을 위해 적절한 조치를 취하기로 합의했다.
　　—에너지산업과 자연자원의 개발
　　—임업, 목공업, 제지산업
　　—화학산업
　　—자동차제작과 선박제작을 포함한 공작기계 제작, 기계제작
　　—수요가 큰 상품의 생산
　　—원자력, 원자력발전소의 안전확보
　　—항공 · 우주 산업, 우주공간의 평화적 이용
　　—군사기술분야
　　—군수산업의 민수화
　　—건설
　　—교통과 통신
　　—은행 시스템
　　—환경보호
　　—농업
　　—어업
　　—보건과 의료

―재원 양성

―기타 가능분야

양국정부의 특별한 관심과, 모든 적합한 협력이 다음 대규모 사업의 효과적인 공동실현에 보여질 것이다.

―이르쿠츠크 가스산지의 이용

―사하공화국내 야꾸찌야 가스산지의 이용과 한구구의 가스관 부설

―나호트카 자유무역지대내 한국공단 건설

―모스크바내 한국무역센타 건설

―양국의 경제발전을 위해 중요한 의미를 갖는 다른 공동 사업

〈作文〉

1. Студенты проявляют интерес к вопросам международной политики.

2. Докладчик затронул важный вопрос.

3. Вы уточнили часы работы библиотеки?

4. Испокон века книга растит человека.

5. Ей нравилось говорить с людьми и слушать их рассказ о жизни.

6. Очевидно, он не понял моего вопроса.

7. Недавно в наш город приехали артисты из Москвы.

8. Она уехала на вокзал покупать билеты на завтрашний поезд.

9. Она сделала много ошибок по неопытности.

10. Благодаря твоей помощи я уже закончил работу.

11. Главными проблемами для этого режима является положение в экономике.

14. 단문(III) – 文章의 종류

기본 문법

1. 평서문
  Летом я путешествовал по России.

2. 의문문
  (1) 의문사 사용
    1) Кто это? Что вам нужно? Какой он человек?
       Чей это зонтик?   Сколько это стоит?
    2) Которое сегодня число?
    3) ① Где он работает?   ② Куда вы ходите?
       ③ Откуда вы это узнали? ④ Почему же она не пришла?
    4) ① Что сказать?   ② Куда теперь идти?
  (2) 의문조사 사용
    1) Далеко ли это отсюда?
    2) Разве вы не читали эту газету?
    3) Неужели он согласился?

1. 평서문

(나는 여름에 러시아를 여행했다.)

※일반적인 내용을 서술

2. 의문문

(1) 의문사의 사용
   ※ 의문사는 일반적으로 문장의 앞에 위치한다. 대명사가 주어일 경우 일반적으로 의문사 바로뒤에 위치한다.

   1) КТО?, ЧТО?, КАКОЙ?, ЧЕЙ?, СКОЛЬКО?등 의문대명사의 사용
   2) КОТОРЫЙ?등 관계대명사 (오늘이 며칠입니까?)
   3) ГДЕ?, КУДА?, ОТКУДА?, КОГДА?, ПОЧЕМУ?, ЗАЧЕМ? 등 의문부사
      ① 그는 어디에서 일합니까?   ② 당신은 어디를 가십니까?
      ③ 어디에서 당신은 이것을 알아냈습니까? ④ 왜 그녀는 오지 않았습니까?
   4) 부정동사와 함께 사용
      ① 무엇을 말할까?   ② 지금 어디로 가야지?

(2) ЛИ, РАЗВЕ, НЕУЖЕЛИ등 의문조사의 사용
   1) 여기서 멉니까?
   2) 정말 당신은 신문을 읽지 않았습니까?
   3) 정말 그가 동의했습니까?

(3) 인토네이션을 이용
   ※ 대답을 요구하는 단어에 대해 강하고 높은 인토네이션을 준다.

   Ты **был** вчера на концрте?   Ты был вчера **на концрте**?

   Ты был **вчера** на концерте?

> 3. 권유문
>   (1) ① **Дайте**(**дай**) мне на минуту карандаш.
>   ② **Скажите**(**скажи**) мне номер телефона.
>   ③ **Посмотрите**(**посмотри**) сюда.
>   (2) ① **Пусть** он не опаздывает.   ② **Пусть** говорят, что хотят.
>   ③ **Пускай** товарищ позвонит мне по телефону.
>   (3) 동일한 행위의 권유
>   1) ① **Пойдём** глять.   ② **Сядем** здесь.
>   2) ① **Пойдёмте** гулять.   ② **Сядемте** здесь.
>   3) ① **Давай**(**те**) поидём.   ② **Давай**(**те**) отдохнём.
>   ③ **Давай**(**те**) сядем.
>
> 4. 감탄문
>   ① Сегодня прекрасная погода!
>   ② Тишна. Ах, какая стоит тишина!
>   ③ Как, вы не поедете с нами!

3. 권유문

※ 다양한 의미

요청	Дайте мне, пожалуйста, эту книгу.
초청	Приходите к нам в гости.
희망	Вам хорошо бы отдохнуть.
요구	Предъявите пропуск!
명령	Позвать его!
명령적 요구	Вперёд, товарищи!

(1) 권유 · 명령적 표현은 명령법의 2인칭 단수 · 복수형이 사용된다.
   ① 내게 잠깐만 연필을 빌려주세요.   ② 전화번호를 내게 말씀해 주세요.
   ③ 여기를 보세요.

(2) 제3자에대한 권유적 표현은 пусть, пускай가 사용되며 지시, 허용의 의미로 사용된다.
    ① 그가 늦지 않도록 해주세요.
    ② 원하는 대로 말하도록 놔두세요.
    ③ 친구가 내게 전화하도록 해주세요.
    Пусть он придёт вечером. (передайте ему чтобы он пришёл вечером.)
  ※ пусть를 이용한 표현이 완곡한 권유의 뜻을 내포하고 있음 пускай는 아주 친근한 사이에서만 사용된다.

(3) 동일한 행위를 권유하는 표현
  1) 동사의 1인칭 복수형태를 사용; ① 산책 가자.
                          ② 여기에 앉자.
  2) 다수에게 권유하거나 상대방에게 공식적으로 권유할때에는 어미에 -те를 취한다.
    ① 산책 갑시다.
    ② 여기에 앉읍시다.
  3) 회화체에서는 давай(давайте)가 사용된다.
    ① 가자.(갑시다.) ② 쉬자.(쉽시다.)
    ③ 앉자.(앉읍시다.)

4. 감탄문

  ※ 행복, 기쁨, 놀라움, 분노, 슬픔등 강한 감정을 표현시 사용하며 какой, такой, что за, сколько, столько, как, так등이 사용됨
    ① 오늘 얼마나 날씨가 좋은가!
    ② 고요! 아! 얼마나 고요한가!
    ③ 어떻게 당신이 우리와 같이 가지 않겠단 말입니까!

> **5. 인칭문(人稱文)**
> ① Я изучаю русский язык. ② Студент идут на занятия.
>
> **6. 무인칭문(無人稱文)**
> (1) 무인칭동사
> 1) День вечерело. 2) К вечеру стало холодеть.
> 3) Вам пришлось отказаться от этой идеи.
> (2) Здесь дует. (Ветер дует.)
>   На солнце стало таять. (Снег стал таять.)
> (3) 부사
> 1) ① Детям одним скучно. ② Холодно идти против ветра.
> 2) ① Боьному стало лучше. ② На дворе казалось очень темно.
> 3) ① Ей стало трудно подолгу стоять.
>   ② Мне необходимо об этом поговорить.
> (4) ① Об этом будет объявлено особо. ② Об этом нигде не написано.
> (5) НЕТ, НЕ БЫЛО, НЕ БУЛЕТ가 술어
> 1) Студентов не было в аудитории.
> 2) ① Этих трудностей не существует.
>   ② Больше ничего не оставалось делать.
> (6) 不定동사
> 1) ① Когда мне позвонить вам? ② Что подарить тебе?
> 2) ① Некому послать письмо. ② Нечего спешить.

5. 인칭문

※ 주어와 술부를 가진 모든 문장은 인칭문이다. 술부만으로 구성된 문장일지라도 술어동사가 주어를 의미적으로 내포할시 인칭문이다.

① 나는 러시아어를 공부한다.

② 학생은 수업하러 간다.

Иду на занятия. (иду는 "Я"를 내포하고 있다)

Приходите к нам в гости.(приходите 는 "ВЫ"를 내포하고 있다)

6. 무인칭문

※ 무인칭문은 다양한 형태의 주어가 없는 술어를 갖고 있다.

(1) 무인칭동사가 술어로 사용

1) 무인칭동사는 과거시제에서 3인칭단수(중성) 동사과거형태가 사용된다.
   (날이 어두워 졌다.)
2) 동작의 시작이나 지속을 나타내는 동사와 무인칭동사가 결합하여 술어로 사용
   (저녁이 되면서 추워졌다.)
   Стало светать. (어둑어둑해지기 시작했다.)
3) 〔무인칭동사 + 인칭동사〕형태가 술어로 사용
   (당신은 이 생각을 거절해야 했다.)
※ 대리자를 나타내는 명사나 대명사는 여격을 취한다.
   Мне хочется спать. (자고 싶다.)

(2) 인칭동사

Сегодня потеплело. (Воздух потеплел.)
В лесу темнеет. (Небо темнеет.)
(오늘은 따뜻해졌다.)   (숲속이 어두워진다.)
※ 주어가 생략되어 인칭동사가 무인칭 동사처럼 쓰임

(3) 부사

1) 서술부사가 무인칭문 술어로 사용
   ① 아이들은 혼자서는 심심하다.
   ② 바람을 거슬러가는 것은 춥다.
   В зале собрания пусто. (회의장이 텅 비어있다.)
   Вчера было теплее. (어제는 따뜻했다.)

2) 연결동사 быть대신에 бывать, становиться, казаться, оказываться등이 사용
① 환자는 회복이 되었다. ② 마당이 매우 어두웠다.
Мне сразу стало с ним легко.(나는 그와 곧 수월하게 되었다.)

3) 〔서술부사 + 不定動詞〕형태가 술어로 사용
① 그녀에게 오랫동안 서있는 것이 힘들어 졌다.
② 나는 이것에 대해 이야기 해야만 한다.
Мне трудно изучать русский язык.(내게 러시아어를 공부하는 것이 어렵다.)

(4) 수동형동사 단어미
① 이것에 대해 특별히 공고가 될 것이다.
② 이것에 대해 어디에도 쓰여 있지 않다.
Ещё ничего не сделано.(아직 아무것도 돼지 않았다.)

(5) НЕТ, НЕ БЫЛО, НЕ БУДЕТ가 술어

1) 대상이되는 인물이나 사물은 생격을 쓰며 동사는 중성형대로 사용된다.
(학생들은 강의실에 없었다.)
Вчера вечером сестры не было дома. (무인칭문)
Вчера вечером сестра не была дома. (인칭문)
Вчера у меня не было свободных времени.(어제 한가한 시간이 없었다.)

2) 부정인칭문에서 연결동사 быть대신에 не существует, не имеется, не стало, не оказалось, не осталось 등이 사용
① 그러한 어려움들은 없다. ② 더 이상 할 일이 남아있지 않았다.

(6) 不定動詞가 술어

1) 不定動詞
① 언제 당신한테 전화할까요? ② 무엇을 당신에게 줄까?

Что　делать?(무엇을 해야하나?)

Когда　мне　сообщить　вам? (언제 당신에게 보고할까요?)

2) 〔 否定대명사 некого, нечего + 不定동사 〕형태로 사용

① 편지를 보낼 사람이 없다　　　② 서두를 것이 없다

Некем　заменить　его. (그를 대신할 사람이 없다.)

Ему　не　с　кем　поговорить.(그는 대화할 상대가 없다.)

---

7. 부정인칭문(不定人稱文)
① На　рынке　продают　разные　продукты.
② В　киоск　скоро　привезут　свежие　газеты.

8. 부정문(否定文)
(1) НЕ
　1) Он **не** выступал на семинаре.
　2) Он выступал **не** на семинаре.　　**Не** он выступал на семинаре.
(2) НЕТ: В зале **нет** свободных мест.
(3) НЕЛЬЗЯ
　1) Так делать **нельзя**.
　2) **Нельзя** ломать деревья в парке.
(4) Он **никого** не видел там.
(5) НИ: Он не сделал **ни** одной ошибки.

---

7. 부정(不定)인칭문

　부정인칭문은 주어가 없으나 정해지지 않은 제3의 사람들에 의해 행위가 이루어졌음을 나타내는 술어동사를 갖고있는 문장이다.

　① 시장에서 여러 식품들이 판매된다.
　② 매점에 곧 방금나온 신문들이 들어온다.
　Дом　ремонтируют.(집을 수리하고 있다.)

Строят новое здание.(새로운 건물을 짓고있다.)

Вам звонили час назад.(한시간전에 당신에게 전화가 왔었다.)

※ 부정인칭문은 어떤 사실과 사건이 매우 중요할 때 그리고 행위자가 알려지지 않았거나 또는 중요하지 않을 때 사용한다.

8. 부정문(否定文)

(1) НЕ를 가진 부정문

1) 전체적인 부정을 표현할시에는 не 가 술어앞에 위치한다.

Дети спят.	Дети не спят.
Лекция уже началось.	Лекция ещё не началось.
Ученик ответил на вопрос.	Ученик не ответил на вопрос.
Мой брат - студент.	Мой брат - не студент.
Ветер сильный.	Ветер не сильный.

Ученик решил задачу.	Ученик не решил задача.
Студент понял вопрос.	Студент не понял вопроса.
Я получил письмо.	Я не получил письма.
Он читал газету.	Он не читал газеты.

※ 부정문에서는 타동사의 직접목적어가 생격이 된다.

2) 부분적인 부정을 표현할시에는 부정하고자 하는 명사앞에 не가 위치한다.

Он выступал не на семинаре. Не он выступал на семинаре.

Они обсуждали не этот вопрос. Не они обсуждали этот вопрос.

(2) НЕТ을 가진 부정문

(강당에는 빈좌석이 없었다.)

※ 무인칭문의 술어로서 사물,인물,현상의 부재를 표현한다.

У вас есть братья?	Да. У меня есть брат
	Нет. У меня нет брата.
Сестра была дома?	Да. Сестра была дома.
	Нет. Сестра не было дома.
Завтра в кассе будут билеты?	Да. Завтра в кассе будут билеты.
	Нет. Завтра в кассе не будет билетов.

※ 부재표현시에는 〈нет + быть(не было,не будет)〉형태로 ,быть는 뒤에오는 사물 또는 인물의 性이나 數의 지배를 받지 않고 항상 не было, не будет 형태를 취한다. 부재의 대상인 사물이나 인물은 생격이 된다.

(3) НЕЛЬЗЯ를 가진 부정문(무인칭문의 술어로 사용)

1) 불허용
   (그렇게 해서는 않된다.)
   Здесь нельзя шуметь.(여기서는 떠들어서는 않된다.)
2) 불가능
   (공원에서 나무를 꺾어서는 않된다.)
   Без пищи жить нельзя.(양식없이는 살수없다.)

(4) НИКТО, НИЧТО, НИКАКОЙ, НИЧЕЙ등 부정대명사와 НИГДЕ, НИКУДА, НИКОГДА등 부정부사를 가진 부정문
   (그는 그곳에서 누구도 보지 못했다.)
   Ничто не поможет.(무엇도 도움이 않된다.)
   Нет никакой надежда.(아무런 희망이 없다.)
   Я нигде не мог найти свою книгу.(어디에서도 내 책을 찾을수 없었다.)
   Я этого никогда не забуду.(나는 이것을 언제라도 잊지 않을거야.)

(5) НИ 강조조사를 가진 부정문

(그는 단하나의 실수도 하지 않았다.)

1) 강조하는 단어의 앞에 위치한다.

Ни слова не сказал(한마디도 하지 않았다.)

2) ни 가 포함되어있는 문장에서 нет가 자유롭게 생략된다.

На небе ни облачка.(하늘에 구름한점이 없다.)

Здесь ни капли воды.(이곳에 물한방울 없다.)

3) 강조를 위해 один 과 함께 자주 사용된다.

Ни один человек не опоздал.(한 사람도 늦지 않았다.)

На ульце нет ни одной души(길에는 단 한사람도 없다.)

讀解演習

1. Что может быть национальнее национальной валюты? Валюта с человеческим лицом, и желательно всему цивилизованному миру, причём с лучшей стороны. С тех пор как старая и новая история страны подвергалась радикальному пересмотру, выяснилось, что незапятнанных политиков в природе не бывает и любой царь или генсек на банкноте будет выглядеть по меньшей мере сомнительно.

☞ 의문문/по меньшей мере; 최소한, 적어도/ с тех пор как ~; ~한 이후로부터

2.
- Разрешите вам помочь!
- спасибо.
- Вам куда?
- Помогите мне, пожалуйста, перейти улицу.
- Не волнуйтесь, не торопитесь, я вам помогу.
- Большое вам спасибо.
- Пожалуйста.

☞ 권유문

3. Не успел закончить переход из-за того, что появился запрещающий сигнал регулировщика, светофора или пошёл поток автомашин, **остановись** на островке безопасности или на середине проезжей части и жди, когда можно будет идти дальше.

☞ 권유문/регулировщик; 교통정리원

4. Мама приучила любить и понимать природу. **Как хорошо рассказывала она про каждую травинку, про каждую капельку росы!** Гуляя с Костей и Серёжей, останавливала их около какого-нибудь цветка или у бьющего из-под земли прозрачного родника в овраге и говорила: «Смотрите, слушайте».

☞ 감탄문/бить; 솟다, вода бьёт ключом. Вода в самом солнце

5. Светает. Я иду к реке. Отплываю в тумане. Восток розовеет. Впереди - сентябрьский день. Впереди - затерянность в этом огромном мире пахучей листвы, трав, вод, облаков, низкого неба. И эту затерянность я всегда ощущаю как счастье.

☞ 무인칭문/впереди; 앞에, 장래에/затерянность; 잊혀짐

6. Исполнилось Алёше семь лет. Пошёл он в школу, чтобы научиться читать и писать. Школьный год ещё не кончился, а Алёша уже и читать, и писать, и считать научился. **И ему надоело учиться.** Читать он умеет, писать - тоже, да и числа складывать. Что же ещё?

☞ 무인칭문:「무인칭동사+인칭동사」형태가 술어로 사용/кому-чему исполниться(исполняться); 연령, 연한에 이르다/ надоесть(надоедать) кому; 싫증나게 하다, 귀찮게 하다, Он мне надоел; 나는 그에게 싫증이 났다.

7. У нас мальчики любят играть в хоккей и кататься на коньках. Они ждали первых морозов, чтобы выйти на коньках на лёд. Ждал этого и я. Потому что мама подарила мне коньки. Но на улице было тепло, кататься было нельзя. **Мне очень хотелось научиться кататься,** я каждый день надевал свои новые коньки и ходил дома по ковру. Мама сердилась, потому что ковёр от этого портился.

☞ 무인칭문:「무인칭동사+인칭동사」형태가 술어로 사용/кому хотеться (что,чего, 동사원

형): ~을 원하다, мне хочется хлеба.; 나는 빵을 원한다, мне очень хочется спать.; 나는 무척 자고싶다

8. Потом вдруг **стало тихо**, и взрослые начали поздравлять ребят. Все хлопали в ладоши, я тоже хлопала. А потом на площадь вышла маленькая девочка с колокольчиком и зазвонила. Мама сказала мне, что это первый школьный звонок.

☞ 무인칭문:「무인칭동사＋부사」형태가 술어로 사용/хлопать в ладоши; 박수를 치다

9. **Москву уговаривают сотрудничать и в то же время реализуют проект**, который весь построен на недоверии к ней, изолирует и отвергает её. Одна голландская газета даже уподовила решения о расширении НАТО - по их характеру и возможному воздейсвию на Россию - с навязыванием Германии Версальского договора.

☞ 부정인칭문; уговаривают와 реализуют의 주어는 제3의 사람들로 본문에서 생략

10. Современный человек гордо называет себя разумным. Это гордое определение он выделил как характеристику вида - homo sapiens. Но в том-то и дело, что до сих пор подавляющее большинство людей **не оправдывало этой характеристики**: люди не задумывались над тем, каковы последствия их жизни и деятельности на Земле.

☞부정문/ homo sapiens(영어); 현생인류/ до сих пор; 지금까지, 이때까지

필수표현

34. 확신

(1) убеждён	в чём	(~에 대해 확신하다)
(2) уверен	в том, что	(~에 대해 확신하다)
(3) убеждаться-убедиться		(~에 대해 확신하다, 확인하다)

(1) Мы убеждены в правильности этого вывода.

(2) Я уверен, что он сказал так.
　　Она уверена его в его искренности.
　　Он уверен(в том), что всё будет хорошо.

(3) Я убедился в том, что ты прав.
　　Мы убедились в этом на опыте.

Человек предлогает — Бог располагает.
사람이 일을 계획하지만 하나님이 일을 결정한다.

По капле и море собирается.
물방울이 모여 바다가 된다.(티끌모아 태산)

Что было, то сплыло.
과거는 흘러갔다.(지나간 것은 후회해도 소용없다.)

35. 견해

стоять	на (какой-чьей) точке зрения	(~한 견해를 주장하다)
	на точке зрения кого	(~의 견해를 주장하다)
	на (той) точке зрения, что....	(~라는 견해를 주장하다)
придерживаться	(какой, чьей) точки зрения	(~한 견해를 고수하다)
	точки зрения кого	(~의 견해를 고수하다)
	(той) точки зрения, что.....	(~라는 견해를 고수하다)
	(каких, чьих) взглядов	(~한 견해를 고수하다)
	взглядов кого	(~의 견해를 고수하다)
разделить	(какую, чью) точку зрения	(~한 견해를 같이하다)
	точку зрения кого	(~의 견해를 같이하다)
расходиться	с кем во взглядах (в убеждениях)	(~와 견해(신념)를 달리하다)

Философы древности считали, что Земля неподвижна, а Солнце вращается воруг неё.

Такой точки зрения учёные придерживались вплоть до 19 века.

Джордано Бурно не разделял этой точки зрения.

В этом вопросе он стоял на той же точке зрения, что и Коперник, то есть считал, что Земля вращается вокруг Солнца.

Однака Джордано Бурно расходился с Коперником во взглядах на некоторые вопросы:

Коперник считал Сонце центром Вселенной, а Бурно считал, что у Вселенной не может быть центра.

Он утверждал, что у Вселенной не может быть никакого центра.

Он был убеждён, что в Солнечной системе существует и другие, пока ещё не открытие.

長文 讀解

1.

Родителям и школьникам были предложены анкеты с перечнем педагогических услуг.

На основе полученных данных был составлен график спроса на образовательные услуги у детей и родителей в 10-35 раз выше, чем возможные предложения учителей, за исключением оного — углубленное изучение предмета учителя предлагают в 25 процентах случаев чаще, чем на это есть спрос.

Большинство опрошенных родителей считали необходимым приблизить содержание изучаемых предметов к реальной окружающей жизни. В числе приоритетных дети назвали компьютер, автокласс, иностранный язык, кулинарию и домоводство, подготовку в вуз, этику и эстетику, кройку и шитье; родители — этику, эстетику, компьютер, кулинарию и домоводство, иностранный язык, подготовку в вуз, кройку и шитье, автокласс.

Потребность в занятиях этикой у родителей и детей равная и в 10 раз превышает предложения учителей. Не случаен определенный интерес у педагогов к индивидуальному обучению, но и он ниже, чем спрос на него у детей и родителей в два раза.

Каждый родитель, естественно, хочет, чтобы к его ребёнку был найден индивидуальный подход. В идеале всякое обучение и воспитание должно строиться на этом. Поэтому и произошла смена парадигмы в образовании. Теперь личность ребёнка стоит в центре образовательного процесса.

Александр колодин: Камышловский вариант

☞ анкета: 설문조사/ на основе чего: ~을 근거로하여, ~에 기초하여/приблизить что к чему: ~을 ~에 근접시키다/потребность в чём: ~에 대한 수요, потребность в книгах(책의 수요)

2.

Со времени введения христианства на Руси в 988 г. Русская православная церковь вместе с властями активно участвовала в решении экономических, торговых и финансовых проблем Русского государства. Она, например, в немалой мере влияла на определение размера ссудного процента. Особая роль в экономической жизни России принадлежала православным монастырям. Первые монастыри появились в России ещё при князе Владимире. В конце XII в. их насчитывалось уже 70. К концу XVI в. в России было не менее 200 монастырей. Эти монастыри — наряду с религиозной, а также благотворительной деятельностью — становились центрами торговой и промышленной жизни того или иного края.

Монастыри активно занимались торговлей. Торговля шла продуктами как сельскохозяйственного труда, так и различных промыслов. Первоначально деятельность монастырских хозяйств носила натурально- потребительский характер. Основные отрасли монастырской экономики были ориентированы на удовлетворение собственных потребностей монастырей. Важным направлением монастырской хазяйственной деятельности было земледелие. Сеяли рожь, пшеницу, ячмень, горох и другие культуры. Одновременно монастыри занимались скотоводством, садоводством, огородничеством, рыболовством, бортничеством, а также производством различных промышленных изделий, которые шли на рынок.

М. П. Мчедров: Традиции хозяйственно препринимательской деятельности христианских конфессий в России

☞ в немалой мере: 적지않은 정도로/ ссудный процент: 이자율/ принадлежать кому-чему: ~에 속하다/ как~, так и~: ~도 ~도/ земледелие: 농업

作文

1. 이 가게에서는 책들을 팔고있다.

2. 라디오로 교향콘서트가 방송되었다.

3. 우리도시에 새로운 공장이 건설된다.

4. 학교는 신학년이 시작되기까지 수리를 하였다.

5. 이번 피아노 경연대회에 대해 많이들 이야기했고 신문에 많은 기사들이 났다.

6. 이의사는 우리도시에서 많이 알려져있다.

7. 모든 사람이 그의 인생에 대해 아는 것이 아니다.

8. 노력이 없으면 결과도 없다.

9. 나는 여러운동들을 좋아한다.

10. 가을보다 공부하기 좋은 계절은 없다.

重要 表現

347. **обменивать/обменять мнениями**; 의견을 교환하다
    Президенты обменялись мнениями по ходу экономических реформ в России.

348. **оставаться/остаться при своём мнении**; 자신의 의견을 고수하다
    Даже после того, что вы сказали, я остаюсь при своём мнении.

349. **разделить чьё мнение**; ~와 의견을 같이하다
    Мы разделяем ваше мнение о качестве услуг этой фирмы.

350. **расходиться/разойтись с кем во мнениях**; ~와 의견이 갈리다
    Хотя мы во многом расходимся во мнениях, но всегда можно найти точки соприкосновения.

351. **соглашаться/согласиться с чьим мнением**; ~의 의견에 동의하다
    Я полностью соглашаюсь с мнением, высказанным господином Смирновом.

352. **одеваться по моде**; 유행에 따라 옷을 입다
    Женщины всегда стараются одеваться по последней моде.

353. **иметь монополию на что**; ~을 독점하다
    "Аэрофлот" имел монополию на все авиаперевозки в России.

354. **писать/написать музыку ко чему**; ~에 대한 음악을 작곡하다
    Композитор Клинка написал музыку ко многим романсам.

355. **ловить/поймать себя на мысль**; 생각이 떠오르다
    Она поймала себя на мысль, что ей хочется уйти оттуда.

356. **почёркивать/подчеркнуть необходиость чего**; ~의 필요성을 강조하다
    Президент особо подчеркнул необходимость сотрудничества со странами СНГ.

357. **стоять перед необходимостью чего**; ~의 필요성에 직면하다
    Он стоял перед необходимостью объяснить это неприятное происшествие своим калегам.

358. **увеждаться/убедиться в необходимости чего**; ~의 필요성을 확신하다
   Обе стороны уже убеждены в необходимости садиться за стол переговоров.

359. **зависеть от обстоятельств**; 상황에 달려있다
   Человек не всегда зависит от обстоятельств — возможность выбора всегда есть.

360. **учитывать/учесть обстоятельства**; 상황을 고려하다
   Прежде чем принимать окончательное решение, необходимо учесть все обстоятельства.

361. **представлять/представить что на обсуждение**; ~을 토의에 부치다
   Новый закон о таможных пошлинах был представлен на обсуждение Государственной Думой.

362. **взять на себя обязанность**; 자신이 책임을 지다
   Старая дочь взяла на себя обязанность уборки квартира, если мать была занята.

363. **определять/определить чьи обязанности**; ~의 책임을 정하다
   Закон определяет права и обязанности должностных лиц, находящихся на государственной службе.

364. **выражать/выразить одобрение**; 동의를 표하다
   Президенты выразил одобрение работы комиссии и внёс несколько своих предложений.

365. **предупреждать/предупредить кого об опасности**; ~에게 위험을 경고하다
   Он уже собирался подписать документ, когда его предупредили об опасности подобной сделки.

366. **избежать опасности**; 위험을 피하다
   Он едва избежал опасности столкновения со встречной машиной.

367. **таить в себе опасность**; 위험을 감추고 있다
   Эти красные ягоды таят в себе смертельную опасности — они крайне ядовиты.

368. **ответ задерживается**; 답변이 지연되다
   Мы связались с этой фирмой вчера, но ответ от них задерживается.

【 독해 · 문법 · 작문 해답 】

〔讀解 演習〕

1.
국가의 돈이 보다 국가적이기 위해서는 어떠해야하는가? 사람의 얼굴이 담긴 돈이 모든 문명 세계에 바람직하며 게다가 더 낫다. 우리의 과거 그리고 새로운 역사가 재검토를 받고 있는 시기부터 오점이 없는 정치인은 존재하지 않는 것으로 알려졌다. 그래서 어떠한 황제나 총서기가 담긴 화폐를 발견하게 될것이라는 것은 매우 회의적이다.

2.
-도와드려도 될까요?
-감사합니다.
-어디로 가십니까?
-길을 건너는 것을 좀 도와 주십시오.
-걱정하지 마시고 서두르지 마십시오. 도와 드리겠습니다.
-정말 감사합니다.
-천만에요.

3.
교통정리자로부터 또는 신호등에 통행금지 신호가 나타나거나 많은 자동차가 지나감으로 인해 길을 다 건너지 못했을 때는 안전지대나 길 한가운데 멈추고 길을 건널수 있을때까지 기다려라.

4.
엄마는 자연을 사랑하고 이해하는 것을 가르쳤다. 모든 작은풀들에 대해, 모든 이슬들에 대해 얼마나 잘 설명을 해주었는가! 꼬스쨔와 세료쨔와 산책을 하면서 어떤 꽃근처엔가 골짜기에 땅밑으로부터 솟아나는 투명한 샘근처엔가 그들을 멈추게하고 말했다:《여기를 봐라 그리고 들어봐라》.

5.
밝아지고 있다. 나는 강으로 간다. 안개속에서 헤엄을 친다. 동쪽이 붉어진다. 곧 9월이다. 곧 이넓은 세상에서 향기나는 나뭇잎들, 풀, 물, 구름, 낮은 하늘등이 잊혀지게 된다. 나는 이러한 잊혀짐을 행복처럼 느낀다.

6. 알료샤가 7살이 되었다. 그는 읽고, 쓰는 것을 배우기 위해 학교에 갔다. 학기가 아직 끝나지 않았으나 알료샤는 벌써 읽고, 쓰는 것을 배웠다. 그는 배우는 것이 지루해졌다. 그는 쓰는법, 읽는법, 숫자를 셈하는 법을 할줄안다. 무엇이 더있단 말인가?

7. 우리동네 소년들은 하키놀이와 스케이트 타는것을 좋아한다. 그들은 얼음위에서 스케이트를 탈 수 있는 추위를 기다렸다. 나도 또한 기다렸다. 왜냐하면 엄마가 선물로 스케이트를 주었기 때문이다. 그러나 거리에는 날씨가 따뜻해서 스케이트 타는 것이 불가능 했다. 나는 스케이트 타는 것을 무척 배우고 싶었다. 나는 매일 스케이트를 신고 양탄자위를 왔다 갔다 했다. 엄마는 화를 내었다 왜냐하면 양탄자가 상했기 때문이다.

8. 그후 갑자기 조용해졌다. 그리고 어른들이 친구에게 축하를 하기 시작했다. 모두가 두손으로 손뼉을 쳤으며 나도 손뼉을 쳤다. 그리고나서 운동장으로 종을 든 작은 소녀가 나왔다. 그리고 종을 쳤다. 엄마는 이것이 학교의 첫 종소리라고 내게 말했다.

9. 협력을 하라고 모스크바를 설득하고 있다 그러면서 모스크바의 불신위에 세워진, 모스크바를 고립시키고 배척하는 계획을 실현시키고 있다. 네닐란드 신문은 나토의 확장에 대한 결정을 -러시아에 대한 그결정의 특성과 영향을 볼 때- 독일에게 강요했던 베르사이유 조약과 비교를 했다.

10. 현대인은 자신을 현명한 존재로 자신만만하게 부르고 있다. 그는 이 자랑스러운 정의를 호모사피엔스의 특징으로 묘사하고 있다. 그러나 아직까지도 대부분의 사람들은 이러한 특징을 실증하지 못했다: 사람들은 지구상에서 그들의 행위와 삶이 어떠한 결과를 낳을지에 대해 깊이 생각하지 않았던 것이다.

〔長文 讀解〕

1.

학부모와 학생들에게 교육조건 목록이 들어있는 설문조사가 있었다.

설문결과에 의하면 아이들과 학부모들의 교육조건에 대한 요청이 교사들의 가능한 제안보다 10-35배가 높았다. 한가지 예외 즉 과목에 대한 깊은 연구에 있어서는 교사들이 25%정도 이것에 대한 요청보다 더 빈번하게 제안했다.

설문대상이 되었던 대부분의 학부모는 교육되고 있는 과목의 내용들을 주변의 실생활과 접근시키는 것이 필수적이라고 여겼다. 아이들이 우선시하는 것들은 컴퓨터, 자율학습, 외국어, 요리와 가정교육, 진학준비, 윤리와 미학, 재단과 재봉; 부모들이 우선시하는것들은—윤리, 미학, 컴퓨터, 요리와 가정교육, 외국어, 진학준비, 재단과 재봉, 자율학습이었다.

학부모와 학생들의 윤리수업에 대한 요청은 교사들의 제안보다 10배나 높았다. 교사들의 개인교육에 대한 특별한 관심이 우연한 것이 아니지만 학부모와 학생들의 요청에 비하면 2배가 낮았다.

각부모들은 당연히 자기의 아이들에게 개인적인 접근이 이루어지기를 원한다. 이상적인 것은 모든 교육과 양육이 이러한 바탕위에 이루어져야 한다. 이 때문에 교육에 있어서 체제변화가 일어났다. 지금은 아이들의 개성이 교육과정의 가장 중심에 위치하고 있다.

2.

988년 루시에 기독교가 도입된 이후로 러시아정교는 권력과 함께 러시아 국가의 경제, 무역, 재정적 문제들의 결정에 적극적으로 참여하였다. 예를들어 교회는 대부금리의 이자율을 정하는데에도 적지 않게 영향을 주었다. 러시아 경제생활에 있어서 중요한 역할은 정교사원에 속해있었다. 첫 번째 사원은 블라지미르 공후시대에 벌써 출현하였다. 12세기 말에 벌써 70개가 있었다. 14세기말 러시아에는 최소한 200개 이상의 사원이 있었다. 이러한 사원들은 종교활동, 자선활동과 함께 여러지방의 무역과 산업의 중심이 되었다.

사원은 적극적으로 무역에 종사했다. 농산물과 여러산업분야의 제품들이 무역의 대상이었다. 최초에 사원경제는 자연수요적 특성을 갖고있었다. 사원경제의 중요 분야는 사원자체적으로 필요한 것을 충족하기위한 방향으로 발전하였다. 사원경제활동의 중요한 방향은 농업이었다. 호밀, 밀, 보리, 완두콩, 그외 다른 농작물을 파종했다. 동시에 사원은 목축업, 원예, 야채재배, 어업, 야생벌꿀 채취등과 시장에 나오는 여러 산업분야의 제품생산에 종사했다.

〈作文〉

1. В этом магазине продаются книги.

2. По радио передавался симфонический концерт.

3. В нашем городе строится новый завод.

4. Школа отремонтирована к новому учебному году.

5. Об этом конкурсе пианистов много говорили и писали в газетах.

6. Этого врача в городе хорошо знают.

7. Не все знают о его жизни.

8. Без труда нет плода.

9. Мне нравятся многие виды спортом.

10. Нет лучшего времени для занятий, чем осень.

15. 접속사(接續詞)

기본 문법

1. 병립접속사

(1) 연계접속사

1) ① Сегодня море тёплое **и** спокойное.
   ② Там они загорают **и** купаются.
2) У него не было **ни** братьев, **ни** сестёр.
3) Он хорошо говорит **как** по-русски **так и** по-английски.
4) Он **не только** читает, **но и** говорит по-русски.

(2) 역접속사

1) Я дал книгу вам, **а** не ему.
2) На дворе холодно, **но** в доме тепло.
3) Задача трудная, **зато** интересная.

(3) 선택 접속사

1) ① Как он говорит по-русски хорошо **или** плохо?
   ② В отпуске поеду на Кавказ, **либо** в Крым.
2) Он **то** ел, **то** пил, **то** покуривал сигарету.
3) ① **Не то** туман, **не то** дым.
   ② Было не понятно — **то ли** он серьёзно говорит, **то ли** шутит.

1. 병립접속사

※ 병립접속사는 연관된 단위들이 어느정도 의미상의 독립성을 갖고있음을 나타낸다.

(1) 연계접속사

1) И (~와~는, 그리고)는 다른 인물, 사물, 현상, 행위, 특성 등을 나타내는 같은 종류의 어구를 연결한다.
① 오늘 바다는 따뜻하고 고요하다.
② 그곳에서 그들은 일광욕을 하고 수영을 한다.
Саша и маша бегут на море купаться.
(샤샤와 마샤는 수영을 하기위해 바다로 달려간다.)
И Саша, и Маша хорошо и быстро плавают.(샤샤도 마샤도 수영을 곧잘한다.)

2) НИ.....НИ (~도 ~도)
(그에게는 형제도 자매도 없었다.)
Я не знаю ни места, ни времени.(나는 장소도 시간도 모른다.)

3) КАК.....ТАК И (~도 ~도)
(그는 러시아어도 영어도 잘한다.)

4) НЕ ТОЛЬКО ..... НО И (~뿐만 아니라 ~도)
(그는 러시아어로 읽을뿐만 아니라 말도 한다.)
Он знает не только русский но и другие языки.
(그는 러시아어 뿐만이 아니라 다른 언어도 안다.)

(2) 역접속사

1) А (이지만, 그러나)
(나는 책을 그가 아니라 당신에게 주었다.)
※ 접속사 А는 다른의미를 가진 비교어구를 연결한다.
Тебе нужен отдых, а не лекарство.(네게는 약이 아니라 휴식이 필요하다.)
Виноваты вы, а не я. (내가 아니라 네가 잘못이다.)

2) НО (그러나)

(마당은 춥지만 집안은 따뜻하다.)

※ 접속사 НО는 대조의 의미를 가진 비교어구를 연결한다.

Все бежали, но я остался. (모두 도망갔지만 나는 남았다.)

Они были там, но я их не видел.

(그들은 그곳에 있었으나 나는 그들을 보지 못했다.)

3) ЗАТО (그러나)는 но와 유사한 의미로 대조의 의미

(일은 어렵지만 재미는 있다.)

(3) 분리 접속사

1) ИЛИ와 ЛИБО (~또는 ~, ~이거나~)는 동의어로 양립할수 없는 대상이나 사실을 나타내는 어구를 연결한다.

① 그는 러시아어를 잘합니까, 아니면 못합니까?

② 휴가중에 까프까즈나 끄림지역에 갈것이다.

Мы встретимся либо сегодня вечером, либо завтра утром.

(오늘 저녁이나 내일 아침에 만난다.)

2) ТО.....ТО (~이더니 ~)

(그는 먹더니 또 마시더니 담배를 피웠다.)

То дождь, то солнце, то опять дождь !

(비가 오더니, 해가 나더니, 또 다시 비가왔다.)

3) НЕ ТО.....НЕ ТО, ТО ЛИ.......ТО ЛИ (~이거나 ~)는 사실이 정확치 않을때 사용되며 부정문이 아니다. :

① 안개이거나 연기이다.

② 심각하게 말을하는건지 농담을 하는건지 이해가 가지 않았다.

> **2. 종속접속사**
>
> **3. 강조용법**
>   (1) 일치
>   1) На собрание пришли студенты **и** аспиранты.
>   2) Студент слушает **и** записывают лекцию.
>   3) Я просматривал в читальне газеты **и** журналы.
>
>   (2) 동격
>   1) Девочка, **любимица**, вбежала смело.
>   2) Во дворе я встретил дочь соседа, **девочку лет двенадцати**.
>
>   (3) 일반화
>   В человеке должно быть **всё** прекрасно: и лицо, и одежла, и душа, и мысли.
>
>   (4) 도치
>   1) Передачу смотрит практически вся политическая элита страны.
>   2) Дополнительным негативным фактором стало невыполнение федерального бюджета.
>   3) На украине дотаточно разумных сил, которые понимают всю важность и выгоду тесных дружественных отношений с Россией.

2. 종속접속사

※ 복문에서 주절에 대한 종속절의 종속적인 의미상의 관계를 나타낸다

(1) 설명접속사: ЧТО, ЧТОБЫ, КАК
(2) 시간접속사: КОГДА, КАК ТОЛЬКО, ЛИШЬ ТОЛЬКО, В ТО ВРЕМЯ КАК, С ТЕХ ПОР КАК, ПОКА, ПОСЛЕ ТОГО КАК, С ТЕХ ПОР КАК,
(3) 목적접속사: ЧТОБЫ, ДЛЯ ТОГО ЧТОБЫ, С ТЕМ ЧТОБЫ,

(4) 원인접속사: ПОТОМУ ЧТО, ОТТОГО ЧТО, ИЗ-ЗА ТОГО ЧТО, ТАК КАК, ПОСКОЛЬКУ, БЛАГОДАРЯ ТОМУ ЧТО, ВСЛЕДСТВИЕ ТОГО ЧТО, ВВИДУ ТОГО ЧТО, В СВЯЗИ С ТЕМ ЧТО, ИБО

(5) 방식접속사: ТАК, КАК БУДТО, ЧТО, ЧТОБЫ

(6) 정도접속사: ЧТОБЫ, ТАК КАК, ТАК ЧТО

(9) 비교접속사: ТЕМ... ЧЕМ

(7) 조건접속사: ЕСЛИ, РАЗ, ПРИ УСЛОВИИ....ЧТО

(8) 양보접속사: ХОТЯ, НЕСМОТРЯ НА ТО ЧТО, КАК НИ, ПУСТЬ

※ 설명 및 용법은 제17·18장을 참조할 것

3. 강조용법

(1) 일치

  1) 주어의 일치; 오늘 모임에 학생들과 대학원생들이 왔다.
  2) 술어의 일치; 학생은 강의를 듣고 메모를 한다.
  3) 문장의 부차적 부분 일치; 나는 열람실에서 신문들과 잡지들을 보았다.

(2) 동격

  1) 주어의 동격
    (사랑스런 소녀는 주저하지 않고 뛰어들어갔다.)
    Его брат, геолог, находился в это время в экспедиции.
    (지질학자인 그의형은 그때 탐사중 이었다.)
    Миша, добрый мой друг, родился на брегах невы.
    (나의 사랑하는 친구 미샤는 네바강가에서 태어났다.)
  2) 목적어의 동격

(마당에서 나는 12살난 소녀인 옆집딸을 만났다.)
Любите книгу-источник знания. (지식의 근원인 책을 사랑하시오.)

(3) 일반화

※ 일반화 용법으로 대명사 все, всё, никто, ничто, 부사 всюду, повсюду, взде, нигде, всегда, никогда등이 자주 쓰인다.
(사람은 모든 것이 단정해야 한다; 얼굴, 옷, 마음, 생각들이.)
Теперь уже ни гор, ни неба, ни земли - ничего не было видно.
(벌써 산도, 하늘도, 땅도 아무것도 보이지 않는다.)

(4) 도치

※ 도치구문은 일반적으로 뜻을 강조하기 위해 사용된다.

1) 목적어의 도치
   (모든정치 엘리뜨들이 사실상 뉴스를 본다.)
Новую Россию с Соединёнными Штатами соединяют, даже объединяют принципиальные общие устремления. (공통의 원칙적인 지향이 새러시아와 미국을 연결시키며 더우기 연합시키고 있다.)
2) 보어의 도치
   (연방예산의 불이행이 추가적인 부정적요소가 되었다.)
   Результатом стала напряженность на валютном рынке.
   (외환시장의 긴축이 결과로 나타났다.)
3) 부사구의 도치
   (러시아와의 우호적이고 긴밀한 관계의 중요성과 이익을 이해하는 충분히 현명한 세력이 우크라이나에 있다.)

讀解演習

▷ **КЛЮЧ**: Сегодня море тёплое **и** спокойное

1. Парламент как институт государства прошёл длительную историю. В нынешнем веке, и осовенно в преддверии нового столетия, его роль меняется. И все же главная тенденция развития парламентов заключается в том, они находятся в фокусе общественной жизни. Разумеется, каждое государство по-своему решает **вопросы устройства и функционирования парламента**, но есть общие признаки, которые учитываются в парламенской практике.

☞ 연계접속사 и 용법/заключается в том, что~; ~에 있다/ разумеется; 물론, 말할것도 없이

▷ **КЛЮЧ**: Я дал книгу вам, **а** не ему.

2. В конечном счёте, экономика сможет перейти к устойчивому росту не тогда, когда мы найдём оправдания для содержания огромный армии или убыточных шахт, **а** тогда, когда бывший офицер или шактёр займут делом в отраслях, где есть поцентиал для развития. Момент перехода будет, беспорно, сложным, но сейчас за преобразования вполне можно браться.

☞ 역접속사 а 용법/в конечном счёте; 결국

▷ **КЛЮЧ**: На дворе холодно, **но** в доме тепло.

3. Сохранение России как единого управляемого государства невозможно без изменения всей системы государственного устройства. С одной стороны, Центр обязан уступить регионам значительную часть своих полномочий - **но** сделать это на детально проработанной основе, с другой - необходим нормальной контроль со стороны Центра за действиями региональных властей.

15. 접속사

☞ 역접속사 но 용법/с одной стороны~, с другой~; 한편으로는 ~다른 한편으로는

▷ **КЛЮЧ**: У него не было **ни** братьев, **ни** сестёр.

4. Лев Николаевич Толстой каждый день, каждый час трудился. Для Льва Николаевича **ни** один человек, **ни** одно дело не казалось незначительным. Все он делал серьезно. Глубко думал, внимательно слушал, когда нужно - говорил, когда нужно - молчал.

☞ 연계접속사 ни~ни 용법/трудиться; 일하다

▷ **КЛЮЧ**: Нет **ни** учебник, **ни** словаря.

5. Обунаружилось, что в государстве нет единого ответственного органа за всю оборону, за руководство военным строительством. Нет **ни** концепции, **ни** реальных программ реформирования военного дела в стране, **ни** специальных органов, которые руководили бы его осуществлением.

☞ 연계접속사 ни~ни 용법/обнаружилось, что~; ~으로 드러나다, 밝혀지다

▷ **КЛЮЧ**: Он **не только** не умён, **но** даже груп.

6. Другое дело, какая Великая Россия будет воссоздана: авторитарная или демократическая, высокоразвитая или осталая и т.д. Главное, что великое государства - это **не только** важно для народов России, **но и** для всего человечества. И **не только** с точки зрения мировой культуры и науки - это очевидно - **но и** политики, международных отношений.

☞ 연계접속사 не только~, но~ 용법/с точки зрения чего; ~라는 관점에서 보면

▷ **КЛЮЧ**: Он **не только** читает, **но и** говорит по-русский.

7.
Во все времена образ человека был центральной темой искусства. Именно здесь полнее и глубже всего раскрывались идеалы каждой эпохи. Художественные образы, созданные изобразительным искусством, говорят **не только** о том, каким был человек в реальной жизни, **но и** о том, каким он хотел бы быть, рассказывают о тех идеалах, к которым он хотел бы приблизиться.

☞ 연계접속사 не только~, но и~용법/приблизить к чему; ~에 가깝다, 접근하다, это приближается к истине; 이것은 사실에 가깝다

▷ **КЛЮЧ**: Он хорошо говорит **как** по-руский **так и** по-англиский.

8.
На протяжении двух последных десятилетий Республика Корея оставалось одной из самых быстро развивающихся стран в мире **как** в экономическом, **так и** в социальном отношении. Благодаря быстрому промышленному и экономическому росту она за рекордно короткий срок вошла в десятку сильнейших торговых держав мира.

☞ 연계접속사 как~, так и 용법/благодаря чему; ~의 덕택으로

▷ **КЛЮЧ**: Он очень торопился, **однако** опоздал.

9.
По его словам, "за 110 лет, со времени установления дипломатических отношений в 1884 году, когда было корейско-российский торгоывй договор, в наших отношениях было много зигзагов, **однако** за короткий период после их восстановления в 1990 году они стабильно развивались как в политическом, так и экономическом плане".

☞ 역접속사 однако 용법/зигзаг; 변화가 심한것, Z 자 형태

▷ **КЛЮЧ**: Студент **не только** слушает, **а** записывают лекцию.

10. Лучших парикмахеров часто называют художниками, потому что настоящий мастер **не только** причесывает и стрижет, **а** творит, создает особую, неповторимую линию в прическе. Он помогает человеку обрести уверенность в себе, так как уверенность немыслима без красоты во внешнем облике. И когда человек уходит от парикмахера с хорошим настроением, мастеру остается настоящее творческое удовлетворение.

☞ 연계접속사 не только ~, а ~용법/так как; ~이기 때문에

▷ **КЛЮЧ**: В человеке должно быть **всё** прекрасно: и лицо, и одежда, и душа, и мысли.

11. У языков, как и у людей, есть семьи. Самая большая семья - индоевропейская. Английский, греческий, русский, французкий, немецкий, хинди - **все** эти походие и непохожие языки из одной индоевропейской семьи.

☞ 일반화를 통한 강조용법

▷ **КЛЮЧ**: Девочка, **любимица**, вбежала смело.

12. Река Эмайыги, **самая большая река в Эстонии**, протекает через древний город Тарту. Это второй по величине город республики. Здесь также всё неповторимо и своеобразно: короткие узкие улочки и переулки, высокие крыши, маленькие дворики. Вот моментальное здание, белоснежные колонны. Это университет. Его основали в начале XVII века.

☞ 동격을 활용한 강조용법/ неповторимо; 비교할수 없는, 둘도 없는(형용사 단어미)/ своеобразно; 독특한(형용사 단어미)

13. В рамках Российской Федерации, как известно, существуют 89 формально равных её субъектов. В тоже время между этими субъектами, их ролью, правами и обязанностями есть очень большие различия по целому ряду признаков.

☞ 도치를 활용한 강조용법/в рамках чего: ~의 범주안에, 테두리 안에/как известно: 알려진 바와 같이(삽입어)

속담

Другие времена — другие нравы.
시대가 다르면 풍습도 다르다.

Не сразу Москва строилась.
모스크바는 하루아침에 세워진 것이 아니다.

Семь раз отмерь, один раз отрежь.
일곱번 재고 한 번 잘라라.(모든일에 신중을 기해라.)

필 수 표 현

36. 필요, 의무

〔표현1〕

Мне нужен словарь. Мне нужна тедладь. Мне нужно пальто.

Мне нужны очки. Лане нужно пальто. нам нужен перерыв.

※ нужен, нужна, нужно 형용사 단어미로써 뒤에오는 명사의 性 및 數에 지배를 받는다.

Мне надо воды.

Надо было ждать дождя.

Мне ничего не надо.

Кого тебе надо?

Для этого дела мне надо помощника

※ 무인칭 술어로써 뒤에오는 명사의 성 및 격에 지배를 받지 않는다.

〔표현2〕

Мне нужно проводить эксперимент.

Вам нужно было прийти в В часа.

Нужно заниматься спортом

Завтра мне нужно заказать литературу в библиотеке. (Я хочу заказать…)

Мне надо пойти.

Мне надо работать.

Надо послать письмо.

※ (нужно + 원형동사), (надо + 원형동사)형태로 표현되며 нужно, надо 는 주어의 의지 및 희망에 따라 행해지는 행위를 나타냄.

〔표현3〕

Скоро должен прибыть поезд из Киева.

Плоды на этом дереве должны появиться через месяч.

Студент должен написать курсовую работу.

※ должен은 주어의 희망과 상관없이 반드시 행해지거나 일어나는 행위를 나타냄.

〔표현4〕

Необходимо приложить усилия для сохранения мира.

Необходимо спать не менее И часов в сутки.

※ 당위적인 행위를 표현할 경우 사용

〔표현5〕

Я обязан это сделать.

В общежитии все обязаны соблюдать правила внутреннего распорядка.

※ обязан 은 도덕적 의무,법의 준수,행위규범에 따라 이루어지는 의무를 나타냄.

〔표현6〕

Мне придётся(прислось) изменить тему курсовой работы.

Нам пришлось отказаться от этой идеи.

※ придётся는 주어의 행위가 원래의 계획과 희망에 부합되지 않을경우에 사용

〔표현7〕

Вам вынужден был снизить скорость машин на скольской дароге.

Я был вынужден согласиться на это предложение.

※ вынужден은 주변의 환경으로 인해 희망에 반해 예외적으로 행하게되는 행위를 나타냄.

〔표현8〕

Вам следует посоветоваться с врачом.

Ей сдедует посещать семинар по экономике.

※ сдедует 는 완고한 충고 및 조언을 표현하는 경우에 사용.

〔표현9〕

Я думаю, стоит посмотреть этот фильм.

Вам стоит поговорить с ним.

※ стоит 는 완곡한 충고및 조언을 표현하는 경우에 사용.

37. 가능적 행위

〔표현1〕

Он смог выполнить задание. (실현가능성이 있는 행위를 완료하였음)

Он сможет выполнить задание. (실현가능성이 있는 행위를 수행할 예정임)

Он мог выполнить задание. (가능성이 잠재적으로 남아있다.)

Он может выполнить задание. (잠재적인 가능성이 있다.)

〔표현2〕

Мне удалось встретиться с друзьями.

Нам удалось посмотреть выставку, не смотря на нашу занятость.

* удаться는 양호한 조건이나 또는 불량한 조건에 반해 결과를 이룩했음을 나타냄.

〔표현3〕

Оставалось полчаса, но я успел собрать вещи к поезду.

Экспедиция успела закончить работу до первых заморозков.

* успеть는 시간이 부족했음에도 불구하고 결과를 이룩했음을 나타냄.

長文 讀解

1.

Российская дипломация выдвинула цель строительства системы коллективной безопасности(первоначально в Северо-Восточной Азии), что отвечает нашим естественным потребностям. Моделью такой системы может послужить не столько ОБСЕ, сколько Форм безопасности АСЕАН. Но нельзя не видеть, что до тех пор, пока в регионе, к которому непосредственно примыкает российский Дальний Восток, не сложится система коллективной безопасности, международные отношения там будут строиться во многом на основе баланса сил, разумеется, не только военных.

В этой связи действительно первоочередной задачей является все мерное развитие российских территорий к востоку от Байкала. Без экономического подъема Далбнего Востока, без его включения в региональные хозяйственные связи России практически нечего делать в АТР.

Важнейшей международной преблемой является Китай. Бережно относясь к достигнутому, РФ следует развивать конструктивное партнерство с КНР, не провоцируя соседа ни призывами к пересмотру пограничного соглашения, ни собственной прогрессирующей слабосью, тем более намеками на сепартизм. Китайскую опасность не стоит преувеличивать, но полезно задумываться и над последствиями широкого военно-технического сотрудничества, явно усиливающего военную помощь соседа.

Дмитрий Тренин : Восток — это проблема на завтра.

☞ до тех пор, пока; ~까지/ АТР; 아태지역/ РФ = Российская Федерация; 러연방, КНР = Китайская Народная Республика; 중화인민공화국/ тем более; 하물며, 더구나

2.

Известно, что каждый человек усваивает культуру своего народа в процессе социализации. В детстве он безоценочно воспринимает межличностные отношения, ценности, философию жизни родного народа, богатство родного языка. Однако общественная жизнь такова, что ребёнок, начиная с дошкольного возраста, попадает в разрычные культурные потоки. Поэтому для равноправного и полнокровного существования в обществе учащиеся нуждаются в мультикультурном образовании, которое поможет понимать других и адаптироваться в быстро меняющемся мире.

Страны с развытым мультикультурным образованием, как правило, многоязычны(США, Швейцария, Канада и др.). История Америки связана с историей эмиграции более 200лет назад. Люди, не похожие друг на друга внешне, с различным вероисповеданием, разговаривали на разных языках. За долгие годы жизни на одном континенте, несмотря на невиданное многообразие языков и культур, произошла ассимилизация наций. Но в то же время поколения расслоились. Одни жили в Америке, но сохраняли старые обычаи. Другие считали себя частью Америки и забывали родной язык, традиции, религию своих предков. Третьи стали американцами, их родным языком — английский. Но проблем не уменьшилось. Дети обучались вместе в одной школе. Как им общаться между собой? На каком языке их обучать? Выход нашелся: английский язык. Дети стали забывать свой родной язык, народы теряли национальное своеобразие.

А. Оконешникова: Человек среди людей

☞ учащийся: 남학생, учащаяся: 여학생, учащиеся: 학생들/ нуждаться в ком(чём): ~이 필요하다, Здание нуждается в капитальном ремонте: 건물은 대수리가 필요하다./ похожиий на кого-что: ~와 닮은, 유사한/ не смотря на что: ~에도 불구하고

作文

1. 그들은 화요일, 수요일 그리고 금요일에 러시아어를 공부한다.

2. 나는 건강하고 원기가 있음을 느꼈다.

3. 너에게는 약이 아니라 휴식이 필요하다.

4. 나는 그에게가 아니라 당신에게 책을 주었다.

5. 그들은 거기 있었다 그러나 나는 그들을 보지 못했다.

6. 그는 러시아어를 잘합니까 아니면 잘못합니까?

7. 나는 장소도 모르고 시간도 모른다.

8. 그는 매우 서둘렀지만 늦었다.

9. 그는 그녀를 질투했거나 아니면 동정을 했다.

10. 그는 러시아어 뿐만이 아니라 다른 외국어도 안다.

重要表現

369. **быть в ответе за что** ; ~에 대한 책임이 있다
   Он считает, что мы в ответе за это происшествие.

370. **выслушивать/выслушать чей ответ** ; ~의 답변을 듣다
   Преподаватель внимательно выслушал ответ ученика и отметил несколько ошибок.

371. **медлить с ответом** ; 답변을 지연하다
   Он медлит с ответом и говорит, что ему нужно время.

372. **находить/найти ответ на что** ; ~에 대한 답을 찾다
   Я нашёл ответ на этот вопрос в энциклопедии.

373. **брать/взять на себя ответственность за что** ; ~에 대한 책임을 지다
   Наш отдел взял на себя ответственность за разработку этого проекта.

374. **снимать/снять с себя ответственность** ; 책임을 벗다
   Если нам откажут в финансирование, мы снимаем с себя ответственность за выполнение фирменного заказа.

375. **уклоняться/уклониться от ответственности** ; 책임을 피하다
   Компания постарались уклониться от ответственности за поставку некачественной продукции и была привлечена к суду.

376. **быть в хороших отношениях с кем** ; ~와 좋은관계에 있다
   Мы в очень хороших отношениях с этой кампанией и надеемся на продолжение сотрудничества.

377. **испортить с кем отношения** ; ~와 관계를 망치다
   Я испортил отношения с ним после непрятного разговора на прошлой неделе.

378. **развивать отношения с кем** ; ~와 관계를 발전시키다
   Одна из основыных задач— это развивать более тесные отношения с государствами СНГ.

379. **укреплять/укрепить отношения с кем**; ~와 관계를 강화하다
    Необходимо укрепить экономические отношения с азиатскими странами.

380. **допускать/допустить ошибку**; 실수를 범하다
    Он признаёт, что допустил ошибку, не сказал нам об этом сразу.

381. **замечать/заметить ошибку**; 실수를 발견하다
    Ученик просмотрел своё сочинение ещё раз и заметил орфографическую ошибку.

382. **исправлять/исправить ошибку**; 실수를 바로 고치다
    Никогда не поздно исправлять свои ошибки.

383. **дарить/подарить что кому на пямять**; ~에게 ~을 기념품으로 주다
    Эту картину подарил мне на память мой друг перед своим отъездом в другой город.

384. **оставаться/остаться в память кого**; ~의 기억에 남다
    Он остался в моей памяти симпатичным мужчной.

385. **сохранять/сохранить что в памяти**; ~을 기억에 간직하다
    Он бережно сохранил в памяти каждую встречу с ней.

386. **выходить/выйти на пенсию**; 연금대상자가 되다(퇴직하다)
    Он не захотел выходить на пенсию и продолжил работу на заводе.

387. **работать над переводом**; 번역을 하다
    Сейчас я работаю над переводом статьи из журнала "Новое время"

388. **совершать/совершить переворот**; 쿠데타(대변동)를 일으키다
    Представители силовых структур страны намеревались совершить военный переворот.

389. **вести переговоры**; 회담을 진행하다
    Главы четырёх государств ведут переговоры об укреплении и расширении интеграционных процессов.

390. **возобновлять/возобновить переговоры**; 회담을 재개하다
Были возобновлены переговоры за круглым столом между главами правительств стран СНГ.

391. **приступать/приступить к переговорам**; 회담에 착수하다
Стороны приступили к переговорам по подписанию межправительственных сообщений.

392. **отвечать на письмо**; 편지에 답장을 보내다
Мне нужно срочно отвечать на письмо моего друга, так как дело не терпет отлагательства.

393. **выдвигать/выдвинуть что на первый план**; ~을 우선시하다
Правительство выдвинуло на первый план задачу оздоровления российской экономики.

394. **разрабатывать/разработать план**; 계획을 작성하다
План разработан и предложен план перехода предприятия на выпуск продукции народного потребления.

395. **добиться победы над кем**; ~을 이기다
Боксёр добился лёгкой победы над своим соперником, который явно уступал ему в мастерстве.

396. **всплывать/всплыть на поверхность**; 표면에 부상하다
Совсем недавно всплыла на поверхность его причастность к уже забытому делу о корупции.

397. **объявлять/объявить повестку дня**; 회의일정을 공고하다
Преседатель объявил повестку дня заседания и преложил проголосовать.

398. **включать/включить что в повестку дня**; ~을 회의 의제에 포함하다
   вносить/внести что в повестку дня;
Мы предлагаем внести этот вопрос в повестку дня сегодняшнего заседания.

398. **снимать/снять какой вопрос с повестки дня**; ~문제를 회의 의제에서 삭제하다
Так как большинство депутатов проголосовало против этого предложения, вопрос снимается с повестки дня.

【 독해 · 문법 · 작문 해답 】

〔讀解 演習〕

1. 의회는 국가기관으로서 긴역사를 갖고 있다. 금세기에 특히 금세기 초기에 그의 역할은 변하고 있다. 의회발전의 중요한 경향은 사회생활에 초점을 맞추고 있다. 물론 모든 국가가 각자 의회의 구조와 기능을 결정하지만 의회의 활동에서 고려되는 일반적인 특징들이 있는 것이다.

2. 결국 우리가 대규모의 군대를 또는 무익한 광산을 유지하기 위한 구실을 찾을때가 아니라 바로 퇴역장교 또는 광부들이 발전의 잠재력이 있는 분야에서 일을 갖게될때 우리의 경제는 안정된 성장으로 나아갈수 있다. 과도기는 분명히 복잡할 것이다 그러나 현재 개조를 시작할 수는 있다.

3. 모든 국가구조 체계의 변경이 없이는 단일한 통치국가로서 러시아를 유지한다는 것은 불가능하다. 즉 중앙은 지방에 상당부분의 권한을 위임해야한다. 그러나 세밀한 연구를 바탕으로 이를 시행해야한다. 다른한편은 지역의 활동과 권한에 대한 중앙의 정상적인 통제가 필수적이다.

4. 톨스토이는 매일, 매시간 열심이었다. 레브 니콜라예비치에게는 한사람도 하나의 일도 의미가 없는 것으로 보이지 않았다. 말을 해야할 때, 그리고 침묵해야 할때는 깊게 생각했고 진지하게 들었다.

5. 국가에 전체국방과 군건설 지도에 대해 통일된 책임을 갖고 있는 기관이 없다는 것이 밝혀졌다. 개념도, 현실적인 군개혁의 프로그램도, 이의 실현을 위해 지도할 특별한 기관도 없다.

6. 다른일은 어떠한 위대한 러시아가 재탄생 될것인가 하는 것이다: 권위적인 아니면 민주적인, 선진적인 아니면 후진적인 등등. 중요한 것은 위대한 국가는 러시아 민족을 위해서 뿐만이 아니라 모든 인류를 위해서 중요하다. 분명히 세계문화와 과학이라는 측면에서 뿐만이 아니라 정치와 국제관계라는 측면에서 인것이다.

7. 모든 시대를 통해 인간의 모습은 예술의 중심테마가 되어왔다. 바로 이것에 각 시대의 모든 이상이 충분히 깊게 나타난 것이다. 조형예술을 통해 만들어진 예술인 형태들은 사람이 실제의 삶에서 어떠했는가 뿐만이 아니라 어떤 모습이고자 했는가를 말해주고 있으며 바로 가까워 지려고 했었던 이상에 대해 알려주고 있다.

8. 20년동안 한국은 경제적 그리고 사회적 관계에서 세계에서 가장 급성장하고 있는 국가들 중 하나가 되었다. 빠른 산업 및 경제성장 덕택으로 한국은 기록적으로 세계 10대 무역강국으로 진입하였다.

9. 그에 의하면 조-러 무역협정이 체결된 1884년 즉 외교관계를 수립한 이후부터 양국관계는 많은 우여곡절이 있었으나 1990년 외교관계를 복원한 이후 짧은시기에 양국관계는 정치적 그리고 경제적 계획안에서 안정적으로 발전하였다.

10. 기술좋은 미용사들을 자주 예술가로 부른다. 왜냐하면 진짜 미용사는 머리를 빗고 짜를뿐만이 아니라 미용에 있어서 반복될수 없는 특별한 선을 창조하고 만들어낸다. 그는 사람들이 자신에 대한 자신감을 갖도록 도와준다. 왜냐하면 외양의 아름다움이 없이는 자신감을 생각할 수 없기 때문이다. 사람이 기분좋게 미용실(이발소)을 나갈 때 미용사에게는 진정한 창작의 만족감이 남는것이다.

11. 모든 언어는 사람과 같이 족보가 있다. 가장 큰계는 인도유럽어이다. 영어, 그리스어, 러시아어, 프랑스어, 독일어, 인도어 — 이 모든 언어들이 비슷하거나 비슷하지 않은 인도유럽어중에 하나이다.

12. 에스토니아에서 가장 커다란 강인 '에마이가' 강은 고도시인 '따르따'를 통과하여 흐른다. 이곳 역시도 모든 것들이 비교 할 수 없는 독특한 모습을 띠고 있다: 작은 소로들, 높은 지붕들, 작은 마당들. 바로 여기 기념적인 건물, 눈처럼 하얀 원주들. 이것은 대학이다. 이 대학은 17세기초에 세워졌다.

13. 알려진바와 같이 러시아연방내에는 89개의 공식적인 여러 주체들이 존재한다. 또한 이 주체들간에는 전체적인 특징에 따라 역할과 권리와 책임에 있어서 커다란 차이가 있다.

〔長文 讀解〕

1.

러시아 외교는 최초로 우리의 자연스런 요구에 부응하는 동북아지역내 집단안보체제 건설목적을 제안했다. 유럽안전협력기구 뿐만이 아니라 ASEAN의 안보체제등이 이러한 체제의 전형이 될 수 있다. 그러나 러시아의 극동지역이 직접적으로 인접하고 있는 이지역에 집단안보체제가 이루어지지 않을때까지는 그곳의 국제관계는 군사력만이 아닌 다분히 세력균형의 바탕위에 형성될것이라는 것을 고려해야만 한다.

이런맥락에서 바이칼에서 극동에 이르는 지역의 모든발전이 실로 가장 우선시되는 과제이다. 극동지역의 경제성장이 없이는 지역경제관계에 포함되지 않고는 러시아는 아태지역에서 사실상 아무것도 할수 없다.

가장 중요한 국제문제가 중국이다. 축척된것에 대해 신중하게 태도를 취하면서, 국경협정의 재검토를 요청하는등 이웃을 선동하는 입장을 취하지 않으면서, 자체적인 약화의 심화로 분리주의에 대한 암시를 주지 않으면서 러연방은 중국과의 건설적인 동반자관계를 발전시켜야한다. 중국의 위험은 과대포장할 필요가 없으나 분명히 이웃의 군사력을 증강시키는 폭넓은 군사기술협력의 결과에 대해 깊이 생각하는 것이 유용하다.

2.

모든 사람이 사회화과정에서 자기민족의 문화를 익히게 된다는 것은 잘 알려져 있다. 어린시절에 사람은 판단없이 개인간의관계, 가치, 자기민족의 삶의 철학, 모국어의 풍부성들을 지각하게 된다. 그러나 아이들이 학교에 입학할 나이가 되면서부터 다양한 문화의 홍수를 만나게되는 것이 사회생활이다. 이렇기 때문에 사회내에서 평등하고 건전한 생활을 영위하기 위해서는 학생들에게 다른사람들을 이해할 수 있는 다문화적 교육이 필요하며 급변하고 있는 세상에 적응하는것이 필요하다.

선진된 다문화교육을 하고 있는 나라들은 다언어국가들이다(미국,스위스,캐나다 등등). 미국의 역사는 2백년이 넘는 이민의 역사와 관계가 있다. 다양한 종교를 갖고 있고 외형적모습이 서로 다른 사람들이 여러언어로 말을 했다. 놀랄만한 언어와 문화의 다양성에도 불구하고 한 대륙내에서 오랫동안 살게되면서 민족의 동화현상이 일어났다. 또한 세대가 분화되었다. 일세대는 미국에 살았지만 오랜관습을 유지했다. 다른세대는 자신을 미국의 일부로 여겼으며 모국어, 관습, 종교를 잊어버렸다. 3세대는 미국인이 되었으며 그들의 모국어는 영어가 되었다. 그러나 문제는 감소되지 않았다. 아이들이 한 학교에서 같이 공부했다. 그들은 어떻게 상호간에 의사소통을 할까? 어떤 언어로 그들을 가르칠까? 영어로 결론이 났다. 아이들은 모국어를 잊어버리기 시작했으며 민족들은 민족적 특성을 잃게되었다.

〈作文〉

1. Они занимаются русским языком во вторник, в среду и в пятницу.

2. Я чувствовал себя здоровым и бодрым.

3. Тебе нужен отдых, а не лекарство.

4. Я дал книгу вам, а не ему.

5. Они были там, но я их не видел.

6. Как он говорит порусски, хорошо или плохо?

7. Я не знаю ни места, ни времени.

8. Он очень торопился, однако опоздал.

9. Не то он завидовал ей, не то он сожалел о ней.

10. Он знает не только русский язык, но и другие языки.

16. 병립 복문(竝立複文)

기본 문법

1. 형태
Ветер разгнал тучи, небо очистилось, и снова выглянуло солнце.

2. 접속사의 활용
[연계 접속사]
(1) **И**
1) Играет музыку **и** поют дети.
2) Поезд остановился, **и** пассажиры вышли на перрон.
3) Погода была хорошая, **и** мы решили поехать за город.

(2) **Ни** я не послал ему письма, **ни** он мне не написал.

[역접속사]
(1) Они были там, **но** я их не видел.
(2) Прошло десять лет, **а** я всё хорошо помню.
(3) Я знаю, что вы очень заняты, **однако** я очень прошу вас ответить на моё письмо.

1. 형태

※ 병립복문은 문법적으로 상호 독립적인 2개이상의 절로 구성된다.

(바람이 구름을 거두고 하늘이 맑아졌으며 다시 태양이 얼굴을 내밀었다.)

2. 접속사의 활용

〔연계 접속사〕

(1) И (그리고)
  1) 동시동작; 음악이 연주되고 사람들은 노래를 한다.
  2) 연속동작; 기차가 멈추었고 승객들은 플랫폼으로 나왔다.
  3) 원인과 결과; 날씨가 좋았다 그래서 우리는 교외로 가기로 했다.

(2) НИ......НИ(~도 ~도)부정문과 함께 사용
    (나도 그에게 편지를 보내지 않았고 그도 내게 편지하지 않았다.)

〔역접속사〕

(1) НО(그러나); 그들은 거기 있었다. 그러나 나는 그들을 보지 못했다.
(2) А (그러나); 10년이 지났다. 그러나 나는 모든 것을 잘 기억하고 있다.
(3) ОДНАКО (그러나); 당신이 바쁘다는 것을 잘 압니다. 그러나 내 편지에 답장 해주기를 꼭 부탁 드립니다.

〔분리접속사〕

(1) **Или** ты ко мне приедешь, **или** я приеду к тебе.
(2) **Либо** ты позвонишь мне, **либо** я позвоню тебе.
(3) **То** дождь идёт, **то** солнце светит, **то** опять идёт дождь.
(4) **Не то** он завидовал ей, **не то** он сожалел о ней.

〔설명접속사〕

(1) Я думаю вы не правы, **то есть** вы ошиблись.
(2) Вы хотите меня видеть завтра, **а именно** завтра я и не буду дома.

〔 분리접속사 〕

(1) ИЛИ, ИЛИ.....ИЛИ (~또는 ~, ~이거나~)
   (네가 내게 오거나 내가 너에게 가겠다.)
   Или Вы одевайтесь, или я уеду один.
   (당신이 옷을 입거나 아니면 나혼자 가겠다)

(2) ЛИБО.....ЛИБО (~또는 ~, ~이거나~)
   (네가 내게 전화하거나 내가 너에게 전화하겠다.)
   Либо ты ко мне приедешь, либо я приеду к тебе.
   (네가 내게 오거나 내가 너에게 가겠다.)

(3) ТО......ТО (~이더니 ~)
   (비가 오더니 햇빛이 나더니 다시 비가온다.)
   Вчера мне весь день мешали работать : то кто-нибудь входил в мою комнату, то звонил телефон.
   (어제 하루종일 일하는 것을 방해했다: 누군가 내방에 들어오더니 전화를 했다.)

(4) НЕ ТО.......НЕ ТО (~이거나 ~)
   (그는 그녀를 시기했거나 동정했다.)
   ※ или.....или와 유사한 의미이나 불확실한 의미를 내포.

〔 설명접속사 〕

(1) ТО-ЕСТЬ(즉...)은 앞문장내용을 부연설명
   (나는 당신이 옳지 않다고 생각한다. 즉 당신은 실수를 했다.)

(2) А ИМЕННО(바로....)은 특정대상을 지정하여 강조
   (내일 나를 만나고 싶으십니까? 그러나 바로 내일 나는 집에 없을 것입니다.)

讀解演習

▷ **КЛЮЧ**: Погода была хорошая, **и** мы решили поехать за город.

1. Сегодня государства Содружества живут в весьма неспокойном мире, **и** для каждого из них, включая Россию, угрозы стабильности в большой степени носят внутренний характер и обусловливаются как внутренними конфликтами внутри каждого из государства СНГ, так и противоречиями между ними.

☞ 연계접속사 и 용법/обусловливаться(обусловиться) чем; ~이 원인이 되다, ~에 기인하다

▷ **КЛЮЧ**: Они были там, **но** я их не видел.

2. Или возьмём трагедью так называемых русскоязычных в новых государственных образованиях на территории бывшего СССР. Формально эти люди уже не являются гражданами Российского государства, **но** менее русскими от этого не стали. С другой стороны, потомки русских эмигрантов "первых волн" в Праге, Париже, Берлине плохо знают русский язык и зачастую вовсе не могут на нём изъясняться, **но** тем не менее они продолжают считать себя русскими и сохраняют в быту значительную часть русских национальных обычаев.

☞ 역접속사 но 용법/СССР; 소련/ зачастую; 자주, 때때로

▷ **КЛЮЧ**: Прошло десять лет, **а** я всё хорошо помню.

3. Ухудшилось обновление материальной и приборной базы науки и образования. Большая часть научных подразделений вузов имеет слабую опытно-экспериментальную базу, **а** более 80% вузов вообщее не располагают таковой. Потребность в научных приборах удовлетворяется на 20-25%.

☞ 역접속사 a 용법

▷ **КЛЮЧ**: Времени у нас достаточно, **а** вот денег-то маловато.

4. Кризисное состояние культуры, с одной стороны, является составной частью общего паралича общественного организма, его экономической, социально-политической жизни, **а** с другой-есть очевидные призины кризиса, характерные именно для самой культуры.

☞ 역접속사 a 용법

▷ **КЛЮЧ**: Я знаю, что вы очень заняты, **однако** я очень прошу вас ответить на моё письмо.

5. Но ведь возможен и компромиссный вариант: наиболее крупные и густонаселенные автономии сохраняются, **однако** их статус максимально приближаетя к статусу губерний; остальные включаются в состав губерний-естественно, со всеми законодательными оговорками, обепечивающими нормальное социально-культурное развитие малых наций.

☞ 역접속사 однако 용법/губерния: 현(縣), 1929년 이후 область(州), край(지역)로 변화

長文 讀解

1.

В последние десятилетия претворены в жизнь весьма смелые проекты создания крупных телесков. Гиганские рефлекторы с размерами зеркал от 3 до 10 м установлены в высокогорных районах Чили, на Гавайских и Канарских островах, в Австралии. Огромные зеркала способны в процессе наблюдений с помощью компьютера менять кривизну, обеспечивать в любой момент наилучшее качество изображения и сводить до минимума—насколько это можно—деформации оптических поверхностей под действиям силы тяжести. В какой-то мере удалось уменьшить и негативное воздействие земной атмосферы на изображение. Большой оптический телескоп работает в космосе. За пределами атмосферы находятся приборы, позволяющие видеть звездное небо в рентгенновских и гамма-лучах. И лишь из-за колоссальных денежных затрат, которые пока не может себе позволить ни одна страна, ещё нельзя приступить к осуществлению последней "великой астрономической мечты"—строиству обсерватории на Луне.

К. Л. Масленников: Антарктическая астрономия

☞ рефлекотор; 반사 망원경/ способны + 동사원형; ~할 능력이 있다. Этот метал способен проводить электричество; 이금속은 전기를 일으킬 수 있다/ кому удаться + 동사원형; 성공하다, 잘되다, Мне удалось достать два билета; 표 2장을 얻을수가 있었다.

2.

"Я хочу поделиться своими впечатлениями от недавно проходившего в Эдинбурге фестивале... В течение примерно трёх недель, то есть срока довольно сжатого, я прослушал большинство моих сочинений. Я никак не могу жаловаться на невнимание к моим сочинениям на Родине... Но в Эдинбурге перед моим, так сказать, инспекционным взором прошла вся моя музыкальная жизнь". 1962 год. "Известия". Интервью Д. Д. Шостаковича.

Он действительно никак не мог жаловаться на невнимание, ибо пристальный взор искусствоведов в штатском не одно десятилетие следил за каждым его шагом. Шостакович был недостаточно "советским", но оказался слишком раскрепощенным для страны, где существовали многовековые традиции преобрадания государства над личностью и её правами.

"В истории России много слез, горя, страданий, но мало радость...Радость делить общие невзгоды — единственная радость так называемого советского человека", — заметил Мераб Мамардашвили. В этом и только в этом отношении Шостакович стал истинно советским человеком. В период массовой духовной энтропии его музыка(с трагедией апокалипсиса XX века в IV симфонии, с героическим трагизмом VII Ленинградской...) была и осталась срезом беспощадно противоречивой правды нашей правды нашей советской жизни.

Юлия Кантор: От Эдинбурга до Петербурга

☞ то есть(т.е.): 다시말해서, 즉/ жаловаться на кого-что: 불평을 말하다 /следить за кем-чем: ~를 주시하다, 감시하다

作文

1. 그녀는 창가에 앉았다. 그리고 책을 읽었다.

2. 그는 방에 들어갔다. 그리고 책상위에 편지를 보았다.

3. 그는 전에 키에프에 살았으나 지금은 모스크바에 산다.

4. 10년이 지났지만 나는 모든 것을 잘 기억하고 있다.

5. 나는 당신에게 동의하지만 전부는 아니다.

6. 그는 나에게 들르겠다고 약속했지만 오지 않았다.

7. 그는 열심히 공부했고 그래서 좋은 성적을 얻었다.

8. 그는 시간이 많지 않았지만 나를 돕는데 동의했다.

9. 종이 울렸다. 그리고 학생들은 강의실로 들어갔다.

10. 나에게는 극장표가 있었지만 극장에 가지 않았다.

重要 表現

399. **ставить/поставить вопрос на повестку дня**; 문제를 회의논의에 부치다
   Мы предлагали поставить вопрос о чрезвычайной ситуации в регионе на повестку дня в сегодняшнем заседании.

400. **отстаивать/отстоять свою позицию**; 자신의 입장을 고수하다
   Во всех спорах он яростно и до конца отстаивает свою позицию по любому вопросу.

401. **сдавать/сдать свои позиции**; 진지를 내주다
   Войска противника сдали свои позиции и откатились назад.

402. **быть в каком положении**; ~한 상태에 있다
   Он сейчас в очень сложном положении из-за потери работы.

403. **входить/войти в чьё положение**; ~의 입장이 되다
   Вы должны войти в его положение и постараться его понять.

404. **выходить/выйти из трудного положения**; 어려운 상황에서 벗어나다
   Он сумел с честью выйти из трудного положения, уделив судью в свой невиновности.

405. **попадать/попасть в какое положение**; ~상황에 떨어지다
   Опаздав на самолёт, он попал в очень неприятное положение.

406. **благодарить/поблагодарить кого за помощь**; ~의 도움에 감사하다
   Они тепло поблагодарили нас за оказанную помощь и попрощались.

407. **оказывать/оказать кому в помощи**; ~에게 도움을 주다
   Когда я обратился к нему со своей проблемой, он оказал мне в помощи.

408. **просить/попросить кого о помощи**; ~에게 도움을 청하다
   Организаторы фестиваля попросили о помощи жители города в приведении улиц в порядок.

409. **заводить/завести порядок**; 질서를 확립하다
  В нашем учреждении завели новый порядок, все должны приходить на работу на 15 минут раньше.

410. **стоять за правду**; 진리에 서다
  Всю свою жизнь он стоял за правду и многие его за это нелюбили.

411. **иметь право**; 권리를 갖고있다
  Я имею полное право участвовать в выборах.

412. **выходить/выйти за пределы**; 경계를 벗어나다
  В этой беседе он вышел за пределы дозволенного.

413. **отвергать/отвернуть предложение**; 제안을 거부하다
  Президент отвергнул предложение оппозиционной парции.

414. **отклонять/отклонить предложение**; 제안을 거절하다
  Начальник отклонил предложение о выходном дне.

415. **соглашаться/согласиться с предложением**; 제안에 동의하다
  Мы согласились со всеми его предложением.

416. **получать/получить премию**; 상을 받다
  Он получил премию за свою работу.

417. **получить от кого пригашение**; ~로부터 초청을 받다
  Я получил приглашение от моего знакомого.

418. **посылать/послать кому приглашение**; ~에게 초청장을 보내다
  Посол послал министру иностранных дел приглашенчена вечер.

419. **устраивать/устроить приём по случаю чего**; ~경우를 기념하여 파티를 개최하다
  Во дворие был устроен приём в честь дня рождения королевы.

420. определять/определить что по какому признаку : ~징후로 ~을 판단하다
    Врачь могут определить эту болезнь по внешнему признаку.

421. подписывать/подписать приказ : 명령에 서명하다
    Президент подписал приказ об увольнении пяти министров.

422. объяснять/объяснить что на примере : 예를들어 ~을 설명하다
    Учитель объяснил детям правило на примере подающего яблока.

423. показывать/показать кому пример : ~에게 시범을 보이다
    Тренер сделал упражнение первым чтобы показать пример всем.

424. вскрывать/вскрыть причину чего : ~의 원인을 밝히다
    Мне интересно вскрыть причину этой политической ситуации.

425. выяснять/выяснить причину чего : ~의 원인을 설명하다
    Директор уже выяснил причину его увольнения.

426. становиться/стать причиной чего : ~의 원인이 되다
    Тайфун стал причиной больших разрушений.

427. касаться/коснуться какой проблемы : ~문제를 다루다
    На собрании он коснул проблемы финансовой дефицита.

428. работать над какой преблемой : ~문제를 연구하다
    Сейчас учёные работают над преблемой создания нового двигателя.

429. сталкивать/столкнуться с какой проблемой : ~문제에 부딪치다
    Мы столкнулись с сельезными проблемами, приехав в этот город.

430. решать/решить какюу проблему : ~문제를 해결하다
    Никто не может решить проблему выращивания этой породы в искусственных условиях.

【독해 · 문법 · 작문 해답】

〔讀解 演習〕

1. 현재 독립국가 연합은 매우 불안정한 세계속에서 살고 있다. 러시아를 포함하여 그들 각 나라들에게 있어서 안정에 대한 위협은 다분히 국내적인 특성을 갖고 있으며 독립국가연합 내 각국가들의 내부적인 분쟁과 각국가들간의 대립에 의해 조건 지어진다.

2. 구소련 영토내 새로운 국가의 성립으로 생긴 러시아인들의 비극을 예를 들어보자. 공식적으로 이 사람들은 러시아시민이 아니다 그러나 이로인해 러시아인이 아닐수는 없다. 또한 프라하, 파리, 베를린의 대다수 첫 러시아 이민자들은 러시아어를 잘못하며 일부는 러시아어로 설명도 못한다. 그러나 아무튼 그들은 자신을 러시아인으로 여기고 있으며 상당부분 러시아 민족의 풍습을 유지하고 있다.

3. 과학과 교육을 위한 기재지원의 개선상태가 악화되었다. 대부분 과학전문대학들이 열악한 실험기반을 갖고 있으며 80%이상의 대학들이 그러한 시설도 없다. 과학기재 수요의 20-25%만 충족되고 있다.

4. 문화의 위기상황은 한편으로 사회적 유기체 즉 경제적, 사회 · 정치적 삶의 전체적인 마비의 일부분이며 다른 한편으로는 바로 문화자체의 위기를 나타내는 명확한 원인이 있는것이다.

5. 타협적인 대안이 가능하다: 가장 크고 인구가 조밀한 민족은 자치구로 유지된다. 그러나 위상은 현의 위상에 최대한 근접시킨다. 다른 소수민족은 현에 포함시킨다. 당연히 모든 법적조건을 통해 소수민족의 정상적인 사회-문화의 발전을 보장한다.

〔長文 讀解〕

1.

최근 10년간 거대한 망원경을 만들려는 과감한 계획이 실현되었다. 반사경이 3m에서 10m에 이르는 거대한 반사망원경이 칠레의 높은 산악지역, 하와이섬, 카나리아섬, 호주등에 설치되었다. 거대한 거울들은 관측과정에서 컴퓨터의 도움으로 굴곡현상을 바꿀수있고 항상 가장좋은 象을 볼수있도록 해주며, 무거운 망원경이 움직일 때 렌즈표면의 훼손을 가능한 적게해준다. 集象에 대한 지구환경의 부정적인 영향을 어느정도 감소시키는데 성공했다. 큰 광학망원경이 우주공간에서 움직이고 있다. 렌트겐과 감마선을 통해 별하늘을 볼 수 있도록 해주는 기구들이 환경의 경계지역에 설치되어있다. 어느 한나라가 감당할 수 없는 엄청난 자금이 소요되는 관계로 위대한 천문학적 꿈의 실현 즉 달에 천문대를 세우는 계획에 착수하지 못하고 있다.

2.

얼마전에 에딘부르그에서 개최된 페스티발에서 받은 인상을 나누고자 한다. 다분히 압축된 약 3주간 동안에 나는 대부분의 내 작품을 들었다. 나는 조국에서 내 작품에 무관심을 표하는것에 대해 불평을 할 수가 없다. 그러나 에딘부르그에서 감시의 눈길앞에서 나의 모든 음악인생이 흘러갔다. 1962년, 이즈베스찌야 신문의 쇼스타코비치와의 인터뷰이다.

민간 예술학자들의 집중적인 감시가 그의 모든 거동을 수십년 쫓아다녔기 때문에 그는 실제로 무관심에 불평을 할 수가 없었다. 쇼스타코비치는 소련시민이 되기에는 불충분했으나 국가가 개인과 인권 위에 군림하는 수세기동안의 전통이 존재하는 그런 나라를 위해서는 너무 해방적이었다.

"러시아 역사에는 많은 눈물, 슬픔, 시련이 있었으나 기쁨은 적었다. 불행을 나누는 기쁨이 소련인의 유일한 기쁨"이라고 메랴프 마마르다쉬빌리가 지적했다. 바로 이런맥락에서만 쇼스타코비치는 진정한 소련인 이었다. 그의 정신적인 창작이 최고조에 이르렀던 시기에 그의 음악(심포니 4번 20세기 묵시록의 비극, 레닌그라드 7번 영웅적 비극)은 소련인들의 가차없는 모순된 삶의 눈물이었던 것이다.

〈作文〉

1. Она сидела у окна и читала книгу.
2. Он вошёл в комнату и увидел на столе письмо.
3. Раньше он жил в Киеве, а теперь он живёт в Москве.
4. Прошло десять лет, а я всё хорошо помню.

5. Я согласен свами, но не во всём.

6. Он обещал зайти за мной, однако не зашёл.

7. Он занимался много, зато и получил хорошую отметку.

8. У него было мало времени, но он согласился помочь нам.

9. прозвенел звонок, и студенты вошли в аудиторию.

10. У меня был билет, но я не пошёл в теат.

17. 종속 복문(從屬複文)I

기본 문법

1. 형태

(1) 주절과 종속절

※ 종속복문은 주절과 종속절로 구성되며 종속절은 주절에 종속되어 주절을 수식한다.

Я сомневаюсь, что он прав.(나는 그가 옳다는것에 대해 의심한다.)
※ "Я сомневаюсь"는 주절이며 "что он прав"는 종속절이다.
이 경우 종속절은 접속사 что에 의해 주절과 연결되어있다.

(2) 주절의 수식

Кто хочет, тот может уйти сейчас.
(원하는 사람은 지금 떠날 수 있다)
※ 이 경우 종속절은 주절의 주어인 кто를 수식한다.

Кто не работает, тот не ест.(주절의 주어인 кто를 설명)
(일하지 않는 사람은 먹지 않는다.)
Она поехала в тот город, где он ждёт её.(주절의 수식어구인 тот를 설명)
(그녀는 그가 그녀를 기다리는 도시로 갔다.)
Когда он меня увидел, он очень удивился.(주절전체를 수식)
(그가 나를 보았을 때, 그는 매우 놀랐다.)

Мы решили не идти прогулку, потому что было уже поздно.(주절 전체를 수식)
(우리는 산책을 가지 않기로 결정했다, 왜냐하면 벌써 늦었기 때문이다.)

(3) 주절과 종속절의 연결

1) 접속사

   접속사로는 что, чтобы, как, ли, если, хотя, будто등이 사용된다. 접속사는 문장의 일부가 아니며 단지 종속절을 주절에 연결한다.

   Я думал, что он заболел.
   (나는 그가 아팠다고 생각했다.)
   Дайте ребёнку игрушку, чтобы он не плакал.
   (어린아기가 울지 않도록 장난감을 주어라.)

2) 접속어

   접속어로는 관계대명사 кто, что, который, чей 등과 부사 где, куда, откуда등이 사용된다.

   Дом который построил мой отец остался в моей родине
   ※ который는 접속어이면서 종속절의 목적어이다.

   Я принёс то, что ты просил.
   (나는 네가 요청한 것을 가져왔다.)
   ※ что는 접속어이면서 종속절의 직접목적어 이다.

   Я присутствовал на совещании, где обсуждался этот вопрос.
   (이 문제가 논의되었던 회의에 나는 결석했다.)
   ※ где는 접속어이면서 종속절의 부사 수식어이다.

> **2. 주절을 가진 복문**
> (1) 접속사 что
>   1) Мне кажется, **что это не так**.
>   2) Несомнено, **что она придёт**.
>   3) Было обьявлено, **что концерт переносится на пятницу**.
> (2) 접속어로 관계대명사, 관계부사가 사용
> (3) 접속어 кто, что로 연결되는 경우
>   1) **То, что они братья**, было совершенно ясно.
>   2) **Все, кто был свободен**, уехали за город.
>   **Каждый, кто хотел выступить**, мог попросить слово.
>   3) ① **Кого я ни спрашивал**, никто не мог ответить на этот вопрос.
>   ② **Что он ни видел**, ничто ему не нравилось.

2. 주절을 가진 복문

(1) 접속사 что가 사용되는 경우

1) 서술동사와 함께 사용;
    (내 생각에는 이것은 그렇지가 않다.)
2) 형용사단어미 중성형태나 서술부사와 함께 사용;
    (그녀가 온다는 것은 의심할여지가 없다.)
3) 수동형동사 단어미와 함께 사용;
    (연주회가 금요일로 연기된다고 공고 되었다.)

(2) 접속어로는 관계대명사 кто, что, какой, чей, сколько등과 관계부사 где, куда, откуда, когда, как, почему, зачем등이 사용된다.

술 어	주 절
Мне неизвестно	что вам нужно. ① кто будет против меня. ② в каком магазине он купил это. ③ чья эта книга. ④ сколько стоит эта сумка. ⑤ где он работает. ⑥ куда идёт этот трамвай. ⑦ когда будет это готово. ⑧

① 당신에게 무엇이 필요한지 나는 모른다.
② 누가 나를 반대할것인지…
③ 어떤 가게에서 그가 이것을 샀는지…
④ 이것이 누구의 책인지…
⑤ 이 가방이 얼마인지…
⑥ 그가 어디서 일하는지…
⑦ 이 전철이 어디로 가는지…
⑧ 언제 이것이 준비될 것인지…

(3) 접속어 кто, что가 사용되는 경우
  1) тот, то를 설명; 그들이 형제라는 것은 명백했다.
  2) все, всё, всякий, каждый, любой를 설명
     (한가로운 사람들 모두가 교외로 떠났다.)
     (말하고 싶은 사람은 각자가 요청할 수 있다.)
  3) никто, ничто를 설명;
     ① 내가 물어본 사람 누구도 내 질문에 답변할 수 없었다.
     ② 그가 본 어떤것도 그의 마음에 들지 않았다.

> **3. 목적절을 가진 복문**
> 〔접속사가 활용되는 경우〕
>   (1) что
>   1) Я думал, **что он заболен**.
>   2) Я очень рады, **что вы пришли**.
>   (2) чтобы
>   1) ① Я хочу, **чтобы вы поняли это**.
>   ② Скажите ему, **чтобы он пришёл в понедельник**.
>   2) ① Желательно, **чтобы он сам пришёл**.
>   ② Надо, **чтобы работа была закончена к вечеру**.
>   3) Приказано, **чтобы все собрались к девяти утра**.
>   (3) что, чтобы로 연결된 종속절의 시제
>   (4) Скажите мне, **как пройти к станции**.
>   (5) Я слышал, **будто он уехал в Киев**.
>   (6) ① Он не помнит, **видел ли он её**.
>   ② Я не знаю, **был ли он там или нет**.
>   (7) Я боюсь, **как бы завтра не было дождя**.

3. 목적절을 가진 복문

〔접속사가 활용되는 경우〕

(1) 종속절이 접속사 что로 연결되는 경우

 1) 말, 생각, 감정, 물리적 감각등을 나타내는 동사들과 함께 사용
   (나는 그가 아프다고 생각했다.)

 2) 형용사 단어미와 함께 사용
   (당신이 와서 매우 기쁘다.)

(2) 종속절이 접속사 чтобы로 연결되는 경우

  1) 소원, 희망, 요청, 명령의 표현
    ① 나는 당신이 그를 이해하기를 원한다.
    ② 그가 월요일에 오도록 그에게 말해주십시오.
    Он хочет, чтобы вы помогли ему.
    (그는 당신이 그를 돕기를 원한다.)
    Мы торопились, чтобы успеть на поезд.
    (우리는 기차에 늦지 않기 위해 서둘렀다.)

  2) 서술부사 нужно, надо, необходимо, желательно등과 함께 사용
    ① 그가 직접 오는 것이 바람직 하다.
    ② 일이 저녁까지 끝나야 한다.

  3) 수동형동사 단어미 приказано, сказано, написано, 등과 함께 사용
    (그가 시급히 가는 것이 중요하다.)

(3) что, чтобы로 연결된 종속절의 시제

  1) что

주절	종속절	의미
Я сообщаю директору, Я сообщил директору, Я сообщу директору,	что дела идут хорошо. (현재)	종속절의 행위가 주절의 행위와 동시에 일어나는 것을 의미
Я сообщаю директору, Я сообщил директору, Я сообщу директору,	что работа уже закончена. (과거)	종속절의 행위가 주절의 주절의 행위보다 앞서서 일어난 것을 의미
Я сообщаю директору, Я сообщил директору, Я сообщу директору,	что скоро закончит свою работу. (미래)	종속절의 행위가 주절의 행위가 일어난 뒤에 일어나는 것을 의미

2) чтобы

    Я включил радио, чтобы послушать последние известия.

    (나는 마지막 뉴스를 듣기위해 라디오를 켰다.)

※ чтобы 다음 행위가 주어의 행위일 경우에는 항상 원형동사가 사용된다.

    Я включил радио, чтобы мой друг послушал последние известия.

    (내친구가 마지막 뉴스를 듣도록 라디오를 켰다.)

※ чтобы 다음 행위가 제3자의 행위일 경우에는 동사의 과거형이 사용된다.

(4) 종속절이 접속사 как로 연결되는 경우

  (정류장까지 어떻게 가야하는지 말해주십시오.)

    Делайте, как я вам говорю.

    (내가 당신에게 말한대로 하시오.)

    Оставь всё как есть.

    (모두 있는 그대로 놔둬라.)

(5) 종속절이 접속사 будто(будто бы)로 연결되는 경우

    (그가 끼에프로 떠난 것으로 들었다.)

  ※ 종속절의 사실이나 현상에 대한 미확신의 의미를 표현한다.

(6) 종속절이 접속사 ли로 연결되는 경우 종속절이 의문의 내용을 설명한다.

    ① 그는 그가 그녀를 보았는지에 대해 기억하지 못하고 있다.

    ② 그가 그곳에 있었는지 없었는지 나는 모른다.

(7) 종속절이 접속사 как бы не로 연결되는 경우 종속절은 공포, 염려 등을 나타내는 주절의 동사를 설명한다.

    (내일 비가 올까봐 걱정이다.)

> 〔접속어가 활용되는 경우〕
> (1) Я не знаю, что я хотел сказать. ①
> 　　　　　　　кто будет против меня. ②
> 　　　　　　　в каком магазине он купил это. ③
> 　　　　　　　чья эта книга. ④
> 　　　　　　　сколько стоит эта сумка. ⑤
> 　　　　　　　где он работает. ⑥
> 　　　　　　　куда идёт этот трамвай. ⑦
> 　　　　　　　когда будет это готово. ⑧
> (2) 접속어 кто, что가 то, тот와 함께 사용
> 　① Он выполнил тот, что ему поручили.
> 　② Расскажи только о том, что ты сам видел.

〔접속어가 활용되는 경우〕

(1) 접속어로는 관계대명사 кто, что, какой, чей, сколько등과 관계부사 где, куда, откуда, когда, как, почему, зачем등이 사용된다.

　① 내가 무엇을 말하려고 했는지 나는 모른다
　② 누가 나를 반대할것인지…
　③ 어떤 가게에서 그가 이것을 샀는지…
　④ 이것이 누구의 책인지…
　⑤ 이 가방이 얼마인지…
　⑥ 그가 어디서 일하는지…
　⑦ 이 전철이 어디로 가는지…
　⑧ 언제 이것이 준비될 것인지…

(2) 종속절이 접속어 кто, что로 연결되어 тот, то를 설명는 경우

　① 그는 그에게 위임된 일을 수행 했다.　② 네가 직접 본것만 이야기 해라.
　Он долго думал о том, что она сказала.(그는 그녀가 한말을 오랫동안 생각했다.)
　Он отрицает то самое, что утверждал вчера.
　(그는 어제 확인한 바로 그것을 부정한다.)

讀解演習

1.

▷ **КЛЮЧ**: Мне кажется, что я вас где-то видел.

Нам кажется, что один день похож на другой, но это не так - наша жизнь изменяется очень быстро. В девятнадцатый век человечество въехало на лошади. Ещё есть люди, помнящие то время, когда лошадь была обычным видом транспорта. Только сто лет назад появились первые электрические лампы, первые автомобили, тракторы...

☞ 주절의 용법 ; что~는 кажется의 주어

2.

▷ **КЛЮЧ**: Мне кажется, что это не так.

Во-первых, **детям должно казаться, что** научиться говорить по-русски совсем не трудно. Главное - вызвать у них стремление к общению на русском языке.

Во-вторых, нужно, чтобы у детей как можно быстрее возникло чувство, что они уже понимают рускую речь и уже обьясняются на русском языке.

☞ 주절의 용법 ; что~는 должно кажется의 주어 / стремление к чему ; ~에 대한 지향, 갈망

3.

▷ **КЛЮЧ**: Ясно, что он не говорит правду.

Изветно, что после событий сентября - октября 1993 года все государственные средства массовой информации перешли под контроль исполнительной власти. Это вытекало из логики тех событий. **Естественно, что** это рассматривалось в качестве временной, как бы переходной.

☞ 주절의 용법 ; что~는 известно, естественно의 주어

▷ **КЛЮЧ**: Несомнено, **что она придёт**.

4. **Мировой практикой доказано, что** часная собственность эффективнее государственной. Хотя бы потому, что частник больше заинтересован в эффективном использовании того, что ему принадлежит: прибыль идёт непосредственно ему в кармане, а прибыль от государственного предприятия — в бюджет государства. Разница очевидна.

☞ 주절의 용법; что~는 доказано의 주어/заинтересованный в чём; ~에 이해관계를 갖다, заинтересованный чем; ~에 관심을 갖고있다

▷ **КЛЮЧ**: **То, что они братья**, было совершенно ясно.

5. Плох **тот** человек, **который**, кроме своего дела, ничем не интересуется. Чайковский был великим компадитором и имел определенные поэтические вкусы, прекрасно знал литературу, философию. Мне это кажется вполне естественным.

☞ 주절의 용법; который~는 тот를 설명/интересоваться кем-чем; ~에 흥미·관심을 갖다

▷ **КЛЮЧ**: **Кто ищёт, тот** всегда найдёт.

6. Один мудрый сказал: нет **тот** умен, **кто** все знает, – все знать невозможно, – а **тот, кто** знает, где и о чем можно прочитать. В этих словах большая правда. Ведь книга рассказывают буквально обо всем на свете – нет такого вопроса, такой темы, по которым не было бы написано книг.

☞ 주절의 용법; кто~는 тот를 설명/на свете; 세상에

▷ **КЛЮЧ**: Она сказала, **что** не сможет прийти завтра.

7.
Учёные говорят, что в жизни современного человека примерно 27лет свободного времени. Сколько за это время можно сделать, узнать, увидеть, изучить! Можно получить несколько разных профессий, прочитать тысячи книг.... Поэтому очень жаль, что некоторые люди теряет это время и говорят, что им скучно.

☞ 목적절의 용법; что~는 говорят의 목적어

▷ **КЛЮЧ**: Я думал, **что он заболен**.

8.
Конституция подчёркивает, что в основе федеративного устройства Российской Федерации лежит примат её государственной целостности. Поставлен правовой предел попыткам, имели место ещё в недавнем прошлом, расшатать или разрушить единство Российской Федерации. Но этот важнейший государственный интерес ни в кой мере не ущемляет права народов на самоопределение.

☞ 목적절의 용법; что는 подуёркивает의 목적어/примат; 우위(優位)/ ни в кой мере; 결코, 전혀

▷ **КЛЮЧ**: Приказано, **чтобы все собрались к девяти утра**.

9.
Вместе с тем не меньше, если не больше, Соединёные Штаты **заинтересованы в том, чтобы** Россия стала региональной державой, **чтобы** в постсоветском пространстве не было чрезмерного российского влияния, **чтобы** наша страна оставалась вне «натовской» Европы. Вступление России в НАТО, где уже есть фрондирубщая Франция, поставило бы под вопрос господствующее положение там Вашингтона.

☞ 목적절의 용법;чтобы는 в의 목적어 том을 설명/постсоветский; 소련이후의/ натовский; 나토(NATO)의

▷ **КЛЮЧ**: Он выполнил **тот**, **что** ему поручили.

10. Российско-южнокорейская встреча в верхах прежде всего подтвердит **тот** факт, **что** между двумя нашими странами уже существуют партнерские конструктивные, взаимодополняющие отношения.

☞ 목적절의 용법 : что는 подтвердит의 목적어 тот를 설명

▷ **КЛЮЧ**: Я не знаю, **что мы должны делать дальше**.

11. Литература - большая сила. Пушкин, Лермонтов, Шекспир, Байрон говорили на разных языках, говорили с разными людьми, но все они старались сказать человечеству, **что** оно - человечество. В этом великая роль литературы. В наше время писатель должен думать не только о своём народе, но и о людях всего мира.

☞ 목적절의 용법 : что~는 сказать의 목적어

필 수 표 현

38. 해결, 극복, 조정

справиться	с трудностями	(어려움을 수습하다)
	с препятствиями	(장애를 처리하다)
	с кризисом	(위기를 수습하다)
	с недостатками	(결함을 처리하다)
преодолеть	трудности, препятствия	(어려움, 장애를 극복하다)
	кризис, недостатки	(위기, 결함을 극복하다)
	расстояние	(차이를 극복하다)
	страх, нерешительность	(공포, 우유부단함을 극복하다)
подавить	сопротивление, попытку	(저항, 기도를 진압하다)
	чувство, страх	(느낌, 공포를 억누르다)
	движение, выступление	(행동, 출연을 자제하다)
	революцию, восстание	(혁명, 폭동을 진압하다)

39. 교체

(1) заменить кого-что, кем-чем	(~를 ~로 교체하다)
(2) сменить кого-что	(~를 교체하다, 바꾸다)

(1) Машина не может полностью заменить человека.

Старый кинескоп в телевизоре заменили новым.

(2) Вы будете дежурить до 6 утра, а потом вас сменит Потанов.

Одно поколение сменяют другое.

Мне надо зайти в библиотеку сменить книги.

長文 讀解

1.

Федеративные государства формировались двумя путями. В большинстве случаев они создавались ≪сверху≫ путем децентрализации, ≪разукрупнения≫ унитарных государств, передачи части полномочий из центра на места (ФРГ, Австрия, Бельгия, Бразилия). Причем в ряде стран эта трансформация сопровождалась или сопровождается переходом от тоталитаризма и авторитаризма к демократии(ФРГ, Россия, Югославия, Бразилия и Аргентина). Вторым путем создания федераций был переход ≪снизу≫ от конфедерации к федеративному государству через добровольное объединение суверенных частей (США, Австралийский Союз, Швейцария).

конфедерация как форма союза государств, сохраняющих суверенитет практически в полном объеме, сравнительно редко встречается в истории. Опыт истории конфедераций свидетельствует о том, что эта форма является переходной либо к полному распаду союза, либо к федеративной форме государственного устройства. Совмещая в себе черты как международно-правовой, так и государственно-территориальной организации, она под воздействием тех или иных причин зачастую теряет равновесие, необходиое для её сохранения. Характерно, что к федеративной форме устройства перешли только конфедерации с мононациональным составом населения(США, Швейцария, Австралия), а многонациональные конфедерации(Австро-Венгля, Швеция и Норвегия и ряд других) распались.

В. Н. Лысенко: Проблемы развития федеративных отношений в современной россии

☞ в большинстве случаев; 대부분의 경우/ переход от чего к чему; ~로부터 ~로의 전환(이행), переход от социализма к капитализму; 사회주의로부터 자본주의로의 전환/ в полном объёме = во всём объёме; 완전히, 충분히(вполне, полностью)/ либо~либо~ = или~или~; ~이거나~

2.

За пять лет мы сделали революционный рывок во всех сферах жизни, и это позволило нам выйти на главный перевал. Вопрос сегодня стоит так: либо советское общество пойдет вперед до пути начатых глубоких преобразований, и тогда, убежден, — наше великое много национальное государство ждет достойное будущее. Либо верх возьмут контрперестроечные силы, и тогда страну, народ ожидают, давайте смотреть правде в глаза, мрачные времена.

На смену сталинской модели социализма приходит гражданское общество свободных людей.

Радикально преобразуется политическая система. Утверждается подлинная демократия со свободными выборами, многопартийностью, правами человека, возрождается реальное народовластие. Демонтируются производственные отношения, служившие источником отчуждения трудящихся от собственности и результатов их труда. Создаются условия для свободного соревнования социалистических производителей. Началось преобразование сверхцентрализованного государства в действительно союзное, основанное на самоопределении и добровольном единении народов. На смену атмосфере идеологического диктата пришли свободомыслие помогло нам по-иному увидеть и реалистически оценить окружающий мир, освободило от конфронтационного подхода во внешней политике. СССР стал страной, открытой для мира и сотрудничества, вызывающей не страх, а уважение и солидарность.

Михаил Горбачев ; Жизнь и реформы.

☞ рывок : 급진적인 운동, рывоки ветра:돌풍/ перевал : 전환기/на сменучему(кому);~대신에,~의 교체로

文法연습

1. 다음문장을 복문으로 전환하시오.

1) **Происходившее в Москве** в воскресенье было вооружённым мятежом.

2) Президент **согласился с такой возможностью**.

3) Споры в правительстве вспыхнули **по поводу путей приватизации**.

4) Президент **настаивает на принятии** новой Конституции.

5) Президента **упрекали в возрождении** авторитаризма.

6) Это была мера, **направленная на мобилизацию общественной поддержки**.

7) Появились **слухи о возможном изменении даты выборов**.

8) Они **были вызваны разноречивыми заявлениями политиков**.

9) Японские бизнесмены **сомневаются в необходимости инвестиционного рывка в российскую экономику**.

10) Вы уже **говорили о своём отношении к президенту**.

作文

1. 그가 항상 자신의 약속을 지키는 것이 마음에 든다.

2. 우리가 길을 잊었다는 것이 명확해졌다.

3. 아이들이 뜰에서 어떻게 노는지 창문을 통해서 보였다.

4. 그에게 일하는 것이 어렵다는 것이 확실하다.

5. 논문발표가 월요일날 있을것이라고 게시판에 공고되었다.

6. 네가 나한테 오는 것이 꼭 필요하다.

7. 모두가 당신을 알아들을 수 있도록 말하는 것이 필요하다.

8. 모두가 아침 9시까지 모이도록 지시가 내려졌다.

9. 일어났던 그 일은 다시는 일어나지 않을것이다.

10. 내일 콘서트가 있을것이라는 것을 안다.

11. 내일이 휴일이 될것이라는 것을 들었다.

12. 이것들이 그렇게 단순하지는 않을 것이다.

重 要 表 現

431. **включать/включить что в програму**; ~을 순서에 포함시키다
 Его выступление было включено в програму.

432. **способствовать прогрессу чего**; ~의 진보를 촉진하다
 Политика правительства способствует прогрессу науки.

433. **внедрять/внедрить что в производство**; ~을 생산에 적용하다
 В этом году мы планируем внедрить в производство его разработки.

434. **развивать/развить какую промышленность**; ~한 산업을 발전시키다
 Этой стране нужно развивать химическую промышленность.

435. **находиться в противоречии с чем**; ~와 대치(모순관계)되고 있다
 Ваша работа находится в противоречии с тем, что вы обещали.

436. **приходить/прийти в противоречие с чем**; ~와 대치(모순관계)가 되다
 Его желание пришло в противоречие с совестью.

437. **возникать/возникнуть что в процессе чего**; ~의 과정에 ~을 발생시키다
 В процессе изучения этой истории возникло много проблем.

438. **замедлять/замедлить процесс**; 진행과정을 더디게하다
 Этот крем помогает замедлить процесс старения кожи.

439. **ускорять/ускорить процесс**; 진행과정을 가속화하다
 Его новый метод позволеет нам ускорить процесс строительства.

440. **загружать/заглужить кого работой**; ~에게 업무가 과중되다
 Меня сильно загрузили работой в отсутствие напарника.

441. **привлекать/привлечь кого к работе**; ~를 일에 마음이 끌리도록하다
 Учитель пытается приблечь детей к работе в саду.

442. **распределять/распределить работу между кем**: 일을 나누다
   Начальник постарался честно распределить работу между сотрудниками.

443. **увольнять/уволить кого с работы**: ~를 해고하다
   Маю сестру уволили с работы за опоздание.

444. **препятствовать развитию кого/чего**: ~의 발전을 저해하다
   Такая тенденция препятствует развитию экономики.

445. **способствовать развитию кого/чего**: ~의 발전을 촉진하다
   Ежедневные упражнения способствует физическому развитию.

446. **ускорять/ускорить развитие кого/чего**: ~의 발전을 가속화하다
   Этот план ускорит развитие лёгкой промышленности.

447. **наносить/нанести кому рану**: ~에게 상처를 주다
   Он нанёс ему смертельную рану в поединке.

448. **находиться на каком расстоянии от чего**: ~로부터 ~의 거리(간격)에 있다
   Корабль находится на большом расстоянии от нас.

449. **определять/определить расстояние между чем**: ~거리(간격)를 판단하다
   Вы можете определить расстояние между этими предметами.

450. **сокращать/сократить расходы чего(на что)**: ~의 지출을 줄이다
   Они сократили расходы на питание.

451. **увеличивать/увеличить расходы чего(на что)**: ~의 지출을 늘리다
   Компания увеличила расходы средств на ремонт.

452. **принимать/принять кого(что) в расчёт**: ~을 고려하다
   Вы должны принять в расчёт её возраст.

【 독해 · 연습 · 작문 해답 】

〔讀解 演習〕

1.
> 우리에게는 하루가 다른날과 비슷한 것처럼 보이지만 그렇지 않다. 우리의 삶은 빠르게 변화한다. 19세기에 사람들은 말을 타고 다녔다. 아직도 말이 일반적인 교통수단이었던 때를 기억하고 있는 사람이 있다. 불과 100년에 처음으로 전등, 자동차, 트랙터등이 나타났다.

2.
> 첫째, 아이들에게 러시아어로 말하는 것을 배우는 것이 전혀 어렵지 않은 것으로 여겨져야 한다. 중요한 것은 그들에게 러시아어로 교제하고자하는 갈망을 불러일으켜야 한다.
>
> 둘째, 아이들이 벌써 러시아말을 이해하며 벌써 설명이 가능하다는 느낌을 가능한 빨리 느끼도록 해주는 것이 필요하다.

3.
> 1993년 9-10월 사건이후로 모든 국가 언론기관이 행정부의 통제안에 들어간 것은 잘알려져 있다. 이것은 바로 그사건의 논리로부터 나온 것이다. 이것이 임시적이고 과도기적인 조치로 여겨졌음은 당연하다.

4.
> 세계적 경험이 사적소유가 국가적 소유보다 더 효과적이라는 것이 입증되었다. 왜냐하면 개인경영자는 자신에게 속한 것들의 효과적인 이용에 더 큰 관심을 갖고있기 때문이다: 국가기업의 이익은 국가예산에 편입되지만 자신의 이익은 직접 자신의 호주머니로 들어가기 때문이다. 차이가 분명하다.

5.
> 자신의 일외에는 아무것에도 관심을 갖지 않는사람은 좋지 않다. 차이코프스키는 위대한 작곡가였지만 일정한 시적감수성을 갖고 있었으며 문학, 철학을 잘 알고 있었다. 이것이 자연스러운 것으로 생각된다.

6. 한 현자가 말했다: 모든 것을 아는 사람은 현명한 사람이 아니다 — 모든 것을 안다는 것이 불가능하기 때문이다.—어디에서 무엇을 읽을수 있는가를 아는 사람이 현명한 사람이다. 이말에는 큰 진리가 있다. 책은 문자 그대로 세상에 있는 모든 것들에 대해 알려준다. 책에 쓰여있지 않은 문제와 테마는 없다.

7. 현대인에게는 약 27년간의 자유스러운 시간이 있다고 학자들은 말한다. 이 시간동안 얼마나 일하고, 알고, 보고, 연구할수 있을까! 몇가지의 직업을 가질 수 있으며 수천권의 책을 읽을 수 있다... 그렇기 때문에 일부 사람들이 이시간을 낭비하고 심심하다고 말하는 것이 애석하다.

8. 헌법은 러연방의 구조위에 국가 통일성의 우위가 있다고 강조한다. 얼마전에 러연방을 동요시키고 파괴시키는 그런 여지가 있었던 행위들에 대해 법적 한계가 규정되었다. 그러나 이 중요한 국가적 이익은 민족의 권리와 자결을 전혀 제한하지 않는다.

9. 이외에도 다소간 미국은 러시아가 지역수준의 열강이 되는것에, 구소련지역에 러시아의 막강한 영향력이 없는것에, 러시아가 나토유럽의 밖에 남는것에 이해관계를 갖고 있다. 러시아의 나토(프랑스는 벌써 불만을 나타내고있다) 가입은 워싱턴의 지배적인 위치에 문제를 일으킬수도 있다.

10. 한-러정상의 만남은 무엇보다도 두국가간에 벌써 건설적이고 상호보완적인 협력관계가 존재한다는 사실을 확인하고 있다.

11. 문학은 큰 힘이다. 뿌쉬킨, 레르몬토프, 세익스피어, 바이런등은 다른 여러나라말로 이야기 했으며 다른 여러 사람들과 이야기 했지만 그러나 모두 사람들에게 인간이 무엇인가에 대해 이야기하려고 노력했다. 바로 여기에 문학의 역할이 있다. 우리시대의 작가는 자기민족뿐만이 아니라 모든세계의 사람들에 대해 생각해야 한다.

〔長文 讀解〕

1.

연방정부는 2가지 방법으로 형성되었다. 대부분의 경우는 위로부터 지방분권화, 단일국가의 분화, 중앙으로부터 지방으로 권력의 분배 등의 방법으로 만들어졌다.(독일, 오스트리아, 벨기에, 브라질) 게다가 일련의 국가들에게 있어서 이러한 변화는 전체주의, 권위주의가 민주주의로 전환되는 것을 동반했거나 동반하고 있다.(독일, 러시아, 유고슬라비아, 브라질, 아르헨티나) 연방형성의 두 번째 방법은 자발적인 국가 주권의 통일을 통하여 연합에서 연방으로의 아래로부터의 전환이다.

연합은 사실상 국가주권을 완전히 유지하고 있는 국가들의 동맹형태로서 역사에서 비교적 적게 마주친다. 연합의 역사적 경험은 동맹의 붕괴로 가는, 또는 연방정부형태의 국가수립으로 가는 과도적인 형태였음을 증명하고 있다. 연합은 국제법적, 국가영토적 조직체로서의 특성을 함께 갖고 있으면서 여러원인의 영향에 의해 자주 유지에 필수적인 동등성을 잃게 된다. 단일민족 주민을 갖고 있는 연합만이 연방형태로 전환이 되었으나(미국, 스위스, 호주)의 다민족 연합은 붕괴되었다.(오스트리아·헝가리, 스웨덴과 노르웨이, 기타)

2.

5년동안에 우리는 우리삶의 모든분야에서 혁명적인 급격한 변화를 가해왔으며 이는 우리로 하여금 중요한 전환기로 진입하는 것을 허용했다. 오늘의 문제는 다음과 같다: 소련사회가 시작해온 깊은 개혁의 길을 따라 앞으로 나아감으로써 그렇게되면 우리의 위대한 다민족국가 앞에 훌륭한 미래가 기다리고 있다고 확신한다. 또는 반개혁적인 세력들이 정권을 잡게 되는 것으로써 -눈으로 진실을 확인해 보면 알수있듯이- 이 경우 국민앞에 암울한 시간들만이 기다리고 있는 것이다. 스탈린식 사회주의 모델 대신에 자유로운 시민사회가 오게된다.

정치체제가 급격히 변화하게 된다. 자유스러운 선거, 다당제, 인권을 가진 진정한 민주주의가 확립되며, 진정한 민중의 권력이 탄생된다. 노동자들이 그들의 소유와 노동의 결과로부터 소외의 근원이 되어왔던 생산관계가 해체된다. 사회주의적 생산자들의 자유로운 경쟁을 위한 조건들이 형성된다. 민족들의 자결과 자발적인 단결에 바탕을 둔 진정한 연방안에서 중앙집권적인 국가의 개혁이 시작되었다. 이념적인 강압정책 대신에 자유로운 사상과 개방, 사회의 정보적 개방이 왔다. 새로운 정치적 사고가 우리로 하여금 주변세계를 새롭게 바라보고 사실적으로 평가하도록 도와주었다. 소련은 평화와 협력을 위해 열려진, 공포가 아니라 존중과 단결을 불러일으키는 나라가 되었다.

〈文法연습〉

1. 1) То, что происходило в Москве в воскресенье было вооружённым мятежом.

   2) Президент согласился с тем, что существует такая возможность.

   3) Споры в правительстве вспыхнули по поводу того, как вести приватизацию.

   4) Президент настаивает на том, чтобы принять новую конституцию.

   Президент настаивает что нужно принять новую Конституцию.

   5) Президента упрекали в том, что он возрождает авторитаризм.

   6) Это была мера, направленная на то, чтобы мобилизовать общественную поддержку.

   7) Появились слухи о том, что дата выборов может измениться.

   8) Они были вызваны тем, что заявления политиков были разноречивыми.

   Они были вызваны тем, что политики выступали с разноречивыми заявлениями.

   9) Японские бизнесмены сомневаются в том, что нужен инвестиционный рывок в российскую экономику.

   10) Вы уже говорили о том, как относитесь к президенту.

〈作文〉

1. Мне нравится, что он всегда выполняет свой обещание.
2. Стало ясно, что мы заблудились.
3. В окно было видно, как во дворе играли дети.
4. Очевидно, что ему трудно работать.
5. В объявлении было сказано, что защита диссертации состоится в понедельник.
6. Необходимо, чтобы ты пошёл к ней.
7. Нужно говорить так, чтобы вас все слышали.
8. приказано, чтобы все собрались к девяти утра.
9. Того, что случилось, никогда больше не будет.
10. Я знаю, что завтра будет концерт.
11. Я слышал, что завтра будет ыходный день.
12. Оказывается, все это не так просто.

18. 종속 복문(從屬複文) II

기본 문법

> **4. 형용사절을 가진 복문**
> (1) который, какой, чей, что
>   1) ① Мне позвонил друг, **который недавно приехал из Москвы**.
>   ② Когда принимает врач, **у которого вы были сегодня утром**?
>   ③ Где живёт твой друг, **которому ты пишешь письмо**?
>   ④ Вы знаете песню, **которую пел наш хор**.
>   ⑤ Где работает девушка, **с которой ты недавно познакомился**?
>   ⑥ Мы были в доме, **в котором жил великий писатель**.
>   2) Покажи мне книгу, **какую ты вчера купил**.
>   3) Парень, **чью книгу вы взяли**, — студент нашего университета.
>   4) Это самое большее, **что я могу сделать**.
> (2) где, куда, откуда, когда
>   1) Я присутствовал на совещании, **где обсуждался этот вопрос**.
>   2) Часть, **куда капитан получил назначение** недалеко от города.
>   3) Он прошёл в свою комнату, **откуда не выходил до утра**.
>   4) Наступит день, **когда они поймут нас**.

4. 형용사절을 가진 복문

(1) 형용사절로 который, какой, чей, что등 관계대명사가 사용된다.

  1) который 가 사용될 경우
   ① 얼마전에 모스크바에서 온 친구가 내게 전화를 했다.
   ② 오늘아침 당신이 들렀던 의사는 언제 진료를 합니까?
   ③ 네가 편지를 쓰는 그 친구는 어디에 사니?

④ 우리 합창단이 부르는 노래를 당신은 아십니까?

⑤ 네가 얼마전에 알게된 아가씨는 어디서 일하니?

⑥ 우리는 위대한 작가가 살았던 집에 갔었다.

2) какой가 사용될 경우: (네가 어제 샀던 그 책을 보여줘.)

3) чей가 사용될 경우 : (네가 책을 빌린 그 친구는 우리대학의 학생이다.)
Я был рад увидеть друга, в чьих советах я очень нуждался.
(내게 필요한 충고를 해줄 친구를 만나서 기뻤다.)

4) что가 사용될 경우: (이것이 내가할 수 있는 최대의 것이다.)

(2) 형용사절로 где, куда, откуда, когда등이 접속어로 사용된다.
1) 이 문제가 논의되고 있는 회의에 나는 참석했다.
2) 대위가 임명받은 지역은 도시로부터 멀지 않다.
3) 그는 그곳으로부터 아침까지 나오지 않은 자기 방으로 들어 갔다.
4) 그들이 우리를 잡을날이 올것이다.

5. 서술절을 가진 복문

(1) ТОТ
① Он уже не **тот**, каким был ещё перед войной.
② Он именно **тот** человек, какой нам нужен.

(2) ТАКОЙ
① Я не **такой**, как он.
② Мне нужна **такая книга**, чтобы я могу прочитать её со словарём.

(3) ТАКОВ
① Он не **таков**, как вы думали.
② Решенине было **таково**, что оно удовлетворило всех.

(4) ВСЁ
① Вот **всё**, что я хотел сказать.
② Вы можете делать **всё**, что хотите.

5. 서술절을 가진 복문

※ тот(та, то, те), такой(такая, такое, такие), таков(такова, таково, таковы), всё 등의 대명사가 кто, что, который, какой, каков, чей 등의 접속어와 연결되어 서술절로 사용된다.

(1) ① 그는 벌써 전쟁전의 모습 그가 아니다.

② 그는 바로 우리에게 필요한 사람이다.

(2) ① 나는 그와같은 사람이 아니다.

② 사전을 갖고 읽을 수 있는 그러한 책이 내게 필요하다.

(3) ① 그는 당신이 생각하는 그런 사람이 아니다.

② 결정은 모든사람들을 만족시켜주는 그러한 결정이었다.

(4) ① 이것이 내가 말하고 싶었던 전부이다.

② 당신이 원하는 것은 모두 할 수 있다.

6. 부사절을 가진 복문

(1) 장소의 부사절을 가진 복문
1) Я был **там**, **где** никто из вас не был.
2) Они поехали отдыхать **туда же**, **куда** ездили в прошлом году.
3) Возвращайся **туда**, **откуда** пришёл.

(2) 시간의 부사절을 가진 복문
1) **Когода** мы шли в кино, мы встретили знакомых.
2) ① **Пока** я звонил по телефону, друг купил марки.
   ② Он ходил по парку, **пока** не устал.
3) **С тех пор как** он живёт здесь, прошло уже больше 10 года.
4) **По мере того как** приближалась зима, становилось холоднее.
5) Я приехал на вокзал, **после того как** поезд ушёл.
6) Он уехал, **как только** кончилось собрание.
7) ① Мы успели добежать до метро, **прежде чем** начался дождь.
   ② **Перед тем как** уезжать из города, он зашёл ко мне.
8) **До того как** начнутся каникулы, мы должны сдать два экзамена.
9) Мы стояли на берегу до тех пор, **пока пароход не скрылся из вида**.

6. 부사절을 가진 복문

(1) 장소의 부사절을 가진 복문

1) где ; 당신들중에 누구도 가보지 않은 그곳에 갔었다.
2) куда ; 그들은 작년에 갔었던 그곳으로 쉬러 갔다.
3) откуда ; 네가 온 곳으로 돌아가라.

(2) 시간의 부사절을 가진 복문

1) когда(~할때)
   (우리가 영화관에 갔을 때 아는 사람을 만났다.)
   Когда он меня видел, он очень удивился.(그가 나를 보았을 때 매우 놀랐다.)
   Когда шёл дождь, я как раз ехал на метро.
   (비가올 때 나는 마침 전철을 타고 있었다.)

2) пока(~하는동안, ~할때까지)
   ① 내가 전화하는 동안 친구는 우표를 샀다.
   ② 피곤할때까지 공원을 돌아다녔다.
   Пока было тепло, мы купались в море.(따뜻할동안 우리는 바다에서 수영을 했다.)
   ※ пока는 "~하는동안"
   Он читал, пока не заснул.(잠을 잘때까지 그는 책을 읽었다.)
   Я сделаю это сейчас, пока не забыл.(잊어버리기 전에 지금 이것을 하겠다.)
   ※ пока는 "~할때까지"(не와 함께 사용시)

3) с тех пор как(~이후)
   (그가 이곳에 살은 이후로 벌써 10년 이상이 흘렀다.)

   С тех пор как он отдыхает здесь, он чувствует себя гораздо лучше.
   (그가 이곳에서 휴식을 한 이후로 그는 훨씬 컨디션이 좋아졌다.)

4) по мере того как(~함에 따라)
   (겨울이 다가옴에 따라 추워졌다.)

5) после того как(~한 이후에)
   (기차가 떠난 이후에 나는 역에 도착했다.)

6) как только(~하자마자)
   (회의가 끝나자마자 그는 떠났다.)

7) прежде чем, перед тем(~전에)
   ① 비가 내리기 전에 우리는 전철역까지 뛰어갈 수 있었다
   ② 도시에서 떠나기전에 그는 나에게 들렀다.
   Прежде чем войти, он постучал.(들어가기전에 그는 노크를 했다.)
   Перед тем, как писать статью, составьте подробный план.
   (논문을 쓰기전에 구체적인 계획을 세우시오.)

8) до того как(~이전에)
   (방학이 시작되기 전까지 우리는 2번의 시험을 치뤄야한다.)

9) до тех пор, пока(~까지)
   (배가 보일때까지 우리는 언덕에 서있었다.)
   Я не соглашусь до тех пор, пока не примут моих условий.
   (내조건을 받아들이기 전까지 나는 동의하지 않는다.)

> (3) 목적의 부사절을 가진 복문
> ① Он вышёл рано, **чтобы не опоздать**.
> ② Здесь нет места, **чтобы поставить чемодан**.
> ③ Я приехал сюда не **для того, чтобы отдыхать**, а **для того, чтобы работать**.
> (4) 원인의 부사절을 가진 복문
> 1) Мы решили не идти на прогулку, **потому что было уже поздно**.
> 2) **Так как я был занят**, я не мог вам позвонить.
> 3) Он проснулся **от того, что стало холодно**.
> 4) **Ввиду того что погода ухудшилась**, экскурсия была отменена.
> 5) **Вследствие того что запасы сырья истерпаны**, производство остановлено.
> 6) **В связь с тем что он должен был спешно закончить работу**, он отказался от поездки.
> 7) **Бдагодаря тому что лето было очень жаркое и сухое**, сняли богатый урожай фруктов.

(3) 목적의 부사절을 가진 복문

① 그는 늦지 않기 위해서 일찍 나갔다.　② 이곳에 가방을 세울만한 장소가 없다.
③ 나는 이곳에 쉬기위해서 온 것이 아니라 일하기 위해서 왔다.

Я хочу, чтобы вы поняли это. (당신이 이것을 이해하기를 바란다.)

Скажите ему, чтобы он пришёл в понедельник.

(그가 월요일에 오도록 그에게 이야기해라.)

※ для того, чтобы ; ~을 하기위해

(4) 원인의 부사절을 가진 복문(~때문에)

1) потому что ; (~ 때문에)
   (너무 늦었기 때문에 우리는 산책을 가지 않기로 결정했다.)
2) так как ; (~ 때문에)/ (나는 바빴기 때문에 당신에게 전화할 수 없었다.)

Так как у нас было мало денег, мы решили не покупать подарок.

3) от того, что ; (~때문에)/ (추워져서 그는 잠에서 깼다.)

От того, что мы встали очень рано и потом ничего не делали, этот день казался длинным, самым длынным в моей жизни.

(우리는 일찍 만나서 아무것도 안했기 때문에 이날이 내인생에서 가장 긴 날처럼 느껴졌다.)

4) ввиду того что ; (~때문에)/ (날씨가 나빠져서 관광은 취소 되었다.)

5) вследствие того что ; (~결과로)

(예비원료가 고갈되어서 생산은 중단되었다.)

6) в связи с тем что ; (~와 관련하여)

(그는 일을 시급히 마쳐야하기 때문에 출장을 거절했다.)

7) благодаря тому что ; (~덕택으로)

(여름이 덥고 건조했기 때문에 과일이 풍작을 이루었다.)

Мы прибыли вовремя, благодаря тому что ехали на метро.

(전철을 타고 온 덕택에 우리는 정시에 도착하였다.)

(5) 방식의 부사절을 가진 복문
  1) Делайте **как я вам говорю**.
  2) Он говорил **так, как будто всё знает**.
  3) ① Случилось **так, что больше никто к нему не приходил**.
     ② Я закрыл дверь **так, чтобы никого не разбудить**.
     ③ Прочитайте **так, чтобы было понятно**.

(6) 정도의 부사절을 가진 복문
  1) чтобы
     ① Он не **такой человек, чтобы сделать подобную глупость**.
     ② Достаточно ли **крепок лёд, чтобы на нём можно было кататься**?
  2) Это не **так просто, как вы думаете**.
  3) Было **так шумно, что я не мог ничего услышать**.

(5) 방식의 부사절을 가진 복문

  1) как가 접속사로 사용되는 경우
     (내가 당신에게 말한대로 하시오.)
     Исполнено всё так, как вы писали. (당신이 편지쓴 그대로 모든 것이 실행되었다.)

  2) как будто(будто)가 접속사로 사용되는 경우
     (그는 모든 것을 아는것처럼 이야기 했다.)
     Он обернулся как будто бы хотел что-то сказать.
     (무엇인가를 말하고 싶은것처럼 그는 돌아섰다.)

  3) что, чтобы가 접속사로 사용되는 경우
     ① 누구도 더 이상 그에게 가지 않게되는 그런일이 일어났다.
     ② 아무도 깨우지 못하도록 문을 잠겼다.   ③ 알아듣도록 읽으십시오.

     Он объяснял так, что слушатели легко его понимали.
     (청강생들이 그를 쉽게 이해할수 있도록 그는 설명했다.)
     Нужно говорить так, чтобы вас все слышали.
     (모두 들을수 있도록 말하는 것이 필요하다.)

(6) 정도의 부사절을 가진 복문

  1) чтобы
  ※ чтобы가 접속사로 사용되어 성질·양태의 정도를 표현
     ① 그는 그러한 어리석은 일을 할 수 있는 그런 사람이 아니다.
     ② 스케이트를 탈수있을 정도로 얼음이 충분히 두껍습니까?
     Он не таков, чтобы не выполнять обещания.
     (그는 약속을 지키지 않는 그런사람이 아니다.)
     Не нашлось у меня столько денег, чтобы ехать в мягком вагоне.
  2) так, как ; 이것은 당신이 생각하는거와 같이 그렇게 간단하지는 않다.

3) так, что : 내가 아무것도 들을수 없을 정도로 그렇게 시끄러웠다.
※ как, что로 이어지는 부사절의 내용과 동일한 정도를 표현

> (7) 비교의 부사절을 가진 복문
> ① **Чем темнее** ночь, **тем ярче** звёзды.
> ② **Чем выше** мы поднимались по реке, **тем сильнее** становилось течение.
>
> (8) 조건의 부사절을 가진 복문
> 1) ① **Если он придёт**, то скажи, что меня нет.
> ② Я напишу ему письмо, **если найду** его адрес.
> 2) ① **Раз не знаешь**, не говори.
> ② **Раз сказал**, что не знаю, значит не знаю.
> 3) **Не будь он архитектором**, он стал бы художником.

(7) 비교의 부사절을 가진 복문

※ чем.....тем 접속사가 사용된 복문은 2개의 종속절로 구성되며 형용사 또는 부사 비교급이 사용된다.
① 밤이 캄캄할수록 별이 더 밝게 빛난다.
② 강을 따라 위로 올라갈수록 흐름이 빨라졌다.

(8) 조건의 부사절을 가진 복문
1) ЕСЛИ는 실제조건을 나타낸다.
① 그가 오면은 내가 없다고 말해라.
② 만일에 주소를 찾으면 그에게 편지를 쓰겠다.
Если нагревать воду до 100℃, она начинает кипеть.
Если ты уже решил все задачи, можешь идти домой.
Если я разрежу квадрат по диагонали, то получится два треугольника.

※ 조건문은 문장의 어디에나 위치할수 있다.

    Если дождь перестанет, мы отправимся в путь завтра.

    Мы отправимся в путь завтра, если дождь перестанет.

    Завтра, если дождь перестанет, мы отправимся в путь завтра.

2) РАЗ 또한 실제조건을 나타낸다.
    ① 모르면 말하지 마라.   ② 모른다고 말했으면 모르는 것이다.

3) 명령형의 표현으로 조건을 나타낸다.
    (그가 건축가가 안되었다면 예술가가 되었을 것이다.)
    Вернусь он раньше, он застал бы нас.
    (그가 일찍 돌아왔더라면 우리를 만날수 있었을 텐데.)

---

(9) 양보의 부사절을 가진 복문

1) ① Я там буду, **хотя, может быть, и опоздаю**.
   ② **Хотя все слова в предложении были знакомы**, я не мог перевести его.

2) **Несмотря на то, что было поздно**, он продолжал работать.

3) ① **Пусть он ошибся**, но ошибку можно исправить.
   ② Задача **пусть трудная**, но выполнимая.

4) ① **Как ни торопись**, всё равно не успеешь.
   ② Я буду ждать тебя, **как бы поздно ты ни пришёл**.
   ③ **Сколько я ни обьяснил ему правило**, он так и не понял его.

---

(9) 양보적 의미를 나타내는 조건문

1) хотя (비록 ~이지만, ~에도 불구하고)
    ① 비록 늦더라도 나는 그곳에 갈 것이다.

② 비록 문장에 있는 모든 단어들이 아는 단어들이지만 번역할 수가 없었다.

Хотя работа была трудная, мы быстро выполнили её.
(비록 일이 어려웠지만 우리는 빠르게 일을 수행했다.)

Хотя я уже видел этот фильм, я с удовольствием посмотрю его ещё раз.
(비록 이 영화를 보았지만 나는 기꺼이 그것을 다시한번 보겠다.)

2) несмотря на + 대격 (~함에도 불구하고)

(늦었음에도 불구하고 그는 일을 계속 했다.)

Несмотря на то что шёл дождь, мы пошли гулять.
(비가 왔음에도 불구하고 우리는 산책을 갔다.)

3) пусть (가령 ~할지라도, ~라고 할지라도)

① 그가 실수한다 하더라도 이는 고칠수 있는 것이다.

② 과제가 어렵더라도 수행할 수 있는 것이다.

Пусть будет поздно, но я пойду.
(늦더라도 나는 갈것이다.)

4) как ни, сколько ни (아무리 ~일지라도)

① 아무리 서두른다고 하더라도 마찬가지로 시간에 대지는 못한다.

② 네가 아무리 늦게온다 하더라도 나는 너를 기다릴것이다.

③ 아무리 나는 그에게 규칙을 설명했지만 그는 이를 이해하지 못했다.

※ 희망,의도,부탁,거절,긴장된행위등을 나타내는 동사들과 함께사용

Сколько я его ни просил, он не согласился.
(아무리 그에게 요청해도 그는 동의하지 않았다.)

Как это ни ужасно, но это правда.(아무리 소름이 끼칠지라도 사실이다.)

7. 이중(二衆) 종속복문

※ 二衆 종속복문은 종속복문이 2개로 구성된 문장으로 文語에서 자주 쓰이는 편이다. 3중, 4중 종속복문도 사용되고 있다.

(1) 1개의 목적절과 1개의 형용사절을 가진 복문

Я пожалел, что напрасно погубил цветок, который был так хорош на своём месте.

(나는 제장소에 아름답게 피어있었던 꽃을 헛되이 꺾은 것에 대해 후회했다.)

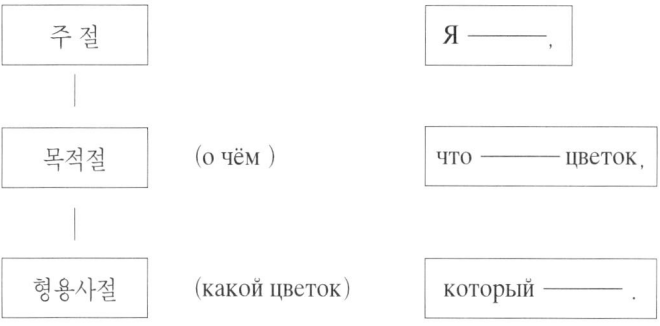

(2) 1개의 조건문과 목적절을 가진 복문

Если завтра увидите его, то попросите, чтобы он ко мне заехал на минутку.

(만일 내일 그를보면 그가 내게 잠시 들르도록 요청해 주십시오.)

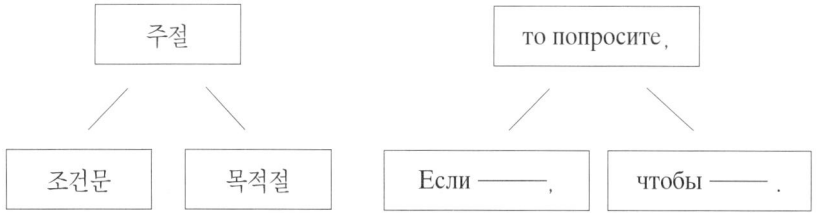

(3) 2개의 목적절을 가진 복문

Дерсу сказал, что это не тучи, а туман и что завтра будет день солнечный и даже жаркий. (이것은 비구름이 아니고 안개라고 말하고 내일은 화창하고 덥기까지 할것이라고 제르수에게 말했다.)

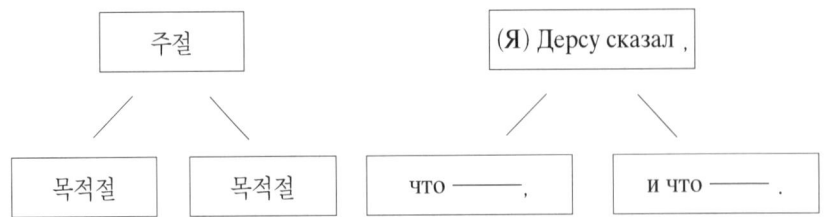

(4) 2개의 전치사 목적절로 구성

　　Мы любим родные места за то, что даже небогатые, что они для нас прекрасны.

　　(풍요하지는 못하지만, 우리한테는 아름다운 것이기 때문에 우리는 고향들을 사랑한다)

(5) 1개의 형용사절과 1개의 전치사 목적절로 구성

　　Они говорили о вещах которые не имели никакого отношения к тому что происходило вокруг.

　　(주변에 일어난일과 아무런 상관을 갖고있지 않은 것들에 대해 그들은 이야기 했다.)

(6) 2개의 목적절로 구성된 하나의 조건문을 가진 복문

　　Катя не ответила и не пришла хотя знала что я уезжаю надолго и что может быть мы не увидимся никогда.

　　(까쨔는 내가 오랫동안 떠나갈것이며 다시는 보지 못할지도 모른다는 것을 알고 있었으면서도 답장을 쓰지 않았고 오지도 않았다.)

讀解演習

1.

▷ **КЛЮЧ** : Мне позвонил друг **который** недавно приехал из Москвы.

Человек осуществляет себя и утверждает делом. Поэтому выбор дела — это выбор судьбы. Но мало найти дорогу в жизни.... Здесь, как и в искусстве, успех или неуспех решается не вопросом ≪что≫, а вопросом ≪как≫. Пути к величию лежит в высочайшем его **призвании, которое** выражается в одном: работать, работать, работать. Никто не сделает за тебя того, что должен сделать ты сам.

☞ 형용사절 용법;которое가 призвании를 수식/призвание ; 천직의식

2.

▷ **КЛЮЧ** : Мы были в доме, **в котором жил великий писатель**.

По итогом переговоров на высшем уровне лидеры двух стран подпишут сегодня Совместную российско-корейскую **декларацию, в которой** будет провозглашен вывод двухсторонних отношений на уровень взяимодополняющего конструктивного партнерства.

☞ 형용사절 용법; в которой~가 декларацию를 수식/переговоры на высшем уровне ; 정상회담

3.

▷ **КЛЮЧ** : Мне нравятся песни, **которые** поёт наш хор.

Предусмотрено также осуществление **ряда мер, которые** значительно улучшат условия деятельности для компаний с иностранными инвестициями, в том числе ославление контроля за приобретением земельных участков иностранными фирмами, большая степень защищенности прав на иностранную интеллектуальную собственность а также другие шаги в этом направлении.

☞ 형용사절 용법; которые~가 ряда мер를 수식/интеллектуальную собственность; 지적소유권

▷ **КЛЮЧ**: Это самое большее, **что я могу сделать**.

4. Часто высказываается **мнение**, **что** добрососедские отношения Южной кореи с Китаем могут подвигнуть последного на оказание давления на КНДР с целью ослабления напряжености на полуострове. Однако высокопоставленный российский дипломат считает, что в мире вообще не существует ни одного государства, способного всерьёз оказывать давление на КНДР. И китай здесь не исключение.

☞ 형용사절 용법; что~가 мнение를 수식/КНДР; 북한/ с целью чего = в целях чего; ~을 목적으로

▷ **КЛЮЧ**: Это как раз **то**, **что** мне надо.

5. Однако некоторым нашим политикам и журналистам с трудом дается отход от односторонней ориентации на США, и со страниц прессы продолжают раздаваться обиженные стенания **по поводу того**, **что** США "обманули" ожидания, "недооценивают" значение России и "недостаточно" ей помогают. На мой взгляд, эти жалостливые претензии неуместны и безосновательны. И непонятно, с чего их авторы взяли, что США обязаны помогать России.

☞ 형용사절 용법; что~가 то를 수식/отход от чего; ~로부터 멀어지는 것, отход от марксизма; 막스주의로부터 멀어짐/ на мой взгляд; 내생각에는

▷ **КЛЮЧ**: Я присутствовал на совещании, **где обусуждался этот вопрос**.

6. Маленький **дом**, **где** я живу, стоит в густом саду. Осенью весь дом засыпан листьями, и двух маленьких комнатах становится светло, как в облетающем саду.

☞ 형용사절 용법; где~가 дом을 수식/засыпан чем; ~으로 가득 메워진(형동사 단어미)

▷ **КЛЮЧ**: Наступит день, **когда они поймут нас**.

7. Это означает полный отказ от практики **прошлого**, **когда** правительство направляло и контролировало инвестирование значительных денежных средств, рабочей силы и других ресурсов на развитие избранных "стратегических" промшленных производств в целях достижения скорейшего экономического роста.

☞ 형용사절 용법; когда~가 прошлого를 수식/отказ от чего; ~의 거절(포기), отказ от службы; 사직, отказ от права наследования; 상속권의 포기

▷ **КЛЮЧ**: Я был **там**, **где** никто из вас не был.

8. Конечно же **там**, **где** движение регулируется, пешеходы обязаны подчиняться сигналам светофоров или регулировщика. Но главное - надо всегда быть предельно бдительным, внимательным, осторожным при переходе улицы, даже если дан разрешающий для перехода сигнал.

☞ 장소의 부사절 용법; где~가 там을 수식/пешеход; 보행자

▷ **КЛЮЧ**: **Когода мы шли в кино**, мы встретили знакомых.

9. **Когда** открылся первый читальный зал библиотеки на 20 мест, в её хранилищах было сто тысяч книг. Личные собрания библиофилов пополняли её фонд. Сюда в своё время были доставлены рукописи А. С. Пушкина. Их отдал библиотеке его сын.

☞ 시간의 부사절 용법;когда~가 부사절/библиофил; 애서가, 도서 수집가/фонд; 비축품, 예비의 물건

▷ **КЛЮЧ**: **По мере того как приближалась зима**, становилось холоднее.

10. По мере того как модифицировались у нас подходы к осуществлению экономических преобразований, менялись и форма проявления кризиса. Сегодня вопрос о бюджете, собственно говоря, стоит не намного острее, чем в дни обусуждения программы "500 дней".

☞ 시간의 부사절 용법/вопрос о чём; ~에 관한 문제, вопрос о бюджете; 재정에 관한 문제/собственно говоря; 솔직히 말해서

▷ **КЛЮЧ**: Мы стояли на берегу **до тех пор**, **пока пароход не скрылся из вида**.

11. **До тех пор, пока** у нас в стране планирующиеся на очередной год бюджетные доходы будут подгоняться под желательные с социальной и политической точек зрения расходы, бюджет не станет настолько крепким физически, чтобы противостоять болезни.

☞ 시간의 부사절 용법/доходы; 수입/расходы; 지출

▷ **КЛЮЧ**: Мы расстались, **чтобы** никогда больше не встретиться.

12. Разрушения единого экономического пространства в результате распада СССР сказалось самым негативным образом на всех участниках этого процесса. Потребовалось несколько лет, **чтобы** идея реинтеграции обрела первое конкретное организационно-экономическое наполнение. Общеизвесны шаги, предпринятые на федеральном уровне.

☞ 목적의 부사절 용법

▷ **КЛЮЧ**: Я приехал сюда **для того**, **чтобы** сделать это.

13. **Для того**, **чтобы** понять, что может произойти в будущем, следует экстраполировать тенденции, берущие начало в прошлом. Разумеется, в истории бывает так, что какая-то тенденция сменяется на противополужную. Но, если это долговременная, прочная тенденция, неразрывно связанная с другими, тоже прочными и устойчивыми, если она пришла к своему завершению в других однотипных общественных организмах, мы можем экстраполировать её развитие практически со сто процентной уверенностью.

☞ 목적의 부사절 용법/разумеется; 물론, 말할것도 없이

▷ **КЛЮЧ**: Мы решили не идти на прогулку, **потому что было уже поздно**.

14. Я очень люблю серьёзную музыку, но не стал пианистом, **потому что** тогда не хватило бы времени на свою музыку. Мне нравится разная музыка - классческая, народная, джаз. Люблю ездить по деревням и записывать народные песни. В них живёт душа народа, и я хочу, чтобы эта душа жила и в песнях новых поколений.

☞ 원인의 부사절 용법/хватать(хватить) чего; 충분(흡족)하다. у меня не хватит времени. 내게 시간이 불충분 하다

▷ **КЛЮЧ**: **Так как я был занят**, я не мог вам позвонить.

15. В общем, правительство попало в безвыходное положение. Сделать ничего нельзя, но и не делать ничего нельзя, **так как** если ничего не предпринять, то денежная привацизация будет провалиться. И тогда правительству конец. Тогда забастовки бунты, гражданская война.

☞ 원인의 부사절 용법/попасть в что(대격); 만나다, 조우하다. Он попал в аварию. 그는 사고를 당했다

▷ **КЛЮЧ**: **Поскольку** ты соласен, я тоже не возражать.

16. Россия занимает важное место в дипломатии и политике в области безопасности Республики Корея, **поскольку** укрепление связей между двумя странами необходимо для безопасности на Корейском полуострове, на котором пока сохраняется противостояние эпохи ≪холодной войны≫, для создания основ мирного объединения Кореи, а также для обепечения мира в Северо Восточной Азии.

☞ 원인의 부사절 용법 ; поскольку = так как ; ~때문에 / корейское полуостровo ; 한반도 / холодный война ; 냉전

▷ **КЛЮЧ**: **Чем выше** мы поднимались по реке, **тем сильнее** становилось течение.

17. Это обязательное качество всех путешествий – давать человеку большие и разнообразы знания. **Чем больше** знает человек, **тем лучше**, **тем сильнее** он видит поэзию там, где её никогда не найдёт человек с малыми знаниями. В странствиях по земле и по морям воспитываются сильные характеры, рождаются гуманность, понимание разных народов, широкие и благородные взгляды.

☞ 비교의 부사절 용법 / поэзия ; 아름다운 광경 / там, где~ ; 장소의 부사절 용법

▷ **КЛЮЧ**: **Если он придёт**, то скажи, что меня нет.

18. **Если** мне задают вопрос, на который я не могу ответить, я не изворачиваюсь, а спокойно говорю, что я не знаю этого, или, **если** не знать этого невозможно, позорно, говорю: не понимаю сейчас, но непременно отвечу в следующий раз.

☞ 조건의 부사절 용법 / в следующий раз ; 다음에

▷ **КЛЮЧ**: **Хотя** все слова в предложении были знакомы, я не мог перевесть его.

19. **Хотя** Российская федерация является наследницей Советского союза, интересы России сегодня радикально отличается от интресов СССР. В обозримом будущем жизненно важные интересы России в основном не будут иметь глобального характера.

☞ 양보의 부사절 용법/в основном: 기본적으로, 대체적으로

▷ **КЛЮЧ**: **Хотя** на ульце холодно, студенты ходят без пальто.

20. **Хотя** до сих пор в развитии корейко-российских экономических связей главную роль в целях закладки правовой базы и создания механизма для этого процесса играли правительства наших стран, в дальнейшем следует сделать упор на деловые круги.

☞ 양보의 부사절 용법/правительства가 주어/ в дальнейшем: 앞으로는, 향후에는

필수표현

40. 요청, 호소

обратиться к кому	с просьбой	(~에게 부탁하다)
	с вопросом	(″ 문제를 호소하다)
	с предложением	(″ 제안을 하다)
	с речью	(″ 말로서 호소하다)
	с призывом	(″ 호소하다)
	за советом	(″ 충고를 부탁하다)
	за помощью	(″ 도움을 호소하다)
	за поддержкой	(″ 지지를 호소하다)
	за разьяснением	(″ 설명을 부탁하다)

41. 상호간

научиться	друг у друга	(서로 서로에게 배우다)
верить	друг другу	(서로 서로를 믿다)
понимать	друг друга	(서로 서로를 이해하다)
познакомиться	друг с другом	(서로 서로를 알게되다)
рассказывать	друг о друге	(서로 서로에 대해 이야기하다)

А как мы друг друга узнаем?

42. 투쟁

бороться вести борьбу	за что за то, что за то, чтобы	(~을 위해 투쟁하다)
	против чего	(~을 반대하여 투쟁하다)

Мы боремся за мир.

Молодёжь борется против войны.

Народы болются против гонки вооружений.

43. 형용사에서 파생된 부사

какой?(어떤?)	как?(어떻게)	
разный	по-разному	(여러가지로)
новый	по-новому	(새롭게)
старый	по-старому	(과거의 방식으로)
другой	по-другому	(다르게)
свой	по-своему	(자기 식으로)

長文 讀解

1.

Первым шагом в деле выработки политической програмы русского либерализма явилась статья ≪От русских конституционалистов≫, опубликованная в журнале ≪Освобождение≫ в 1902 г. В ней выдвигалась идея создания бессословного народного представительства в виде ≪постоянно действующего и ежегодно созываемого верховоного учреждения с правами вышего контроля, законодательства и утверждения бюджета≫. Созданию этого представительства должны были предшествовать следующие мероприятия: монарх ≪односторонним актом≫ дарует политические свободы и гражданские права, отменяет ≪все ныне действующие административные правила≫, объявляет амнистию по политическим преступлениям и созывает ≪учредительной орган≫ из представителей реорганизованного земского и городского самоуправления для выработки конституции. По мнению автора статьи П. Н. Милюкова, это был единственный законный способ преобразования страны в конституционную монархию мирным путем при современных условиях социального и культурного строя. ≪Во всяком случае, — писал он, — такой путь вернее и лучше, чем тот скачок в неизвестное, который представляла бы всякая попытка выборов ad hoc под неизбежным в таких случаях правительственным давлением и при трудно определимом настроении непривычных к политической жизни общественных слоев≫.

В. В. Шелохаев: Политическая программа русского либерализма.

☞ мирным путем; 평화적인 방법으로/ при какой условиях; ~한 조건하에서/ad hoc(영어); 미리 정해지지 않은

2.

В международных отношениях в азиатско-тихоокеанском регионе происходят кардиальные геополитические изменения. Идёт активный процесс перехода от "холодной войны" —жёсткой военно-политической и идеологической конфронтации, к поиску новой модели межгосударственных отношений. Причём здесь проявляются две пртивоположные тенденции. С одной стороны, утверждаются общепризнанные принципы межгосударственного общения — невмешательства во внутренние дела друг друга, уважения сувернитета, взаимная выгода и т.д., расширяются интеграционные процессы, разрабатываются идеи налаживания многостороннего диалога по вопросам безопасности. С другой —в стремлении к лидерству в регионе усиливаются трения между отдельными государствами, ужесточается торговая война(США-Япония), не снижается гонка вооружений, обостряются территориальные проблемы(острова Южно-Китайского моря). Сейчас вляд ли можно говорить о том, что одна из этих тенденций является превалирующей. Скорее всего этот противоречивый процесс идёт праллельно. Но есть опасения, что негативные факторы могут взять верх, ибо внимательный анализ происходящих событий высвечивает попытки некоторых государств искусственно усилить свою роль в АТР в ущерб интересам других стран.

Аналогичные процессы наблюдаются и в субрегионе Северо-Восточной Азии, но здесь их в большей степени, чем в целом в АТР, можно характеризовать со знаком минус. Наиболее тревожной "точкой" СВА остается Корейский полуостров, где ситуация по-прежнему нестабильна. КНДР и РК завязли в глубокой кофронтации, межкорейский диалог находится в тупике. С обеих сторон не видно желания начать движение навстречу друг другу, хотя и имеют место контракты на поставки южнокорейского риса на Север. Однако политический диалог, на чём настаивает Сеул, напрочь отвергается Пхеньяном.

Е. Дробышев: Корейская политика России требует корективровки

☞ трение ; 알력, 마찰/ гонка вооружений ; 군비경쟁/ субрегион ; 小지역 СВА = северо-Восточной Азии ; 동북아시아/ навстречу ; ~을 향해서/настоять(настаивать) на чём ; ~을 주장하다. Он настаивает на необходимости реформы эконмики.; 그는 경제개혁의 필요성을 주장하고 있다.

참 고

[통신수단]

(1) говорить, разговаривать (по телефону) (전화로 말하다)

   Мая сестра очень много говорит по телефону.

   Он не может подойти к вам, так как разговоривает сейчас по телефону.

(2) слушать, сообщать, передавать (по радио, по телевидению) (라디오, TV)를 통해 듣다, 알리다, 전하다

   Я слушал зтот концерт по радио.

   По первой програме телевидения сообщили, что завтра будет очень холодно.

   Результаты выборов передавали по телевидению.

   Сегодня будет очень хороший фильм по телевизору.

   смотреть по телевизору.

   Мы смотрели футбольный матч по телегвизору.

(3) послать, отправить, получить (по почте, по факсу, по телеграфу) (우편, 팩스, 전신)로 보내다, 발송하다, 받다

   Мы послем документы по почте.

   Мой секретарь отправит ваше письмо по факсу.

   Я получила зто сообщение по телеграфу.

文法연습

1. 다음문장을 복문으로 전환하시오.

1) Цель — **установление** в России фашистскои диктатуры.

2) Президент подписывает указ **после личной его отработки**.

3) Премьер в Москве дал своё интервью **после отставки**.

4) **С принятием новой коституции** в России появится мощный инструмент **для решения острейших проблем**.

5) Я хочу **начать с первого заседания** Совета Федерации.

6) **Во избежание повторения** мы должны извлечь самые серьёзные уроки из случившегося.

7) Это было важно **в плане влияния на ситуацию** в силовых структурах.

8) Время до 1997 года **необходимо для превращения перспективных молодых людей в государственных деятелей**.

9) Визит президента в Японию стал возможен **благодаря переменам в Японии и вопреки произошедшему в России**.

10) Можно ли было защитить демокрацию **без исполизования крайних мер**.

2. 다음문장의 빈공란에 적절한 접속사를 골라 넣르시오.

> Сначала мы ехали на электричке, потом сошли на маленькой станции и пошли через лес к большому лесному озеру. _____ мы углублялись в лес, дорога становилась всё красивее и красивее. К вечеру мы были на месте. Дежурные пошли за водой, мы начали собирать дрова для костра. _____ одни собирали дрова для костра, другие ставили палатки. _____ ужин был готов, дежурные позвали нас ужинать. _____ мы поужинали, мы долго сидели вокруг костра, разговаривали и пели песни. _____ лечь спать, мы долго сидели вокруг костра. Мы сидели вокруг костра и пели песни _____ не наступила глубо- кая ночь. На фоне вечернего неба лес был великолепен! _____ я увидел в первый раз рксский лес, я стараюсь бывать в нём как можно чаще.

(после того как/до тех пор, пока/с тех пор как/по мере того как/ перед тем как/ пока/ как только)

作文

1. 우리가 간 그곳 여기저기에서 우리는 친구들을 만났다.

2. 우리가 방문한 모든곳에서 우리를 환영했다.

3. 그러나 이회담은 불행히도 아직까지 긍정적인 결과를 가져다 주지 못했다.

4. 땅을 사랑하기 위해서는 땅에서 일을할수 있어야 한다.

5. 편지가 오는동안 상황이 바뀌었다.

6. 겨울이 오자마자 나는 완전히 무료해졌다.

7. 그녀가 편지를 받고난후에 우리는 길을 떠날 채비를 하였다.

8. 그가 떠난후로 많은시간이 흘렀다.

9. 우리가 편지를 받기전에 그는 모스크바로 떠났다.

10. 떠나기전에 전보를 보내야한다.

11. 우리는 길이 오른쪽으로 굽어지는 곳에서 멈추었다.

12. 이것은 당신이 생각하는것과 같이 그렇게 단순하지 않다.

13. 그는 내가 이해할수 없을정도로 그렇게 빨리 말했다.

14. 내가 아무것도 듣지 못할정도로 그렇게 소란했다.

15. 바빠서 당신에게 전화할 수가 없었다.

重 要 表 現

453. обманываться/обмануться в своих расчётах ; 계산을 잘못하다
    Профессор сказал, что он обманулся в своих расчётах.

454. добиваться/добиться какого результатов ; ~한 결과를 얻다
    достигать/досчить какого результатов ;
    В этой области мы довбились огромных результатов.

455. откладывать/отложить решение ; 결정을 연기하다
    Он отложил решение ехать на дачу.

456. отменять/отменить решение ; 결정을 취소하다
    Нам прошлось отменить решение вызвать его в офис.

457. принимать/принять решение ; 결정을 채택하다
    На собрании министров приняли решение пересмотреть нынешную банковскую систему.

458. играть/сыграть какую роль ; ~한 역할을 하다
    Он играл ведущую роль в этом деле.

459. брать/взять на себя роль ; 역할을 떠 맡다
    Он взял на себя роль руководителя групы.

460. способствовать росту кого(чего) ; ~의 성장을 촉진하다
    Удобление способствует росту растений.

461. рассматривать что на свет ; 자세히 보다
    Он рассмотрел изумруды на свет.

462. находиться в тесной связи с чем ; ~와 긴밀한 관계에 있다
    Теория находится в тесной связи с практикой.

463. **поддерживать связь с кем**; ~와 관계를 유지하다
   Я поддерживаю связь со всеми своими друзьями.

464. **устанавливать/установить связь с кем**; ~와 관계를 확립하다
   Он установил связь с директором компании.

465. **держать что в секрете**; ~을 비밀에 부치다
   Его доход держится в сторогом секрете.

466. **стараться всеми силами**; 전력을 다하다
   Он старался всеми силами сохранить мир в семье.

467. **применять/применить силу**; 강제력을 행사하다
   Полицейский был вынужден применить силу на месте преступления.

468. **набирать/набрать скорость**; 속도를 높이다
   Поезд быстро набирал скорость.

469. **говорить/сказать со слезами на глазах**; 눈물을 흘리면서 말하다
   Она говорит о брате со слезами на глазах.

470. **смеяться до слёз**; 울음이 나올정도로 웃다
   Все в зале смеялись до слёз.

471. **удерживаться/удержаться от слёз**; 울음을 참다
   Он не мог удержаться от слёз несмотря на присутствие детей.

472. **держать/сдержать своё слово**; 약속을 지키다
   Этот человек никогда не держит свое слово.

473. **иметь смысл**; 의미를 갖다
   То что вы сказали не имеет смысла.

18. 종속 복문(II)

【 독해 · 연습 · 작문 해답 】

〔讀解 演習〕

1.
> 사람은 일을 통해서 자신을 실현하며 확립한다. 그렇기 때문에 일의 선택은 바로 운명의 선택인 것이다. 인생에서 길을 찾는다는 것은 어렵다.... 재능에서 성공과 실패는 "무엇"의 문제가 아니라 "어떻게"의 문제로 결정된다. 위대해지는 길은 최고의 천직의식에 있으며 이는 한마디로 다음과같이 표현된다: 일하는 것, 일하는 것, 일하는 것. 누구도 당신 자신이 해야할일을 대신해 주지 않는다.

2.
> 정상회담의 결과로 양국 지도자는 오늘 한 · 러 합동선언문에 서명하며 이합동문에서는 건설적이고 상호보완적 협력수준에서 양측이 합의한 결과가 포고될것이다.

3.
> 외국의 투자와 함께 기업의 활동 여건을 상당 호전시키는 일련의 조치, 즉 외국회사의 토지구매에 대한 통제 완화, 외국 지적소유권에 대한 높은 수준의 보호 및 동분야 관련 다른조치 등을 실현시키는 문제가 검토되었다.

4.
> 한국과 중국의 우호적관계는 한반도에서의 긴장완화를 위해 북한에 압력을 가하는 것을 고무할 수도 있다는 의견이 자주 오르내린다. 그러나 러시아의 고위 외교관은 북한에 진짜압력을 가할 수 있는 국가가 세계에 하나도 존재하지 않는다고 여긴다. 중국도 예외가 아니다.

5.
> 그러나 일부 우리 정치인, 언론인들에게 있어 미국에 대한 편향적 경향에서 벗어나는 것이 잘 안되고 있으며 언론기사들이 미국은 기대를 어겼다, 러시아의 의미를 과소평가한다, 러시아를 충분히 돕지 않는다는 등의 모욕적인 탄식을 계속하고 있다. 내견해로는 연민이가는 이 불만들이 부적당하며 근거없는 것에 불과하다. 미국은 러시아를 도와야할 의무가 있다고 글쓴 사람들의 시각이 어디서 왔는지 이해가 가지 않는다.

6. 내가 살고 있는 작은집은 울창한 전원속에 있다. 가을이면 집전체가 잎으로 덮히며 잎이 떨어지고 있는 전원과 같이 작은 두방은 점점 밝아진다.

7. 이는 빠른 경제 성장을 위해 지정된 전략산업부분에 정부가 상당부분의 재원, 노동력, 다른 자원을 통제해왔던 과거의 정책노선을 완전히 거부하는 것을 의미한다.

8. 물론 운행이 통제되는 곳에서는 신호등이나 교통안내자에 따라 통행이 이루어져야한다. 그러나 중요한 것은 길을 건널 때 통행허가 신호가 떨어졌어도 항상 방심하지 말고, 신중하고, 조심스러워야한다.

9. 처음으로 도서관내에 좌석 20개의 열람실이 개관되었을 때에는 서고에는 책이 만권이 있었다. 애서가들의 개인 소장 책들이 도서관의 서고를 보충했다. 그당시 뿌쉬킨의 원고들이 이곳으로 전달되었다. 이를 그의 아들이 도서관에 기증하였다.

10. 경제개혁 실현에 대한 접근책이 변형되면서 위기의 형태도 바뀌었다. 솔직히 말해 오늘날 예산에 대한 문제는 "500일" 프로그램을 논의할 당시보다 훨씬 심각하지는 않다.

11. 계획되고 있는 내년에 대한 정기예산수입이 사회·정치적 시각에서 바람직한 방향으로 지출이 배정 될 때까지는 예산이 병리현상과 맞설정도로 실제적으로 탄탄해지지는 않을것이다.

12. 소련의 붕괴의 결과로 단일 경제영역의 파괴가 이과정의 모든 참여자에게 가장 부정적인 형태로 나타났다. 재통합의 개념이 처음으로 구체적이고 조직화된 경제적 충전을 획득하기까지 몇 년이 걸렸다. 연방수준에서 착수된 조치들이 널리 알려졌다.

13. 미래에 무엇이 일어날것인가를 알기 위해서는 과거에 처음으로 나타난 경향을 수치로 측정 해야만 한다. 물론 역사에서 어떠한 경향들이 반대로 바뀐적이 있다. 그러나 장기간에 걸친 견고한, 다른것들과 불가분의 관계에 있는 이 경향이 동요가 없고 안정적이라면, 그리고 이경향이 다른 같은 형태의 사회조직안에서 자신의 완성의 방향으로 가게된다면 우리는 100%확신을 갖고 실제로 이경향의 전개를 수치로 측정할수 있다.

14. 나는 진지한 음악을 좋아한다. 그러나 피아니스트가 되지는 않았다. 왜냐하면 그당시 음악에 전념할 시간이 부족했었기 때문이다. 클래식, 민속음악, 재즈등 여러음악들이 마음에 든다. 시골을 다니면서 민요를 녹음하는 것을 좋아한다. 민요에는 민족의 정신이 살아있고 나는 이정신이 새세대의 노래속에도 살아있기를 원한다.

15. 전체적으로 정부는 벗어날 수 없는 상황에 봉착했다. 쓸모없는 것을 해서는 안된다. 그렇다고 아무것도 않해서는 또한 안된다. 아무것도 착수하지 않으면 금융사유화정책이 없어지게되기 때문이다. 그러면 정부는 끝장이다. 그러면 폭동파업, 시민전쟁이 일어난다.

16. 양국간의 관계강화가 아직도 냉전시대의 대립이 지속되고 있는 한반도의 안전을 위해서 필수적이고 평화적인 한반도 통일의 기반조성과 동북아시아의 평화유지를 위해서 러시아는 한국의 안전보장분야에 대한 외교와 정치에 있어서 중요한 위치를 차지하고 있다.

17. 사람에게 더 많은 그리고 다양한 지식을 주는 것이 바로 모든 여행의 절대적인 특성이다. 사람은 더많이 알수록 적은 지식을 갖고는 발견할 수 없는 그곳의 아름다운 광경을 더욱 잘 볼수 있다. 땅과 바다에서 강인한 성격이 만들어지고 박애, 다른민족에 대한 이해, 넓고 고상한 시각이 태어나는것이다.

18. 만일에 나에게 내가 답변할 수 없는 질문을 던지면 나는 벗어나려고 하지 않는다. 단지 나는 이것을 모른다고 답변하거나 아니면 모른다는 것이 불가능할때는 부끄럽게 다음과 같이 말한다: 지금은 잘모르지만 꼭 다음번에 답변을 하겠읍니다.

19. 비록 러시아가 소련의 상속국가 이지만 러시아의 이익과 소련의 이익은 상당히 차이가 있다. 바라볼 수 있는 미래에는 절대적으로 중요한 러시아의 국가이익은 근본적으로 세계적성격을 갖지는 않을것이다.

20. 비록 지금까지 한-러관계의 발전에 있어서 법적인 기반과 체제조성 마련을 목적으로 이에 대한 추진을 위해 양국정부가 중요한역할을 하였지만 앞으로는 업무적인 영역을 중시해야 한다.

〔長文 讀解〕

1.

최초 러시아 자유주의의 정치적 프로그램 연구는 1902년 "해방"이라는 잡지에 게재된 "러시아의 입헌 정체주의자 들로부터"라는 기사였다. 이 기사에 높은 통제권, 입법권, 예산결정의 권한을 갖고 항시적으로 기능하는 그리고 매년 소집되는 최고기관의 형태로 계층의 구별이 없는 국민정부의 창설을 제안했다. 이러한 정부의 창설에 다음 조치들이 선행되야한다: 군주는 일방적 법규에 의해 정치적 자유와 시민권을 주며, 현재 기능하고 있는 모든 행정규정을 변경하며, 정치적 범죄에 대한 사면을 공포하며, 헌법 제정을 위해 재구성된 지방자치정부와 도시 자치조직으로부터 구성된 "헌법제정기관"을 소집한다. 기사를 쓴 미류꼬바의 견해에 따르면 이것이 현재 사회문화의 제도적 조건하에서 평화적으로 입헌군주국으로 국가를 변혁할 수 있는 유일한 합법적 방법이었다는 것이다. 그는 "여하튼간에 이러한 방법이 정치적 삶에 대해 익숙하지 않은 일반계층의 애매한 심리상태하에서, 정부의 압력이 있을시 필연적으로 수반되는 미리정해지지 않은 선택의 모든 시도가 야기할수도 있는 알 수 없는 격변보다는 분명히 더 좋은 방법"이라고 썼다.

2.

아태지역의 국제관계에 중요한 지역정세의 변화가 일어나고 있다. 냉전 즉 냉엄한 정치군사적, 이데올로기적 대립에서 새로운 국제관계 형태를 모색하는 방향으로 전환되는 활발한 과정이 전개되고 있다. 더구나 여기에 2개의 모순적인 경향이 나타나고있다. 한편으로는 상호간에 내정문제에 대한 불간섭, 주권과 상호호혜의 존중 등– 국제관계에서 일반적으로 인정되는 원칙이 확립되고 있으며, 통합적인 과정이 확대되고 있으며, 안보문제에 대한 다자간회담의 조정안들이 검토되고 있다. 또 한편으로는 지역내 패권다툼에서 일정국가들간에 알력이 증대되고 있으며, 무역전쟁(미국-일본)이 강화되고 있으며, 군비경쟁이 감소되지 않고 있으며, 영토문제가 첨예화되고 있다(남중국해의 섬들). 현재 이러한 경향들중에 어느하나가 두드러진다고 말하기 어렵다. 거의 이러한 모순적인 과정이 평행하게 진행되고 있다. 부정적인 요소들이 두드러질 위험이 있는바 이는 일어나고 있는 사건들을 세밀히 분석해보면 몇몇국가들이 다른 나라의 이익을 해치면서 아태지역에서 자신의 역할을 인위적으로 강화하려 하고있기 때문이다.

유사한 과정이 동북아시아지역에서 관찰되고 있으며 아태지역 전체로 볼 때 부정적특성을 나타내고 있다. 동북아 지역에서 가장 불안한 지점이 과거와 같이 상황이 안정되지 않은 한반도이다. 북한과 한국은 깊은 대립속에 묶여있고 상호간 대화는 교착상태에 있다. 비록 한국의 북한 쌀제공을 위한 접촉이 있기는 하나 양측 모두로부터 서로서로를 향해서 움직임을 시작하려고하는 바램이 보이지 않는다. 그러나 한국이 주장하는 정치적 대화는 평양에 의해 완전히 거절 당하고 있다.

〈文法연습〉

1. 1) Цель — состояла в том, чтобы установить фашистскую диктатуру.

    Цель — заключалась в том, чтобы установить фашистскую диктатуру.

   2) Президент подписывает указ после, того как он отработал лично.

   3) Премьер в Москве дал своё интервью после того как он ушёл в отставку.

   4) Когда будет принита новая конституция в России появится мощный инструмент для того чтобы решать острейшие проблемы.

   5) Я хочу начать с того, что произошло на первом заседании Совета Федерации.

   6) Для того, чтобы избежать повторения мы должны извлечь самые серьёзные уроки из случившегося.

   7) Это было важно для того, чтобы повлиять на ситуацию в силовых структурах.

   8) Время до 1997 года необходимо для того, чтобы перспективные молодые люди превратились в государственных деятелей.

   9) Визит президента в Японию стал возможен благодаря тому, что произошли перемены в Японии и вопреки тому, что произошло в России.

   10) Можно ли было защитить демократию без того чтобы исполизовать крайние меры

    Можно ли было защитить демократию не прибегая к крайным мерам.

2. (помере того как/ пока/ как только/ после того как/ перед тем как/до тех по , пока/с тех пор как)

〈作文〉

1. Везде, куда мы приезжали, мы встречали друзей.

2. Всюду, где мы были, нас принимали приветливо.

3. Но этот диалог, к сожалению, до сих пор не дал позитивных результатов.

4. Чтобы любить землю, надо ещё и уметь работать на ней.

5. Пока шло письмо, ситуация изменилось.

6. Как только наступила зима, я совсем заскучал.

7. После того как она получила письмо, мы стали собираться в дорогу.

8. С тех пор как уехал он, прошло много времени.

9. До того как мы получили письмо, он уехал в Москву.

10. Прежде чем уехать, нужно послать телеграмму.

11. Мы остановились там, где дорога поворачивает вправо.

12. Это не так просто, как вы думаете.

13. Он так быстро говорил, что я не мог его понять.

14. Было так шумно, что я не мог ничего услышать.

15. Так как я был занят, я не мог вам позвонить.

19. 무접속사복문(無接續詞複文)

기본 문법

1. 무접속사 복문

※ 병립복문과 종속복문이 접속사를 취하지 않고 (,), (;), (:), (-)부호로 연결된다.

(1) (,), (;)의 기능(병립복문에서 사용)

1) 접속사 "И"가 사용될 수 있는 병립복문에서 사용

   Город спал, только в некоторых окнах мелькали огни.
   (도시는 잠들었고 몇몇 창문들에서 불빛이 아른 거렸다.)
   Всё было тихо кругом; со стороны дома не приносилось никакого звука.
   (주위는 조용했다; 집쪽에서는 어떠한 소리도 들리지 않았다.)

2) (;)는 뒤의 문장이 앞문장과 어의적으로 서로 다르거나 뒷문장이 (,)를 이미 포함하고 있을 때 사용

   У ворот увидел я чугунную пушку; улицы были тесны и кривы; избы низки и большей частью покрыты соломой.
   (입구에서 나는 무쇠대포를 보았다; 길들은 좁고 비뚤비뚤 했다; 농가들은 낮았고 대부분을 짚으로 덮여 있었다.)
   Дождь только что перестал; облака быстро бежали, голубых просветов

становилось всё больше и больше на небе.
(비가 막 그쳤다; 구름들은 재빠르게 달려갔고 하늘에 파란빛이 점점 많아졌다.)

(2) (:)의 기능(종속복문에서 사용)

1) 앞문장의 원인을 설명

   Печален я: со мною друга нет.(나는 슬프다: 내게는 친구가 없다.)

2) 앞문장의 술어를 설명

   Вдруг я чувствую: кто-то берёт меня за плечо и толкает.
   (갑자기 나는 느낀다: 누군가가 나의 어깨에 손을 대고 떠민다.)

   ※ видеть, смотрить, слышать, знать, чувствовать 등의 앞문장술어를 설명

3) 앞문장의 내용을 부연설명

   Погода была ужасная: ветер выл, мокрый снег падал хлопьями.
   (날씨가 험악했다: 바람이 울부짖었고 습기찬 눈이 송이송이 내렸다.)

   Одно было несомненно: назад он не вернется.
   (한가지 의심의 여지가 없는 것: 그는 이전으로 돌아오지 않는다는 것이다.)

(3) (-)의 기능(종속복문에서 사용)

1) 뒷문장이 앞문장의 원인을 설명

   Учитель был доволен - всё шло хорошо.
   (모든 것이 잘되었기 때문에 선생님은 만족해했다.)

   Оденься потеплее - ветер холодный.(바람이 차가우니 옷을 따뜻하게 입어라.)

2) 앞문장의 부연설명

   Иногда мне думается - надо убежать.(가끔 나는 생각한다-도망가야 한다는 것을.)

   А вы считаете - успеха не будет?(당신은 성공이 오지 않을것이라고 생각하십니까?)

   Главное в моей жизни — работа.(내인생에서 가장 중요한 것은 일이다.)

3) 앞문장이 뒷문장의 행위와 관련된 시간이나 조건을 표현

Уже семь часов - пора вставать.(벌써 7시다 -일어날 시간이다.)

Волков бояться - в лес не ходить.(늑대가 무서우면 숲에 가지마라.)

4) 뒷문장이 앞문장의 결과 및 결과로서 일어난일을 설명

Мелкий дождь сеет с утра - выйти невозможно.
(아침부터 가랑비가 뿌려서 나가는 것이 불가능하다.)

До станции ещё далеко - можно ещё поспать.
(정거장까지 아직 멀다-좀더 잘수있다.)

Дороги изчезли - нельзя было проехать ни поездом, ни машиной, ни на лошадах.(길이 사라졌다.-기차로도, 자동차로도, 말을 타고서도 통과할 수가 없었다.)

2. 합성문(合成文)

※ 합성문은 단문과 복문, 2개이상의 복문등이 결합되어 이루어진 여러형태의 문장이다.

(1) 단문과 병립복문이 결합(접속사 없이 (:)로 결합)

Через час явилось возможность ехать: метель утихла, небо прояснилось, и мы отправилось. (1시간뒤에 갈 수 있는 가능성이 나타났다: 눈보라가 가라앉았고, 하늘이 개었으며 우리는 출발하였다.)

| ──── возможность ──── | : | метель ────, небо ────, и мы ────. |

(2) 단문과 종속복문이 결합(접속사 없이 (:)로 결합)

Как ни был он подготовлен, серце екнуло: всё таки большое событие.
(그는 준비를 했지만 가슴이 두근거렸다.: 역시 큰 사건이었다.)

| как ни ———— , серце ———— | : | ———— событие . |

(3) 2개의 종속복문이 결합(접속사 И가 2개의 종속복문을 병립형태로 결합)

У неё было такое чувство, как будто она жила в этих краях уже давно-давно, лет сто, и казалось ей, что на всём пути от города до своей школы она знала каждый камень, каждое дерево.
(그녀는 이 지방에서 벌써 오래전에 100년전에 살았던 것 같은 느낌을 갖었으며 도시에서 학교까지의 길에 있는 모든돌과 나무들을 알고있는것처럼 느꼈다)

| ———— чувство, как будто ———— | , и | ———— , что ———— . |

讀解演習

1. Роль России в международных делах резко ослабла ; **Россия лишена союзников, некоторые из пограничных с нею стран полны недоверия и стремятся от неё дистантироваться**. К российским рубежам на многие сотни километров приближается от Европы военный блок, силовая машина которого на порядок выше российских возможностей.

☞ 「;」의 용법; и 와 같은 의미로 병렬 형태로 문장을 연결/стремиться + 원형동사; ~을 지향하다, 노력하다

2. Закон соблюдает все нормы. Если любая союзная держава подавала требования на культурные ценности, которые находятся у нас сейчас, то ценности в обязательном порядке будутвозвращены. Но если требование не было подано, то, извините, имущество есть имущество : **Государство утеряло свое право на него. Так же как Россия утеряла право на свои ценности, на которые не смогла подать требования**.

☞ 「:」의 용법; 앞문장의 내용을 부연 설명/право на что; ~에 대한 권리, право на образование; 교육을 받을 권리, право на жительство; 거주권

3. Действуя от имени государства, каждый орган наделен властными полномочиями, которые обеспечиваются разными методами, включая властное принуждение. При этом сохраняетсявысокая степень усмотрения : **когда и как использовать то или иное право**.

☞ 「:」의 용법; 앞문장의 내용을 부연 설명/включая что~; ~을 포함하여

4. В нынешнем году Венецианская архитектурная биеннале проводится в шестой раз. В выставке принимают участие представители двадцать шести стран. Венецианская биеннале продемонстрировала, что архитектура в современном мире – **живое и постоянно развивающееся искусство**.

☞ 「-」의 용법: 앞문장의 내용을 부연 설명/в нынешнем году; 금년에, 올해/биеннале; 제전

5. Последный опыт реформирования правительства ради собственно экономической реформы – это, **в сущности, попытка либералов-технократов захватить наконец власть в управленческом аппарате**. Собственно, в случае удачи либералы могли потеснить на своих позициях старую, но обновленную номенклатуру.

☞ 「-」의 용법: 앞문장의 내용을 부연 설명/в сущности = по существу; 본질에 있어서

長文 讀解

1.

На протяжении четырех с половиной десятилетий советско-американское противоборство определяло характер мировой политики, было центральной осью системы международных отношений. Глобальный конфликт двух «сверхдержав» в 1945-1990 годах основывался на идеологической несовместимости СССР и США, взаимном отрицании двух экономических и политических систем.

Острота идеологического противоборства предопределила беспрецедентную для «мирного» времени степень милитаризации советско- американских отношений. Гонка вооружений, прежде всего ракетноядерных, привела, с одной стороны, к чрезвычайно опасному балансированию на грани глобальной термоядерной войны, а, с другой — обеспечила определенную степень стабильности соперничества Москвы и Вашингтона. Именно поэтому «холодная война» не превратилась в прямое военное столкновение США и Советского Союза.

Вместе с тем советско-американское противостояние привело к созданию биполярной системы международных отношений, в которой доминировали две «сверхдержавы», обладавшие гиганским экономическим и политическим, а главное — военным превосходством над всеми другими государствами.

Сергей Рогов: Россия и США на пороге XXI века.

☞ сверхдержава; 초강대국/ вместе с тем; 그와 동시에/ привести к чему; ~결과로 이끌다/ превосходство над ком-чем; ~에 대한 우월

2.

Советский союз предлагает, чтобы Генеральная Ассамблея ООН вновь со всей решительностью призвала все государства, особенно те, которые обладают крупным потенциалом в космической области, незамедлительно договориться об эффективных мерах по предотвращению гонки вооружений в космическом пространстве, что создало бы условия для широкого международного сотрудничества в исследовании и использовании космоса в мирных целях.

Советский Союз прелагает осуществить комплекс конкретных мероприятий, которые содействовали бы объединению усилий государств в мирном исследовании космоса и использовании космической технологии на благо всех государств, включая оказание всесторонней помощи в этой области развивающимся странам. Очевидно, что успешное решение этой общечеловеческой задачи станет возможным, если будут достигнуты договоренности, эффективно обеспечивающие немилитаризацию космоческого пространства.

Движимый стремлением содействовать быстрейшему прогрессу в деле обеспечения мирного освоения космоса, Советский Союз представляет на рассмотрение сессии Генеральной Ассамблей документ《Основные направления и принципы международного сотрудничества в мирном освоении космического пространства в условиях его немилитаризации》

Э. Шеварднадзе:
Письмо министра иностранных дел СССР генеральному секретарю ООН (1985)

☞ содействовать чему в чём; ~에 있어서 ~에 협력(조력)하다/ представить что на рассмотрение; ~을 심의에 제출하다

重要 表現

474. **достигать /достичь согласия с кем** ; ~와 동의에 이르다
    В итоге все достигли согласия по последнему вопросу.

475. **прийти к согласию** ; 동의에 이르다
    Стороны пришли к согласию по всем воросам.

476. **заключать/заключить соглашние о чём** ; ~에 대한 협정을 체결하다
    Россия заключила соглашение о экономическом сотрудничестве с Республикой Корея.

477. **подписывать/подписать соглашение о чём** ; ~에 대한 협정에 서명하다
    Представители обеих стран подписали соглашение о взимовыгодном сотрудничестве.

488. **терять/потерять сознание** ; 의식을 잃다
    Увидев в его руке нож, девушка потеряла сознание.

489. **видеть/увидеть кого во сне** ; ~를 꿈속에서 보다
    Она видела во сне своих родителей.

490. **участвовать в соревновании** ; 시합에 참가하다
    Наша команда не участвует в соревновании.

491. **составлять/составить список** ; 목록을 작성하다
    Мы составляем список вещей которые нам нужно взять с собой.

492. **обладать способностями** ; 능력을 갖고있다
    Она обладает способностями к математике.

493. **заканчивть/закончить что в срок** ; ~을 제기간에 끝마치다
    Мастер закончил своего работу в срок.

494. **продлевать/продлить срок**; 기간을 연장하다
   Я хочу продлить срок пребывание в госцинице.

495. **рецензировать статью**; 논문(기사)를 비평하다
   Он зарабатывает тем, что рецензирует статьи.

496. **брать/взять чью сторону**; ~의 편을 들다
   В этом споре многие взяли мою сторону.

497. **обсуждать/обсудить что со всех сторон**; 모든 관점에서 논의하다
   Его кандидатуру обсудили со всех сторон.

498. **привлекать/приблечить кого на свою сторону**; ~를 자신의 편으로 끌어들이다
   Он всеми средствами пытался приблечь брата на свою сторону.

499. **принимать/принять что на свой счёт**; ~을 자신과 관계된 것으로 여기다
   Девушка приняла насмешки на свой счёт и поспешила уйти.

500. **открывать тайну чего**; ~의 비밀을 밝히다
   Учёные постараются открывать тайну природа.

501. **кипеть при какой температуре**; ~한 온도에서 끓다
   При температуре 100℃ вода начинает кипеть.

502. **осноиваться на теории**; 이론에 근거하다
   Эти выводы он сделал, основывался на теории вероетности.

503. **выражать/выразить свою точку зрения**; 자신의 견해를 표현하다
   Ему не дали возможности выразить свою точку зрения по всем воросам.

504. **удоблеворить чьи требование**; ~의 요구를 만족시키다
   Уровень жизни в городе полностью удоблевореет требование населения.

505. **преодолевать/преодолеть трудности**; 어려움을 극복하다
   Любовь помогла ему преодолеть все трудности.

506. **устранять/устранить трудности** ; 어려움을 제거하다
    С помощью брата, он устранил трудности.

507. **быть угрозой кому (чему)** ; ~에게 위협이 되다
    Заморозки были угрозой урожаю.

508. **находиться на каком уровне** ; ~의 수준에 있다
    Образование этих людей находится на очень низком уровне.

509. **сделать что общими усилиями** ; 공동의 노력으로 ~을 하다
    Этот проект мы сделали общими усилиями.

510. **согласиться на какие условия** ; ~조건에 동의하다
    Она не хотела согласиться на тижёлые условия работы.

511. **успех сопутствует кому (чему)** ; ~에게 성공이 따라다닌다(동행한다)
    Успех всегда сопутствует этому человеку.

512. **пропускать/пропустить что мимо ушей** ; 흘려듣다, ~에 주의를 기울이지 않다
    Он пропустил мимо ушей её замечание.

513. **принимать/принять участие в чём** ; ~에 참여하다
    Этот спортсмен принимал участие в олимпийских играх.

514. **основываться на фактах** ; 사실에 근거하다
    Его версия основывалась на фактах.

515. **различаться по форме** ; 형태에 따라 다르다
    Принадлежность к роду войск различается по форме.

516. **носить какой характер** ; ~특성을 지니다
    Эта история носит мрачный характер.

【 독해 해답 】

〔讀解 演習〕

1. 국제적인 일에서 러시아의 역할은 급격히 약화되었다; 러시아는 동맹국들을 잃었고 국경을 접하고 있는 국가들중 일부는 러시아를 완전히 불신하며 러시아로부터 멀어지려고 노력하고 있다. 러시아의 능력을 초과하는 무장차량이 유럽의 군사블럭으로부터 러시아의 국경선까지 수백킬로미터나 가까워졌다.

2. 법은 모든 규범을 준수한다. 만일에 어떠한 동맹국들이 현재 우리나라에 있는 문화재를 돌려달라고 요구할시 동문화재는 필요한 절차에 따라 반환될 것이다. 그러나 요구가 없을시는 자산은 자산인 것이다: 국가는 그에 대한 권리를 상실한다. 이와 똑같이 러시아는 요구를 할 수 없었던 자신의 문화재들에 대한 권리를 상실하였다.

3. 국가의 이름으로 작용하면서 각기관은 권력의 강제성을 포함하여 여러가지 방법에 의해서 확보되는 위임된 권력의 권한들을 갖고 있다. 바로 여기에 높은 수준의 재량이 유지된다: 언제 그리고 어떻게 이리한 권한들을 이용할것인가.

4. 금년에 베네치아 건축제전이 6번째 열린다. 전시장에 26개국의 대표들이 참석한다. 베네치아 건축제는 현대의 건축이 생동적이고 지속적으로 발전하고 있는 예술임을 보여주었다.

5. 경제개혁을 위한 최근 정부의 변혁은 실제로 자유주의자-기술관료들의 정부기관 내에서의 권력을 잡기위한 시도인것이다. 실제로 자유주의자들은 자신의 위치에서 구시대의 그러나 쇄신된 노멘끄라뚜라(특권관료층)를 압박할 수 있다.

〔長文 讀解〕

1.

　45년동안 미·소의 대립은 세계정치의 특성을 결정했고 국제관계체제의 중추적인 축이었다. 1945-1990년간 두 초강대국의 세계적인 대립은 소련과 미국의 이데올로기적 불양립과 상호간 정치, 경제체체의 부정에 기반을 두고있다.

　치열한 이데올로기적 대립은 평화시대에 비해 미·소관계의 전례없는 군사화를 초래하였다. 특히 핵미사일 군비경쟁은 한편으로 세계 핵전쟁의 기로에서 극히 위험한 균형을 가져왔고, 또 다른 한편으로는 어느정도 모스크바와 워싱턴간의 안정적인 경쟁을 지탱시켜 주었다. 바로 이 때문에 냉전은 미국과 소련의 직접적인 군사적 충돌로 전환되지 않았던 것이다.

　이와 함께 미·소의 대립은 국제관계에서 양극체제를 초래하였으며 그안에서 다른국가들보다 엄청난 경제적, 정치적, 특히 군사적 우세를 갖고있는 두 초강대국이 군림하였다.

2.

　소련은 UN총회가 새롭게 결단성을 갖고 특히 우주분야에서 큰 잠재력을 갖고 있는 모든 나라들을 소집하여 우주공간에서의 군비경쟁을 막을 수 있는 효과적인 조치 즉 평화적인 목적으로 우주공간을 연구하고 이용하는데 있어서 국제적인 협력을 확대할수있는 조건을 만들어 줄 수 있는 조치들에 대해 시급히 합의해야할 것을 제안합니다.

　소련은 모든나라들의 이익위에 평화적인 우주연구와 우주기술의 이용에 있어서 이분야에서 개발도상국에 다방면의 도움을 주는 것을 포함하여 국가들의 노력 통합을 촉진할 수 있는 구체적이고 총체적인 계획을 실현해야할 것을 제안합니다. 만일에 우주공간의 비군사화를 효과적으로 보증할 수 있는 합의가 이루어진다면 이러한 전인류의 과제가 성공적으로 해결될수 있다는것이 확실하다.

　소련은 우주의 평화적 이용을 확보하는일에 있어서 빠른진행을 촉진하기위해 UN총회가 "우주공간의 비군사화 조건하에서 우주의 평화적 이용에 대한 국제적 협력의 중요방향과 원칙"이라는 문서를 검토해줄 것을 제안 합니다.

20. 화법(話法)

기본 문법

1. 평서문의 전달
(1) ① Он сказал: "Я пришлю вам письмо".
   ⇒ Он сказал, что он пришлёт мне письмо.
   ② Он сказал: "Я купил для вас книги".
   ⇒ Он сказал, что он купил для меня книги.

(2) ① Я сказал ему: "Я могу помочь вам".
   ⇒ Я сказал что могу помочь ему.
   ② Я сказал: "Борис, я не поеду с вами".
   ⇒ Я сказал Борису, что не поеду с ними.

2. 의문문의 전달
(1) ① Он спросил: "Который час".
   ⇒ Он спросил, который час.
   ② "Зачем ты пришёл", спросил он.
   ⇒ Он спросил, зачем я пришёл.

(2) ① Я спросил: "На улице тепло?".
   ⇒ Я спросил, тепло ли на улице.
   ② Он спросил: "Вечером у вас будет гость?"
   ⇒ Он спросил, будет ли вечером у меня гость.

3. 명령문의 전달
(1) ① Он сказал мне: "Возьми с собою зонтик".
   ⇒ Он сказал мне, чтобы я взял с собою зонтик.
   ② Он сказал: "Говорите громче".
   ⇒ Он сказал, чтобы я говорил громче.

(2) ① "Сделай лучше по-другому", сказал он.
   ⇒ Он посоветовал мне сделать по-другому.
   ② "Принесите новую книгу", сказал преподаватель.
   ⇒ Преподаватель потревовал меня принести новую книгу.

※ 생각을 표현하는방법에는 직접화법과 간접화법의 방식이 있다. 직법화법을 간접화법으로 변환하는 방법은 전달문의 특성에 따라 다르다.

1. 평서문의 전달

(1) 단지 내용을 전달할 경우에는 что 를 사용한다.
　① "나는 너에게 편지를 보낼것이다"라고 그는 말했다.
　② "당신을 위해 책을 샀다"라고 그는 말했다.

　　Он сказал : "Я знаю ваших друзей". ("나는 당신의 친구를 압니다"라고 그는 말했다.)
　　Он сказал, что он знает моих друзей.

(2) 내용이 자신의 행위를 나타내는 경우에는 간접화법에서 주어가 생략된다.
　① "나는 당신을 도울수 있읍니다"라고 나는 그에게 말했다.
　② "보리스, 나는 당신과 함께 가지 않을것입니다"라고 나는 말했다.

　　Я сказал : "Я могу решить задачу". ("나는 과제를 해결할수있다"라고 말했다.)
　　Я сказал что могу решить эту задачу.

2. 의문문의 전달

(1) где, куда, сколько등 의문접속사가 사용되었을 경우 그대로 이용 복문으로 변환한다.
　① "몇시 입니까?"라고 그는 물었다.
　② "왜 너는 왔니?"라고 그는 물었다.

　　"Как пройти на ульцу Горького?",спросил я.
　　("고리끼 거리를 어떻게 가야합니까?"라고 나는 물었다.)
　　Я спросил, как прйти на ульцу Горького.

(2) 의문 접속사가 없이 표현되었을 경우 ли를 이용 변환한다.
① "길에는 따뜻합니까?"라고 나는 물었다.
② "저녁에 당신에게 손님이 옵니까?"라고 그는 물었다.

Он спросил: "Завтра будет семинар?".
("내일 세미나가 있읍니까?"라고 그는 물었다.)
Он спросил, будет ли завтра семинар.

3. 명령문의 전달

(1) 복문전환
① "우산을 가지고 가라"라고 그는 내게 말했다.
② "크게 말하십시요"라고 그는 말했다.

※ чтобы 를 사용하여 복문으로 전환할경우 чтобы 다음에 오는 동사는 항상 과거형을 취하게 된다.
Лаборант сказал: "Поставьте прибор на место".
⇒ Лаборант сказал, чтобы я поставил прибор на место.
("도구를 제위치에 세워라"라고 라보란트는 말했다.)
Он попросил: "Откройте окно". (창문을 열어라.)
⇒ Он попросил, чтобы мы открыли окно.

(2) 단문전환
① "다른방식으로 하는 것이 좋겠다"라고 그는 말했다.
② "새책을 가지고 와라"라고 선생님은 말했다.

※ 제의, 요청, 명령, 충고, 요구, 희망을 나타내는 다음동사들은 동사원형을 이용 단문으로 내용을 전달할수 있다.

просить-попросить, требовать-потревовать, предлагать-предложить, приказывать-приказать, советвать-посоветовать, желать-пожелать, разрешать-разрешить

"Возьми мой учебник", сказал я. ("내 교과서를 가져라"라고 나는 말했다)
Я предложил ему взять мой учебник.

長文 讀解

1.

Наталья Ивановна перешла на кресло против столика и молча засыпала чай. Нехлюдов молчал.

— Ну, что же, Дмитрий, я все знаю,— с решительносью сказала Наташа, взглянув на него.

— Что ж, я очень рад, что ты знаешь.

— Ведь разве ты можешь надеяться исправить её после такой жизни?

— сказала Наталья Ивановна.

Он сидел, не облокотившись, прямо, на маленьком стуле и внимательно слушал её, стараясь хорошенько понять и хорошенько ответить. Настроение, вызванное в нём последним свиданием с Масловой, ещё продолжало наполнять его душу спокойной радостью и благорасположением ко всем людям.

— Я не её исправить, а себя исправить хочу,—ответил он.

Наталья Ивановна вздохнула.

— Есть другие средства, кроме женитьбы.

— А я думаю, что это лучшее; кроме того, это вводит меня в тот мир, в котором я могу быть полезен.

— Я не думаю,—сказала Наталья Ивановна— чтобы ты мог быть счастлив.

— дело не в моём счастье.

— Разумеется, но она, если у ней есть серце, не может быть счастлива, не может даже желать эого.

— Она и не желает.

— Я понимаю, но жизнь…

— Что жизнь?

— Требует другого.

— Ничего не требует, кроме того, чтобы мы делали, что должно,— сказал

Нехлюдов, глядя а её красивсе ещё, хотя и покрытое около глаз и рта мелкими морщинками, лицо.

— Не понимаю,—сказала она, вздохнув.

Л. Н. Толстой: Воскресение

☞ с решительносью = решительно; 단호하게

2.

Пройдя раза два взад и вперед за угром дома и попав несколько раз ногою в лужу, Нехлюдов опять подошёл к окну девичьей. Лампа все еще горела, и Катюша опять сидела одна у стола, как будто была в нерешительности. Только что он подошёл к окну, она взглянул, она тотчас же выбежала из девичьей, и он слышал, как отлипла и потом скрипнула выходная дверь. Он ждал её уже у сеней и тотчас же молча обнял её. Она прижалась к нему, подняла голову и губами встретила его поцелуй. Они стояли за углом сеней на стаявшем сухом месте, и Он весь был полон мучительным, неудовлетворенным желанием. Вдруг опять же чмокнула и с тем же скрипом скрипнула выходная дверь, и послышался сердитый голос Матрены Павловны:

— Катюша!

Она вырвалась от него и вернулась в девичью. Он слышал, как захлопнулся крючок. Вслед за этим все затихло, красный глаз в окне исчез, остался один туман и возня на реке.

Нехлюдов подошёл к окну, — никто не видно было. Он постучал, — ничто не ответило ему. Нехлюдов вернулся в дом с парадного крыльца, но не заснул.

Л. Н. Толстой: Воскресение

☞ попав; 빠진(попасть의 완료체 부동사)/двичий; 하녀방/ сени; 현관

文法

1. 다음 직접화법문장을 간접화법문장으로 전환하시오.

   1) Он сказал:《Дождь уже прошёл》.

   2) 《Я подожду вас》, — сказал он.

   3) Он споросил её:《Где ты живёшь?》.

   4) 《Где вы живёте?》, — Спросил он меня.

   5) Он сказал Тане:《Возьми плащ!》.

   6) 《Подвези меня домой!》, — попросила Таня Володю

   7) Она спросила меня:《Ты скоро вернёшься?》

2. 본문의 내용중 간접화법문장을 직접화법문장으로 전환하시오.

> Вы вернулись домой в Москву из Одессы. У вас осталось много приятных впечатлений. К вам приехал ваш близкий друг. И вы говорите с ним об Одессе. Он никогда не был в Одессе. Вы не знаете с чего начать. Он спрашивает об архитектуре город. Вы отвечаете. Потом он спрашивает о Потёмкинской леснице и театре оперы и балета. Вы рассказываете, почему они произвели на вас большое впечатление. Затем он спрашивает, были ли вы в знаменитых одесских катакомбах, и вы рассказываете, как вы ходили туда. Потом он спрашивает вас, что вы можете сказать об одесситах. Вы с удовольствием рассказываете ему о гостеприимных и остроумных одесситах. Ваш друг решает на будущий год поехать в Одессу.

重要 表現

517. **мешать/помешать ходу чего** ; ~진행과정을 막다
 Никто не может помешать ходу суда.

518. **идти полным ходом** ; 전속력으로 가다
 Я не могу остановить их, так как процесс уже идёт полным ходом.

519. **перед кем стоит цель** ; ~에게 목표가 있다
 Он усердно занимаеться, так как перед ним стоит цель поступить в институт.

520. **преследовать какую цель** ; 목적(목표)를 추구하다
 Он не добился цель, которую преследовал.

521. **делить/разделить что на части** ; ~을 부분으로 나누다
 Мама разделила торт на ровные части.

522. **отдавать/отдать кому честь** ; ~에게 경의를 표하다
 Солдат должен отдавать честь старшему по званию.

523. **делать/сделать первый шаг** ; 제일보를 내딛다
 Она сделала первый шаг к перемирию.

524. **поехать/пойти на экскурсию** ; 관광을 가다
 Они поехали на экскурсию рано утром.

525. **наблюдать какое явление** ; ~현상을 관찰하다
 Все жители села наблюдали сверхъестественное явление.

526. **находить/найти общий язык**; 상호이해에 이르다, 의견이 일치하다
   Он быстро нашёл общий язык с партнёром.

527. **переводить/перевести что с одного на другой**; ～다른언어로 번역하다
   Секретарь переведет письмо с русского на английский язык.

【독해 · 연습 해답】

〔長文 讀解〕

1.

　　나딸리야 이바노브나는 책상 맞은편의 소파로 갔다. 그리고 침묵한채 차를 마셨다. 네흐류도프는 말이 없었다.
　　―드미뜨리 나는 모든 것을 알고 있어. ―나타샤는 그를 쳐다본후 단호하게 말했다.
　　―네가 알고 있다는 것이 나로서는 매우 기쁘다.
　　―그러한 인생이 있은 이후로 그녀를 바꿀수 있다고 기대할수 있겠어? ―라고 나딸리야 이바노브나는 말했다.
　　그는 작은 의자위에 팔꿈치를 괴고 앉아서 잘 이해하고 잘 대답하려고 노력하면서 그녀의 말을 주의깊게 들었다. 최근 마스로바를 보고서 그에게 일어났던 기분은 평안한 기쁨과 모든사람들에 대한 동정으로 여전히 그의 마음을 채웠다.
　　― 나는 그녀를 바꾸지 않고 내자신을 바꾸기를 원해. ―라고 대답했다.
　　나딸리야 이바노브나는 한숨을 쉬었다.
　　―결혼 이외에 다른 방법이 있어.
　　―나는 결혼이 좋다고 생각해; 더욱이 이것은 나에게 이로움이 될 수있는 그러한 세계로 나를 데려다 줄수 있어.
　　―나는 네가 행복질수 있을것이라고 생각지 않아.―라고 나딸리야 이바노브나는 말했다.
　　―문제는 나의 행복이 아니야.
　　―그녀에게 감정이 있다면 그녀가 행복해질수 없으며 이를 바랄수도 없는 것이 분명해.
　　―그녀가 바라지 않는다.
　　―이해는 가지만 인생이라는 것이...
　　―인생이 어때서?
　　―다른 것을 요구하고 있어.
　　―해야할 것을 우리가 하는것외에 어떤것도 요구하지 않아― 네흐류도프는 눈과 입가에 잔주름으로 덮여진 얼굴이지만 아직 아름다운 그녀를 바라보며 말했다.
　　―이해가 안가.―그녀는 한숨을 쉬면서 말했다.

2.

> 집모퉁이를 앞뒤로 두어번 왔다갔다 하면서 웅덩이에 몇번 발을 빠뜨리고 나서 네흐류도프는 다시 하녀방의 창문쪽으로 다가갔다. 램프는 아직 켜져 있었고 카츄샤는 망설이는것처럼 의자에 혼자 앉아 있었다. 그가 창문으로 막 다가가자 그녀는 쳐다보고 나서 즉시 방에서 뛰어나왔고 그는 출입문이 열리면서 삐걱거리는 소리를 들었다. 그는 벌써 현관에서 그녀를 기다렸고 말없이 그녀를 껴안았다. 그녀는 그에게 기대면서 머리를 들었고 그와 키스를 하였다. 그들은 현관모퉁이 마른곳위에 서있었다. 그는 마치 괴로움과 불만족한 기대의 포로와 같았다. 갑자기 다시 출입문이 삐걱삐걱거리면서 소리를 내었다. 그리고 마뜨레느 빠블로브나의 화난 목소리가 들렸다.
> —까츄샤!
> 그녀는 그에게서 떨어져서 하녀방으로 돌아왔다. 그는 문걸쇠가 닫히는 소리를 들었다. 그뒤에 모든 것이 조용해졌으며 창가의 붉은눈이 사라졌고 안개와 강의 소란만이 남았다. 네흐류도프는 창가로 다가갔으며 아무도 보이지 않았다. 그는 창문을 두드렸으나 아무런 반응이 없었다. 네흐류도프는 정문 현관에서 방으로 돌아왔다 그러나 잠을 이루지 못했다.

〈文法〉

1. Он сказал, что дождь уже прошёл.

2. Он сказал девушке, что подождёт её.

3. Он спросил её, где она живёт.

4. Он спросил меня, где я живу.

5. Он сказал Тане, чтобы она взяла плащ.

6. Таня попросил Володю, чтоыы он подвёз её домой

7. Она спросила меня, скоро ли я вернусь.

부 록

1. 명사 · 형용사 접두어

1) 외래어 접두어

접두어	의 미	용 례
а-	비(非), 불(不), 무(無)	аморальный (비윤리적인, 부도덕한) аполитичный (정치에 무관심한)
анти-	반대, 적대, 대항, 배척	антифашист (반파시스트주의자) антинаучный (비과학적인)
архи-	첫째의, 수위의, 대(大)~	архиепископ (대주교)
вице-	부(副), 차(次), 대리	вице-президент (부통령) вице-преседатель (부위원장)
гипер-	초과, 과도	гиперболичный (과장된) гипертрофия (이상비대)
де-	분리, 반대	демилитаризация (무장해제) денационализация (민족성 상실)
диз, дис-	분리, 이탈	дисквалификация (실격) дизассоциация (불협화음)
контр-	반대, 대항	контратака (역습) контрпредложение (대안)
обер-	윗사람, 상급지위	обер-контролёр (회계 검사원장) обер-мастер (최고참 직공장)
про-	찬성, 지지, 대신, 부(副)	профашист (파시즘 지지자) проректор (대학 부총장)
прото-	제일, 최초, 장(長)	протоистория (선사시대) протоплазма (원형질)
псевдо-	거짓	псевдоискусство (사이비 예술) псевдоним (익명)
ре-	반복, 다시, 새로이	реконструкция (재건)

접두어	의 미	용 례
		реформа (개혁)
суб-	하위의, 부차적인	субинспектор (부감독관)
		субтпоставщик (하청인)
супер-	뛰어난, ~의 위에	супермен (수퍼맨)
		суперавиация (성층권)
ультра-	극도, 초과	ультралевый (극좌의)
		ультразвук (초음파)
экс-	옛날의, 이전의, 밖으로	экс-министр (전직장관)
		экспансия (확대)

2) 러시아어 접두어

접두어	의 미	용 례
без(с)-	무(無), 결(缺), 부(不)	безделье (무위, 한가한것)
		беспорядок (무질서)
за-	저쪽, 뒤	забайкальский (바이칼호수 건너의)
		загород (교외)
между-	~사이의, 공통의	междугородный (도시간의)
		международный (국제적인)
на-	위, 표면	нагорье (고지, 고원)
		наушник (귀덮개, 헤드폰)
над-	~의 위	надсмотр (감독, 감시)
		надпись (표제, 제명)
не-	불(不), 비(非)	недруг (적, 원수)
		неправда (허위, 거짓말)
пере-	반복, 재개시	перевыборы (재선거)
		пересмотр (재검토)

접두어	의 미	용 례
по-	~에 연한, ~에 따라서	поволжье (볼가강 유역지방)
		побережье (해안, 하안)
под-	아래, 밑	подземелье (지하실, 지하동굴)
		подмосковье (모스끄바 근교)
пра-	전대(前代), 원시	праязык (원시어)
		прадед (증조부, 선조)
пред-	앞에, 미리	предсказание (예언, 예보)
		предупреждение (예방, 예고)
при-	근처, 부근	приморье (연해지)
		придача (부가, 첨가)
про-	어떤 성질을 조금 보유	просинь (푸른무늬)
противо-	반대, 대립, 적대	противоречие (모순, 당착)
		противоложность (반대, 대립)
раз(с)-	매우, 대단히	раскрасавица (절세의 미녀)
		растуманы (진한 안개)
сверх-	~이상, 초(超)~	сверх-экспрес (초특급열차)
		сверхударный (초돌격적인)
со-	공동	соавтор (共著者)
		сотрудник (동업자, 동료)
вне-	밖에, ~외에	внеклассный (과외의)
		внеочередной (순번외의, 특별한)
внутри-	~안의	внутрипартийный (당내의)
		внутрикомнатный (실내의)
до-	~이전의	довоенный (전쟁전의)
		допетровский (뾰뜨르대제 이전의)
еже-	~마다, 매	ежемесячный (매월의)
		ежедневный (매일의)
интер-	속, 사이, 상호	интерлюдия (간주곡)

접두어	의 미	용 례
		интермедия (막간극)
меж-	~사이의	межконтинентальный (대륙간의)
		межнациональный (민족간의)
наи-	최고의, 최상의	наиближайший (가장 가까운)
		наилучший (최상의)
небез-	꽤, 어느정도	небезуспешный (꽤 성공적인)
		небезынтересный (꽤 흥미있는)
около-	~의 주위	околосолнечный (태양 주변의)
		околоушный (귀 주위의)
по-	각, 매	понедельный (매주의)
	~후에	помесячный (매월의)
		посмертный (사후의)
пре-	최상의, 매우	премилый (매우 사랑스러운)
		пресмешной (매우 우스꽝스러운)
транс-	통과, 횡단	трансатлантический (대서양 횡단의)
		транссибирский (시베리아 횡단의)
чрез-	초과	чрезмерный (과도한, 지나친)
экстра-	특별의, 임시의	экстраординарный (특별한, 임시의)
		экстра-почта (특별 배달우편)

2. 동사로부터 파생된 명사 및 형동사·부동사 형태

동 사	명 사	형동사·부동사
влиять	влияние (영향)	влияющий, влиявший
возрастать	возрастание (증가)	возрастающий, возраставший
восстановить	восстановление (회복, 부흥)	восстановивший, восстановленный
выделять выделить	выделение (분리)	выделяющий, выделявший, выделяемый выделивший, выделенный
выплавить	выплавка (정련)	выплавивший, выплавленный
выполнять выполнить	выполнение (실행)	выполняющий, выполнявший, выполняемый выполнивший, выполненный
выпускать выпустить	выпуск (생산)	выпускающий, выпускавший, выпускаемый
вырабатывать выработать	выработка (제조)	вырабатывающий, вырабатывавший, вырабатываемый выработавший, выработанный
высохнуть	высыхание (마름)	высохший
давить	давление (압력)	давящий, давивший, давимый, давленный
делить	деление (분할)	делящий, деливший, делимый, деленный
замедлять замедлить	замедление (지연)	замедляющий, замедлявший, замедляемый замедливший, замедленный
замерзать замёрзнуть	замерзание (동결)	замерзающий, замерзавший замёрзший
замораживать заморозить запрещать	замораживание (냉동)	замораживающий, замораживавший, замораживаемый заморозивший, замороженный
запретить запускать	запрещение (금지)	запрещающий, запрещавший, запрещаемый запретивший, запрешённый

동 사	명 사	형동사 · 부동사
запустить	запуск (발사, 발동)	запускающий, запускавший, запускаемый
защищать		запустивший, запущенный
защитить	защита	защищающий, защищавший, защищаемый
изменять	(방어, 보호)	защитивший, защищённый
изменить	изменение	изменяющий, изменявший, изменяемый
изобретать	(변경, 수정)	изменивший, изменённый
изобрести	изобретение	изобретающий, изобретавший, изобретаемый
изучать	(발명)	изобретший, изобретённый
изучить	изучение	изучающий, изучавший, изучаемый
	(연구, 학습)	изучивший, изученный
исполнять	исполнение	исполняющий, исполнявший, исполняемый
исполнить	(실행, 수행)	исполнивший, исполненый
использовать	использование	использующий, использовавший,
	(이용, 사용)	используемый, использованный
испытывать	испытание	испытывающий, испытывавший, испытываемый
испытать	(실험, 시련)	испытавший, испытанный
исследовать	иссследование	исследующий, исследовавший,
	(연구, 조사)	исследуемый, исследованный
кипеть	кипение (비등)	кипящий, кипевший
колебать	колебание	колеблющий, колебавший, колеблемый,
	(진동, 동요)	колебленный
компенсировать	компенсация	компенсирующий, компенсировавший,
	(보상, 배상)	компенсируемый, компенсированный
копать	копание (파는것)	копающий, копавший, копаемый, копанный
летать	летание (비행)	летающий, летавший
лететь		летевший
наблюдать	наблюдение	наблюдающий, наблюдавший, наблюдаемый
	(관찰, 감독)	

동 사	명 사	형동사 · 부동사
назначать назначить	назначение (지정, 선정)	назначающий, назначавший, назначаемый назначивший, назначенный
нападать напасть	нападение (공격, 습격)	нападающий, нападавший напавший
наполнять наполнить	наполнение (채우는것)	наполняющий, наполнявший, наполняемый наполнивший, наполненный
обеспечивать обеспечить	обеспечение (확보, 담보)	обеспечивающий, обеспечивавший, обеспечиваемый
облегчать облегчить	облегчение (경감, 완화)	облегчающий, облегчавший, облегчаемый облегчивший, облегчённый
обновлять обновить	обновление (부흥, 갱신)	обновляющий, обновлявший, обновляемый обновивший, обновлённый
обобщать обобщить	обобщение (일반화, 종합)	обобщающий, обобщавший, обобщаемый обобщивший, обобщённый
обогащать обогатить	обогащение (부유 해짐)	обогащающий, обогащавший обогативший, обогащённый
обосновывать обосновать	обоснование (근거, 확증)	обосновывающий, обосновывавший, обосновываемый обосновавший, обоснованный
обострять обострить	обострение (첨예화, 긴장)	обостряющий, обострявший, обостряемый обостривший, обострённый
обрабатывать обработать	обработка (가공, 정제)	обрабатывающий, обрабатывавший, обрабатываемый обработавший, обработанный
образовать	образование (형성, 교육)	образующий, образовавший, образуемый, образованный
объединять объединить	объединение (연합, 통일)	объединяющий, объединявший, объединяемый объединивший, объединённый

동사	명사	형동사 · 부동사
объяснять	объяснение (설명, 해석)	объясняющий, объяснявший, объясняемый объяснивший, объяснённый
одобрять одобрить	одобрение (찬동, 시인)	одобряющий, одобрявший, одобряемый одобривший, одобренный
ожидать	ожидание (기대)	ожидающий, ожидавший, ожидаемый
определять определить	определение (판정, 정의)	определяющий, определявший, определяемый определивший, определённый
организовать	организация (조직, 기관)	организующий, организовавший, организуемый, организованный
освещать осветить	освещение (조명, 해명)	освещающий, освещавший, освещаемый осветивший, освещённый
освободить	освобождение (해방, 면제)	освобождающий, освобождавший, освобождаемый
ослаблять ослабить	ослабление (약화, 완화)	ослабляющий, ослаблявший, ослабляемый ослабивший, ослабленный
основывать основать	основание (창립, 근거)	основывающий, основывавший, основываемый основавший, основанный
осуждать осудить	осуждение (비난, 질책)	осуждающий, осуждавший, осуждаемый осудивший, осуждённый
осуществлять осуществить	осуществление (실현, 성취)	осуществляющий, осуществлявший, осуществляемый
открывать открыть	открытие (개설, 개회)	открывающий, открывавший, открываемый открывший, открытый
отправлять отправить	отправление (발송, 파견)	отправляющий, отправлявший, отправляемый отправивший, отправленный
отражать отразить	отражение (반영, 재현)	отражающий, отражавший, отражаемый отразивший, отражённый
охлаждать	охлаждение	охлаждающий, охлаждавший, охлаждаемый

동 사	명 사	형동사 · 부동사
охладить	(냉각, 냉담)	охладивший, охлаждённый
падать	падение (낙하)	падающий, падавший
передавать передать	передача (전도, 방송)	передающий, передававший, передаваемый передавший, переданный
перерабатывать переработать	переработка (가공, 변형)	перерабатывающий, перерабатывавший, перерабатываемый переработавший, переработанный
переутомлять переутомить	переутомление (과로)	переутомляющий, переутомлявший, переутомляемый
переходить	переход (이동)	переходящий, переходивший, переходимый
плавать	плавание (수영)	плавающий, плававший
повышать повысить	повышение (상승, 승진)	повышающий, повышавший, повышаемый повысивший, повышенный
поглощать поглотить	поглощение (흡수)	поглощающий, поглошавший, поглошаемый поглотивший, поглошённый
получать получить	получение (수령)	получающий, получавший, получаемый получивший, полученный
понимать понять	понятие (이해, 개념)	понимающий, понимавший, понимаемый понявший, понятый
поправлять поправить	поправление (치유, 회복)	поправляющий, поправлявший, поправляемый поправивший, поправленный
поступать поступить	поступление (행동, 입학)	поступающий, поступавший поступивший
потрясать потрясти	потрясение (진동, 동요)	потрясающий, потрясавший, потрясаемый потрясший, потрясённый
предлагать предложить	предложение (제안, 제의)	предлагающий, предлагавший, предлагаемый предложивший, предложенный
предпологать	предположение	предпологающий, предпологавший,

동 사	명 사	형동사 · 부동사
предположить	(예상, 가정)	предпологаемый
		предположивший, предположенный
предсказывать предсказать	предсказание (예언, 예보)	предсказывающий, предсказывавший, предсказываемый
		предсказавший, предсказанный
предупреждать предупредить	предупреждение (경고, 예방)	предупреждающий, предупреждавший, предупреждаемый
		предупредивший, предупреждённый
приглашать пригласить	приглашение (초대, 초빙)	приглашающий, приглашавший, приглашаемый
		пригласивший, приглашённый
признавать признать	признание (인정, 고백)	признавающий, признававший, признаваемый
		признавший, признанный
применять применить	применение (적용, 응용)	применяющий, применявший, применяемый
		применивший, применённый
принимать принять	приём (수용, 응접)	принимающий, принимавший, принимаемый
		принявший, принятый
приобретать приобрести	приобретание (획득, 구매)	приобретающий, приобретавший, приобретаемый
		приобретший, приобретённый
приспособить	приспособление (적응, 설비)	приспособивший, приспособленный
продвигать продвинуть	продвижение (추진, 전진)	продвигающий, придвигавший, продвигаемый
		продвинувший, продвинутый
производить произвести	производство (생산, 시행)	производящий, производивший, производимый
		произведший, произведённый
проникать проникнуть	проникновение (침투, 침입)	проникающий, проникавший
		проникнувший, проникнутый
просматривать	просмотр	просматривающий, просматривавший,

동 사	명 사	형동사 · 부동사
просмотреть	(검열, 검사)	просматриваемый
		просмотревший, просмотренный
прощать	прощание (이별)	прощающий, прощавший, прощаемый
работать	работа (일, 노동)	работающий, работавший
развивать	развитие	развивающий, развивавший, развиваемый
развить	(발달, 발전)	развивший, развитый
разделять	разделение	разделяющий, разделявший, разделяемый
разделить	(분할, 분리)	разделивший, разделенный
разочровать	разочарование (환멸)	разочаровавший, разочарованный
разрущать	разрушение	разрушающий, разрушавший, разрушаемый
разрушить	(파괴, 와해)	разрушивший, разрушенный
располагать	расположение	располагающий, располагавший, распола-гаемый
расположить	(배치, 소재)	расположивший, расположенный
распространять	распространение	распространяющий, распространявший,
распространить	(보급, 선파)	распространяемый
		распространивший, распространённый
расширять	расширение	расширяющий, расширявший, расширяемый
расширить	(확대, 확장)	расширивший, расширенный
решать	решение	решающий, решавший, решаемый
решить	(결정, 해결)	решивший, решённый
следовать	следование (추적)	следующий, следовавший
слушать	слушание	слушающий, слушавший, слкшаемый,
	(청취, 청문)	слушанный
снижать	снижение	снижающий, снижавший, снижаемый
снизить	(강하, 감소)	снизивший, сниженный
собирать	собрание	собирающий, собиравший, собираемый

동사	명사	형동사 · 부동사
собрать	(수집, 회합)	собравший, собранный
соединять соединить	соединение (합동, 결합)	соединяющий, соединявший, соединяемый соединивший, соединённый
создавать создать	создание (창립, 창조)	создающий, создавший, создаваемый создавший, созданный
сокращать сократить	сокращение (삭감, 감소)	сокращающий, сокращавший, сокращаемый сокративший, сокращённый
соответствовать	соответствие (일치, 적합)	соответствующий, соответствовавший
сопоставлять сопоставить	сопоставление (대조, 대비)	сопоставляющий, сопоставлявший, сопоставляемый сопоставивший, сопоставленный
сосредоточивать сосредоточить	сосредоточение (집중)	сосредоточевающий, сосредоточевавший, сосредоточеваемый сосредоточивший, сосредоточенный
составлять составить	составление (조성, 편성)	составляющий, составлявший, составляемый составивший, составленный
спасать спасти	спасение (구조, 구출)	спасающий, спасавшийУ спасаемый спасший, спасённый
спросить	спрос (문의, 수요)	спросивший, спрошенный
сравнивать сравнить	сравнение (비교, 대조)	сравнивающий, сравнивавший, сравниваемый сравнивший, сравнённый
судить	суждение (심사)	судящий, судивший, судимый, суженный
суживать сузить	сужение (협소, 감소)	суживающий, суживавший, суживаемый сузивший, суженный
требовать	требование (청구, 수요)	требующий, требовавший, требуемый, требованный

동 사	명 사	형동사 · 부동사
уважать	уважание (존경)	уважающий, уважавший, уважаемый
увеличивать увеличить	увеличение (증가, 확대)	увеличивающий, увеличивавший, увеличиваемый увеличивший, увеличенный
увлекать увлечь	увлечение (몰두, 집착)	увлекающий, увлекавший, увлекаемый увлёкший, увлечённый
углублять углубить	углубление (깊게함, 심화)	углубляющий, углублявший, углубляемый углубивший, углублённый
угнетать угнести	угнетение (박해, 압박)	угнетающий, угнетавший, угнетаемый угнетённый
удовлетворять удовлетворить	удовлетворение (만족, 충족)	удовлетворяющий, удовлетворявший, удовлетворяемый удовлетворивший, удовлетворенный
укреплять укрепить	укрепление (강화, 방비)	укрепляющий, укреплявший, укрепляемый укрепивший, укреплённый
улучшать улучшить	улучшение (개선, 개량)	улучшающий, улучшавший, улучшаемый улучшивший, улучшенный
уменьшать уменьшить	уменьшение (감소, 축소)	уменьшающий, уменьшавший, уменьшаемый уменьшивший, уменьшенный
уничтожать уничтожить	уничтожение (말살, 박멸)	уничтожающий, уничтожавший, уничтожаемый уничтоживший, уничтоженный
управлять	управление (지배, 조종)	управляющий, управлявший, управляемый
усиливать усилить	усиление (강화, 증강)	усиливающий, усиливавший, усиливаемый усиливший, усиленный
ускорять ускорить	ускорение (촉진, 가속)	ускоряющий, ускорявший, ускоряемый ускоривший, ускоренный

동 사	명 사	형동사 · 부동사
утверждать утвердить	утверждение (주장, 승인)	утверждающий, утверждавший, утверждаемый утвердивший, утверждённый
ущемлять ущемить	ущемление (압박, 축소)	ущемляющий, ущемлявший, ущемляемый ущемивший, ущемлённый

3. 외래어 동사

동 사	영 어	의 미
абсолютизировать	absolutize	절대화하다
абсорбировать	absorb	흡수하다
абстрагировать	abstract	추상 · 발췌하다
аккредитировать	accredit	신임장을 주다
анализировать	analyze	분석 · 해석하다
американизировать	americanize	미국화하다
амнистировать	amnesty	사면하다
апеллировать	appeal	호소 · 상소하다
аргументировать	argue	논증하다
арестовать	arrest	체포 · 감금하다
ассимилировать	assimilate	동화 · 일치 시키다
базировать	base	근거 · 기초로 하다
баллотировать	ballot	투표하다
блокировать	block	봉쇄하다
бойкотировать	boykott	불매 · 배척하다
бомбить	bomb	폭탄을 투하하다
гарантировать	guarantee	보증 · 보장하다
гильотинировать	guillotine	단두대에서 처단하다
девальвировать	devalue	평가절하하다
дебатировать	debate	토론 · 토의하다
деградировать	degrade	저하 · 감하다
дезавуировать	disavow	부인 · 취소하다
дезертировать	desert	탈주 · 탈영하다
дезинформировать	misinform	오보하다
дезорганизовать	disrganize	파괴 · 와해 시키다
дезориентировать	disorientate	방향감을 상실하다

동 사	영 어	의 미
декларировать	declare	선언·공포하다
деклассироваться	become declassed	낙오하다
деколонизировать	decolonize	비식민지화하다
декретировать	decree	융자를 억제하다
делегировать	delegate	파견하다
демилитарировать	demilitarize	비무장화하다
демобилизовать	demobilize	동원을 해제하다
демократизировать	democratize	민주화하다
демонстрировать	demonstrate	전시·시위하다
денационализировать	denationalize	국유제를 폐지하다
денонсировать	denounce	폐기를 통고하다
деполитизировать	depoliticize	비정치화하다
депонировать	deposit	예금·기탁하다
депортировать	deport	국외로 추방하다
десегрировать	desegregate	인종차별화를 철폐하다
дестабилизировать	destabilize	불안정화 하다
диверсифицировать	diversify	다양화·다각화하다
диктовать	dictate	받아쓰다, 강요하다
дискутировать	discuss	토론·토의하다
дислоцировать	distribute	전개시키다
дифферентировать	differentiate	차별·구별하다
документировать	document	문서화하다 문서로 증명하다
доминоровать	dominate	지배·위압하다
дублировать	duplicate	대리·복제하다
епропеизировать	europeanize	유럽화하다
засекретить	make cecret	비밀로 하다
игнорировать	ignre	경시·무시하다

동 사	영 어	의 미
идеализировать	idealize	이상화·미화하다
идентифицировать	identify	동일시하다
изолировать	isolate	격리·고립시키다
иммигрировать	immigrate	이주·이민하다
импортировать	import	수입하다
инвестировать	invest	투자하다
индивидуализировать	individualize	개인별·개성화하다
индустриализировать	industrialize	공업화하다
инсинуировать	insinuate	중상·비방하다
инспектировать	inspect	감독·검열하다
инкриминировать	incrimnate	고소하다
инспирировать	inspire	교사·선동하다
инструктировать	instruct	교시·훈령하다
интегрировать	intergrate	통합·적분하다
интенсифицировать	intensify	강화·집약화하다
интернационализировать	internationalize	국제화하다
интернировать	intern	억류·구속하다
интерпеллировать	interpellate	질문하다
интерпретировать	interpret	해석·설명하다
информировать	inform	통보·통고하다
истощать	exhaust	소비·소모하다
камуфлировать	camouflage	위장하다
капитализировать	capitalize	자금화하다
капитулировать	capitulate	항복·양보하다
картелировать	form a cartel	카르텔에 통합하다
квалифицировать	qualify	자격을 부여하다
коллективизировать	collectivize	집단화하다
кодифитировать	codify	성문화하다

동 사	영 어	의 미
колонизировать	colonize	식민지화하다
командовать	command	지휘·지시하다
комментировать	comment	주해·주석하다
компрометировать	compromise	명예를 훼손하다
конвертировать	convert	바꾸다·차환하다
конкретизировать	concretize	실체화·구체화하다
конкурировать	compete	경쟁하다
консолидировать	consolidate	규합·강화하다
консультировать	consult	상담하다
конфисковать	confiscate	몰수·차압하다
концентрировать	concentrate	집중·농축하다
кооперировать	cooperate	협동조합화하다
концертировать	give concert	음악회를 개최하다
кооптировать	coopt	선출하다
координировать	coordinate	조정·조화하다
короновать	crown	대관·측위시키다
коррумпировать	corrupt	매수하다
котировать	quote	시세를 정하다
кредитовать	credit	융자하다
критиковать	criticize	비판·비난하다
легализировать	legalize	합법화하다
ликвизировать	liquidate	청산·근절하다
лимитировать	limit	제한하다
локализовать	localize	한정·국한하다
маневрировать	manoeuvre	기동·연습을 하다
манипулировать	manipulate	능숙하게 다루다
маскировать	mask	가장·위장하다
материализовать	materialize	실체화·구체화하다

동 사	영 어	의 미
механизировать	mechanize	기계화하다
милитаризировать	militalize	군대화하다
митинговать	meet	집회를 개최하다
мобилизовать	mobilize	동원하다
модернизировать	modernize	근대화·현대화하다
модифицировать	modify	수정·변형하다
монополизировать	monopolize	독점하다
морализировать	moralize	교화하다
мотивировать	motivate	동기·이유를 들다
муниципализировать	municipalize	시영·시유로하다
натурализовать	naturalize	귀화시키다
национализировать	nationalize	국유화·국영화하다
нейтрализовать	neutralize	중립·중화시키다
нормализовать	normalize	정상화·표준화하다
нотифицировать	notify	통지·통첩하다
нуллифицировать	nullify	무효·폐지하다
обанкротиться	bankrupt	파산하다
оккупировать	occupy	점령·점거하다
оперировать	operate	수술·이용하다
оппонировать	oppose	반론하다
оптимизировать	optimize	잘 활용하다
организовать	organize	조직·구성하다
ориентировать	orientate	특정방향으로 향하다
парализовать	paralyse	마비·무력하게하다
патрулировать	patrol	순시·순찰하다
персонифицировать	personify	의인화·인격화하다
пикетировать	picket	피케팅하다
полемизировать	polemize	논쟁·토론하다

동사	영어	의미
политизировать	politicize	정치화하다
популяризировать	popularize	대중화 · 보급하다
премировать	award	표창하다
претендовать	pretend	권리를 주장하다
провоцировать	provoke	선동 · 교사하다
прогнозировать	prognosticate	예측 · 예언하다
прогрессировать	progress	진보 · 향상하다
проектировать	project	설계 · 계획하다
пролетализовать	proletarize	프롤레타리아로 만들다
пролонгировать	prolong	연기 · 유예하다
промульгировать	promulgate	반포 · 공포하다
пропагандировать	propagandize	선전 · 유세하다
протестовать	protest	항의하다
публиковать	publish	공포 · 발표하다
районировать	regionalize	지역으로 나누다
ратифицировать	ratify	비준하다
рационализировать	rationalize	합리화하다
реализовать	realize	실현시키다
реабилитировать	rehibilitate	복권시키다
реагировать	react	반응 · 반작용하다
ревальвировать	revalue	재평가하다
ревизовать	revise	개정 · 교정하다
регистрировать	register	등록 · 기입하다
регрессировать	regress	퇴보하다
регулировать	regulate	조정 · 조절하다
резервировать	reserve	비축하다, 예비로두다
реимпортировать	re-import	역(재)수입하다
реинвестировать	re-invest	재투자하다

동 사	영 어	의 미
рекомендовать	recommend	추천 · 소개하다
реконструировать	reconstruct	재건 · 개축하다
ректифицировать	rectify	개정 · 정류하다
ремилитаризировать	remilitalize	재무장하다
реорганизовать	reorganize	재조직 · 개편하다
репатриировать	repatriate	본국에 송환하다
реформировать	reform	개혁하다
рисковать	risk	위험을 무릅쓰고 하다
роботировать	robotize	자동화하다
саботировать	sabotage	태업하다
салютовать	fire a salute	예포를 쏘다
санкционировать	sanction	재가 · 인가하다
секуляризировать	secularize	세속화하다
символизировать	symbolize	상징화하다
систематизировать	systematize	체계화 · 조직화하다
солидаризироваться	express one`s solidarity	단결하다
социализировать	socialize	사회화하다
спекулировать	speculate	투기를 하다
специализироваться	specialize	전문화하다
стабилизировать	stabilize	안정시키다
стимулировать	stimulate	자극 · 촉진하다
субсидировать	subsidize	보조금을 주다
суммировать	summarize	요약 · 총합하다
схематизировать	schematize	도식화하다
теоретизировать	theorize	이론화하다
терроризировать	terrorize	위협하다
тестировать	test	테스트하다
тренировать	train	훈련하다

동 사	영 어	의 미
трестировать	trustify	기업합동화 하다
узурпировать	usurp	찬탈·탈취하다
унифицировать	unify	통일시키다
урбанизировать	urbanize	도시에 집중시키다
фабриковать	fabricate	제조하다, 날조하다
фальсифитировать	falsify	위조하다
финансировать	finance	자금을 조달하다
формировать	form	형성하다
формулировать	formulate	공식화·표명하다
функционировать	function	작용하다
характеризовать	characterize	특징지우다
центрапьзовать	centralize	집중시키다
эвакуировать	evacuate	철수시키다
эволюционировать	evolve	발전·진화하다
экономить	economize	절약하다
экспатриировать	expatriate	본국적을 버리다
экспериментировать	experiment	실험하다
эксплуатировать	exploit	개발하다
экспонировать	exhibit	전시하다
экспортировать	export	수출하다
экспрприировать	expropriate	몰수하다
электрифицировать	electrify	전기를 통하다
эмансипировать	emancipate	해방하다
эмигрировать	emigrate	이민가다

4. 참고 문헌

〔러시아 문헌〕

1. учебник русского языка
   (И. М. Пулькина, Е. Б. Захава-Некрасова, русский язык, 1977)

2. русский язык (Д. Э. розенталь, московский университет, 1994)

3. справочник по русской грамматике (М. А. Шелякин, русский язык, 1993)

4. грамматика русского языка в иллюстрациях
   (К. И. Пехливанова, М. Н. Лебедева, русский язык, 1991)

5. краткий справочник по русской грамматике
   (И. М. Пулькина, русский язык, 1975)

6. русский язык для начинающих (Ю. Г. Овсиенко, русский язык, 1989)

7. русский язык в упражнениях
   (С. А. Хавронина, А. И. Широченская, русский язык, 1993)

8. современный русский язык
   (С. Е. Крючков, Л. Ю. Максимов, просвещение, 1977)

9. учебник русского языка для студентов иностранцев нефилологических вузов СССР
   (н. н. Белякова, л. с. Муравьева, С. Э. Озе, Д. И. Фурсенко, русский язык, 1978)

10. практический курс русского языка(Г. И. Володиной, русский язык, 1977)

11. русский самостоятельно(Е. Василенко, Э. Ламм, русский язык, 1989)

12. Мы учимся говорить по-русски
    (М. П. Аксенова, Л. А. Нестерская, московский университет, 1984)

13. русский язык(Володина Г. И., Найфельд М. Н., Лариохина Н. М., Бахтина Л. Н., русский язык, 1984)

14. учебник русского языка
    (Н. А. Лобанова, И. П. Слесарева, русский язык, 1980)

15. русский язык для всех(В. Г. Костомаров, русский язык, 1990)

16. лексика научной речи(Величко А. В.외, русский язык, 1985)

17. давайте познакомимся с русскими газетами
    (С. Пятецкая, русский язык, 1974)

18. Сборник упражнений по синтаксису русского языка
    (Г. Ф. Воробьёва 외, прогресс, 1980)

19. Горизонт(М. Н. Вятютнев 외, русский язык, 1989)

[미·영 및 한국문헌]

20. A comprehensive russian grammar(michael J. de K. Holman, Terence wade, 1993)

21. Roots of the russian language(George Z. Patrick, Passport books, 1989)

22. Russian root list(Charles E. Gribble, Slavica publishers, Inc, 1981)

23. 표준 러시아어(이철, 슬라브연구사, 1990)

24. 최신 러시아어(이종진, 오재국, 삼한출판, 1990)

〔사전〕

25. Толковый словарь русского языка(С. и. ожегов, техноплюс, 1992)

26. Толковый словарь живого великорусского языка
    (Владимир даль, русский язык, 1989)

27. Фразеологический словарь русского языка
    (Л. А. Войнова 외, русский язык, 1978)

28. Словообразовательный словарь русского языка
    (А. Н. Тихонов, русский язык, 1985)

29. Словарь антонимов русского языка(Л. А. Новикова, русский язык, 1985)

30. Словарь синонимов русского языка
    (З. Е. Александрова, русский язык, 1989)

31. Русский глагол и его причастные формы
    (И. К. Сазонова, русский язык, 1989)

32. Учебный словарь сочетаемости слов русского языка
    (П. Н. Денисова, русский язык, 1978)

33. Словарь иностранных слов в русском языке(И. В. Лехина, юнвес, 1995)

34. Дипломатический словарь(А. А. громыко, наука, 1986)

35. Русско-английский научно-технический словарь переводчика
    (Михаил Циммерман, наука, 1991)

36. Управление в русском языке(Д. Э. Розенталь, книга, 1986)

37. Словосочетания русского языка(Б. В. Братусь 외, русский язык, 1986)

38. Русские глаголы и предикативы(В. И. Красных, Арсис Лингва, 1993)

39. The oxford russian dictionary
    (Paul Falla, Boris Unbegaun, Oxford University press, 1993)

40. Collins russian dictionary(Maree Airlie 외, Happer Collins publishers, 1994)